ISBN 978-0-332-42279-4
PIBN 10977602

COLOQUIOS

DOS

SIMPLES E DROGAS

DA INDIA

COLOQUIOS

DOS

SIMPLES E DROGAS

DA INDIA

POR

GARCIA DA ORTA

EDIÇÃO PUBLICADA

POR DELIBERAÇÃO DA

ACADEMIA REAL DAS SCIENCIAS DE LISBOA

DIRIGIDA E ANNOTADA

PELO

CONDE DE FICALHO

Socio effectivo da mesma academia

LISBOA

IMPRENSA NACIONAL

1891

ADVERTENCIA PRELIMINAR

Uma nova edição dos Coloquios dos simples e drogas e cousas medicinaes da India de Garcia da Orta é de ha muito um *desideratum* para todos os que, em Portugal e fóra d'elle, se interessam pela historia da Sciencia, e tambem para todos os que pretendam estudar a acção e influencia dos portuguezes nas terras orientaes durante o xvi seculo. Os exemplares da edição de Goa tornaram-se rarissimos, e sobre isso estão crivados de innumeraveis erros typographicos. Raros são os que têem tido o ensejo de os consultar, e raros tambem os que se sentem com animo bastante para penetrar nas asperezas de um texto incorrectissimo, pessimamente pontuado, e de uma leitura ingrata e difficil. Existem na verdade varias edições da chamada traducção latina do botanico francez Carlos de l'Escluze, mais conhecido pelo seu nome latinisado de Clusius; mas a obra de Clusius não é uma traducção, e sim um resumo ou epitome, diverso e muito diverso do original. O mesmo se póde dizer da chamada traducção italiana de Annibal Briganti, e da franceza de Antonio Colin. São effectivamente versões; mas do resumo de Clusius, e não do livro portuguez[1]. Assim, emquanto estes epitomes corriam mundo na lingua latina, italiana ou franceza, sendo dia a dia consultados e citados pelos homens de sciencia, o livro de Orta na sua fórma portugueza completa, com a caracteristica linguagem do tempo, com os seus modos peculiares de pensar e de dizer, com as suas interessantes noticias sobre a vida intima da India, o livro de Orta permanecia quasi ignorado.

N'estas condições, a reimpressão dos COLOQUIOS impunha-se como uma necessidade urgente para os estudiosos, e quasi como uma obrigação de decoro nacional. Isto sentia já ha perto de meio seculo a Sociedade das sciencias medicas de Lisboa, quando no anno de 1841 empenhava louvavelmente todos os seus esforços para que se fizesse aquella reimpressão. Com o fim de a levar a cabo nas melhores condições, a Sociedade dirigiu-se então a alguns dos homens mais notaveis na litteratura e na sciencia do nosso paiz, pedindo-lhes os seus avisos e conselhos. De dois sabemos nós que foram consultados, ambos eminentes nas letras patrias, posto que desigualmente, Almeida Garrett e fr. Francisco de S. Luiz. Garrett abraçou com enthusiasmo a idéa da Sociedade, e na resposta ao officio, que esta lhe dirigiu em 2 de março de 1841, poz á sua disposição a grande influencia de que dispunha, para que se promovesse a reimpressão dos COLOQUIOS... «*este precioso documento portuguez, infelizmente mais avaliado até aqui dos estrangeiros do que dos nossos proprios, que o iam perdendo, como tantos outros de que apenas alguns conservamos o nome, e bem pou-*

---

[1] Cf. *Garcia da Orta e o seu tempo*, de p. 373 a p. 385.

cos a saudade[1]». O erudito prelado respondeu tambem á Sociedade, mostrando todo o interesse que o animava pela sua empreza de fazer mais conhecida uma obra *«digna do maior apreço»*; empreza — dizia elle — que devia dar á Sociedade *«grande nome e credito, mórmente se ao texto se ajuntarem algumas das importantes notas, a que elle offerece largo campo e feliz opportunidade*[2]». Ambos davam, nas respostas á Sociedade, o seu parecer sobre as regras a observar na nova edição, parecer a que teremos de nos referir mais de uma vez nas paginas seguintes.

Devido sem duvida aos esforços e influencia d'estes dois illustres litteratos, o governo decidiu auxiliar a empreza da Sociedade das sciencias medicas, e uma portaria de 27 de maio de 1841, assignada por R. da Fonseca Magalhães, determinou que a reimpressão fosse feita na Imprensa Nacional, e que a dirigisse o conselheiro João Baptista de Almeida Garrett[3].

----

[1] Veja-se o officio da Sociedade, e a resposta de Garrett no livro de Francisco Gomes de Amorim, *Garrett, memorias biographicas,* II, 606, Lisboa, 1884.

[2] Minuta mss. da resposta do cardeal Saraiva, communicada pelo dr. Venancio Deslandes.

[3] Damos em seguida o texto da Portaria:

«Ministerio do reino — 1.ª Repartição. — N.º 1016. — L.º 2.º — Sua Magestade a Rainha, attendendo ao que lhe representou a Sociedade das Sciencias Medicas de Lisboa, pedindo que na Imprensa Nacional se faça a reimpressão mais nitida de 1:000 exemplares, extrahidos de outro, que adquiríra, dos *Coloquios dos simples e drogas e cousas medicinaes da India,* impressos em Goa em 1563, e escriptos pelo medico portuguez Garcia da Orta: manda, pela secretaria d'estado dos negocios do reino, que o administrador geral da dita Imprensa Nacional faça reimprimir n'ella o sobredito escripto em numero dos mencionados 1:000

Pareciam assim as cousas bem encaminhadas; mas, ignoro por que motivo, os trabalhos da nova edição nunca foram levados a cabo, e nem sei mesmo se foram encetados, pois não encontrei vestigio algum de que se começasse a impressão. E é pena que assim succedesse, porque a edição de 1841, se se tivesse feito, seria recommendavel por mais de um titulo. Garrett não tinha talvez a instrucção especial, necessaria para esclarecer scientificamente alguns pontos obscuros dos Coloquios, mas tinha mais e melhor do que isso. O seu espirito, que foi litterariamente o mais alta e finamente dotado de todos quantos produziu o nosso paiz n'este seculo, o seu espirito abrangia com a mesma lucidez as mais variadas e diversas questões; e elle possuia o íntimo conhecimento da lingua, o amor e o respeito ás suas antigas fórmas, e o impeccavel bom gosto, necessarios para levar a bom termo uma obra de reconstituição litteraria. Póde-se affoitamente affirmar, que uma edição dos Coloquios, dirigida por Almeida Garrett, teria sido, quanto ao texto e ás notas historicas, absolutamente definitiva. Pelo

---

exemplares, depois de praticadas as emendas, que a Sociedade se propõe fazer-lhe, attentos os erros que na sua primeira impressão se introduziram; bem entendido que esta de que se trata tem de verificar-se debaixo da direcção da Sociedade supplicante, ha de ser dirigida pelo Conselheiro João Baptista de Almeida Garrett, a quem se faz a competente participação, recommendando-se ao administrador geral que seja a mais perfeita que for possivel, e havendo-se o pagamento da sua despeza pelo numero de exemplares, cujo preço for igual ao custo, afóra os que, segundo o estylo, ficarem para a casa. O que assim se participa ao administrador geral para sua intelligencia e execução. Paço das Necessidades, em 27 de maio de 1841.＝*Rodrigo da Fonseca Magalhães.*»

(Archivo da Imprensa Nacional, Livro 9.º de registo de Decretos e portarias, fol. 14.)

que diz respeito ás notas scientificas e botanicas, não era possivel fazer-se em 1841 uma edição definitiva, fosse quem fosse que a dirigisse.

Abandonado, ou protrahido indefinidamente aquelle plano de reimpressão, ficou o assumpto esquecido[1] até ao anno de 1872. N'esse anno, F. A. de Varnhagen, visconde de Porto Seguro, deu á estampa em Lisboa uma edição dos Coloquios[2]. Varnhagen, investigador, erudito, bastante versado em questões e assumptos de historia natural, possuia as qualidades necessarias para dirigir uma boa edição do antigo livro portuguez; e d'isso tinha dado provas nas notas á obra de Gabriel Soares, e em outros trabalhos seus. Infelizmente a edição dos Coloquios foi feita em más condições, rapidamente, sem os cuidados e o estudo indispensaveis, e em parte sem a assistencia do proprio editor, como elle mesmo explica no *post-editum*. D'ahi resultaram as suas numerosas lacunas e imperfeições. Em primeiro logar, aquella edição é uma pura reimpressão do texto modernisado, sem notas ou esclarecimento de especie alguma, nem mesmo a simples identificação das plantas mencionadas por Orta com os seus nomes scientificos. E por infelicidade, na unica nota d'este genero que se encontra em todo o livro, n'aquella em que se pretende identificar o *durião* com uma especie de *Anona,* vae envolvido um erro botanico grosseiro. Esse erro foi na verdade reconhecido e emendado pelo

---

[1] Parece que Rodrigo de Lima Felner, o erudito editor das *Lendas da India,* do *Lyvro dos pesos da Ymdia,* e de outros valiosos documentos da nossa historia oriental, se occupou tambem de uma edição dos *Coloquios;* mas o seu manuscripto não foi encontrado.

[2] *Colloquios dos simples e drogas* etc., 2.ª edição, Lisboa, na Imprensa Nacional, 1872.

proprio editor no *post-editum;* mas nem por isso deixa de
ser para sentir, que a *unica* identificação botanica apontada
fosse incorrecta. Em segundo logar, a propria revisão do
texto é muito defeituosa, á parte mesmo qualquer discussão ácerca do plano adoptado. São frequentes as passagens
em que o sentido da phrase, obscurecido pelos numerosos
e graves erros typographicos, foi mal interpretado por simples desleixo e falta de attenção. Bastará citar um exemplo.
Orta, fallando da planta, de que exsuda a gomma-resina,
conhecida pelo nome de *asa-fœtida,* tem na edição de Goa
a seguinte phrase: «e o arbore de que se tira ou mana se
chama Anjuden». Esta phrase é clarissima, e vae impressa
na presente edição, apenas com uma leve correcção orthographica e a introducção dos caracteres italicos: «e o arvore
de que se tira ou mana se chama *anjuden.*» Pois, apesar de
clara, foi assim impressa na edição de Lisboa de 1872: «e
a arvore de que se tira o *maná* se chama *anjuden*». Não ha
realmente desculpa para esta confusão entre um tempo do
verbo manar e o nome de uma droga; e as cinzas de Garcia da Orta estremeceriam no seu tumulo, se podessem saber que lhe attribuiam um erro d'esta ordem, fazendo-o pro-
duzir o *manná* e a *asa-fœtida* pela mesma planta. Este
exemplo é sufficiente para mostrar, que a edição de 1872 de
modo algum dava satisfação ao *desideratum* apontado, de
modo algum podia servir aos que pretendessem consultar
com facilidade e ao mesmo tempo com segurança a obra
de Orta.

Estava a questão n'este ponto, quando a Academia real
das sciencias de Lisboa deliberou, que se publicasse uma
nova edição sob os seus auspicios, e me encarregou d'esse
trabalho, tanto na parte da publicação e revisão do texto,
como na da redacção das notas, deixando-me a mais abso-

luta liberdade pelo que dizia respeito ao plano e regras a adoptar em um e outro ponto. Sabia eu perfeitamente que esse trabalho seria arduo e longo; mas nem podia esquivar-me ao que me era determinado pela Academia, nem —devo dizel-o como franqueza— tive a tentação de o fazer. Sem me illudir sobre as difficuldades da empreza, nem sobre os requisitos que me faltavam para o seu bom desempenho, seduzia-me esta obra paciente de investigações, de pesquizas e de reconstituição. Puz por consequencia mãos á obra, e o primeiro resultado do meu trabalho foi o livro que publiquei no anno de 1886[1].

N'ésse livro, e pelos dados escassos que me foi possivel encontrar, procurei eu reconstruir approximadamente a biographia do auctor dos COLOQUIOS: esforcei-me tambem por estudar o meio em que elle viveu, e as influencias que actuaram no seu espirito, já na Europa, nas universidades da Hespanha e na córte de Lisboa, já no Oriente, tanto nas suas viagens como na sua longa permanencia na capital da India portugueza, que então era tambem uma verdadeira córte: tentei finalmente determinar o valor e a significação da sua obra, a qual fechava, resumindo-a, a epocha de fragmentarias e nebulosas noções da Antiguidade e da Idade-media sobre a historia natural do Oriente, e abria o periodo das investigações modernas. O meu trabalho, publicado vae já para cinco annos, constitue, pois, propriamente uma *introducção* á presente edição dos COLOQUIOS, e dispensa-me de entrar de novo em questões, que ali foram tratadas tão completamente quanto eu podia e sabia. Resta-me apenas dar conta succintamente das regras adoptadas na reproducção do texto e na redacção das notas.

---

[1] *Garcia da Orta e o seu tempo*, Lisboa, 1886.

Pelo que diz respeito á primeira parte, apresentavam-se naturalmente tres systemas diversos a seguir, expostos já em 1841 pela Sociedade das sciencias medicas nos seguintes termos:

«Reimprimir a obra tal qual se acha, erros e tudo;»

«Reimprimil-a expurgada sómente do que se julgasse erros typographicos, attendendo á doutrina e orthographia d'aquella epocha;»

«Reimprimil-a reduzida á orthographia e linguagem hodiernas.»

Os dois systemas radicaes, o primeiro e o ultimo, pareceram-me absolutamente inadmissiveis; e não fiz mais n'este ponto do que seguir e adoptar o parecer dos dois illustres litteratos, já citados, e consultados n'aquella epocha pela Sociedade.

A modernisação da fórma seria talvez applicavel á reimpressão de uma obra puramente scientifica, quando a nova edição tivesse unicamente o fim de facilitar a leitura, generalisando e vulgarisando o conhecimento dos factos apontados e das doutrinas expostas. Mas taes obras não se compunham n'aquelles bons tempos da Renascença, em que não existiam *especialistas,* em que todo o homem instruido escrevia e tratava mais ou menos promiscuamente dos variados assumptos que o interessavam. Os Coloquios têm este caracter da epocha; e nas pachorrentas conversas de Ruano e de Orta falla-se de tudo, de plantas e de medicina, dos reis da India e do jogo do xadrez, da situação geographica de Babylonia e da etymologia do nome das Maldivas. Como bem sentia e dizia Garrett, *«a obra de que se trata reune á importancia scientifica o interesse litterario e historico: quero dizer, não é sómente um tratado de sciencia, é tambem um monumento da historia da arte e da linguagem».* Vestir uma

obra d'esta natureza com a nossa linguagem moderna, seria
deturpal-a, prival-a de todo o encanto, de toda a singeleza,
de todo o cunho da epocha em que foi escripta. Convinha
pois —ainda na phrase de Garrett— que a *orthographia e
termos antiquados* se conservassem *religiosamente*. O argumento, algumas vezes adduzido contra este modo de proceder, e derivado da maior facilidade de leitura, de pouco
ou de nada vale no nosso caso. Os Coloquios são hoje um
livro forçosamente destinado a uma classe muitissimo restricta de leitores instruidos. Todos os que o lerem ou con-
sultarem não hesitarão por certo diante de uma fórma orthographica obsoleta, de uma palavra pouco corrente, de
uma volta grammatical antiquada. E aquelles, que taes fórmas poderiam embaraçar, de certo se não lembrarão de o
ler. Haveria, pois, em modernisar o livro, o inconveniente
de lhe tirar o seu caracter de *monumento da historia da arte
e da linguagem,* sem com isso o tornar de leitura geral, o
que elle nunca póde ser, e nunca ha de ser.

Reimprimir a edição de Goa tal qual está «erros e tudo»,
seria um systema ainda menos acceitavel. A este proposito
dizia fr. Francisco de S. Luiz: *E primeiramente entendo
que é demasiadamente escrupuloso, para não ·dizer imperti-
nente, o methodo de imprimir ou reimprimir qualquer mss.
ou impresso com todos os erros, que n'elle se achão, sem ex-
ceptuar aquelles que são manifestamente erros typographicos,
ou sobre os quaes não póde occorrer consideração alguma
pela qual se devão conservar.* Esta opinião do erudito academico póde ser discutivel pelo que diz respeito aos *ma-
nuscriptos;* mas está fóra de toda a contestação quando se
trata de uma *obra impressa.* Se nós possuissemos o manuscripto de Orta, seria opinião minha, que o deveriamos imprimir com escrupulosa fidelidade; mas o respeito, que po-

deriam merecer os seus erros, de modo algum merecem os de um aprendiz typographo pouco perito. O mais simples bom senso está dizendo, que se devem emendar todas as faltas commettidas na officina de João de Endem.

Foi este o plano que adoptámos — emendar na presente edição, tudo quanto na de Goa nos pareceu erro de composição, deixar inalterado tudo quanto se nos afigurou ser a fórma primitiva de Orta. Seguimos á risca o preceito estabelecido por fr. Francisco de S. Luiz: imprimir a obra com *a doutrina, linguagem e orthographia do auctor, e expurgada tamsómente dos erros que se julgarem meramente e manifestamente typographicos.* Admittimos apenas um pequeno numero de excepções a esta regra; e essas mesmas já admittidas em principio pelo illustre academico citado, que foi incontestavelmente um mestre da nossa lingua. D'estas excepções, a mais importante e que mais merece ser apontada, é a seguinte: Na edição de Goa encontram-se em geral os artigos *o, a,* e a conjuncção *e,* escriptos *ho, ha, he.* Não ha n'este ponto erro typographico; e Orta, como todos então, escrevia evidentemente d'aquelle modo. No emtanto pareceu-nos mais conveniente supprimir os *hh,* evitando assim a confusão com alguns tempos de verbos de occorrencia frequente. Em outros pontos não introduzimos verdadeiras alterações, e simplesmente adoptámos fórmas typographicas mais usadas hoje, como em *que* por *q̃, confessar* por *có fessar, abundancia* por *abūdācia,* ou em outras abreviaturas, que nos pareceu melhor escrever por extenso. Tambem julgámos necessario regularisar o emprego das letras maiusculas, extremamente caprichoso e sem regras fixas no XVI seculo; e adoptar os caracteres italicos nas palavras latinas, nos nomes das drogas, e em outros casos, onde nos pareceu que essa adopção facilitaria a leitura e as pesquizas no livro. Pelo que diz respeito á pontuação fomos obrigados a tomar grandes liberdades com o texto. N'esta parte, os erros da primeira edição são tantos e taes, que, em algumas paginas, as virgulas e os pontos parecem distribuidos ao acaso; ás vezes um nome proprio está cortado por dois pontos, como em *Aleixos diaʒ: falcam*. Era evidente, que, n'este como em muitos outros casos, a pontuação se não podia respeitar, tornando-se necessario adoptarmos uma pontuação nossa, que naturalmente procurámos cingir ao sentido da phrase e ás intenções do auctor, sem que, no emtanto, nos possamos lisonjear de ter acertado sempre. Ainda nos resta uma ultima explicação a dar, pelo que diz respeito á variabilidade da orthographia. Pareceria, que nós, aceitando uma fórma qualquer, a deveriamos seguir em todo o livro; e póde causar estranheza, o encontrar —com poucas linhas de intervallo— as fórmas *muito* e *muyto, raʒão, raʒam* e *reʒam, qua* e *ca, cinco* e *cinquo, o arvore* no masculino, e *a arvore* no feminino. Considerámos, porém, que esta incerteza constituia um dos caracteres da orthographia do tempo, que de modo algum se podia attribuir a simples impericia do compositor, e pelo contrario devia representar o modo por que Orta escreveu, convindo por isso respeital-a.

Em resumo, o nosso desejo e a nossa intenção foi a de conservar ao livro todo o caracter que o auctor lhe deu, limpando-o apenas dos erros, e ás vezes contrasensos, introduzidos durante a impressão. Claro está, que nem sempre podémos attingir o nosso fim. Garcia da Orta não escrevia bem, nem mesmo correctamente, e o seu livro foi evidentemente redigido com bastante desleixo de fórma. Em taes condições, tornava-se extremamente difficil destrinçar os erros do auctor das faltas do typographo; e seguramente nos

succederia mais de uma vez, o termos emendado erros com-
mettidos por elle proprio, ou termos respeitado como suas
algumas faltas do compositor. Seja como for, o texto, tal
qual hoje sáe impresso, é de uma leitura facil para todos
os que tenham um leve habito do antigo portuguez; e —á
parte uma ou outra passagem mais incorrecta, ou mais obscura— o sentido das phrases é em geral claro, e as intenções do auctor perfeitamente intelligiveis.

Assentes assim as regras adoptadas na reimpressão do
texto, devemos dar conta do que pretendemos conseguir
pela redacção das notas. Julgámos em primeiro logar, que
nos deveriamos afastar de tudo quanto se approximasse de
um *commentario*. Esta fórma é pouco acceitavel nos nossos
dias; e é —permitta-se a expressão— offensiva para o escriptor e para o leitor. As idéas e as doutrinas de Garcia
da Orta são bem claras; e nem elle necessita de que lh'as
interpretem, nem o leitor carece de que lh'as expliquem.
O commentario, alem de dispensavel, seria, portanto, im-
pertinente; mas os factos apontados reclamavam em muitos casos uma confirmação, ou uma rectificação. Orta fez
um grande numero de observações pessoaes e directas, col-
ligiu tambem um grande numero de informações de diversas e variadas procedencias, e póde assim consignar no seu
livro muitos factos interessantes. É notavelmente veridico
quando falla do que viu, e tem uma critica severa quando
discute o que lhe diziam; mas, apesar d'isso, se acerta em
muitos casos, engana-se em alguns. Claro está, que o leitor
não tem o vagar necessario para fazer pesquizas longas e
fastidiosas, com o fim unico de averiguar o que deve acceitar ou regeitar nas suas affirmações. Para lhe evitar este
trabalho, e unicamente para isso, nós procurámos indicar
nas notas o que recentemente se tem apurado de mais se-

guro em relação aos assumptos tratados pelo nosso antigo escriptor. Por este modo, e sem nos substituirmos ao seu juizo, pômos ao alcance do leitor um meio facil de verificar ou completar as noticias encontradas no texto.

Naturalmente, as notas referem-se pela maior parte á *botanica* e á *materia medica* do Oriente. Este era o assumpto principal do livro; e esta era tambem a parte em que o presente editor podia ter uma tal ou qual competencia. Identificámos sempre que nos foi possivel —e foi-nos quasi sempre possivel— as plantas mencionadas por Orta com o seu actual nome scientifico. Não nos limitámos, porém, a uma simples e secca identificação, e démos sobre a planta, e sobre a droga que d'ella procede, algumas noticias, necessarias para esclarecer as informações de Orta. Essas noticias são pela maior parte extrahidas de livros recentes, e alguns muito recentes. Com effeito, sem a *Flora Indica* de Roxburgh e os volumes publicados da *Flora of British India* de Hooker, sem a *Materia Indica* de Whitelaw Ainslie e a *Materia medica of western India* do sr. Dymock, sem os trabalhos do professor Flückiger e de Daniel Hanbury, sem as *Useful plants of India* do coronel Drury e as *Useful plants of the Bombay presidency* do dr. Lisboa, sem outras e numerosas publicações scientificas que seria longo enumerar, muitas passagens dos Coloquios careceriam ainda hoje de confirmação ou de explicação. Eis o motivo por que eu pude dizer antes, que ahi pelas proximidades do anno de 1841 teria sido impossivel fazer uma edição definitiva dos Coloquios. Este facto é todo em louvor de Garcia da Orta. Elle penetrou tão profundamente no assumpto, que os livros dos dois seculos seguintes ao seu pouco elucidaram o que deixou escripto. E foi só no nosso seculo, e sobretudo na segunda metade do nosso seculo, que numerosas publicações scientificas vieram confirmar, explicar, ou rectificar as suas observações. Procurámos pôr em relevo nas notas essas confirmações ou rectificações, resultantes dos trabalhos dos ultimos e mais modernos botanicos e pharmacologistas. O que, em ultima analyse, nos interessa saber, é se Orta observou bem ou mal, se os factos que aponta são verdadeiros ou falsos; e isto deduz-se sobretudo das investigações mais recentes. Dos auctores de _materia medica,_ contemporaneos ou quasi contemporaneos de Orta, pouco nos occupámos. Tudo quanto havia a dizer sobre as obras de Laguna, de Matthioli, ou de Antonio Musa, disse-o Orta; e não havia o minimo interesse em discutir de novo as suas opiniões, geralmente menos correctas que as do proprio Orta. Mas não succedia o mesmo com todos os livros contemporaneos. Os livros portuguezes do tempo, particularmente os que foram escriptos no Oriente, podiam prestar-nos auxilios valiosos. E de feito, na _Asia_ de Barros, nas _Lendas_ de Gaspar Corrêa, no _Livro_ de Duarte Barbosa, no _Lyvro dos pesos_ de Antonio Nunes, no _Tombo_ de Simão Botelho, e em outros, encontrámos muitas noticias que vieram explicar ou completar de um modo interessante as que os Coloquios nos forneciam.

Como disse antes, Orta não se limita a tratar os assumptos da sua especialidade; e, ao correr da penna, vae-nos citando os nomes de pessoas suas conhecidas, ou contando factos da historia da India, ou narrando anecdotas curiosas. Ás vezes desculpa-se de «gastar hum capitulo em cousas que não são de sciencia», ou previne desde logo o leitor de que o _Coloquio_ «não serve de cousa alguma de fisica»; mas vae sempre escrevendo o _Coloquio,_ e estas excursões fóra do dominio da materia medica não são a parte menos interessante do seu livro. A nossa litteratura indiana é ri-

quissima, e ás glorias dos homens de acção, como Vasco da
Gama ou Affonso de Albuquerque, nós podemos juntar as
glorias dos seus admiraveis historiadores, como João de Barros ou Diogo de Couto, sem fallarmos mesmo de Luiz de
Camões que tem um logar á parte. Mas esta litteratura,
tão rica em geral, é singularmente pobre pelo que diz respeito a informações sobre a vida commum e corrente. Apenas Gaspar Corrêa, descendo ás vezes das sublimidades da
historia pura, nos dá uma ou outra noticia um pouco mais
intima. Certas paginas dos COLOQUIOS vem de algum modo
preencher esta lacuna, e deixam-nos entrever a maneira de
viver e de sentir do tempo e da região. As suas visitas medicas a casa de uma mestiça de vida pouco edificante, ou a
casa de um fidalgo doente; as suas disputas scientificas com
o poderoso sultão de Cambaya, ou com o Nizam Scháh; a
sua conversa com o baneane no Bazar de Diu, ou a sua
contenda com o velho boticario na presença do governador,
são documentos historicos mais suggestivos sob este ponto
de vista do que muitos capitulos de Barros ou de Couto.
Em geral, estas paginas de Orta têem em si a sua explicação; mas ás vezes, n'aquellas excursões fóra da sua sciencia
predilecta, elle deixa caír laconicamente algumas referencias
a factos, que são ao mesmo tempo interessantes e pouco
conhecidos. Tal é, por exemplo, no *Coloquio da canella* a
referencia ás viagens dos Chins nos mares da India e no
Golpho Persico; tal é todo ou quasi todo o *Coloquio do ber,*
com as suas referencias interessantissimas á historia interna
do Deckan, e aos «nomes e appellidos» dos seus reis. Pareceu-nos, que ainda n'estes casos convinha esclarecer o texto
com algumas notas geographicas ou historicas, como o ha-
viamos esclarecido com as notas botanicas, embora n'este
caso luctassemos com mais difficuldades, pois saiamos do

campo dos nossos estudos especiaes. Obedecendo sempre ao mesmo plano de pormos ao alcance do leitor as informações que lhe possam ser necessarias, ou simplesmente agrada-veis, procurámos tambem identificar todas as pessoas men-cionadas[1]. Com effeito, quando o leitor encontra no texto uma referencia succinta a um irmão do rei de Dehli, ou a um bispo de Malaca, ou a um rei desthronado de Ternate. interessa-o encontrar nas notas, que o tal irmão se chamava Mohammed Zéman Mirza, que o bispo era D. fr. Jorge de Santa Luzia, e o rei tinha o nome gentio de Tabarija e o nome christão de D. Manuel.

Taes foram, brevemente indicadas, as regras que nos guia-ram em geral na redacção das notas. Escusado será dizer, que ficámos muito áquem do que desejavamos, e do que me-recia o livro. Orta deveria ter encontrado um editor — como Marco Polo teve em Yule — que a uma erudição profunda e muito geral, reunisse o conhecimento directo e pessoal das regiões orientaes. Faltava-me erudição geral, e faltava-me aquella impressão immediata. e *de visu* da natureza tropical e dos aspectos do Oriente, que nenhuma leitura póde supprir. Faltava-me tambem — e esta foi para mim uma difficuldade grave — o conhecimento das linguas orientaes. Uma das fei-ções mais interessantes dos Coloquios, é a sua abundante nomenclatura vulgar de plantas e de drogas. Encontram-se ali nomes arabicos, nomes indianos, tanto das linguas sans-kriticas do norte, como das linguas dravidicas do sul, nomes

---

[1] E procurámos igualmente identificar os livros citados. N'esta parte pouco tinhamos a acrescentar á lista já publicada *(Garcia da Orta e o seu tempo,* 285 a 297); mas conseguimos encontrar noticia de mais al-guns livros; assim como devemos confessar, que um ou dois escaparam completamente ás nossas investigações.

singhalezes, nomes malayos e outros. Orta dá estes nomes
como os póde apanhar de ouvido, e nas irregulares transcripções alphabeticas do seu tempo, quer dizer com muita
incorrecção. Havia todo o interesse em reconstruir aquelles
nomes, e em provar que, sob as suas alterações, eram pela
maior parte verdadeiros e conhecidos; e para isso foi necessario dal-os em caracteres arabicos, e uma ou outra vez em
caracteres devanagricos, naturalmente com a sua transcripção ao lado. Tudo isto levantava para mim graves difficuldades. A minha sciencia em arabico pouco vae alem de conhecer o alphabeto, ou de poder procurar uma palavra em
um diccionario; em sanskrito ainda é menor; e em tamil ou
malayo, escuso dizer que é absolutamente nulla. N'estas condições, e apesar de todo o meu cuidado, eu devo ter com-
mettido erros numerosos, sem os poder evitar. Podia na
verdade evital-os, se supprimisse nas notas tudo quanto diz
respeito á nomenclatura dos Coloquios, mas pareceu-me
esta suppressão uma lacuna tão sensivel, que preferi arris-
car-me a commetter erros crassos, a deixar de pôr bem em
relevo, quanto a nomenclatura de Orta é completa e —para
o seu tempo— exacta. O leitor, versado n'aquellas linguas,
desculpará as faltas de quem não é, nem pretende ser um
orientalista.

Já vão longas estas explicações, e não me compete apontar outras lacunas d'esta edição, que todos poderão sentir,
que em parte resultariam da impericia do editor, mas em
parte resultaram tambem das faltas de publicações e outros recursos litterarios e scientificos com que luctâmos
todos os que trabalhâmos em Lisboa. Ao publicar este primeiro volume, ao qual se seguirá brevemente o segundo,
eu posso unicamente dizer, que o estudei com cuidado e com
amor. As longas horas gastas em pesquizas apparentemente

fastidiosas, em indagações na nova e na velha bibliographia, em leituras dos nossos antigos livros portuguezes, deixam-me uma impressão de repouso e de absoluta tranquillidade de espirito; e este trabalho foi e é como um refugio, como um asylo moral, apartado e remoto, ao qual chegam já muito enfraquecidos os ruidos dos successos actuaes.

Antes de terminar, eu devo agradecer de um modo geral a todos os que uma ou outra vez me auxiliaram nas minhas pesquizas, e de um modo muito especial ao sr. Venancio Deslandes. O illustrado administrador geral da Imprensa Nacional não poz unicamente ao serviço d'esta obra os vastos recursos do estabelecimento que dirige; mas tambem o seu trabalho pessoal. Bastará dizer, que elle copiou da sua lettra todo o texto dos Coloquios, e fez pela sua mão toda a fastidiosa revisão das primeiras provas, para mostrar que —em tudo quanto se refere á reimpressão do texto— foi mais do que um auxiliar, foi o mais valioso e dedicado dos collaboradores.

Lisboa, Novembro de 1890.

Conde de Ficalho.

⸿ COLOQUIOS DOS SIMPLES

e drogas e cousas mediçinais da India, e assi dalgumas frutas achadas nella, onde se tratam algumas cousas tocantes a medicina pratica, e outras cousas boas pera saber, compostos pello doutor Garcia d'Orta, fisico del-rey nosso senhor, vistos pello muyto reverendo senhor, o liçençiado Aleixo Dias Falcam, desenbargador dá Casa da Supricaçam, inquisidor nestas partes.

⸿ Com privilegio do Conde Viso-Rey.

Impressos em Goa por Joannes de Endem aos x dias de abril de 1563. annos.

O CONDE Viso-Rey da India, etc., faço saber a quantos este meu alvará virem que o doutor Garcia d'Orta me inviou dizer que elle tinha feito hum livro pera enpremir das mézinhas e fruitas da India, que era muyto proveitoso, pedindome que ouvesse por bem e mandasse que, por tempo de tres annos, nenhuma pessoa o podesse enpremir sem liçença delle doutor, por quanto era em seu prejuizo, e visto por mim seu pedir e avendo respeito ao que diz: ei por bem e por este mando que pello dito tempo de tres annos, que se começarão da noteficaçam deste em diante, nenhuma pessoa, de qualquer calidade e condiçam que seja, possa enpremir nem mandar enpremir por nenhuma via o dito livro sem licença do dito doutor, so pena de qualquer que o contrairo fizer paguar por cada vez duzentos crusados, metade pera elle ou pera quem o acusar, e a outra metade pera as obras pias, e ser preso até minha mercê, e aver a mais pena que eu ouver por bem. Por tanto notifico assi ao ouvidor geral e a todas as mais justiças e oficiaes a que pertençer, e lhe mando que asi o cumpram e guardem e façam comprir e guardar inteiramente sem duvida, nem embarguo algum. Rui Martĩz o fez. Em Goa a 5 de novembro de 1562.

¶ CONDE VISO-REY.

AO MUYTO ILLUSTRE SENHOR MARTIM AFONSO

de Sousa, do conselho real, senhor das villas de Alcuentre e o Tagarro, seu criado o doutor Orta lhe deseja perpetua felicidade com inmortal fama pera seus decendentes.

He aprovada de todos a sentencia de Salustio em que encomenda aos homens que trabalhem exceder e ter priminencia sobre os outros animaes, que não passem a vida em silencio como fazem os brutos, que não tem mais cuidado que de comer e beber: conforme a esta sentença he o commum dito de todos, que não somos menos obriguados a dar rezam e conta do oçio que do negocio; e, per esta causa, dizia Catam Censorino, que das cousas de que avia de fazer penitencia era de passar algum dia per esquecimento sem fazer obra alguma; e daquelle famoso pintor Apelles se conta que não pasava dia algum sem deitar linha. E certamente que os que asi passam a vida, e com tanta preguiça adormesçem as forças do corpo e da alma, e não leixam, aos que ham de vir depois, mostra alguma de seus trabalhos, como fazem os brutos animaes, não se podem chamar homens pois tem pouca deferença dos brutos, e por esta causa, illustrissimo senhor, sam eu digno de grande reprensam, porque estando nesta terra trinta annos, nunqua deitei fruto algum pera aproveitar aos mortaes com alguma escritura; porque aos que Deos dotou de tanta perfeiçam e exçelencia, que fizessem feitos tam heroicos por onde os outros escrevessem delles, como vossa senhoria fez em estas partes e em outras, não tem neçesidade de escrever pois a fama inmortal os çellebra. Ó quem podera, illustrissimo senhor, tornarse Homero ou Virgilio pera escrever vossas grandes façanhas, pera com isto deixar fruto de mi aos vindoiros: mas pois que a fortuna isto me negou, e foi amoestado e reprendido desta oçiosidade, da qual tambem foi acusado dalguns que esta terra governaram; e porque o vosso conselho he mandado pera mi, determinei de fazer este breve tratado; mas temia o oçioso povo e mordaces linguoas, por onde o tratado tinha neçesidade de hir arrimado a quem o defendese dellas, assi como fazem os espreméntados agricultores que, querendo plantar algumas dellicadas plantas as arrimam a alguns fortes arvores pera que as defendam dos tempestuosos ventos e fortes chuivas e asperas geadas, assi quis eu plantar esta fraca planta debaixo do emparo de vossa senhoria, com o qual será defendida de toda a mór parte do mundo, pois a vossa fortaleza he tam conheçida, não tam somente por todas as tres partes do mundo, mas polla outra quarta parte, que aguora os cosmografos acreçentam, e não tam somente sois por vossa fortaleza temido nestas partes, mas, por vossa beninidade, e outras graças, que o Senhor Deos vos dotou, sois amado. Bem podeis, illustrissimo senhor, defendelo do envejoso povo aquelle a quem até o presente criastes, ajudastes, e favoreçestes, e finalmente lhe déstes o nome de vosso, com o qual nome será este livro temido dos envejosos e amado dos bons e curiosos da verdade; e não he muyto de emparardes este meu tratado pois he de vosso criado, e nelle se dizem cousas que me ensinastes, e outras, que eu aprendi na vosa escola militar e cortesãa. Bem pudera eu compor este tratado em latim, como o tinha muytos annos antes composto, e fora a vossa senhoria mais aprasivel; pois o entendeis milhor que a materna linguoa, mas traladeo em portugues por ser mais geral, e porque sei que todos os que nestas indianas regiões habitam, sabendo a quem vai entitulado, folgaram de o leer. Ora pois, enpareo e defendao pois a sua casa o mando pera ser emmendado. Deos prospere o illustre estado de vossa senhoria e, por longos annos, acreçente com honrosos titulos como desejo.

DO AUTOR FALANDO COM O SEU LIVRO,
e mandao ào Senhor Martim Afonso de Sousa.

Seguro livro meu, daqui te parte,
Que com huma causa justa me consolo
De verte oferecer o inculto colo,
Ao cutello mordaz, em toda parte:

Esta he, que daqui mando examinarte
Por hum Senhor, que de hum ao outro polo
Só nelle tem mostrado o douto Apolo
Ter competencia igual co'o duro Marte.

Ali acharás defensa verdadeira,
Com força de razões, ou de ousadia,
Que huma virtude a outra não derrogua;

Mas na sua fronte a palma e a oliveira
Te diram que elle só, de igual valia
Fez, co'o sanguino arnes, a branca togua.

AO CONDE DO REDONDO, VISO-REY DA INDIA
Luiz de Camões.

Aquelle unico exemplo
  De fortaleza eroyca e de ousadia,
Que mereceo, no templo
  Da eternidade, ter perpetuo dia,
  O grão filho de Thetis, que dez annos
  Flagello foi dos miseros Troianos;

Não menos insinado
  Foi nas ervas e medica noticia,
Que destro e costumado
  No soberbo exercicio da milicia:
  Assi que as mãos que a tantos morte deram,
  Tambem a muytos vida dar puderam.

E não se desprezou
  Aquelle fero e indomito mancebo
Das artes que insinou,
  Para o languido corpo, o intonso Phebo:
  Que se o temido Heitor matar podia
  Tambem chaguas mortais curar sabia:

Tais artes aprendeo
  Do semiviro mestre e douto velho,
Onde tanto creceo
  Em virtude, sciencias, e conselho,
  Que Telepho, por elle vulnerado,
  Só delle pode ser despois curado.

Pois ó vós, excellente
E illustrissimo Conde, do ceo dado
Pera fazer presente
De heroes altos o tempo já passado;
Em quem bem trasladada está a memoria
De vossos ascendentes a honra e a gloria:

Posto que o pensamento
Occupado tenhais na guerra infesta,
Ou do sanguinolento
Taprobanico Achem, que o mar molesta,
Ou do cambaico occulto imiguo nosso,
Que qualquer delles treme ao nome vosso:

Favorecei a antigua
Sciencia que já Achiles estimou;
Olhai que vos obrigua,
Verdes que em vosso tempo se mostrou
O fruto daquella Orta onde florecem
Prantas novas, que os doutos não conhecem.

Olhai que em vossos annos
Produze huma Orta insigne varias ervas
Nos campos lusitanos,
As quaes, aquellas doutas e protervas
Medea e Circe nunca conheceram,
Posto que as leis da Magica excederam.

E vede carreguado
De annos, letras, e longua experiencia,
Hum velho que insinado
Das guangeticas Musas na sciencia
Podaliria subtil, e arte siluestre,
Vence o velho Chiron de Achilles mestre.

O qual está pidindo
  Vosso favor e ajuda ao grão volume,
Que agora em luz saindo
  Dará na Medicina um novo lume,
  E descobrindo irá segredos certos
  A todos os antiguos encubertos.

Assi que não podeis
  Neguar (como vos pede) benina aura,
Que se muyto valeis
  Na polvorosa guerra Indica e Maura,
  Ajuday, quem ajuda contra a morte,
  E sereis semelhante ao Greguo forte.

DO LIÇENCIADO DIMAS BOSQUE,
medico valençiano, ao leitor.

Comum doutrina foy de todos os filosofos, prudente leitor, os homens, por causa e razam dos proprios homens serem naçidos, e de seu proprio naçimento terem obrigaçam de aproveitar aos outros: isto sentia o divino Platão quando dizia, não ser naçido o homem pera si só, mas tambem pera sua patria e amigos; e ainda que os homens, comprindo com sua humana enclinaçam, aproveitando aos outros façam aquillo pera que naturalmente foram gerados, comtudo se lhes deve muyto, pois, não reçeando trabalhos, puseram suas forças em descobrir a verdade, tirando a nevoa e véo, que empidem os humanos entendimentos no prefeito conheçimento della, e, o que mais he pera arreçear, sugeitarse á opiniam de tantos e tam diversos pareçeres. E verdadeiramente que se os que vivemos aos pasados devemos muyto por seus trabalhos se endereçarem a nosso proveito, não podemos negar esta obrigaçam e divida ao doutor Garcia d'Orta, cuja curiosidade e trabalhos neste livro se vê claramente quanto proveito e fruto o curioso leitor, que com animo repousado e despido da mordaz emveja os quiser ler, alcançará. Force tambem a autoridade do autor, aos que este seu·livro lerem, ter as cousas delle na conta e estima que ellas mereçem, pois sam de homem, que, do principio da sua edade até autorisada velhiçe, nas lettras e faculdade da mediçina gastou seu tempo com tanto trabalho e diligencia, que duvido achar na Europa quem em seu estudo lhe fizesse vantagem. Saindo ensinado nos principios de sua faculdade das insignes Universidades de Alcalá e Salamanca trabalhou de comunicar o bem da çiencia, que nas terras alheas tinha alcançado, com sua propria patria, lendo nos Estudos de Lisboa por alguns annos com muyta deligençia e cuidado, e exerçitandose na cura dos doentes até vir a estas partes da Asia, onde por espaço de trinta annos, curando muyta deversidade de gentes não somente na companhia dos viso-reys e governadores desta oriental India, mas em algumas cortes de reis mouros e gentios, comonicando com medicos e pessoas curiosas, trabalhou de saber e descobrir a verdade das medeçinas simples, que nesta terra naçem, das quais tantos emganos e fabulas não somente os antigos mas muytos dos modernos escreveram: e o que elle por tantos annos e por tam diversas partes alcançou, quis que o curioso leitor em huma ora, neste seu breve tratado, visse e entendesse; o qual teve começado em linguoa latina, e, por ser mais familiar a materia de que escrevia, por ser enportunado de seus amigos e familiares pera que o proveito fosse mais comonicado, detriminou escrevello na lingoa portugueza a modo de dialogo, e isto causa, algumas vezes, apartarse da materia mediçinal e tratar de algumas cousas que esta terra tem dinas de serem sabidas. Não pos seu trabalho em estillo elegante, nem em palavras reitoricas aprazíveis ás orelhas, tratou puras verdades com puro estillo porque isto só á verdade basta. Teve na empresam alguns erros por faltar o principal empresor e ficar a obra em mãos de hum homem seu companheiro, que não era ainda mui destro na arte de emprimir, e pouco corrente no negocio da empresam. Receba pois o discreto leitor o fruto que desta orta de simpres e fruitas da India o doutor Garcia d'Orta lhe offereçe pera que, satisfazendo com o animo grato a seus trabalhos, tenhamos ousadia, seus amigos, de o emportunar pera que em cousas maiores e de mais quilates se ocupe. Em Goa aos dous dias dabril de 1563 annos.

PRAESTANTISSIMO DOCTORI THOMAE

Roderico, in Conimbricensi Academia medicorum primo
Dimas Bosque, medicus valentinus S. P. D.

Simplicium medicamentorum originem et facultates arti-
ficiose Dyoscorides Anazarbœus descripsit, sed Græcorum
more græca brevitáte usus, plantarum historiam alioqui
amplissimam, obscuram fecit, et earum virium cognitionem
obscura dicendi norma difficilem reddidit.

Copiose etiam Galenus, sed multa in multis desiderantur,
si recte quæ de ipsis scripsit, contemplemur, aut quæ ab
ipso incognita relinquantur, aut quia earum vires index
omnium rerum tempus non adhuc demonstraverat. Ara-
bum relinquamus doctrinam, allucinantur enim passim in
simplicibus describendis, et ita rem hanc tractantes in limine·
cespitant, ut vix ex eorum dictis certum aliquid colligi possit, cui et nostram fidem et ægrorum salutem committere
valeamus. Multa nostra tempestate multi scripserunt, sed
de iis quæ in orientali India nascuntur hactenus incognita,
nunc autem lusitanorum navigatione notissima figmenta
narrant ridicula. Sunt qui ebur fossile dicant, alii verum
non reperiri: cùm tanta ejus in hac regione copia sit, ut In-
victissimus Lusitanorum et Indiarum Rex Sebastianus non
regiæ domus solum summa fastigia (ut de Apoline dicebat
Ovidius) tegere possit, sed amplissimam civitatem ex niti-
dissimo ebore construere valeat. Alii de espodio diversa dicunt de ipsius natura inter se disceptantes, cùm inter nos
notissimum sit, et ingentem ejus quantitatem ex insulis Ma-
luchiis quotidie videamus, et parem copiam in montibus
nobis vicinis reperiamus, in quo cuncta quæ de ipso scri-
pta sunt, lucidissime discernuntur.

Omitto quæ de radice Cinæ dicunt in altissimis montibus nasci, et a ferocissimis animalibus venenatisque ser-
pentibus custodiri. Nulla enim Cinæ regionis in littoribus
pars reperitur, quæ hac radice non sit referta, sed dis-
tantia loci et incognitæ regionis ignorantia facile viros

alioqui doctissimos a manifestissimis erroribus et ridiculis fabulis excusabit; nam simplicium historiam depingere volentes herbas nascentes intueri debent, adolescentiam earum contemplari, et florum ornatum atque varietatem respicere, et tandem maturitatis tempus cognoscere, ut diversas ipsarum mutationes per ætates intellectas possint inter veritatis limites collocare: quod ego de te intellexi, doctor amplissime, cùm in florentissima Conimbricensi Academia medicæ facultatis præceptis, te docente, operam dabam; curabas enim agrestes herbas ex silvestribus montibus in domesticum hortum deduci, ut ipsas nascentes, adolescentes, floribus refertas, et tandem maturas, cognosceres: te etiam in iis perpetuum habui præceptorem; et quidquid in Apolinea facultate et morborum curatione boni nactus sum, tibi acceptum referam; et cùm in hac regione doctorem Garciam ab Horto, summa mihi familiaritate conjunctum de simplicibus scribentem reperissem, ut librum tuæ comitteret inter doctos tutellæ monui, quod ipse libenter fecit. Sciebat enim, prudentissimus senex, te nunc in Europa medicorum omnium esse patronum, et tuam erga doctos benignitatem non ignorabat; adde quod tuum in dignoscendis simplicibus, et eorum viribus et facultatibus discernendis studium ac diligentiam millies narrabam. Eia igitur, præstantissime doctor, audeat liber tuo clipeo munitus, et tanti viri auctoritate frætus inter doctos procedere, Zoilum non timens cunctas Europæ Academias peragrare, ut Indiæ fructus et simplices medicinas sincera veritate depictas medica recipiat juventus.

Vale. Goæ primo nonis Aprilis.

AD GARCIAM AB HORTO MEDICUM APUD
Indos, doctoremque clarissimum, epigramma
Thoma Caiado auctore.

India quos fructus, gemmas, et aromata gignat,
Garcia perscribit Dortius illa brevi.

Hoc opus, ó medici, manibus versetur ubique,
Quod veteres olim non valuere viri.

Multa quidem vobis, per quæ medicina paratur,
Occurrent, tenebris quæ latuere diu.

Rarus honos, doctor, tantas aperire tenebras!
Plinius es terris atque Dyoscorides.

Qui, quamvis ausi magnis de rebus uterque
Scribere, judicio cedet uterque tuo.

Namque potens herbis, toto Podalirius orbe,
Diceris, et vera laude parare decus.

Forsitan et quæras, cur non sermone latino
Utitur, ó lector; consulit indocili.

Floret utraque nimis lingua, cùm postulat usus,
Excellens medicus, philosophusque simul (1).

Nota (1)

Duas palavras apenas, ácerca das pessoas, cujos nomes figuram nos documentos de introducção.

O «conde viso-rey», que assignou o alvará de privilegio para a impressão dos *Coloquios*, foi D. Francisco Coutinho, terceiro conde do Redondo, vigesimo governador da India e oitavo com o titulo de vice-rei.

Depois de ter sido capitão de Arzilla, passou á India no anno de 1561, e tomou posse do governo no mez de setembro d'esse anno. Morreu em Goa aos 19 dias do mez de fevereiro do anno de 1564 (Cf. Couto, *Asia,* dec. VII, liv. X; de Couto parece deduzir-se que elle foi segundo conde do Redondo, mas a *Historia genealogica* dá-o como terceiro).

O licenceado Aleixo Dias Falcão, «desembargador da casa da supricaçam», que viu os *Coloquios* e os deixou correr, era um dos dois primeiros inquisidores que passaram á India; o outro chamava-se Francisco Marques Botelho. Estes dois canonistas e letrados foram na armada do anno de 1560, juntamente com o primeiro arcebispo de Goa, D. Gaspar. Com elles entrou a inquisição nas terras da Asia, porque, se alguns annos antes a bulla havia sido lida no pulpito da sé de Goa, pelo bispo D. João de Albuquerque, parece que se não applicavam todas as suas disposições — *todas as sustancias da santa inquisição,* como ingenuamente diz Gaspar Corrêa. Aleixo Dias Falcão ficou muito tempo pela India, pois do *Livro vermelho da Relação* de Goa consta, que elle prestou alí um juramento a 30 de abril do anno de 1572. (Cf. Couto, *Asia,* VII, IX, 5; *Lendas da India,* IV, 294; *Archivo portuguez-oriental,* fasc. 5.º, parte II, p. 842, Nova Goa, 1865).

De Martim Affonso de Sousa, o amo e amigo do nosso naturalista, já dissemos o sufficiente na *Vida* d'este. Bastará agora notar, que depois de voltar da India foi senhor de Alcoentre e de Tagarro — os titulos que lhe dá Garcia da Orta. D. Antonio Caetano de Sousa diz que elle comprou o senhorio de Alcoentre ao marquez de Villa Real, e provavelmente o de Tagarro andava annexo a este, pois vemos o seu filho, Pedro Lopes de Sousa, herdando os dois (Cf. *Garcia da Orta e o seu tempo,* p. 65 a 84; *Historia geneal. da caça real portugueza,* XII, parte II, 1105 e 1109).

O licenceado Dimas Bosque, medico valenciano, foi para a India — ao que parece — com o vice-rei D. Constantino de Bragança; pelo menos acompanhou-o nas suas expedições, e era o unico medico na grande armada com que este vice-rei passou a Jafnapatam, na ilha de Ceylão. Pelos annos de 1560 ou 1561 intervinha elle officialmente nos negocios da sua profissão, pois vemos que D. Constantino decretára algumas modificações na pauta dos preços das drogas e medicamentos, depois de tomar «verdadeira informação com o licenceado Dimas Bosque». E no anno de 1562 é intitulado «fisico mór» na carta de arrematação de uma pequena ilha no rio de Goa a velha. De Dimas Bosque, dos seus trabalhos scientificos, e da sua ilha, teremos de fallar mais largamente em outras notas. (Cf. adiante o *Coloquio das cousas novas; Jorn. de pharm. e de med. da India portugueza,* n.º 7, 1862; *Archivo portuguez-oriental,* fasc. 5.º, parte II, p. 505 e 877).

O *Thomæ Roderico,* a quem Dimas Bosque dirige a sua epistola latina, era sem duvida o bem conhecido professor, o dr. Thomaz Rodrigues da Veiga. Havia-se doutorado na universidade de Salamanca, onde obteve por opposição ou concurso uma cadeira de medicina; e foi depois chamado a leccionar na de Coimbra, sendo ali durante muito tempo lente de prima da faculdade de medicina. Esta identificação de pessoas já vem apontada pelo erudito e minucioso Leitão Ferreira (Cf. F. Leitão Ferreira, *Not. chron. da universidade de Coimbra*, p. 522, Lisboa, 1729; Veja-se tambem Barbosa Machado, *Bibliotheca lusitana*).

Thoma Caiado, o auctor do *Epigramma,* devia ser um cidadão de Goa, que por aquelles tempos gosava da fama de bom latinista. Diogo do Couto, descrevendo a entrada triumphal de D. João de Castro em Goa, depois de levantado o cerco de Diu, diz o seguinte: «Posto tudo em ordem, abalou o Governador do caes em meio do Capitão e Vereadores; e chegando á porta do muro que se rompeu, achou hum cidadão, chamado Thomé Dias Cayado, que lhe fez huma falla em Latim mui eloquente e elegante, toda em louvor da vitoria que lhe Nosso Senhor deo dos Capitães de El-Rey de Cambaya, com que toda a India ficava segura, e fora de receios, louvando-lhe sua prudencia, segurança e presteza». Parece-me licito admittir, que este fosse o auctor do *Epigramma,* em vista da concordancia de nome e de predicados litterarios (Cf. Couto, *Asia,* vi, iv, 6).

Reservámos para ultimo logar o grande Luiz de Camões, de cuja pessoa e vida nada será necessario dizer, por demasiado conhecidas. Devemos, no emtanto, explicar brevemente os motivos que nos levaram a adoptar a lição que damos da sua *Ode.*

Como é geralmente sabido, foi esta a primeira composição de Camões que se imprimiu; e, do mesmo modo que o resto do livro, saiu mutilada por aquelle aprendiz, «que não era ainda mui destro na arte de emprimir». Se os erros de imprensa eram graves na prosa de Orta, eram muito mais graves no verso, e em versos do Camões. A *Ode* reclamava pois urgentemente algumas correcções. Mas quando de novo saiu impressa (1598), não veiu simplesmente corrigida, veiu profundamente alterada. E esta nova fórma, com ligeirissimas modificações, tem-se reproduzido nas successivas edições até ás mais recentes. Se nós hoje tratassemos de uma nova edição do Camões, teriamos de examinar uma questão interessante, procurando saber, se as alterações são devidas ao proprio Camões, como dá a entender Manuel de Faria e Sousa. N'este caso, e só n'este caso, conviria adoptar a lição das edições de 1598 e posteriores. Mas não se provando —o que julgo difficil provar— que as emendas são do poeta, é claro que se deve preferir a lição de 1563, a qual, alem de ser a primeira, é superior á outra em muitos pontos.

Não tratâmos, porém, de uma edição do Camões, e sim de uma edição dos *Coloquios;* e portanto não tivemos de examinar miudamente o valor e supposta procedencia das variantes. Unicamente nos competia reproduzir o que está no livro de 1563, emendando pura e simplesmente os erros, que fossem claramente typographicos. Estas emendas são pouco importantes, e duas apenas interessam o sentido da phrase; uma é no verso:

> Que o temido Heitor matar podia

o qual vae impresso:

> Que *se* o temido Heitor matar podia

como requer o sentido, e com vantagem para o metro; a outra é no verso:

> Olhai que nos obrigua

e claramente deve ser, como agora se imprime:

> Olhai que *vos* obrigua.

As restantes emendas não merecem ser notadas. A *Ode* sáe pois como a encontrámos na primeira edição dos *Coloquios;* e como já saíu —salvas differenças orthographicas— em um interessante folheto, tirado n'um pequeno numero de exemplares *(A Ode de Luiz de Camões ao Conde do Redondo, restituida á sua primitiva lição,* Lisboa, 1884).

Comquanto não seja este o logar proprio para examinar todas as variantes introduzidas na lição de 1598 e posteriores, ha uma que merece ser notada, porque é curiosa. Não ha interesse particular em saber por que rasão substituiram *medica policia* a *medica noticia,* nem porque chamaram a guerra *sanguinosa* em vez de *polvorosa.* Mas não succede o mesmo com o verso:

> Taprobanico Achem, que o mar molesta

Quem emendou este verso, fosse quem fosse, teve o louvavel intento de evitar um erro de geographia ao Camões. *Taprobana* era a ilha de Ceylão, *Achem* era em Sumatra; dizendo *taprobanico Achem,* o nosso poeta confundia Ceylão com Sumatra—erro grave. Foi de certo este o motivo que levou a substituir áquelle o duro verso:

> Taprobano ou Achem, que o mar molesta.

Mas quem fez esta emenda, não reparou em que o erro era natural, e Camões tivera n'este ponto muitos e muito bons companheiros.

É certo que a *Taprobana* dos antigos gregos se deve identificar com a ilha de Ceylão; e é certo que o poeta fez correcta e claramente esta identificação nos *Lusiadas*. Não talvez na primeira estancia, onde *Taprobana* tanto pôde ser Ceylão como Sumatra, pois os portuguezes passaram além de ambas; mas na estancia 51 do canto x, quando diz:

> A nobre ilha tambem de Taprobana,
> Já pelo nome antigo tão famosa,
> Quanto agora soberba e soberana
> Pela cortiça calida, cheirosa.

e de um modo bem explicito na estancia 107:

> ......que Taprobana
> (Que ora he Ceilão) defronte tem de si.

Tudo isto é assim; mas, por outro lado, temos que a *Taprobana* foi muitas vezes identificada com a grande ilha de Sumatra. Nos ultimos tempos da idade-media e no correr da renascença, houve sobre este ponto graves duvidas. Nos *Coloquios* encontraremos vestigios d'essas duvidas, n'esta phrase singular a proposito de Ceylão: «que alguns dixeram ser Taprobana ou Çamatra». E a opinião de que *Taprobana* era Sumatra, foi corrente entre viajantes, como Nicolo di Conti; entre cartographos, como fra Mauro; entre os mais eruditos geographos, como Sebastião Munster, Ortelius e Mercator, para citarmos unicamente os mais conhecidos. É pois explicavel, que o Camões tivesse um momento esta opinião, e escrevesse *taprobanico Achem,* embora mais tarde se encostasse ao parecer de João de Barros, e o significasse claramente nos *Lusiadas*.

O verso, tal qual o deixâmos, não é portanto desdouro para o nosso erudito poeta, e é uma prova interessante da sua hesitação em um ponto controvertido.

COLOQUIO PRIMEIRO, EM QUE SE

INTRODUZ O DOCTOR RUANO, MUITO CONHECIDO DO
auctor em Salamanca e em Alcalá, o qual vem á India com hum
seu cunhado, que he feitor de huma náo, e nam vem qua por mais
que por saber das mézinhas da India e de todolos outros simples
que nella ha, e como chegou a Goa e ouvio nomear o autor, co-
nhecendose ambos, vay pousar com elle e decraralhe sua entençam, e o autor lhe responde.

INTERLOCUTORES

ORTA, RUANO.

ORTA

Pois que já temos praticado na vida que fizestes depois
que nos apartámos do estudo, e porque causa viestes á India, será razão que me digais se ha alguma cousa em que
vos eu possa servir, porque desdagora me aperceberey pera
isso.

RUANO

Saiba que posto que vim qua porque tenho parte nesta
náo em que veo meu cunhado por feitor, bem podéra escusar com a sua vinda delle a minha a esta terra, mas porque
tenho grande desejo de saber das drogas medicinais (as que
chamão lá em Portugal de botica) e destoutras mézinhas simples, que qua ha, ou fruitas todas, e da pimenta, das quais
cousas queria saber os nomes em todas as linguas, assi das
terras donde nascem e dos arvores ou prantas que as crião,
e assi queria saber como usão dellas os fisicos indianos, e
tambem queria saber dalgumas outras plantas e frutos desta
terra, ainda que não sejão medicinais, e assi dalguns custumes desta terra, ou cousas que nella acontecerão, porque
todas estas cousas ham de ser ditas na verdade, vistas per
vós ou per pessoas dinas de fé.

ORTA

Em todas estas cousas vos servirey e vos direy a verdade, mas temo que as cousas que eu dixer nam sejão dinas de notar, porque a hum tam grande letrado, e que tanto soube no especulativo nam lhe contentão senam raras cousas.

RUANO

Se ellas contentárão a vossa merce contentarão a mim, e já pode ser que elle, porque as bem sabe, não as estime, e eu, porque as não sei, telasei em muito preço como he razam: porque alguns fisicos que de qua forão a Espanha, nam me souberão dar razam disto, nem satisfizerão a meu intindimento: e sabey que quanto comvosco falo, tudo ey de escrever, que pera isso tenho hum livro e nelle escritas as perguntas pelo a b c.

ORTA

Digo senhor que pois vós quereis saber com vossa curiosidade o pouquo e mal rezoado que qua soube, eu volo direy de manhãa por diante, e pois a nossa amizade he tam grande e tam antigua, o que vos diser ha de ser com protestaçam que o que nam for bem dito, sem nenhuma adulaçam nem lisonja mo digais, e, com estas condições, prometo de vos servir e dizer o pouquo que souber, e logo vos ey de dizer as cousas que sey bem sabidas e as em que tenho duvida, com juramento de falar muyta verdade.

RUANO

Nisso, como vos digo, receberey muita merce, e dormiremos, se fordes servido, mas nam sey se poderey pollos desejos que tenho de perguntar pella manhãa (1).

———

NOTA (1)

Garcia da Orta introduz nos seus *Coloquios* varios personagens reaes, como é sem duvida alguma o licenciado Dimas Bosque, como são provavelmente a sua creada Antonia, Paula de Andrade, o milanez

André e outros. O dr. Ruano, porém, deve ser um personagem ficticio. Dada a fórma dialogada, e sem examinar agora se a escolha d'essa fórma foi feliz, Orta necessitava de um interlocutor que o interrogasse; e não só o interrogasse, mas lhe offerecesse objecções, e lhe formulasse duvidas. D'ahi a escolha de um medico, formado como elle em Salamanca e Alcalá, tendo toda a sciencia dos livros, e tão desejoso de a completar pelo resultado das observações feitas no Oriente, que a sua impaciencia lhe tirava o somno.

Ruano representa-nos, pois, Garcia da Orta, como este chegou á India, munido de toda a erudição classica e universitaria, sabendo o que tinham escripto Dioscorides, Plinio e os auctores modernos, forte nas suas affirmações, e um tanto respeitoso ainda em frente de alguns dos seus erros: o Orta dos *Coloquios* representa-nos a transformação operada por perto de trinta annos de observações directas. Como eu dizia na sua *Vida*: «Os dois personagens são os dois caracteres reunidos em Garcia da Orta, as duas faces do seu espirito postas em frente uma da outra». Este modo de ver parece-me ainda hoje exacto; e não só eu não tenho noticia alguma da existencia de um dr. Ruano na India, como a leitura de todo o livro me dá a impressão de um personagem creado e inventado para as necessidades da exposição e da controversia (Cf. *Garcia da Orta e o seu tempo*, p. 299 e seg., Lisboa, 1886).

COLOQUIO SEGUNDO DO ALOES

INTERLOCUTORES

ORTA, RUANO.

RUANO

Já me parece tempo pera responderdes ás minhas perguntas, e porque a ordem aproveita muito á memoria será
bem começar pello a b c, e alguns nomes que faleceráo
alembrarmoeis.

ORTA

Isso que dizeis da ordem do alphabeto acho nam ser bom,
e a causa he porque póde acontecer as cousas ditas ao
principio serem pouquo proveitosas ou muito notas, ou sem
gosto pera serem lidas; quanto mais que sempre ouvi dizer
que os peccados mais graves se havião primeiro de confessar aos confessores, e as milhores rezões se havião de dizer
primeiro quando leião algumas lições, e que quando se havião de pedir algumas cousas, as mais necessarias havião de
ser as primeiras.

RUANO

Antes senhor (salvo milhor juizo) me parece ·o contrairo
em muitas cousas, porque nos principios das orações nam
se hão de mover os affectos e vontades tanto como nas
outras partes da oraçam, e mais porque o fim fica mais na
memoria que as cousas, que primeiro se dixerão, nem os que
lêem hão de dizer a doctrina muy sotil no principio, senam
prometer de a dizer, pera fazer os ouvintes atentos.

ORTA

Ainda me nam satisfizestes ao que vos dixe, e he que se
este livrinho quizerem alguns imprimir, ou por zombar de
mim, ou por descobrir meus erros e minhas mal compostas
razões, e lendoo alguma pessoa e nam achando no principio

cousa de que goste, sem mais esperar razão, dará este livro
ao quarto elemento, e dirá em mim mil pragas e vituperios,
e, o que pior he, farão contra mim invectivas; e outros,
por me não terem por digno de tanto, farão trovas e outras
cousas mais baixas.

RUANO

As vossas cousas nam tem outro mal pera os mordaces
leitores que serem verdadeiras e muitas nunqua sabidas
dos fisicos, quẽ de qua forão a Espanha, quanto mais aos fisicos da Europa, porque já perguntey em Espanha a fisicos
que qua andarão, e não me deram mais razam que a que lá
sabiamos todos, e destes homens alguns erão doctos, senão
o tempo que andarão qua trazião mais os pensamentos em
enriquecer, que em filosofar; porque, como diz o filosofo*,
que ainda que filosofar he milhor em si que enriquecer,
porém que ao necessitado milhor he enriquecer; e porque
estes o serião, quizerão primeiro enriquecer que filosofar; e
porque vos tire deste arreceo, digo que este trabalho vosso
quero eu pera mim só, e pera muito poucas pessoas outras
a quem o direy em Espanha (levandome Deus a salvamento), e serão alguns condiscipulos nossos, que vos não
pesará de o saberem, e alguns discipulos vossos, tam doctos,
que assi vós, como eu, poderemos aprender delles, porque
elles se derão pouquo á pratica e muito ás escholas, e vós
e eu fizemos o contrairo, e o que me doy mais d'isto he que
não tendes vós nem eu mestres ou preceitores a quem eu
possa mostrar vossos trabalhos nem em Salamanca nem em
Alcalá, porque todos são já mortos e desterrados longe de
Espanha: e tornando ás nossas perguntas me diga do *aloes*
os nomes em todas as linguas que sabe e como se faz, e
qual é o milhor, porque o desta terra louva muito Plinio e
Dioscorides**.

---

* Aristot. Topic., libro 3 (nota do auctor).

** Plin., libr. 27, cap. 4; Diosc., libr. 3, cap. 21 (nota do auctor).

ORTA

Do *aloes* ha poucas cousas que dizer que sejão notaveis, e porém fazervosey a vontade, e digo que o *aloes* ou *aloa* he latino e grego, e os Arabios o chamão *cebar,* e os Guzarates e Decanins *areá,* e os Canarins (que são os moradores desta fralda do mar) o chamão *catecomer,* e os Castelhanos *acibar,* e os Portuguezes *azevre*: fazse de çumo de huma herva depois de seco, e he chamada em portuguez *herva-babosa,* da qual herva ay muita quantidade em Cambaya e em Bengala e em outras muitas partes (1), mas a de Çocotora he muito mais louvada, e he mercadoria pera a Turquia, a Persia e Arabia, e pera toda a Europa; e por isso o chamam *aloes çocotorino;* e dista esta ilha ou está apartada das portas do estreito 128 leguas, por onde tanto se póde dizer da Arabia como da Etiopia, pois nas portas do estreito huma banda he Arabia e outra Etiopia: e não he isto onde se faz cidade, como diz Laguna, senão he toda a ilha, a qual não tem cidades, senão povoações com muito gado; e não se ladrilha o chão pera colher a lagrima que cáe, porque nem he cidade nem na ilha ha tanta policia, nem se falsifica polla muita abundancia que nella ha desta herva, senão polla pouca curiosidade que os negros desta terra tem em não apartar as hervas que com esta *herva-babosa* vem misturadas, e por isso hum não parece tam bom como outro: e tambem não creais que he milhor o de cima que o do meio, e peor o do fundo, nem he cheo de area, si se faz com diligencia, porque todo he bom; nem se falsifiqua com goma arabica e acacia (como dizem Plinio e Dioscorides), porque ha nesta terra pouca goma e acacia ou, por fallar verdade, nenhuma, segundo mandey saber per pessoas dignas de fé que isto me contarão; e já pode ser que este mesmo *azevre* se falsifique em outras terras (2).

RUANO

Como soubestes que o de Çocotora he melhor, porque alguns escriptores o chamão *suco-cetrino?*

ORTA

Não faz o nome ao caso.

RUANO

Como sabeis que sabem descernir hum do outro os Persios, Arabios e Turcos em Ormuz, onde o levão a vender, como dizem?

ORTA

Alem da fama comum o soube de hum rico mercador e bom letrado, a sua guisa, que servio de secretario aos governadores, chamado Coje Perculim (3), ao qual como hum dia lhe perguntasse como se chamava em turco, em persio e arabio, me dixe que *cebar* se dizia em todas estas linguas e, sem lhe mais perguntar, me dixe que o melhor de todos he o de Çocotora, e que o avia em muitas outras partes da India, donde o levavão a Ormuz e a Adem e a Gida, e dahi por terra o levavão ao Cairo, donde o levavão a Alexandria, porto do Nilo, e que facilmente conhecião os mercadores qual era o de Çocotora, e qual o de Cambaya e das outras partes, e que valia o de Çocotora quatro vezes tanto como o das outras partes. E despois disto fui ver ao Nizamoxa, que he um rey dos mais grandes do Decam, chamado o Nizamaluco (4), alem de ser letrado pello seu modo, sempre tem fisicos da Persia e de Turquia, a quem dá grandes rendas, dos quais soube isto mais perfeitamente: e mais me dixerão que se descernia o de Çocotora, porque nelle as partes se juntavão bem humas com outras, e no outro *aȝevre* não fazião perfeita mixtão, porque o çumo era de diversas hervas, e que isto era cousa muyto conhecida, e que o proprio rey, seu amo, o tinha sempre trazido de Çocotora, de modo que não são duas, nem tres especias, como dizem os doctores, senão huma só, e isto entendey, senão quereis que o logar varie as especias: somente ay bom e mao, scilicet, sofisticado, de modo que nem as hervas são diversas em bondade, porque a diversidade na bondade não faz que as partes não se misturem bem, pois são de huma mesma especia, e chamarem alguns doctores *suco-cetrino* não he muito, porque não olharão mais que á côr, mas a verdade he que se chama assi.

RUANO

Pois que diremos a Plinio e a Dioscorides* que dizem que o milhor de todos he o da India, e dizem outros que o de Alexandria ou da Arabia?

ORTA

A isto vos respondo que não entendais simplesmente que o trazido da India he o milhor, senão acrecentardes que o tragão á India primeiro de Çocotora, porque, como já vos dixe, tambem levão de Cambaya e Bengala *azevre* a Ormuz e a Adem, e a Judá (como nós, corrompendo o nome, a chamâmos, porque elles a chamão Gida), e com tudo isto sempre o levão destoutras partes, e, como digo, o de Çocotora he milhor, e levão de todo, porque quem diabos compra, diabos vende.

RUANO

Logo milhor diz Mesué que ha hum trazido de Çocotora, e outro da Persia, e outro da Armenia, e outro da Arabia?

ORTA

Não diz Mesué milhor, mas diz menos mal que os outros: porque verdadeiramente o que de qua vay pera Portugal, que eu o vejo todo, he trazido de Çocotora, e quando lá os vossos doctores dixerem de Alexandria trazido, entendey que nos annos passados se levava muita quantidade de drogas a Ormuz e dahi a Baçora, e dahi as levavão a Adem e a Gida, e dahi, por terra, em cafilas de camelos, o levavão ao Suez, que é cotovelo do mar, e a Alexandria, porto do Nilo, donde vão ter nas galés de Veneza pera se venderem e comunicarem a toda a Europa, e não porque em Alexandria ouvesse *azevre* pera fazer caso delle (5).

---

* Plin., lib. 24, cap. 4; Diosc., lib. 3, cap. 4 (nota do auctor). O cap. de Dioscorides está errado; deve ser 21, 22 na edição de Sprengel.

RUANO

Se não ay em Alexandria *azevre,* tambem dizeis que não ha *ruibarbo:* logo mal dizia aquelle escritor que não faria a huma pessoa purgar nem desopilar quanto *ruibarbo* ha em Alexandria?

ORTA

Entendeo esse doctor quanto *ruibarbo* vem das outras partes a Alexandria.

RUANO

Ácerca dos nomes estou hum pouco duvidoso, e não de Mateo Silvatico, que o chama *saber* ou *canthar,* ou *reamal,* porque este podia errar, pois não era arabio; mas que diremos a Serapio, quē, sendoo, o chamou *saber?*

ORTA

Não o chamou senão *cebar,* e depois, corronpendose por tempos o nome, se chamou *saber:* por onde não tem culpa senão o traductor, ou os tempos, que gastão tudo; mas no arabio está *cebar.*

RUANO

Ácerca dos indios he usado?

ORTA

Ácerca dos fisicos da Persia, Arabia e Turquia se usa desta mézinha, porque sabem elles de cór Avicena, a que chamão elles Abolahi e a seus cinquo livros *Canum,* e sabem Rasis, a quem chamão Benzacaria, e a Halirodoam e a Mesué, posto que não he este de que usamos, e tambem tem todas as obras de Hypocras e Galeno, de Aristoteles e de Platão; posto que as não tem tão inteiras como na fonte grega (6): e os fisicos gentios da India tambem usão delle em purgas e lombrigas e coliros, e tambem quando quierem encarnar algumas chagas, e tem pera isto nas suas boticas huma mézinha chamada *mocebar,* feita de *azevre* e *mirra,* á qual elles chamam *bola,* e desta usam muito para curar cavalos, e para matar os bichos das chagas, e por tanto nam he muito chamarse ácerca de nós o *aloes* ruym *cabalino,* como escreve um moderno doctor, dizendo que o mais ruym se gasta ácerca dos albeitares; mas de meu voto he que nem pera curar bestas nem homens se gaste nem se use do *aloes* chamado *cabalino,* senão do *çocotorino;* de modo que o que diz Serapiam, por autoridade de Alcamzi, se deve entender, que pera albeitaria e chagas se póde usar com menos damno do *cabalino;* e mais vy qua usar a um fisico gentio do gran Soldão Badur, rey de Cambaya, por mézinha familiar e benedicta, tomando talhadas das folhas da *herva-babosa* cozida com sal dentro nellas, e deste cozimento dava a beber oito onças com que fazia quatro ou cinquo camaras, sem molestia nem damno algum a quem o tomava. E aqui n'esta cidade de Goa tomão desta herva pisada e misturada com leite e dão a beber aos que tem chagas nos rijs ou na bexiga, ou mejão materia por alguma outra maneira: e he cousa muito boa pera guarecer asinha, e·já nós alguns tomámos desta mézinha e achámos nos bem della. E nós tambem usâmos do *azevre* nas quebraduras das pernas das aves, cousa bem usada dos cetreros (7), e qua na India pera madurar os fremões, por isso nam parece dizer bem Mateolo Senes, o qual diz que a herva he mais pera ver, que pera uso de fisica.

RUANO

Todas essas cousas que dizeis não carecem de razam, e porem me dizey se probastes *herva-babosa,* e se vos amarga e cheira com cheiro forte?

ORTA

Lendo em Antonio Musa e em outros modernos por dizerem que o amargar falecia á *herva-babosa* de nossa terra, provey esta muitas vezes, e achava muyto amargosa, e quanto era mais perto da raiz amargava mais, e nas pontas de cima sem nenhuma amargura, e com horrido cheiro em toda, de modo que o que diz Antonio Musa que o de Çocotora he mais amargo, he falso; porque esta herva da India já a provey, e a de Çocotora mandey provar, e todas amargam muyto: a de Espanha nam provey, se vos Deus levar a salvamento, tudo podeis probar. E mais vos digo que achey em o Silvatico e em o Plateario, que todalas cousas amaras, quanto mais amaras, tanto sam melhores, excepto o *aloes:* e Antonio Musa parece que sente o contrairo, e a mim me parece que diz melhor o Musa, por que o sabor amargoso preserva de putrefaçam, e faz outras operações muyto boas.

RUANO

Tirayme de huma duvida, se as mézinhas que levam *aloes* se ham de tomar em jejuum, se sobre comer, e, se sobre comer, se tardará muyto o cibo sobre ellas?

ORTA

Nam me pergunteis isso pois o sabeis lá milhor todos que eu qua hum só.

RUANO

Todavia quero vosso parecer, e saber a pratica que usais.

ORTA

Galeno manda dar 5 pirolas tamanhas como grãos de comer, e desta maneira he bom tomado pera paixões da cabeça, e Plinio* diz que he muito boa mézinha, depois de bebida, pouco espaço, se tome cibo sobre ella, e ha de ser pouco e bom. Esta tambem é muito boa pratica e usada dos fisicos mouros d'esta terra, porque, como o *aloes* he mézinha debil, nam obrará se depois a natureza nam for fortificada com hum pouco de comer muito nutritivo e pouco em quantidade, como dixe, porque o possa digerir, e, fortificada, faça melhor evacuação. Paulo diz que se ha de tomar em jejuum, e reprende aos que a dão depois de comer, porque diz que corrompe o comer. Cada hum destes tem por si razões e textos e todos se podem concordar bem, e porque he questão comum se o cibo se ha com a mézinha de

---

* Galen. ad Pat., cap. 5; Plinio, libr. 27, cap. 4 (nota do auctor).

misturar ou não: e pois o sabeis melhor que eu, escusado
he falar nisso muito.

RUANO

Nasce mais em logares maritimos, como diz Dioscorides?

ORTA

Eu andei polo sartam desta India, mais de duzentas legoas
de caminho, e em todos os logares vi esta *herva-babosa.*

RUANO

Da goma della me dizei.

ORTA

Nam tem goma, senam algumas vezes, polas folhas, chora
alguma agua viscosa, de que se nam usa, nem faz caso.

RUANO

Diz Ruelio que as pirolas de Rasis, que se dão na peste,
compostas por Rufo, levão *aloes* e *mirra, amoniaco, temiama*
e vinho; e diz o Ruelio, que porque causa estes Maumetistas
havião de tirar o *amoniaco* e *temiama* e vinho, e haviam de
açreçentar mais *açafram?*

ORTA

Nam vos queria ver tam affeiçoado a estes escritores
modernos, que por louvar muyto aos Gregos dizem mal dos
Arabios e de alguns Mouros naçidos na Espanha, e de outros
da Persia, chamando-lhes Maumetistas barbaros (que elles
tem por pior epiteto que quantos ha no mundo), em especial os Italianos; como que os Gregos, não sam os que agora
chamamos Rumes, e os Turcos, a qual gente, tam crua, e
çuja e mal acustumada, persegue ao presente mais a christ-
tandade que outra alguma*: e por tanto vos digo que eu não
nego a mézinha de Rufo ser a que elles dizem, e ser muito
boa, mas digo que as pirolas de Rasis (de que usâmos) são

---

* Preferimos conservar a phrase, incorrecta e pouco clara, a tentar
a sua reconstrucção.

muyto boas e por muytos esperimentadas, e o *açafram* se
põe nellas por ser muyto cordial e abridor, e por outras
virtudes muytas que tem.

RUANO

Pareçe ser que fazeis deferença entre Rumes e Turcos, e
eu tive sempre que senificavam huma mesma cousa estes
nomes?

ORTA

Posto que a questão não he mediçinal vos respondo que
sam muy differentes, porque os Turcos são os da provincia
de Natolia (que antes se dizia Asia-menor), e os Rumes são
os de Constantinopla e do seu emperio.

RUANO

Como sabeis isto, por livro, ou por volo dizerem algumas
pessoas?

ORTA

Muytas vezes perguntava, andando nas guerras destes
reis da India, a algum soldado branco se era Turco, e res-
pondia que não, senão que era Rume; e a outros perguntava se erão Rumes e respondiãome que não, senão que
erão Turcos: e perguntandolhe qual era a deferença que
havia antre hum e outro, diziãome que eu a não podia entender, porque não sabia os nomes das terras, nem a lingoa
mo sabia dar a entender. E achandome em casa daquelle
excellente varam Martim Affonso de Sousa (a quem eu servia) me amostrou a Platina, onde estava lendo na vida de
Sam Silvestre, onde achámos escrito que, quando Constantino, leixando Roma ao Papa, se foy a Constantinopla, lhe
foy dado previlegio que ella se chamáse Roma, e os dessa
terra se chamasem Romeos, e diz o Platina que oje se chamam assi (8).

RUANO

Muyto folgo de ouvir estas cousas, ainda que não sejam
de fisica: mas, tornando ao *aloes*, me dizei que responde-
mos a Menardo e a outros modernos, que reprendem a Mesué e Serapiam e Aviçena, porque dizem que abre as veas

e que he máo para as almoreymas; e porque dizem estes
Arabios que, misturado com *mel,* purga menos; e porque
afirmam ser menos noçivo ao estomago que outras mézinhas solutivas, porque Menardo e estoutros dizem que não
tam somente nam abr̥e as almoreymas, antes as çerra, e
que ao estomago não se póde dizer que he menos nocivo,
antes lhe faz muyto bem, e não lhe causa damno algum,
e que, junto com *mel,* he mais solutivo que as outras mézinhas solutivas. As primeiras cousas provão por muitas auctoridades de Galeno e outros muytos, e a segunda provão,
por o *mel* ser solutivo, dizendo que dous solutivos purgão
mais que hum.

ORTA

Já vos dixe que nam me obrigava a vos responder a questões, que sabeis melhor em Espanha, lendo muitos que es-
crevam cada dia e praticando e conferindo com muitos físicos letrados, que eu qua, nam sendo aconselhado com
alguem, por falta que elles e eu temos de livros. E porém
respondendo o primeiro, vos digo que Antonio Musa fala
neste caso como homem sem paixão, porque elle não fez
homenagem a algum mestre e concede ser verdade o primeiro, que diz Mesué, que abre as almoreymas, e que assi
o esperimentou muitas vezes; e eu tambem digo, que já o
esperimentey muytas vezes, causaremse grandes dores com
fluxo dellas. Tudo isto pode fazer o *aloes* por ́sua amargura,
abrindo as veas, estimulando a virtude espulsiva; e deste
modo purga o fel do animal posto na barriga e no ombrigo,
como dizem Dioscorides e Serapiam*, e, ao cerrar das veas,
que provão por autoridade, respondem com Iacob de Partibus, que restringe por fóra e abre por dentro tomado; e
isto tem muitas mézinhas, que, tomadas por dentro, tem
huma operaçam, e, aplicadas por fóra, tem outras, como a cebolla que, por dentro, mantem, e por fóra faz chaga ulce-
rando; e o segundo, que he reprehendido Mesué por dizer,

---

* Dioscorid., ubi sup.; Serap., cap. 201 (nota do auctor).

que purga menos com mel, vos digo que, pois ambos sam solutivos, scilicet, o *mel* e o *aloes,* o mais solutivo, que he o *aloes,* he remetido e enfraquecido do menos solutivo, que he o *mel*: e ao terceiro, em que reprendem a Mesué, porque diz que he menos nocivo ao estomago sendo confortativo do estomago, isto digo que se ha de entender que conforta o estomago por acidente, a que os fisicos chamão de *per acidens,* scilicet, tirandolhe os máos humores do estomago sem nocumento algum ou, ao menos, com pouquo; e d'esta maneira se hão de entender as auctoridades alegadas por Menardo, e os outros modernos.

RUANO

Em todas cousas que dixestes me satisfizestes muito bem, e muyto mais no que dizeis que, assi como nas primeiras qualidades, que sam quentura, frialdade, humidade, sequura, o remiso em grado, que he menos quente, remite e enfraquece ao mais intenso em grado, que he mais quente: assi nas segundas e terceiras qualidades, que sam purgativa ou diuretica (que he fazer ourinar), o mais forte e intenso, scilicet, que he mais purgativo, se he junto com outro menos purgativo, he enfraquecido do menos purgativo, e assi o *aloes* mais purgativo, misturado com o *mel,* que he mais fraco solutivo, faz que tudo seja menos solutivo. Daqui vem que purga hum homem mais com dez grãos de *escamonea* sós, que com cinquo dragmas de solutivo e uma onça de *cassia-fistola,* e huma dragma de *ruibarbo,* onde entra mais *escamonea* que os doze grãos: e isto esperimentey eu já muitas vezes, e nam sey dar outra razam senam essa que me dais. E agora me dizey se sabeis se ha *aloes* metallico ao redor de Ierusalem?

ORTA

Já perguntey isto a alguns judeus que a esta terra vieram, e diziam serem moradores em Ierusalem, e alguns erão filhos de fisicos, e outros erão boticairos, e todos me disseram ser isto cousa falsa e nunqua achada em toda Palestina (9); e por aqui faço fim ao *aloes,* se disto sois servido.

RUANO

Antes me fizestes no passado muita merce; e quero vos agora perguntar huma duvida que tenho de como tomão as pirolas e as purgas liquidas nesta terra, e quanto tempo estão sem comer sobre ellas; e isto por ver se os avicenistas, que nesta terra curam aos reys, tem o custume que nós lá temos em Espanha.

ORTA

Digo que as pirolas tomão pella maneira que as nós tomamos, e as purgas liquidas tomão as pella maneira que as nós tomamos, scilicet, em rompendo a alva do dia, e estão sem comer, nem beber, nem dormir cinquo horas, e se nestas nam purgão, tomão pera confortar o estomago, per regra de Aviçena*, duas dragmas de *almécega* delidas em agoa rosada, e esfregãolhe o ventre com fél de vaca, e põelhe pannos molhados nelle sobre o umbrigo, para citar a operaçam e estimular a virtude expulsiva, se ha disso necessidade alguma; e se purgar muyto bem, passadas estas cinquo horas, bebem tres onças de caldo de galinha muyto bem temperado e outra cousa nam comem, e dormem algum espaço, e bebem alguma pouca quantidade de agoa rosada, e acabado de dormir purgão muyto bem; mais porque dizem que se fortificou a virtude e natureza com o caldo e sono e agoa rosada, e que se fora muito o comer, que se impedira em digerir o comer, e não purgara tanto. E perguntandolhe se faziam assi a todos os que purgavam, diziam que esta era a pratica comum dos fisicos letrados, e para isto não alegavam texto algum.

RUANO

Elles tem muyta razão no que fazem e praticam, porque o fel he solutivo per fóra mordicando a virtude expulsiva, e em nam comer galinha he texto expresso de Aviçena**,

---

* Avic. 4. primi. (nota do auctor).

** Avicen. 223, trata. 2., cap. 23 (nota do auctor).

donde diz que convem áquelle que quer tomar mézinha, que
a tome muyto pella manhãa e tarde o comer, e, passadas
tres horas, quatro onças de pão com vinho e pouca agoa, e
seis horas despois entre no banho, e saiase delle e estê
quieto, e despois lhe dem a comer aquillo que lhe convém:
este he o texto tornado em lingua portugueza, ainda que as
derradeiras palavras estão na tradução do Belunense: por
tanto não tem esses fisicos mouros esse custume sem autoridade, nem carece de razam sua obra, posto que Mateus
de Gadi expõe esse texto doutra maneira, e applicao somente à ciatica; porém (salvo milhor juizo) em muytas enfermidades se póde applicar. E do banho, que diz o texto,
fazem o?

ORTA

Si fazem, mas não em o' mesmo dia, senão em outro dia
despois, o qual banho he de preceito aos Bramenes e Baneanes, e a todo o Gentio, que nenhum dia comão sem lavar
o corpo primeiro, e os Mouros lavamse, estando sãos, ao
menos cada tres dias (10).

RUANO

Porque tomaste o cabo do texto emmendado pelo Belunense, vos pergunto se achaste lá verdadeira essa traduçam?

ORTA

Eu quis experimentar isso muytas vezes que leia o texto
pola traduçam comum, tendo Aviçena na mão em arabio:
nam consentião com o que eu dizia, e, como dizia pello texto
emmendado com as correições do Belunense, diziamme que
assi estava lá (11). E porque se faz horas de comer, nisto não
falemos mais, e acabado o jantar falaremos do *Ambre*.

————

Nota (1)

O *aloes,* como todos sabem, é o succo concreto de diversas especies
do genero *Alöe* da familia das *Liliaceæ*. Orta conhecia sem duvida varias d'estas especies; mas nem as distinguiu, nem o podia fazer, pois

a sua distincção não foi muito clara até aos ultimos tempos. Segundo informações modernas do sr. W. Dymock, a droga prepara-se na India com a especie *Alöe abyssinica*, Linn.; e na ilha de Socotora, e talvez outras regiões proximas, com a especie *Alöe Perryi*, Baker (Cf. *The vegetable materia medica of Western India*, p. 823, 825, 2ᵈ edition, Bombay, 1885).

Pelo que diz respeito aos nomes vulgares é o nosso auctor bastante exacto:

—Os conhecidos nomes, grego ἀλοής e latino *alöe*, parecem derivar do syriaco *alwai*, e foram provavelmente introduzidos pelos mercadores, que em tempos antigos traziam esta droga do Oriente para a Grecia (Cf. Sprengel, *Dioscorides*, ɪɪ, 5o3, Lipsiae, 1829; Clusius, *Exoticorum libri decem*, p. 243, 16o5).

—«Cebar» é a transcripção correcta para o nosso alphabeto do arabico صبر, do qual, junto ao artigo, الصبر, *aç-cebar*, veio a palavra hespanhola *acibar*, e as antigas designações portuguezas *aẓebre* e *aẓevre* (Cf. Dozy, *Glossaire des mots espagnols et portugais dérivés de l'arabe*, 35, Leide, 1869; Yanguas, *Glosario*, 29, Granada, 1886; Fr. João de Sousa, *Vestigios*, Lisboa, 1830, a p. 84, salva a etymologia).

—«Catecomer» é uma d'estas transcripções approximadas e de ouvido — como Orta as fazia muitas vezes — de um dos antigos nomes indianos da planta *Ghrita Kumārī*, do sanskrito कुमारी *Kumārī* (Cf. Whitelaw Ainslie, *Materia indica*, ɪɪ, 169, London, 1826; Dymock, l. c.).

—«Areá» está de certo muito alterado, mas póde talvez prender-se a *elwa* e *elia*, nomes hindis e bengalis da droga, usados tambem em Bombaim (Cf. Dymock, l. c.).

Nota (2)

A droga proveniente da ilha de Socotora foi celebre desde tempos muitissimo remotos, se acreditarmos em uma lenda persistentemente contada pelos escriptores arabicos. Maçudi, escrevendo pelo anno 332 da Hijra (943 J. C.) repete uma noticia, dada já no seculo anterior pelos dois conhecidos viajantes mahometanos, dizendo que o grande Alexandre, por conselho do seu mestre Aristoteles, havia estabelecido n'aquella ilha uma colonia de gregos, com o fim especial de cultivarem a planta que produzia a famosa droga; esta colonia prosperou e abraçou mais tarde o christianismo. O geographo El-Edrisi (1154 J. C.) dá-nos a mesma versão com ligeiras variantes. Sem acceitarmos esta informação em todas as suas partes, devemos no emtanto admittil-a, como prova da existencia de um antigo fundo de população grega na ilha, e sobretudo da nomeada que já então tinha o *aloes* d'ali (Cf. Maçudi, *Les Prairies d'or*, III, 36, trad. de B. de Meynard et P. de Courteille, Paris, 1861-1877; *Géographie d'Edrisi*, I, 47, trad. de A. Jaubert, París, 1836; H. Yule, *The book of ser Marco Polo*, II, 400, 2ᵈ edition, London, 1875; *Flora dos Lusiadas*, 89, Lisboa, 1880).

No seculo de Orta, o *aloes* da ilha de Socotora continuava a ser considerado o melhor, sendo geralmente chamado *socotorino*. Thomé Pires, escrevendo a El-Rei D. Manuel (1516), dizia: que nascia «o muito estimado na ilha de camatora» (Socotora); que a baixo d'este estava o das «nossas partees» (Hespanha); e que o da India era muito mau, «que nom vall nada». Parece, porém, que o nome de *socotorino* se dava algumas vezes ao *aloes* de boa qualidade, embora não viesse da ilha. No *Lyvro dos pesos*, diz Antonio Nunes, que se pesava em Ormúz o «azevre çacatorino de sacatora» por um certo modo, e o «azevre sacatorino de dio», isto é, da India, por um modo diverso. Em todo o caso o primeiro era o mais estimado (Cf. *Carta* de Thomé Pires, na *Gazeta de pharmacia* de P. J. da Silva (1866), p. 41; *Lyvro dos pesos da Imdia*, 8 e 11, nos *Subsidios* de Felner, Lisboa, 1868).

Nas suas correcções a Laguna, Orta falla com bastante conhecimento de causa. Socotora não era cidade, nem tinha cidades; e—segundo referem Duarte Barbosa e Gaspar Corrêa—os habitantes da ilha, conservando uns leves vestigios de christianismo, mas sujeitos aos arabes de Fartak, foram encontrados pelos portuguezes em um estado quasi selvagem. Tambem a asserção de Laguna, de que se ladrilhava o chão para colher as lagrimas que caiam, não parece ser exacta. De resto, esta asserção era uma simples reminiscencia de Plinio: *ergo pavimentandum ubi sata sit, censent, ut lacryma non absorbeatur* (XXVII, 5). É certo, todavia, que a cultura foi antigamente bastante cuidadosa; e o viajante Wellstead ainda viu em Socotora (1833) os restos dos muros, que em tempos remotos cercavam as plantações de *Alöe* (Cf. *Livro de Duarte Barbosa* nas *Not. para a hist. e geogr. das nações ultramarinas*, II, 263, Lisboa, 1867; *Lendas da India* por Gaspar Corrêa, I, 684, Lisboa, 1858; Flückiger e Hanbury, *Pharmacographia*, 618, London, 1874).

Nota (3)

Este Khuája Perculim foi um dos primeiros conhecimentos que Orta fez no Oriente. Chegando á India em setembro do anno de 1534, o nosso auctor encontrou-se com elle logo em dezembro, em Baçaim, quando Bahádur Schah cedeu aquellas terras a Nuno da Cunha. Do tratado de cedencia se vê, que estavam presentes «coje perculim, mouro parsio, e marcos fernandes, que servião de linguoas» (Cf. Felner, *Subsidios*, 138; *Garcia da Orta e o seu tempo*, 92).

Nota (4)

Sobre o Nizamaluco vejam-se as notas ao *Coloquio* x e outros.

Nota (5)

O nosso escriptor fez n'esta passagem, e já na pagina anterior, uma certa confusão entre os dois caminhos geralmente seguidos pelos mercadores, a qual em parte emenda em um dos *Coloquios* seguintes. Um d'esses caminhos era o da navegação por Hormuz e Golfo Persico até Bassora, d'onde as caravanas tomavam para o norte, em direcção a Trebisonda, ou a Constantinopla; ou seguiam por Damasco aos portos do Mediterraneo, Acra, Beyrut, Tripoli da Syria e outros, parte dos quaes Orta conhecia e menciona n'este ou nos seguintes *Coloquios*. O outro caminho era o da navegação pelo mar Vermelho a Suez, d'onde as mercadorias seguiam em cafilas para o Cairo, descendo depois o Nilo até Alexandria. Os portos de escala mais frequentados n'esta ultima navegação eram Aden, fóra do estreito, e Djidda na costa ̇da Arabia, que os nossos portuguezes chamavam geralmente Judá, e Orta chama Gida. Este era um ponto importante que Lopo Soares pretendeu tomar; e ainda no seculo passado, quando Niebuhr o visitou, havia ali um notavel movimento commercial. A confusão de Orta deve resultar mais de inadvertencia e da sua habitual desordem de redacção, do que de ignorancia, pois ambos os caminhos eram bem conhecidos dos portuguezes (Cf. Gaspar Corrêa, *Lendas*, ii, 494; Niebuhr, *Voyage en Arabie*, i, 217, Amsterdam, 1776; João de Barros, *Asia*, i, viii, 1; Antonio Galvão, *Tractado dos diversos e desvairados caminhos*, etc., Lisboa, 1563).

Nota (6)   .

Os Hakims, ou medicos mussulmanos, da córte de Ahmednagar, conheciam naturalmente as obras dos seus celebres correligionarios Abu Ali Huçein ben Abdallah ben Sina, Abu Bekr ben Zakaria er-Rasi e Ali ben Redhwan; e familiarmente chamavam ao primeiro Abu Ali, e ao segundo Ben Zakaria.

A phrase de Orta sobre Mesué é um tanto obscura. Posto que existissem dois Mesués, não é provavel que os Hakims se servissem das obras do primeiro, das quaes—ao que parece—só escaparam fragmentos. Deviam antes possuir as de Maswijah el-Mardini, o mesmo que Orta conhecia e foi celebre em todas as escolas da Europa. As differenças, notadas por Orta, deviam pois ser simples discrepancias entre

os codices arabicos e as versões ou compilações latinas. Isto é tanto
mais provavel, quanto a personalidade d'este Mesué de Maridin é um
tanto nebulosa, e a genuinidade das obras publicadas sob o seu nome
póde levantar algumas duvidas. Quanto ao conhecimento das obras
gregas que os Hakims possuiam, resultava muito naturalmente das
antigas versões syriacas e arabicas d'aquellas obras, feitas sobretudo
nos reinados dos khalifas Harun er-Raschid e Al-mamun (Cf. Asse-
mani, *Bibliotheca orientalis*, III, 5o1 e 5o4; Ludwig Choulant, *Handbuch
des bücherkunde für die alteren Medicin*, 351, Leipzig, 1841; *Garcia
da Orta e o seu tempo*, 241 e 333).

Nota (7)

Os cetreiros ou falcoeiros usavam diversos medicamentos nas quebraduras das pernas dos falcões. Fernandes Ferreira dá a fórmula de
um emplastro, composto de «incenso, almecega, sangue de drago, pedra sanguinha e farinha de triguo», tudo isto batido com clara de ovo;
e tambem a de uma «solda», em que o principal ingrediente era a
«mumia que tem os boticarios». Vemos, pela auctoridade de Orta, que
o *aloes* entrava tambem na composição d'estes medicamentos; e era
natural que assim fosse, pois o consideravam excellente para «encarnar
chagas» (Cf. Diogo Fernandes Ferreira, *Arte da caça de altaneria*, 69,
v., Lisboa, 1616).

Nota (8)

É curioso que o livro citado por Orta *(Platinæ de vitis pontificum
historia)* seja exactamente aquelle em que Diogo do Couto procurou
tambem a explicação do nome de Rumes. Este nome teve um destino
singular. Os primeiros mussulmanos deram em geral o nome de *Rúmi*
aos christãos, por isso que estavam principalmente em contacto com
os subditos do imperio romano do Oriente; e, quando mais tarde distinguiram com o nome de *Farangi* os christãos do Occidente, conservaram o de *Rúmi* aos gregos e outros byzantinos[1]. Vindo os turcos a
occupar as provincias orientaes d'aquelle imperio, passou para elles
o nome de *Rúmi*, de modo que um antigo nome dos christãos passou
a designar os seus mais encarniçados inimigos. Onde Orta —e tambem
Couto— está enganado, é em excluir do nome de Rumes os turcos da

---

[1] E continuaram a applical-o aos do Occidente, por exemplo, aos da Hespanha; vejam-se
varios casos d'esta applicação em Dozy, *Recherches sur l'histoire et la littérature de l'Es-
pagne*.

Anatolia ou Asia menor. Foi justamente ali, que os turcos seldjukidas estabeleceram o imperio de Rúm, sultanato de Rúm, ou Rúmestan, cuja capital era em Iconium, a moderna Kuniah. No tempo de Orta tudo isto pertencia á historia; os turcos ottomanos tinham substituido os turcos seldjukidas, e occupavam Constantinopla e as suas provincias asiaticas, a cujos habitantes se dava em geral o nome de Rumes (Cf. Diogo do Couto, *Asia,* iv, viii, 9; Amari, *Diplomi arabi,* citado por Yule, *Cathay and the way thither,* 427, coll. Hakluyt, 1866; Yule, *Marco Polo,* i, 46; veja-se tambem H. Yule e A. Burnell, *Glossary of anglo-indian colloquial words,* London, 1886, na palavra *Room).*

Nota (9)

Esta passagem, em que Orta toma a liberdade de emendar Plinio, mas sem o citar, valeu-lhe nada menos de duas correcções: uma de Clusius; a outra d'aquelle anonymo arabista, commentador dos *Coloquios,* que nós hoje sabemos ter sido o celeberrimo erudito José Scaligero (Cf. *Garcia da Orta e o seu tempo,* 242).

Clusius adverte *(Exotic.,* 151), que Plinio não affirmou a existencia do aloes metallico; mas unicamente disse, que alguns a mencionavam. Effectivamente Plinio diz: *Fuere qui traderent in Judæa super Hierosolyma metallicam ejus naturam...;* mas logo accrescenta: *sed nulla magis improba est,* por onde parece confirmar a noticia (Plin., xxvii, 5).

Scaligero *(Exotic.,* 244) defende Plinio, dizendo que elle tem rasão, se o entenderem bem, pois se refere ao *aloes* encontrado nos cadaveres desenterrados, e que haviam sido embalsamados com *aloes* e *myrrha,* uma practica seguida na Judéa, e mencionada, por exemplo, no evangelho de S. João (xix, 39). A defeza de Scaligero é infeliz: primeiro, porque não é nada claro, que Plinio se queira referir á tal substancia extrahida dos cadaveres—a chamada *mumia*[1]; segundo, porque o *aloes* empregado n'estes casos não era, ao que parece, aquelle de que tratâmos, mas uma substancia muito diversa, o *lignum aloes,* de que fallaremos adiante. Em todo o caso, Orta disse simplesmente, que lhe não constava existir *aloes metallico,* e disse muito bem.

---

[1] O nosso Thomé Pires dá uma descripção curiosa d'esta celebre e nojenta droga: ‹he hua umydade dos corpos mortos d'esta maneira: como ho homem morre, alimpano das tripas e fresura, e lançamlhe dentro mirra e aloees, e tornamno a coser, e meteno asy em sepulchros com furacos; esta mistam com a umydade do corpo corre e apanha-se, e este liquor se chama momia›.

Nota (10)

Seria interminavel e pouco interessante a discussão de todas as indicações sobre a therapeutica do *aloes,* espalhadas por este *Coloquio*
em maior ou menor desordem. Bastará notar, que as idéas de Orta,
sobre o caracter *estomachico* do *aloes;* sobre a sua acção *purgativa;*
sobre a sua influencia como *agente de fluxo sanguineo;* sobre o seu
uso *topico externo,* se não afastavam das que corriam no seu tempo
e —em parte— ainda são admittidas no nosso (Cf. para mais indicações, *Garcia da Orta e o seu tempo,* p. 311 e 312).

As praticas locaes de medicina hindú, a que elle se refere; por exemplo, o uso da polpa das folhas frescas que viu empregar como «mézinha familiar e benedicta», por um «fisico gentio» (isto é, por um Vy-
dia, e não por um Hakim) de Bahádur Schah, são confirmadas pelos
livros modernos. Parece que os antigos hindús não conheciam a droga,
tal qual hoje se prepara, mas empregavam directamente a planta; e
Ainslie diz-nos, que modernamente a polpa das folhas é receitada
como uma medicina refrigerante pelos medicos indianos, *native pra-
ctitioners* (Cf. Dymock., *Mat. med.,* 823; Ainslie, *Mat. ind.,* ii, 169).

Orta accentua claramente n'este *Coloquio* duas feições importantes
do seu livro, ás quaes já me referi em outro trabalho, e que, portanto,
só apontarei de passagem. Em primeiro logar, a sua repugnancia a
tratar as questões puramente medicinaes. Por duas ou tres vezes declara, que se não obriga a responder a questões mais sabidas na Hespanha do que na India. O seu livro não é de medicina, é de simples e
drogas; ou —como hoje diriamos— de pharmacographia.

Em segundo logar, mostra bem que se não deixa levar pelo exclusi-
vismo da escola hippocratica. Nem elle, que todos os dias no Oriente
verificava o valor das observações feitas pelos arabes, lhes podia chamar «maumetistas barbaros», como lhes chamavam na Europa os doutores hippocraticos da Renascença. E esta segunda feição do livro resulta muito naturalmente da primeira. Foi precisamente porque Orta
se dedicou de um modo quasi exclusivo ao estudo da materia medica,
que elle não póde deixar de reconhecer a superioridade dos arabes.
Em medicina pouco teria a aprender com elles; mas o caso era diverso
quando se tratava do conhecimento dos simples e drogas (Cf. *Garcia
da Orta e o seu tempo,* 304, 305).

Nota (11)

Orta refere-se ás edições latinas de Avicenna, as quaes se fizeram
primeiro pela versão de Gerardo Cremonense, depois com as emendas

e addições de André Bellunense; e esta passagem é interessante, como sendo uma das que nos dão a medida dos seus conhecimentos em lingua arabica (Cf. *Garcia da Orta e o seu tempo,* 243).

O nosso naturalista é especialmente prodigo de erudição em todo este *Coloquio:* cita Hippocrates, Aristoteles, Platão, Galeno, Dioscorides, Plinio, Paulo de Egina, Mattheus Platearius, Mesué Junior, Avicenna, Serapio, Rhazés, Haly Rodoam, Mattheus Sylvaticus, Mattheus de Gradibus, Jacob de Partibus, André Laguna, Matthiolo, João Ruellio, João Manardo, Antonio Musa e Platina.

COLOQUIO TERCEIRO DO AMBRE

INTERLOCUTORES

RUANO, ORTA

RUANO

Do *aljofar* queria saber primeiro.

ORTA

E eu queria antes ter muito delle, grosso e perfeito, que saber delle; e porém no capitulo de *margarita* falaremos nelle o que for necessario e proveitoso, e agora falaremos do *ambre,* porque tambem he mézinha que val mais ter muito della, que saber como se gera.

RUANO

Dizey a verdade de tudo e deixayvos de falar essas certezas.

ORTA

Ambar dizem os Arabios, e *ambarum* os Latinos, por o custume da variação latina e uso, e as outras nações e lingoas, quantas eu sey, todas o chamão assi, ou varião muito pouco.

RUANO

Que razam me dais porque ácerca de todos este nome he o mesmo?

ORTA

Certos nomes ha, que se não varião, ou se varião he muito pouco, e isto ácerca de todas as lingoas que eu sey, e das que perguntey, e estes nomes são, *ambar, limão, laranja, sabam,* e outros alguns; porque o limão chamão muitos *linbon,* e á laranja *naranja,* e ao ambre *ambar,* e assi a muitos dos outros.

RUANO

Como nasce e que cousa he?

ORTA

Alguns disseram ser o sperma da balea, e outros affirmaram ser esterco de animal do mar ou escuma delle, outros dixeram que era fonte que manava do fundo do mar, e esta parecia melhor e mais conforme á verdade. Avicena e Serapiam dizem gerarse no mar*, assi como se gerão os fungos ou fungão dos penedos e arvores, e que quando o mar anda tempestuoso deita de si pedras e com ellas lança á volta o *ambre*, e esta opinião tambem he mais conforme á verdade, que outras rezadas por Avicena, porque quando ventão muyto os levantes vem muito a Çofala e ás ilhas de Comaro e de Emgoxa e a Moçambique e a toda essa costa, porque o deitão as ilhas de Maldiva de si, porque estão ao levante; e, quando ventam poentes, achase mais nas ilhas de Maldiva (1).

RUANO

Ainda que seja estorvar a pratica no meo, porque se chama áquella tam grande corda de ilhas, ilhas de Maldiva?

ORTA

N'estas cousas dos nomes das terras e mares e regiões se enganão muitos dos nossos nas suas proprias terras, como quereis que em as lingoas estranhas saiba dar razam das etimologias dos nomes? E comtudo vos direy o que ouvi dizer, e he que não se chama Maldiva, senão Nalediva, porque *nale,* em malabar quer dizer quatro, e *diva,* ilha, que em lingoa malabar quer tanto significar como quatro ilhas, e assi se chama Nalediva, e nós, corrompendolhe o nome, chamamoslhe Maldiva. E assi chamamos Angediva a huma ilha, que está apartada de Goa 12 legoas, porque são 5 ilhas, e assi quer dizer em malabar 5 ilhas, porque *ange* he cinco; e estas derivações estão na fama commum, e assi eu não volas vendo por demonstrações (2).

---

* Avice., Serapiam (nota do auctor).

RUANO

Eu folguey muito com as saber, porque contentão o inten-
dimento, por tanto onde se poderem dizer me fazei merce
mas digaes, e prosegui ao adiante no *ambre*.

ORTA

Dizem mais os mesmos Aviçena e Serapiam*, que algum
que é engulido por um peixe dito *azel,* que morre como
o come logo, e andando nadando sobre o mar, tomão os homens daquella região garfos e tirão o fóra, e lhe tirão de
dentro o *ambar,* o qual não he bom, e se algum he bom,
he o que se acha chegado ao espinhaço, e este dizem ser
bom e puro; e isto segundo a quantidade do tempo que no
ventre ou espinhaço está.

RUANO

E que vos parece disso, he verisimile?

ORTA

Não: porque já o perguntey e nunca me disseram haverlo
visto alguma pessoa.

RUANO

Não parece essa rasão que concluye de todo ponto, e portanto, pois soys letrado e nam mancebo, day outra.

ORTA

Digo que os animaes iracionaes, per extinto natural, buscam os mantimentos que lhe convem, e não os que são ve-
nenosos a elles, senão quando vão misturados com comeres
a elles convenientes; assi como nós enganamos os ratos com
rosalgar misturado com comer que lhes bem sabe; portanto não he de crer que o peixe vá buscar o tal *ambre*,
pois o ha de matar: e mais digo, que pois o *ambre* he um
cordial dos principaes, deve ser o tal peixe em si venenoso,
pois o *ambre* lhe he tanto contrairo que o mata. Estas ra-

---

* Avice., ubi supr.; Serapiam, ubi sup. (nota do auctor).

zões, posto que não concluião como demonstrações, são pera mi persuasivas.

RUANO

E a mim concluyem, em quanto não vir pessoas dinas de fé que experimentaram o contrairo; e pois assi he, dizei o vosso parecer, e o que ouvistes e lestes, que he o *ambre,* que tanto dinheiro val, e despois direis onde o ha, e donde he milhor, e de qual feiçam he o uso delle nestas partes.

ORTA

Primeiro vos direy hum grande error que tem Avenrrois, que he huma especia de. *canfora* que nasce nas fontes do mar e nada sobre a agoa delle, e que a milhor de todas he a que em arabio se chama *ascap;* e perguntei aos fisicos do Nizamoxa (que vulgarmente he chamado o Nizamaluco) que *ambre* era aquelle, e não mo souberam dizer, porque ácerca delles não ha as obras de Avenrrois nem de Abenzoar (3), mas quanto isto seja falso e não digno de tam grande filosofo he claro: hum, por dizer* que he a *canfora* nascida no mar, e porque a *canfora* he fria e seca no terceiro gráo, e pôe o *ambre* quente e seco no segundo, por onde he manifesto não serem comprendidas debaxo de hum genero; e concluindo vos digo** que assi como nas terras ha partes que tem terra vermelha como *almagre* ou *bolarmenico,* e outras que a tem branca como *greda,* e outros *cardea,* assi não he inconveniente que aja ilhas ou terras da mesma maneira do *ambre***,* e isto, ou que a terra seja fungosa ou doutra maneira; e que isto seja verdade se prova polla muita quantidade

---

* Avenrrois, hoc colligit (nota do auctor). Isto é no seu tratado de medicina, vulgarmente chamado então o *Colliget.*

** Resolução de tudo (nota do auctor).

*** Na edição de Goa lê-se : «assi não é conveniente que a aja, ou ilhas, ou terras da mesma maneira do ambre», o que se não comprehende; e parece se deve reconstruir na forma que adoptámos.

que delle sae, porque já se vio pedaço tam grande como hum homem, e outro se vio de 90 palmos de comprimento e 18 de largo; e assi affirmaram já algumas pessoas, que acharam huma ilha de *ambre,* e marcandose, tornaram á terra donde partirão, e querendo tornar a buscar o *ambre,* levaram agoa e mantimentos bastantes para navegar, e nunca poderão tornar a achar a ilha; e pode ser que quis Deos que a não achassem por os castelos de vaidade, que quando a acharam fizerão, e pollas poucas graças que a Deus derão de a haver achado; e tambem porque estes homens se podião salvar com pouca fazenda, e com muyta não se salvaram, e Deus, que he misericordioso, sabe qual he milhor e mais seu serviço. No anno de 1555 achouse, alem do cabo de Comorim, hum pedaço que tinha perto de trinta quintaes, e cuidando quem o achou que era breu, fez delle bom barato, e porém partindose por muitas pessoas, tornou a seu preço acustumado: era essa paragem, donde se achou, defronte das ilhas de Maldiva; e que isto seja verdade se manifesta, porque vem cheo de bicos de passaros ás vezes, e outras vezes vem com cascas de marisquo misturado, porque se pegam ao *ambre,* e os passaros se apousentão nelle ás vezes, e o mais limpo he milhor; e isto que vos digo he o mais certo que se póde saber.

RUANO

Ha o em outras partes mais que na Etiopia e costa della?

ORTA

Algum se acha em Timor, e poucas vezes e em pouca quantidade; e no Brasil me dizem tambem que se achou; e no anno de trinta se achou hum pedaço em Setubal; mas destas cousas pequenas não se faz regra, por acontecerem poucas vezes e em pouca quantidade.

RUANO

Agora me dizey porque não será esperma de balea ou esterco della?

ORTA

Isto não traz razão, porque a balea e o azeite della que eu vi cheira muito ruynmente, e não como o *ambre;* e mais em muitos cabos ha baleas e não ha *ambre,* assi como na costa de Espanha e de Galiza; e pella mesma razão se prova não ser escuma do mar, porque onde ouvesse mar em baixos com ventos, haveria escuma, e o que dizem que o come o peixe, já o confutey e provey ser falso antes; e isto he o que dizem os Arabios, porque os Gregos não falaram neste simple, somente Aecio (4).

RUANO

Qual he milhor pera escolher?

ORTA

Quanto mais se chega a branco tanto he milhor, scilicet, que seja como pardo, ou com veas de cores humas brancas e outras pardas, e que seja leve no peso; e a prova delle he, que metendo nelle hum alfenete o que deita mais olio pollo buraco he o milhor. O preto he muito ruym, e eu tive hum pedaço delle, que ouve por pouco preço, e não cheirava senão muito pouco, e misturado com *almiscre* para fazer contas, se misturava muito mal fazendo muitas gretas; e aquelle que he tão branco como ovo de ema, diz Serapio ser muito ruym: eu não o vy nem ouvi a pessoa que o visse, e se algum o vir, deve ser sofisticado com gesso.

RUANO

Menardo diz no *letuario de gemis,* que *ambre* he cousa nova, a qual elle não tem em tanta estima quanto preço custa, e portanto diz no *letuario di ambra,* que a composição do letuario he muito preciosa, da qual elle usa muitas vezes em molheres e em velhos: e porque parece crara a contradição deste doctor, scilicet, em dizer que não val tanto quanto custa no *letuario de gemis,* e no *di ambra* dizer que he muito fermosa a composição, da qual usa muitas vezes, será bem que me digaes se he muito usada e estimada em preço da gente desta India e não de nós tamsomente: e primeiro que isto me digaes, me decraray alguns nomes, que estão em Serapiam .e Avicena, porque Serapiam diz que muito delle he das terras do *Zing.*

ORTA

He o que vem das partes de Çofala, porque *ʒingue* ou *ʒangue,* ácerca dos Persios e Arabios, he cafre ou negro, e porque toda aquella costa da Etiopia he dos negros, chama lhe Serapiam, do *Zingue* (5), e Avicena tambem faz menção do de Melinde e chamao *Almendeli,* e aquelle que chama *Selachiticum,* he assim dito por ser de Ceilão (6), huma das famosas ilhas do mundo poseyda delrey nosso senhor, e não dista muito das de Maldiva; e não he cidade, como diz Laguna, senão ilha chea de muitas cidades; e comtudo a maior quantidade do *ambre* he de Çofala até Brava; e tambem ha algum na costa da Arabia, e a mór quantidade (como disse) he na costa da Etiopia.

RUANO

He muito estimado ácerca dos Indios e Mouros desta terra?

ORTA

Ácerca dos ricos e poderosos sy, e usam muito delle no comer, per via de medicina, conforme a Avicena e segundo a quantidade, porque assi como o pedaço he maïor, tanto val mays a onça delle, que he como a pedraria.

RUANO

Qual foy o maior pedaço que vistes nesta terra?

ORTA

Hum pedaço vi que pesava quinze arrateis (7), mas os que tratão na Etiopia me dixeram que o virão muyto maior; eu não sey a como foy vendido, mas sey certo, que se fora ter á mão do Nizamoxa, que o comprará muito bem, segundo a estima em que elles tem os grandes pedaços. E este *ambre* não tam somente val muyto ácerca dos Mouros, más tambem val muito ácerca dos Gentios; e, o que he mais de maravilhar, he ter muito mayor valia ácerca dos Chins, porque o levarão lá os nossos Portuguezes, e venderão hum cate, que são vinte onças, por 1500 crusados; por onde os nossos levarão tanta quantidade, que valeo muito mais barato, e cada vez valerá menos lá, segundo a cobiça dos que o lá querem levar.

RUANO

Como sabem estes Chins que he boa mézinha, pois a comprão tão cara?

ORTA

Dixeme Diogo Pereira, que he hum homem fidalgo muito conhecido nessas terras, que os Chins tem ácerca da criação do *ambre* aquillo tudo que nós temos, e que elles lho contarão palavra por palavra, e dizem que aproveita muyto pera a conversação das molheres, e que aproveita ao coração, e ao cerebro e ao estomago (8). E, deixado o cheiro do *ambre,* passemos ao *amomo* (9).

———

Nota (1)

Os «levantes» e «poentes», de que Orta falla, sopram alternadamente, constituindo as *monções* do oceano Indico, as quaes se fazem sentir com uma certa regularidade nas ilhas de Comoro, e na costa africana até Moçambique, e ainda ao sul. Das *monções* teremos de fallar em mais de uma nota (Cf. *Garcia da Orta e o seu tempo*, 105 a 109).

Nota (2)

As etymologias, apontadas pelo nosso Orta, não se podem acceitar sem alguns reparos e correcções, posto que contenham muitos elementos verdadeiros.

Dvīpá, ou na fórma prakrita *dīva,* significa effectivamente ilha; e entra na constituição dos nomes de varias ilhas, por exemplo, em alguns dos antigos nomes de Ceylão, como *Sielediba, Sarandib, Serendib.* Esta é evidentemente a origem da terminação de *Maldiva.* Parece mesmo, que em tempos este elemento constituiu, só por si, o nome d'aquellas ilhas, como quem dissesse as *ilhas* por excellencia. D'isto temos uma indicação na menção das Maldivas pelo historiador Ammiano Marcellino. Dando conta das embaixadas do Oriente, que o imperador Juliano recebeu em Constantinopla (362 J. C.), diz elle: *inde nationibus Indicis certatim cum donis optimates mittentibus ante tempus, abusque Divis et Serendivis.* Se as *Divis* eram as Maldivas, como se julga, Ammiano Marcellino, sem d'isso ter consciencia, chamou-lhes simplesmente *as ilhas.*

Por outro lado, o numeral quatro escreve-se em tamil moderno *nalu*, e em maláyalam moderno —a que Orta chama lingua malabar— *nala*. Orta, como se vê, é exacto na significação dos componentes; mas, apesar d'isso, a sua opinião é innacceitavel: primeiro, porque a fôrma correcta do nome é *Male-diva*, e não *Nale-diva*; segundo, porque as ilhas não são quatro, mas centenas, e muitas centenas.

O que não é facil é substituir á sua uma etymologia segura. Propoz-se uma explicação engenhosa, derivando Maldiva de *mālā*, que em sanskrito significa rosario ou grinalda, e quadrava bem áquella corda de innumeras ilhas. Ibn Batuta (1343) chama-lhes *Dhibat-el-Mahal*, e liga o nome de todo o archipelago ao do principal grupo, *Mahal*, onde era a residencia do sultão. Do mesmo modo, Pyrard de Laval (1610) diz que a ilha principal se chama *Malé*, e d'ella resultou o nome ao conjuncto de todas as outras. A esta etymologia se inclina em definitiva o nosso Barros, dizendo que *Mal* é o nome proprio da maior ilha, e que *Maldiva* equivale a *ilha de Mal.*

A opinião mais segura parece, porém, ser a do erudito bispo Caldwel, o qual deriva Maldivas da palavra *Malé*, que desde os tempos mais antigos designou a parte da India meridional, que fica mais proxima d'aquelle archipelago. As *Maldivas* seriam pois as ilhas de *Malé*, como o *Malabar* é a terra ou costa de *Malé* (Cf. Ammianus Marcellinus, xxii, 7, pag. 171 da edição Nisard; Hunter, *Comp. Dict. of the non-Aryan lang. of India and High Asia; Viagens de Ben Batuta,* ii, 265, tr. de José de S.to Antonio Moura, Lisboa, 1855; *Viagem de Francisco Pyrard de Laval,* i, p. 108, tr. de J. H. da Cunha Rivara, Nova Goa, 1858; Barros, *Asia,* iii, iii, 7; veja-se tambem *Encyclopædia britannica,* ninth edition, e Yule e Burnell, *Glossary,* na palavra *Maldives*).

«Angediva» —diz Orta,— significava as cinco ilhas. *Ancha* é effectivamente o numeral cinco em maláyalam[1]; e ainda hoje interpretam ali a palavra Angediva pelo mesmo modo—as *cinco ilhas.* Sendo assim, o nome pertenceria, não propriamente áquella ilha maior, a que aportou Vasco da Gama; mas a essa ilha com os ilheus proximos, dos quaes,

---

[1] E *anj, anju, anje* em outros dialectos da India central e meridional (Hunter, *Dict.,* 37).

segundo se diz, existem hoje apenas tres, sendo no emtanto possivel que algum se destruisse já em tempos historicos.

A etymologia é, portanto, acceitavel, não sendo, porém, a unica. Alguns dizem, que o nome vem de *Adya-dvīpa*, a *ilha primitiva*, isto é, anterior á conquista do Konkan pelo mythico Parasuráma, o sexto avatar de Vishnu. Outros suppõem que se chamava *Ajya-dvīpa*, a *ilha da manteiga*, porque o mesmo Parasuráma ali fôra buscar a manteiga clarificada, necessaria para um dos sagrados ritos hindús. E finalmente julgou-se ser a *Ajā-dvīpa*, a ilha da deusa *Ajā*, um dos synonymos da conhecida deusa *Maya*; e esta etymologia é até certo ponto confirmada pelo facto de existir ali, antes da conquista mussulmana (1312), um antiquissimo templo d'aquella deusa. Suppoz-se tambem que a ilha *Aegidiorum* (Αἰγιδίων Νῆσος) de Ptolomeu se poderia talvez identificar com a moderna Anchediva ou Angediva. E n'este caso, no nome empregado pelo geographo grego haveria o vestigio de algum d'aquelles antigos nomes hindús. De modo, que a interpretação moderna de *cinco ilhas*, poderia ser um esforço para explicar um nome antigo, de que se perdeu a significação (Cf. Yule e Burnell, *Glossary*, palavra *Anchediva;* Gerson da Cunha, *An historical and archæological account of the island of Angediva*, 2 a 4, 2^d edition, Bombay, 1878; póde ver-se o plano da ilha em Lopes Mendes, *Ind. port.* II, 162 e 209, Lisboa, 1886).

Seja como for, o nosso Orta não entrou em todas estas especulações, e disse-nos apenas a opinião corrente. As suas etymologias não são inventadas; andavam, como elle diz, na «fama commum»; encontram-se quasi textualmente no livro interessantissimo do nosso compatriota Pedro Teixeira; e, pelo que diz respeito a *Anchediva*, nos livros de João de Barros e de Della Valle (Cf. *Relaciones de Pedro Teixeira d'el origen, descendencia y succession de los Reyes de Persia y de Harmuz*, p. 96, Amberes, 1610; Barros, *Asia*, I, IV, 9; *Voyages de Pietro Della Valle*, IV, 172, 1665).

NOTA (3)

Tanto Abu-l-Walid Mohammed ben Rosch, como Abd-el-Malek ben Zohr eram andaluzes, e não admira que os seus livros, posto que fossem conhecidos dos mussulmanos eruditos da Asia, não estivessem ali tanto no uso commum, como estavam os dos escriptores da Persia, e em geral do Oriente.

NOTA (4)

O «ambre» de que Orta falla é o *ambar cinzento*, uma concreção intestinal do cachalote *(Physeter macrocephalus)*, que se extrahe do interior d'este cetaceo, ou, depois de expellida, se encontra nas praias e tambem fluctuando sobre as aguas.

Vogaram em relação á sua origem versões diversas; e Orta, não tendo a experiencia propria para o dirigir, está evidentemente mal á vontade no assumpto; refugia-se em umas subtilezas escolasticas, engraçadas mas pouco conclusivas, e acaba por aceitar uma versão nada provavel. A opinião de Serapio e de Avicenna, que elle refuta cuidadosamente, corria geralmente entre os arabes. No livro de Maçudi se diz tambem que parte do *ambar* se encontrava dentro do peixe *Awál*, e consistia em fragmentos que este peixe tinha engulido. Pretendia-se assim conciliar a supposta origem mineral da substancia, com o facto incontestavel de se encontrar no interior de um chamado peixe. De tempos antigos a origem do *ambar* foi um assumpto debatido e que excitou a curiosidade. Edrisi conta, que o grande Harun-er-Raschid enviou emissarios ao Yemen unicamente para se informarem da sua procedencia; mas a gente da costa disse-lhes que aquella substancia era produzida por certas nascentes, situadas no fundo do mar. Não sei se esta explicação satisfez o illustrado khalifa, mas é certo que satisfaz Edrisi, o qual acrescenta: «o ambar não é outra cousa» (Cf. Maçudi, *Prairies*, ı, 234; Edrisi, *Géogr.*, ı, 64).

Até pois ao tempo de Orta, a verdadeira natureza do *ambar* era geralmente ignorada, *ao mundo occulta,* como dizia o Camões:

> Outras ilhas no mar tambem sujeito
> A vós na costa de Africa arenosa;
> Onde sahe do cheiro mais perfeito
> A massa, ao mundo occulta, e preciosa.

Tem-se dito repetidas vezes, que a primeira indicação um pouco mais exacta e clara sobre a procedencia do *ambar* é posterior a Orta, e se encontra justamente nas notas de Clusius ao seu livro. É uma longa exposição de um navegador francez, chamado Servat Marel, o qual attribue todo o *ambar* aos cetaceos, e particularmente á baleia propriamente dita. Esta exposição póde ler-se nas notas de Clusius, e, traduzida na integra, no livro de Guibourt. Todavia, é justo notar, que, seculos antes, Marco Polo dera noticias muito exactas sobre o modo por que os habitantes de Socotora harpoavam as baleias para lhes tirar o *ambar* do interior; e isto servindo-se de uma phrase, que —tal qual se encontra na versão de Ramusio—mostra bem tratar-se do cachalote e não da baleia franca: *dove li cavano fuori del ventre l'ambracano, e d'ella testa assai botte d'olio.* É certo, no emtanto, que o livro de Marco Polo não foi lido com muita attenção pelos naturalistas ou *fisicos;* e que Orta não conhecia esta passagem, ou não acreditou nas suas informações (Cf. *Exotic.*, 148; Guibourt, *Hist. nat. des drogues simples,* iv, 119, 7me édition, Paris, 1876; Yule, *Marco Polo,* ii, 399; Ramusio, *Delle navigazioni et viaggi,* ii, 57 v., Venetia, 1613).

É interessante a phrase do nosso naturalista, em que elle diz, que se encontravam bicos de passaros, embebidos no *ambar.* Esta phrase lembra uma explicação do modo por que o *ambar* se formava, dada por Duarte Barbosa—e repetida, creio, por Castanheda. Diz Duarte Barbosa, que os mouros das Maldivas lhe contaram ser o *ambar* «esterco d'aves», e que n'aquelle archipelago, «laa nas ilhas deshabitadas, ha huas aves grandes que pousaom sobre os penedos e rochas do maar, e aly estercaom aquelle ambre, honde se estaa curtindo do ar e do sol; ate que por tempestades e tormentas sobe ho mar sobre hos penedos e rochas, e ho arranca em pedaços grandes e pequenos; e asy anda no mar, ou sahe nas praias, ou ho comem alguas baleas». O mais branco é o que andou pouco tempo no mar; e o mais «preto e masado», o que foi comido pelas baleias. Segundo esta explicação, o *ambar* teria uma origem analoga á do *guano* das ilhas Chinchas. É curioso que o facto adduzido por Orta, e que póde parecer favoravel a esta origem, demonstre exactamente uma origem diversa e a verdadeira. Os suppostos *bicos de passaros* são as maxillas corneas das *Sepias* e outros *Cephalopodes,* alimento habitual dos cachalotes; não sendo digeridas, ficam embebidas na massa do *ambar,* se acaso não são uma das causas da sua formação (Cf. Duarte Barbosa, *Livro,* 348; *Exotic.* 148; Guibourt, l. c. iv, 120 e 354).

Nota (5)

Os antigos davam aos negros o nome de *Zingis* ou *Zingium.* D'ahi vem o nome de mar do *Zendj,* de que usa Maçudi em uma passagem já citada; igualmente o nome de Zanguebar, depois Zanzibar, litteralmente *terra dos negros.* Este ultimo nome, hoje muito restricto, estendia-se mais nos tempos antigos. Segundo Barros, chamava-se Zanguebar toda a costa africana, desde a foz do Quilmance—deve ser o Juba—até ao cabo das Correntes (Cf. Maçudi, l. c.; Barros, *Asia,* i, viii, 4; Yule, *Marco Polo,* ii, 417).

Nota (6)

Póde bem ser que o ambar «almendeli» ou de *almend* fosse o de Melinde, como Orta diz; mas a palavra «Selachiticum» não vem na minha edição de Avicenna; e não sei onde Orta a encontrou, nem porque a refere a Ceylão. Avicenna falla do *ambar alseleheti;* e os seus traductores não conhecem a significação da palavra; dizem: *alseleheti est quædam regio*—uma certa região, não sabem qual. *Alseleheti,* privado do artigo e da desinencia do adjectivo, dá-nos a fórma *Selehet,* que se parece um pouco com um dos antigos nomes de Ceylão, *Sinhala* ou *Sihala.* Os arabes, porém, designavam habitualmente a famosa ilha por um nome diverso, o de *Serendib.* Na geographia de Edrisi vem uma ilha do archipelago Indiano ou Malayo, mencionada pelo nome de *Selahat,* ﺳﻼﻫﻂ. Se esta era a patria do ambar *alseleheti* de Avicenna, é questão que não me atrevo a resolver, apesar da identidade do nome. O que me parece inacceitavel é a identificação de Orta com a ilha de Ceylão (Cf. Avicenna, lib. ɪɪ, tract. ɪɪ, cap. 63, edição de Rinio de 1556; Edrisi, *Géographie,* ɪ, 80).

Nota (7)

Fallando do que viu, Orta é, como sempre, exacto; um fragmento de *ambar* do peso de 15 arrateis é cousa vulgar. No anno de 1755 vendeu a companhia das Indias em França uma massa do peso de 225 arrateis *(livres).* Outra massa, do peso de 182 arrateis, pertencente á companhia hollandeza das Indias, foi descripta e figurada por Vander *(Theʒ. cochlearum,* tab. ʟɪɪɪ e ʟɪᴠ, citado por Guibourt). E não ha muitos annos, os navios baleeiros *Franklin* e *Antarctic* harpoaram um cachalote dentro do qual se encontrou uma massa, que pesava 107 arrateis, e foi vendida por 44:000 dollars.

Quanto á ilha de *ambar,* que nunca mais foi encontrada, é claro que ella traz em si o seu certificado de fabulosa. E os fragmentos ou massas da altura de um homem, ou do peso de 30 quintaes, são evidentes exagerações, de que o nosso naturalista não é completamente responsavel. Sempre correram versões ampliadas sobre estes grandes pedaços de *ambar.* Tambem o nosso compatriota Pedro Teixeira falla de uma massa de *ambar,* lançada á praia na mesma costa de Zanzibar, tão grande, que se não via um camello collocado por detraz d'ella. Pelo contrario, o pedaço de *ambar,* que o rei de Melinde mandou por Vasco da Gama de presente á rainha de Portugal, tinha dimensões acceitaveis: era «do tamanho de meo covado, e grossura de um homem pola cinta» (Cf. Teixeira, *Relaciones,* 20; Gaspar Correa, *Lendas,* ɪ, 132).

Nota (8)

O *ambar cinʒento* é principalmente usado em todo o Oriente como perfume; mas as suas suppostas qualidades medicinaes, aphrodisiacas e outras, a que o nosso auctor se refere, são ali conhecidas, e vem mencionadas por muitos escriptores do tempo.

Não é facil saber bem ao certo quem seria o Diogo Pereira, que deu ao nosso escriptor tão miudas informações das cousas da China.

É possivel que fosse um Diogo Pereira, enviado por Nuno da Cunha ao rajá de Calicut em umas negociaçõeś diplomaticas; e que, segundo Barros, era muito entendido nas cousas do Malabar, e fallava a lingua da terra tão correntemente, que não necessitava de interprete. Estas qualidades suppõe uma longa assistencia no Oriente, durante a qual elle fez talvez uma ou mais viagens á China. No assento de paz com o «Idalxá», no anno de 1575, vem ‚assignado um Diogo Pereira, como Vereador do senado de Goa; se era o mesmo, devia ser extremamente velho, e é mais natural que fosse filho ou descendente. Um ou outro deram provavelmente aquella informação ao nosso escriptor (Cf. Barros, *Asia,* iv, iv, 18; *Arch. portuguez-oriental,* fasc. 5.º, parte ii, p. 908).

Nota (9)

Os auctores de materia medica, citados n'este *Coloquio,* e não mencionados nos anteriores, são Aécio de Amida, o que escreveu o livro vulgarmente chamado *Tetrabiblos;* e os conhecidos escriptores da Hespanha mussulmana, a que nos referimos na nota (3), e que, entre os eruditos europeus, tinham os nomes de Averröes e Avenzoar.

COLOQUIO QUARTO DO AMOMO

INTERLOCUTORES

ORTA, RUANO

RUANO

Vay tanta duvida em que cousa seja o *amomum,* que alguns escritores querem que se use por elle *acoro;* porque Galeno lhe dá semelhante virtude, do qual *acoro* tambem ha mais duvida que cousa seja; porque dizem que o *amomum* entra na *tiriaca,* e por esta razão chora Mateolo Senense* a perdição humana em perder o *amomum,* como que, sem elle, não se podesse ajudar pera curar as enfermidades dos homens; e diz este escritor que tambem não tem por muyto certo entrar este simple na *tiriaca* de Andronico, onde alguns escritores sam delle tachados e reprehendidos, porque, em huns cabos affirmavam entrar este *amomum* nella, e em outros, esquecidos do que dixeram, dizem o contrairo; e pera isto nam nos dá remedio o Mateolo, senam chorar esta perdiçam, e dizer que tambem não pode ser. o que chamão *rosa de Gericó* ser tambem *amomum;* e para isto dá muyto boas razões e emenda muitos textos; o qual se vos ouvesse de contar seria nunca acabar: vós o podeis ver e assi o vereis por Laguna e por outros (1). E pois que, segundo muitos, entra na *tiriaca* este *amomum,* e nam he bom esperimentar mézinhas nam sabidas, queria muyto saber se ha nesta terra o *amomum,* e se tem os fisicos mouros, que aos reis vistes curar, que he *pes columbinus,* porque isto he grande error, como provão os escritores nomeados.

---

* Mateolus Senensis; Galen., Simplic., lib. 6 (nota do auctor).

ORTA

Se nesta terra eu vira os simples que ha na vossa terra de Europa, eu vos tirára desta duvida; mas comtudo vos direy o que neste caso soube nesta India. Porque estes modernos escritores dezião não se poder fazer a *tiriaca* por falta de *amomum,* perguntey a hum boticayro, espanhol na lingua e judeo na falsa religião, o qual dezia ser de Jerusalem, que me dixesse que era *amomum,* e dixeme que era em arabio *hamama,* que quer dizer *pé de pomba* na mesma lingua; e que elle o conhecia muito bem, e porém que o nam vira nesta terra, senão na sua, e que nisto nenhuma duvida tinha. E alguns annos depois fui a visitar o Nizamoxa, e perguntey a seus fisicos se tinham *amomum,* e dixeráome que nestas terras não o havia; mas que, antre outras mézinhas que ao rey trazião da Turquia, e Persia e Arabia, as quaes elle pagava muy bem polla necessidade que tinha dellas pera fazer as composições, vinha o *amomum;* das quaes composições era huma o *mitridato.* E deráome huma mostra de *amomum,* que eu trouxe a Goa, mostreya aos boticairos, e cotejeya com huns debuxos dos simples de Dioscorides; e a todos nos pareceu conforme ao debuxo, e aos ditos dos* escritores, e ainda que estava seca, bem parecia feita á feiçam de *pé de pomba* (2).

RUANO

Nam me parece esse argumento razam que convença, porque assi se chamara *lingoa de vacca* em Avicena, o qual eu duvido ser verdade.

ORTA

Todos os nomes que temos declarados de Avicena estão treladados** ao pé da letra; por arabio se chama *lingoa de vacca* e *lingoa de passaro* e *lingoa de cão* e *capillus veneris;* e assi tambem as enfermidades se chamão conforme ao nome, assi como elefancia se chama *daul alfil,* que significa

---

* Na edição de Goa está «dos ditos».

** «Trelados» na ed. de Goa.

pé de alifante, e hydroforbia *maraȝ alquelbe,* que quer dizer
doença de cam: por onde sabey que *pé de pomba,* ácerca
da entençam de Avicena, he *amomum,* e isto he em muitos
nomes sabido ácerca de Avicena, e nós os Espanhoes imita-
mos nisto aos Arabios, scilicet, na lingoa (3).

RUANO

E pera que quer esse rey o *amomum?*

ORTA

Porque diz que entra no *mitridato,* da qual composição
elle usa muyto porque se teme da peçonha, e tem selada e
fechada de sua mão esta mézinha; porque os reys (ou por
milhor dizer tiranos) desta terra jogatãolhe muyto os irmãos
com peçonha. E falando eu hum dia com este rey na prova
da *tiriaca* como se fazia, me dixe que se lhe qua viesse
hum baril com hum homem que lhe fizesse a prova, lhe
compraria toda a *tiriaca,* pesando por ella outro tanto ouro;
e ao que fizesse prova daria dous mil pardáos, cujo preço
he como huma coroa de Espanha: e certo, que se o diabo
o não levára primeiro pera o consorcio de Mafamede, que
comprira sua palavra (4).

RUANO

Mais barata se achára a *tiriaca* em Europa; mas certo
que he de maravilhar quão pouco se estima a *tiriaca* polla
muyta quantidade que ha della. E vistes lá outras mézinhas de que aja duvida entre nós, scilicet, do conhecimento
dellas? •

ORTA

Si vy, scilicet, *eupatorio* e *mexquetera mexir* (5).

RUANO

E certo sabeis que não ha as mézinhas que dixestes n'esta
terra?

ORTA

Bem póde ser que as aja, mas os boticairos da India ganhão mais pello trato que polla botica; e, porque he pouco

o ganho, nam vão buscar á terra firme ou ao Balaguate *her-va cidreira, lingoa de vacca, fumus terræ, tamarisco* e *es-paregos,* das quaes mézinhas carecemos, e eu as vy lá; e tambem vi *violas* semeadas em as hortas deste rey; e aqui em Goa usam por ellas de humas flores de huns arvores muito differentes das nossas *violas;* e eu não consinto que usem dellas senão em mézinhas por fóra aplicadas, e o *xaro-pe violado* lhe mando fazer de *violas* em comserva, que trazem de Ormuz ou de Portugal (6).

RUANO

Mais curiosos são os nossos boticairos em Espanha com sua pobresa, porque cresce o amor do dinheiro, quanto elle mais cresce.

Nota (1)

Esta pagina, é uma d'aquellas em que o nosso auctor mostra mais claramente o seu desdem pelas complicadas e estereis discussões de palavras e de textos, nas quaes se entretinham então os escriptores da Europa. Chega a ser irreverente para com o eruditissimo Pietro Andrea Mattioli de Sienna, pintando-o a chorar a perdição do amomo, e a emendar textos, e a dar boas rasões para que a *rosa de Gericó* não fosse o *amomum.*

Nota (2)

«Vay tanta duvida em que cousa seja o amomum», diz o nosso Orta logo no começo do *Coloquio.* Perto de tres seculos depois, Spren-gel repetia quasi as mesmas palavras: *de Amomo ingens est disceptatio.* É effectivamente muito difficil saber o que fosse o αμώμον de Dioscorides, o *Amomum* de Plinio, e o حامامـا de Avicenna. Seria o *Cissus vitiginea,* como quer Sprengel? Ou outra planta, se acaso todos aquelles escriptores se referiram á mesma? Tudo isto parece insoluvel.

O certo é que os asiaticos conhecem uma planta, ou plantas, que apresentam pelo nome de *hamama;* mas provavelmente nenhuma d'ellas é a antiga. Effectivamente ao nosso Orta mostraram um certo *amomo,* vindo da Turquia, Persia ou Arabia. Annos depois, Clusius recebeu de um boticario seu amigo um *amomo,* procedente de Hormuz, e que elle desenhou nos *Exoticorum.* E já no nosso seculo, o dr. Royle obteve tambem na India, pelo nome de *humama* ou *hamama,* uma planta si-milhante á desenhada por Clusius.

A identificaçao d'estas plantas apresenta, porém, quasi tantas diffi-culdades como a das que os antigos mencionaram. Orta não descreve a sua; e o facto de se referir aos «debuxos» de Dioscorides não nos esclarece, pois essas figuras das edições *illustradas* do seu tempo[1] eram feitas em geral sem conhecimento das plantas asiaticas. As figuras de Clusius são evidentemente copiadas do natural, mas um tanto confusas. Em todo o caso, a idéa de Sprengel, de que elle representou a *For-stera magellanica,* uma planta americana, trazida pelo celebre navegador Drake das suas viagens austraes, e dada por equivoco como proveniente de Hormuz, parece-nos absolutamente inacceitavel. Dymock diz que ainda hoje se vende nos bazares de Bombaim uma droga, chamada *hamama, amamun,* ou *amuman,* que exactamente corresponde aos de-senhos de Clusius. Parece ser uma *Muscinea* secca, e lembra na fórma algumas especies de *Sphagnum* da Europa. Deve ser esta a planta de Clusius e de Royle, e provavelmente tambem a de Orta; mas segura-mente não é a de Dioscorides e de Plinio (Cf. Sprengel, *Diosc.* ii, 351; Clusius, *Exotic.,* 199; Royle, *Ant. of Hindoo medicine,* 91, London, 1837; Dymock, *Mat. med.,* 877).

NOTA (3)

Toda esta passagem é muito confusa. Orta parece querer dizer, que os nomes arabicos de algumas plantas conservam a significação intacta dos seus componentes, o que é de certo exacto em muitos casos. Os no-mes das doenças estão bastante correctos; W. Ainslie diz que os ara-bes chamam a uma fórma da *elephantiasis,* دوا الفيل, *dul el-fil;* e um dos nomes da *raiva* é مرض الكلب, *marad el-kelb,* a doença do cão.

Se o nome do *amomum* em Avicenna se prende a حمام, que signi-fica *pomba,* e não *pé de pomba,* é questão diversa e um tanto duvidosa.

NOTA (4)

Que os reis mussulmanos da India se quizessem precaver contra as tentativas de envenenamento da familia e dos irmãos, os quaes lhes «jogatavam com peçonha», era naturalissimo; e tambem era natural que se servissem dos *mithridatos* e *theriagas.* Tinham como livro prin-

---

[1] Os «debuxos» de que Orta falla, podiam ser o *Icones* da edição de Ruellio (1549), com a qual se publicaram tambem as notas de Valerio Cordo.

cipal de medicina o de Avicenna, que trata largamente e dá a formula d'estas celebres e complicadas composições: do *mithridato nobre* e do *commum,* da *theriaca magna,* da *alfaroch,* da de *Esdras* e de outras (Cf. Avicenna, lib. v, summa ı, tractatus ı).

Nota (5) ·

O «eupatorio», a que o nosso Orta se refere, podia ser uma *Achillea,* ou uma *Agrimonia,* que, embora plantas muito diversas, foram ambas conhecidas por este nome. E a sua «mexquetera mexir» era sem duvida a *mescatramescir* de Avicenna, a qual os traductores identificaram com o *Dictamus* ou com o *Pulegium* (Cf. Avicenna, lib. ıı, ıı, 468). Todas são plantas vulgarissimas e bem conhecidas; mas o que Orta averiguou sobre ellas lá pela India, é o que nos não diz, nem é facil saber.

Nota (6)

Orta devia enganar-se algumas vezes, quando julgava encontrar na India as plantas de Portugal; e de certo, em mais de uma occasião, tomou por uma especie sua conhecida, outra especie proxima, ou mesmo uma planta simplesmente parecida na apparencia. Assim elle não viu, nem a *Melissa officinalis,* nem a *Anchusa officinalis,* espontaneas na India; mas pôde ver especies de *Asparagus,* de *Fumaria,* de *Tamarix,* e mesmo as *violas,* cultivadas em algum logar fresco e sombrio. A *Viola odorata* encontra-se espontanea na India; mas unicamente nas regiões elevadas do Himalaya, onde o nosso naturalista nunca foi.

COLOQUIO QUINTO DO ANACARDO

INTERLOCUTORES

.

RUANO, ORTA

RUANO

Queria saber do *anacardo,* pois he nome grego derivado de coraçam, cuja feiçam e cor he; e o porque me maravilho he, porque nam se acha escrito desta mézinha ácerca dos Gregos antigos.

ORTA

Disso nam vos maravilheis, porque os Gregos modernos lhe poserão este nome por a razam que dixestes aguora; porque, pois era mézinha usada per escritores arabios, nam era razam que lhe mudaram o nome della; porque elles lhe chamam *balador,* e se doutra maneira o achardes escrito por os livros, sabey que he o vocabulo ser corruto. Os Indos lhe chamão *bybo,* e nós os Portuguezes *fava de malaqua;* porque a feiçam delle, no arvore onde nasce, parece fava maior que as nossas, e casi he da feiçam de humas favas que qua ha, que vieram primeiro de Malaqua. Segundo dizem alguns, ha muita copia desta mézinha em Cananor e em Calicut, e em todos as partes da India que eu sey, scilicet, Cambaya e o Decam (1).

RUANO

Antonio de Lebrixa, no Dictionario, dixe *anacardus,* herva frequentada ácerca de Galeno?

ORTA

Verdade he que dixe isso Lebrixa, e que era muy docto e curioso, mas enganouse no nome grego; e sem mais oulhar dixe que Galeno o dizia; foy descuido, e nam vos ma-

ravilheis disto, porque ás vezes dorme o bom Homero.
Tambem Serapio alegua a Galeno*, o qual nunca vyo *anacardo,* e mais diz que por ventura mata, o qual he contra
a esperiencia do que vemos; porque se dá nestas terras deitado em leite e nutrido para a asma, e tambem usam delle
contra as lombrigas, e fazem delle, quando he verde, conserva com sal para comer (a que chamão qua *achar)* e vendese na praça como azeitonas ácerca de nós; e, quando he
seco, usão delle em modo de caustico para as alporcas: e
toda a India tambem usa delle para pôr sinal nos panos
misturado com cal. Avicena diz** que o *anacardo* he fruto
semelhante aos caroços do tamarinho, e o seu miolo he semelhante á amendoa, em o qual não ha damno, e abaixo diz
que he contado entre os venenos e que mata. Por onde falla
mais craro que Serapiam, que o põe em duvida, e mais está
crara a contradição; porque diz: em o qual não ha damno
aparente, e depois diz que he contado entre os venenos e
que mata.

RUANO

No que diz que nam ha em elle damno, entendese do
damno aparente no principio, porque ao fim mata.

ORTA

Ainda que isso se possa salvar, comtudo não he veneno,
pois o comem muitos Indios qua em todo cabo, e o ser
caustico he depois de sequo (2).

RUANO

Em que grado o pondes, quente e sequo?

ORTA

Huns o põem no quarto quente e sequo, e outros na 2
parte do 3, mas nenhum d'estes me contenta, porque, em

---

* Serapio, cap. 356 (nota do auctor).

** Avic. li. 2, cap. 41 (nota do auctor).

verde, craro he que não he tanto quente e sequo, e em sequo nam parece razam fazelo tam quente e sequo como as
outras especiarias, scilicet, a pimenta, que se põe no terceiro gráo; nem acho ser vermelho, senão negro lucido, e a
isto não se póde dar outra desculpa, senam que será mais
quente e sequo o ciciliano (3), e terá a cor que pareça mais
ao vermelho.

RUANO

Muito estou nisto conforme com o que dizeys, e mais me
parece muito boa preparaçam a do leite azedo para a asma,
entendendo per leite azedo, leite de que he tirada a sua man-
teygua, e isto he conforme a Avicena (4).

Nota (1)

O «Anacardo» é o *Semecarpus Anacardium,* Linn. f., uma arvore
da familia das *Anacardiaceæ,* muito frequente na India.

Os nomes vulgares, citados por Orta, são faceis de identificar:

—«Balador» é a sua transcripção do nome arabico بلادر, *belader,*
ou بلاذر *beladher* (Cf. Ainslie, *Mat. Ind.* ii, 371; *Exotic.,* 249).

—«Bybo», ainda se usa na India portugueza na fórma *bybó;* e em
Bombaim na fórma *bibba* (Cf. Costa, *Manual pratico do agricultor indiano,* ii, 138, Lisboa, 1874; Dymock, *Mat. med.,* 303).

É um facto digno de se notar, o não ter Orta mencionado o *Cajueiro*
(Anacardium occidentale, Linn.), uma arvore muito mais interessante do
que esta, e da qual poucos annos depois fallaram Christovão da Costa
e Linschoten. A explicação d'este silencio é, porém, facil. O *Cajueiro,*
arvore americana, foi introduzido por aquelle tempo na India, de modo
que Orta nunca o viu em Goa, onde ainda se não cultivava; e Christovão da Costa apenas observou alguns exemplares nas hortas de Cochim,
para onde provavelmente os portuguezes o haviam trazido poucos annos antes do Brazil. O silencio de Orta, e a noticia de Costa, confirmam pois a idéa geralmente admittida da origem americana do *Cajueiro,* e marcam a data da sua introducção na Asia, onde depois se
tornou tão commum (Cf. Christovão da Costa, in *Exotic.,* 273; *Navigatio ac Itinerarium Johannis Hugonis Linscotani,* p. 60, Hagae-comitis,
1599; De Candolle, *Orig. des plantes cultivées,* 158, París, 1883).

Nota (2)

O uso do fructo d'esta planta para marcar os pannos é bem conhecido na India, e d'ahi lhe vem o seu nome vulgar inglez: *marking nut*.
Quanto ás suas qualidades alimentares e medicinaes, e a algumas con-
tradicções apontadas por Orta, estas resultam de uma circumstancia que
elle não observou, e Christovão da Costa notou mais correctamente, ou
pelo menos mais explicitamente. Emquanto o pedunculo carnoso do fructo e a semente, são relativamente inoffensivos, as camadas do pericarpo contêem, depois de maduras, um oleo negro, caustico e fortemente toxico. D'ahı a possibilidade de comer o fructo, colhido verde,
e preparado em conservas; e, por outro lado, as suas applicações inter-
nas em pequenissimas dóses, ou externas como caustico, depois de maduro (Cf. C. da Costa, *Exotic.*, 272; Ainslie, *Mat. Ind.*, ii, 371).

Notaremos de passagem, que a phrase de Orta «a que chamão qua
achar» define bem claramente a origem oriental d'este nosso termo cu-
linario. *Achar* é a palavra persiana *achár*, que tem a mesma significação.

Nota (3)

É muito curiosa esta menção do anacardo «ciciliano», ou da Sicilia.
A planta indiana havia sido provavelmente introduzida ali no reinado
do imperador Frederico II (1220-1240) pelos judeus, que iniciaram
n'aquella ilha algumas culturas de plantas orientaes, entre outras a do
anil. O facto da existencia do *Anacardo* na Italia, facto que devia ser
pouco conhecido mas não escapou ás investigações de Orta, é-nos confirmado por um escriptor quasi contemporaneo. O Dr. Paludano, nas
suas notas ao livro de Linschoten, falla dos fructos do *Anacardo* pendentes da arvore, e diz: *quales in Siciliæ Æthna monte vidi (Navigatio
ac Itinerarium,* 83).

Nota (4)

Orta cita de novo n'este *Coloquio* o celebre erudito hespanhol, Antonio de Lebrija, ou de Nebrija, e nota-lhe justamente um erro. Emen-
da-o, porém, com todo o respeito, devido ao que provavelmente havia
sido seu mestre na universidade de Alcalá (Cf. *Garcia da Orta e o seu
tempo,* 25).

COLOQUIO SEXTO DO ARVORE TRISTE

INTERLOCUTORES

RUANO, ORTA

RUANO

Começo, em nome de Deos, nas mézinhas e simples da India não conhecidos nem vistos de nós. Que he este arvore que tão bem cheira des que se põe o sol até que sáe? Me dizey si se usa delle em mézinha alguma ou em comer, porque para mim não quero cheiro mais cordial, em especial quando de subito entro onde está este arvore.

ORTA

Eu nam vi esta planta em outros cabos da India senão em Goa, e dizem que veo a ella de Malaca, e póde ser que pera se levar a outro cabo seja muito boa, e já daqui se levou (mas foy perto de Goa) e prendeo bem; mas como digo não a vi pello sartão donde andey.

RUANO

Pois dizey o nome e proveito destas flores, se he somente pera cheirar?

ORTA

Pera cheirar nam sirve tanto, porque aquellas flores que estão naquelle alegrete chamadas *mogory* cheirão melhor que frol de laranja, e os comeres que são cheirosos, ou o devem ser por mais aprazíveis, que temperão em Espanha com agoa de frol de laranja, temperamos os qua com esta agoa de *fules,* chamada *mogory;* e a agoa destas que perguntais nam a vi estiladà, e já póde ser que nam façam agoa boa, por ter a virtude muito superficial, e ser a textura rara, assi como acontece nos cravos que ha em Portugal: e nós usamos destas flores somente pera tingir os comeres, como *açafram,* scilicet, dos pés dellas, que são amarelos e tingem muito, e o seu nome he, em lingoa de Goa *pariȥataco,* em malayo *singadi* (1).

RUANO

O comer tingido com os pés destas flores tinge como o temperado com o *açafram* de Espanha?

ORTA

Não, porque amarga algum tanto.

RUANO

E o *açafram* desta terra, que dizem, he este?

ORTA

Não, que esse he humas raizes que aqui nacem, cuja virtude direy avante.

RUANO

E essas flores ditas *mogory,* que tanto louvastes, poderey vellas e agoa estilada dellas?

ORTA

Já as vedes naquelle alegrete, e a agoa vereis ay logo, que he aquella em que põem as pennas pera alimpar os dentes, que tanto louvastes já (2).

RUANO

Sempre até agora tinha pera mim que era agoa de frol de laranja; e a gente desta terra he muito dada a cheiro, e por isto se diz que é inclinada a Venus.

ORTA

He o em tanta maneira que leixa de comer o que tem pera o gastar em cheiros, assi como *sandalo* que he muito comum para untar o corpo, e *linaloe,* e quem mais póde,

ambre e *almisque* e *algalia;* a qual he mais usada, porque
o preço não he tam alto, e a causa he por os muitos gatos
que ha em muitas partes da India, e usão esta *algalia* em
dores de humor frio, untando a parte que dóe com ella; e
outras flores ha de que muito usão nesta região ditas *champe,*
e tem hum cheiro muito forte, mais que lirio branco, e nam
he tam suave (3). E sabei que os reys que vi, todas as noites
e muita parte do dia lhes enchem o chão das cazas, onde
estão, destas flores que dissemos, e das nossas rosas; e pin-
tão diversas flores em cores que parecem muito bem á vista;
e ali de noite recebem seus solazes*, e os presentes que lhes
dam os pobres, sam destas flores e das nossas rosas; e vay
em tanto o gasto destas flores que me afirmão que em Bisnaguer rendiam os cheiros e fulas a elrey 5ooo pardaos; e,
o que mais he de maravilhar, que em Ormuz** os trabalhadores, que ganhão de comer a carretar fato, compram os
cheiros para se untar de noite, e deixão de comer (4). E porque vejais as parvoices e fabulas desta gentilidade, dizem que
esta arvore foi filha de hum homem, grande senhor, chamado
Pariȝataco; e que se namorou do sol, o qual a leixou, depois
de ter com ella conversação, por amores doutra; e ella se
matou, e foy queimada (como nesta terra se custuma) e da
cinza se gerou este arvore, as flores do qual avorrecem ao
sol, que em sua presença não parecem; e parece ser que
Ovidio seria destas partes, pois compunha as fabulas assi
deste modo.

RUANO

Certo que he muito de maravilhar de dar as flores de
noite e não de dia, não tomeis trabalho em me dizer a gran-
dura e feiçam do arvore, pois vejo ser do tamanho de huma

---

* *Solaȝ,* prazer, recreação, palavra que se encontra nos diccionarios hespanhoes; mas foi tambem portugueza, veja-se Viterbo, *Elucidario,* s. v.

** Hormuz na ed. de Goa, o que é mais correcto do que Ormuz, mas
tomámos a forma habitual de Orta.

oliveira, e ter as folhas como da amexoeira. E pois isto não he cousa medicinal, passemos avante pera vermos da *assa fetida* e *anil*.

Nota (1)

A «arvore triste» do nosso Orta, é o *Nyctanthes Arbor tristis*, Linn. uma pequena arvore da familia das *Oleaceæ*, cultivada com frequencia na India, e espontanea em algumas das provincias centraes. Enganaram-no pois, quando lhe disseram que vinha de Malaca. Não admira, porém, que elle desconhecesse a sua existencia na India no estado selvagem, pois já no nosso seculo o proprio Roxburgh a ignorava (Cf. Hooker, *Flora of British India*, iii, 603; Roxburgh, *Flora Indica*, i, 86).

Esta planta attrahiu muito as attenções n'aquelles tempos antigos: Christovão da Costa descreveu-a no seu livro; Linschoten, e o seu commentador, o dr. Paludano, acrescentaram a respeito d'ella varias indicações, dando uma figura imperfeita mas interessante; e Clusius incluiu nas notas ao nosso auctor as informações que lhe dera o seu amigo Fabricio Mordente de Salerno sobre a curiosa planta, intercalando no texto o desenho bastante exacto de um ramo florido. É certo, todavia, que todos vieram depois de Orta, e que, tanto Costa como Linschoten, pouco mais fizeram do que copial-o (Cf. C. da Costa, in *Exotic.*, 279; Linschoten, *Navig. ac Itinerar.*, 67 e 68; Clusius, *Exotic.*, 225).

Orta cita dois nomes vulgares da planta:

—«Parizataco», que é um dos nomes sanskriticos, mencionado por Dymock na fórma *Pārajātak*, e pelo dr. Lisboa na fórma *Parijatak* (Cf. Dimock, l. c.; J. C. Lisboa, *Useful plants of the Bombay presidency*, 290, Bombay, 1886).

—«Singadi» em malayo. Este nome não se encontra no *Index* de Piddington, nem em outros livros onde vem citadas muitas designações vulgares. Era no emtanto o nome usado em Malaca. Pelo anno de 1682, dizia o viajante Nieuhof: «ali (em Malaca) cresce a arvore *ʒingady*, que os portuguezes chamam a *arvore triste*» (Cf. Nieuhof, *Zee en Lant-Reiʒen*, ii, 57, citado por Yule e Burnell, *Glossary*, no *Supplement*, palavra *Arbol triste*).

Ao primeiro d'estes nomes liga o nosso escriptor uma poetica lenda, a qual está perfeitamente na indole de dezenas de outras lendas da complicada mythologia indiana; e que elle —mais familiar com a classica mythologia grega e latina— compara com as metamorphoses de Ovidio. Não é esta a unica lenda que se prende na India ao *Nyctan-*

thes. O dr. Lisboa, na sua interessante noticia sobre as *plantas sagra-das,* diz-nos, que os hindús julgam esta arvore procedente do céu, d'onde Krishna a trouxe a sua mulher Satyabhāma por causa do fino perfume das suas flores; e por isso estas flores são usadas no culto prestado a todos os deuses.

Quanto ao emprego do que Orta chama «os pés das flores» —os longos tubos côr de laranja das corollas— para tingir de amarello, é bem conhecido na India, e vem mencionado por Roxburgh, Wight e muitos outros (Cf. Lisboa, l. c.; Wight, *Illustrations of Indian Botany*, II, 158, Madras, 1851).

Nota (2)

O «Mogory» de Orta é o o *Jasminum Sambac,* Ait., chamado na In-dia *mogra* ou *mogri,* cujas flores são muito empregadas como per-fume, e nos ornatos e corôas que as mulheres hindús collocam sobre a cabeça em dias e occasiões de festividade (Cf. Wight, l. c.).

Nota (3)

O «Champe» de Orta é a *Michelia Champaca,* Linn., da familia das *Magnoliaceæ.* Chama-se em hindi *champa,* do nome sanskritico *cham-paka.* As suas flores extremamente cheirosas são usadas como Orta diz; tambem em grinaldas e ornatos pelas mulheres hindús; e são tão esti-madas, que um dos seus nomès sanskriticos *Kusumādhirāg,* significa —segundo Gubernatis— o rei ou rainha das flores (Cf. Gubernatis, *Mythologie des plantes,* I, 154).

Nota (4)

Tudo quanto Orta nos diz sobre a paixão dos orientaes pelos perfu-mes e pelas flores ou *fulas*[1] é perfeitamente exacto e perfeitamente co-nhecido. Fallando da mesma cidade de Bijayanagar, a que chama Bis-naguá, diz Duarte Barbosa, que os seus habitantes andavam sempre «muyto cheirosos, untados com sandalo branquo, aloes, canfor, almis-quar e acafram, tudo muido e delido em agua rosada». O persa Abd-er-Razzak, que esteve n'aquella cidade como embaixador de Schah Rock

---

[1] Orta parece empregar a palavra *fula* ou *fule* no sentido geral de flor. Ainslie cita *phool* ou *phul* como o nome deckani da flor; deve prender-se ao sanskrito *phulla* (pronunciar *p-hulla*) aberto, florido, *blooming.*

pelo anno de 1442, fallando das grandes dimensões dos bazares, diz:
que os vendedores de flores *(roses* na versão ingleza, supponho que
por flores em geral) levantavam grandes estrados em que expunham
as flores á venda, onde se via sempre uma collecção de rosas frescas e
perfumadas. Acrescenta, que não podiam viver sem flores, e as consideravam tão necessarias como a comida. Todos estes vendedores pagavam impostos especiaes, que em uma cidade tão rica e populosa
como era então Bijayanagar deviam attingir sommas muito elevadas.
Na cidade de Baçaim, já depois de nossa, o imposto dos floristas, aliás
insignificante, figurava tambem entre as rendas do estado:

«E a renda dos que vendem flores, paguão todos por ano oitenta e
cinquo ffedeas, sem acrecentarem, nem demenoyrem.»

(Cf. Duarte Barbosa, *Livro,* 302; *Journey of Abd-er-Razzak,* em Major, *India in the fift. century; Tombo do Estado da India,* 155, em Felner, *Subsidios.)*

COLOQUIO SETIMO DO ALTIHT,

ANJUDEN, ASSA FETIDA, E DOCE, E ODORATA, ANIL

INTERLOCUTORES

RUANO, ORTA

RUANO

Saibamos do que se chama *altiht* e *anjuden, assa-fetida,* e *doce,* e *odorata;* pois antre ella e *laserpicium* põem os doctores alguma diferença.

ORTA

E eu tenho n'esses nomes mais confusão que vós, e isso foy porque nunca me souberam dizer a feiçam, nem os nomes deste arvore donde mana esta goma; porque me dizem que huma vem do Coraçone a Ormuz, e de Ormuz á India; e tambem achei qua que vem do Guzarate; e ay dizem que vem do reino Dely, terra muito fria, que pella outra banda confina com o Coraçone e com a região de Chiruam (1), como sente Avicena*. E sem duvida esta goma he chamada *altiht* em arabio e outros *antit* a dizem: e como a qualquer arabio lhe mostraes esta goma, dos Indios chamada *imgu* ou *imgara,* por o mesmo nome a noméão que vos disse; e o arvore de que se tira ou mana se chama *anjuden,* e outros o nomeam *angeidan.* E como esta mercadoria vem muito polla terra dentro, he trabalhoso saberse no certo a feiçam do arvore; nem he por isso muito chamala Avicena por muitos nomes, porque póde ser que em huma terra tenha

---

* Avic. li. 2, ca. 53 (nota do auctor). O texto é pouco claro, e deve entender-se que é o Coraçone, e não o reino Dely, que confina com a região de Chiruam; veja-se a nota (1).

hum nome, e em outra outro, scilicet, em huma *altiht* e em outra *almharut,* porque é sabido que estas terras donde vem tem as lingoas diversas.

RUANO

E qual foy a causa porque o trasladador trasladou *assa?*

ORTA

Eu não creo que o tradutor escreveo *assa,* senão *laser,* e corrompendose o nome se chamou assi, porque o tempo gasta tudo.

RUANO

Primeiro que vejamos se *assa fetida* he o mesmo que *laser* ou *laserpicium,* vos digo que *altiht* nam me parece ser nome do arvore, senam de çumo de *alcaçuz,* embastecido e engrossado; e isto sentio Gerardo Cremonense no capitulo da falta do coito em Rasis, que assi o interpretou*.

ORTA

Gerardo Cremonense nam era bom arabio, mas era andaluz, e a lingoa propria em que Avicena escreveo he a que se usa na Siria e Mesopotamia, e na Persia ou Tartaria (donde Avicena era) e a esta lingoa chamam elles *araby* e a dos nossos Mouros *magaraby,* que quer dizer mouro do ponente, porque *garby* em arabio quer dizer ponente e *ma* quer dizer dos, e portanto não he muito errar nisto Gerardo; e digo que *altiht* não quer dizer senão o arvore da *assa fetida,* e muytás vezes se toma a goma por o arvore: e que isto seja verdade se vê ácerca de nós, e muito mais ácerca dos Indios se põe a *assa* pera levantar o membro, e elles o tem muito em uso: logo não vem a proposito pera a deminuiçam do coito usar o tal çumo de *alcaçuz;* e nas *Divisões** põe Rasis o *altiht* por mézinha pera as festas de Venus.

---

* Gera. sobre Rasis (nota do auctor).

** Nas *Divisões,* isto é no *Liber Divisionum.*

RUANO

E se o *altiht* nam he *assa dulcis,* que he *assa dulcis?*

ORTA

Assa dulcis nam póe doctor arabio, nem grego, nem latino, que seja de autoridade; e se a póe, erra; porque o
alcaçuȝ se chama em arabio *çuȝ,* e o çumo delle cozido e
reduzido á forma de arrove, chamão os Arabios *robalçuȝ,* e
os Castelhanos corrompendo o nome o chamão *rabaçuȝ;* de
modo que *robalçuȝ* he um nome composto de *rob,* que em
arabio he çumo feito basto, e *al* he articolo do genitivo, e
quer tanto dizer como çumo basto de *alcaçuȝ;* e assi daqui
ávante nam chamemos a este çumo *assa dulcis* (2).

RUANO

Bem me parece essa derivaçam; mas antes que vos per-
gunte porque *laserpicium* he *assa,* quero florear como es-
grimidor e saber de vós como Avicena he da terra dos Tartaros, e como a lingoa da nossa Africa nam he tam boa
como a da Siria e Arabia.

ORTA

Avicena he craro ser destas partes, e nam de Espanha;
e os fisicos da Persia e da Turquia, que curão aquelle rey
que vos já nomeey, me dixeram que Avicena era de huma
cidade chamada Bochorá, a qual cae em a provincia dita
Uzbeque, que he parte da Tartaria, que nós chamamos, ou
dos Moguoras, como elles chamão qua; bem que Andreas
Belunensis chame áquella parte Persia, mas isto he largo
modo tomando Persia, porque Persia he pequena regiam.
E depois soube de mercadores discretos e curiosos, que
muito tempo moraram em Ormuz, e pergunteylhe que cidade era Bochorá, e me dixeram que caya na parte de
Uzbeque, e que avia nella* e nessas partes muito *maná,* e
tambem isto me dixe Coge Perculim, bom letrado a sua

---

* «Nellas» na ed. de Goa.

guisa, estante em Goa. E porque dixe o sobrinho do Belunense ser Avicena pessoa, por suas letras, valido e fidal-
guo, lhe perguntey se fora rey, e dixeme que náo, senam
que fora goazil, que entre elles quer dizer regedor ou grande (3).

RUANO

Pareceme ser verdade isso; porque nós, por as coronicas
de Espanha, sabemos os reys que nesse tempo concorriam
em Cordova e Sevilha, e nam achamos este; e comtudo eu
creo bem que era pessoa poderosa onde quer que estivesse.

ORTA

Respondendo á outra questam digo, que he trabalhosa
cousa provarse huma lingoa ser milhor que outra; e porém
dizem estes fisicos e outros letrados, a que chamão Mullás,
que as obras de Avicena e Galeno e dos filosofos Gregos,
e as do falso profeta, erão escritas em lingoa da Syria, e a
estoutra lingoa da nossa Africa chamão barbara, e aos nossos Mouros *magaraby,* e assi por esta razam chamão os
Mouros da Persia e Arabia ás nossas terras, que nós chamamos Algarves, *Algarby,* que quer dizer Mouros do ponente, porque o nosso Algarve está ao ponente. E já me
pesa porque tanto me detive nestas cousas, que nam fazem
ao caso, mas a culpa he vossa (4).

RUANO

Eu folguo muyto de saber isso, que qua nam tendes em
muyto; portanto eu tomo a culpa sobre mim: mas se *laserpicium* não he *assa fetida,* nem he odorifera, scilicet, aquelle
laserpicium que escreve Dioscorides e Plinio, nam parece ser
o *altiht* que escreveu Avicena, nem outros Arabios.

ORTA

Os Arabios que deste simple fazem menção que são
Arabios, falão pouco delle, como são Rasis e Avenrrois,
mas se olhardes Serapio falando em *altiht,* diz tudo aquillo
que dizem Galeno e Dioscorides em *laserpicium.*

RUANO

Por muitas razões vos provarey serem diversas mézinhas, scilicet, *assa fetida* e *laserpicium;* porque *laserpicium* he mézinha pera a cosinha e pera curar, e *assa fetida* aproveita pera mézinha somente, e isto per si só e muito poucas vezes, e para se usar em cozinha danaria todos os comeres por ter tam horrendo cheiro.

ORTA

Nam vos leixarey com esse error yr ávante, porque se quereis saber minha entençam he necessario que deiteis de vós as affeições que tendes a estes escritores novos, e folgueis de ouvir minhas verdades ditas sem cores rhetoricas, porque a verdade se pinta nua.

RUANO

Muitas vezes vos dixe que nenhuma cousa desejava mais, que tirar de mim os errores que tenho, e semeardes em meu intindimento novas sementes.

ORTA

Pois sabey que a cousa 'mais usada que ha em toda a India e per todalas partes della he esta *assa fetida,* àssi pera mézinhas como pera cozinha; e guastase nestas partes grande quantidade della, porque todolos gentios que podem alcançar a comprarla, a comprão pera deitar nos comeres; e se são ricos, comem muyto della, como são os Baneanes e todo o gentio de Cambaya, a quem imitou Pythagoras. Estes a deitão nos bredos e hortaliças que comem, esfregando o caldeiram com ella primeiro, e he adubo ou salsa* e condimento pera todo seu comer; e todos os outros gentios que a podem comer, a comem; e os trabalhadores que nam tem mais que comer que pam e cebollas, nam a comem senam quando tem della muyta necessidade; e os Mouros

---

* *Salsa,* tomada a palavra no sentido hespanhol de tempero em geral.

tambem a comem, mas he em menos quantidade, somente porque a acham medicinal. Hum mercador portuguez me gabou muyto os bredos que faziam estes Baneanes, que levam esta *assa fetida,* e eu os quis provar e acheyos algum tanto apraziveis a meu gosto, e porque a mim nam me sabem bem os nossos bredos, nam os achei tam saborosos como os achou o portuguez que mo dixe. Ha hum homem nestas partes honrado e discreto, ornado com carregos de elrey, que come esta *assa fetida* pera lhe fazer apetite de comer; pera o qual diz que o acha muito bom, e toma delle quando tem necessidade duas oytavas; e diz que tem hum pouco de amargor, mas que o amargo he apetitoso como o da azeitona, e que isto he ante de o enguolir, porque diz que depois de enguolido, fica a pessoa que o tomou muito contente: e quanto he á gente desta terra, todos me dizem que lhe sabe bem, e lhe cheira bem.

RUANO

E vós achastes máo cheiro aos bredos que provastes?

ORTA

A cousa que me mais mal cheira do mundo he *assa fetida;* e nos bredos não me cheirou mal; e não vos maravilheis muito disso, que a cebolla e o alho tem muito máo cheiro, e os comeres adubados com ellas muito bom; e tambem vos sey dizer que os costumes dos cheiros vos fazem que vos sejam mais apraziveis, como de mim sey que o *betele* (este que de contino trazem na boca mastigado), a todos os que o comem cheira muito bem, e a mim muito mal, não mais senão porque o nam posso comer. He qua mézinha usada per si só, contra o que dizeis que se não usa senão em compostos: nisto sois enganado, assi como se enganou Sepulveda, porém Guarinero* e muitos usão

---

* Sepulveda, Guainero (nota do auctor).

della per si só. Ácerca dos Indios he boa pera o estomago, e pera que não sae bem he pera gastar a ventosidade. Hum portuguez em Bisnaguer tinha um cavalo de muito preço, o qual deitava de si muita ventosidade, e elrey por isso lho não queria comprar: o portuguez o curou dandolhe a comer este *ymgu* com farinha; elrey lho comprou mui bem depois de são, e lhe perguntou com que o curara, e dixe-lhe que com *ymgu*; respondeulhe elrey, não te maravilhes disto, porque lhe déste a comer o comer dos deuses, como dizem os poetas nectar: respondeolhe então o portuguez, com a voz mais baixa em portuguez, que milhor lhe chamára manjar dos diabos*.

RUANO

De huma duvida me tiray: como o comem os Baneanes tam continuadamente, dizendo Matheus Silvatico que he veneno, e alegua a Galeno pera isso?

ORTA

Ja vy Galeno e os simplecistas Gregos, e nenhum diz tal cousa; antes diz ser bom pera a peçonha e peste, e lumbrigas e mal de rayva, que sam contrairos effectos, por onde lhe podeis ao Matheus Silvatico perdoar esse error como outros muytos. Qua o metem os Indios na cova do dente furado que dóe; e se Plinio diz** que hum que o meteo no dente lhe deu tam grande dor que se deitou de huma janela abaixo, seria isto por estar muita cheo de humores, e mover a mézinha muito.

RUANO

He de muito preço nesta terra esta mézinha?

---

* Parece que acima, onde diz «pera que não sae bem», se deve ler «pera que sae bem».

** Pli. lib. 33, cap. 23 (nota do auctor). A citação, como varias outras, está errada; e Plinio diz o que o nosso auctor refere, no livr. XXII, cap. 49.

ORTA

Si* (porque ácerca de nós vale pouco), e a causa he porque della se gasta muito, e se apercebem os homens de a
ter de sobejo, porque he como mantimento. Ha muita no
Mandou e Chitor e Dely; e afora isso vem de Ormuz, como
mercadoria pera Pegu e Malaca e Tenassarim, e essas partes;
e quando falta val muito em estremo.

RUANO

Usão da raiz ou folhas della, porque é louvada dos antigos a raiz e as folhas, e rama?

ORTA

Já vos dixe que nam vira o arvore, nem me sabião dar
razam delle; mas que nenhuma gente, das que eu conheço,
usão senam da goma, a qual dizem que se tira dando cutiladas no arvore: e isto me dixe o homem, que acima dixe,
que comia esta mézinha, e mais me dixe que lhe dixeram a
feiçam da folha, a qual lhe debuxaram ser como a das nossas
avelaneiras; e assi lhe dixeram que, para se conservar esta
goma, se guardava em coiros de boy, untados primeiro com
sangue e mesturada com farinha de trigo; por onde quando
lhe lá acharem cousa que pareça farelos, não tenham que
he falsidade, como escrevem alguns, antes he certificaçam.
E nam faleceo quem dixesse a hum baneane letrado, que
porque comia esta mézinha, pois vinha mesturada com sangue de boy: respondeo que era tal a mézinha que nam se
havia de guardar nella essa regra.

RUANO

O *laserpicium* antiguo tinha a cor algum tanto ruyva e
translucente, e este de que usamos tem a cor turbida e he
çujo?

---

* Esta palavra falta na edição de Goa, mas sem ella a resposta
seria ininteltigivel.

Haveis de saber que de duas maneiras vem ter á India, scilicet, huma limpa e crára, e outra turbida e çuja, a qual alimpam os Baneanes primeiro que a comam: e a limpa tem a cor como latam muito luzio, e esta vem ter ao Guzarate, e dizem os Guzarates que vem de Chitor e do Patane e Dely; e a outra goma vem do Estreito e de Ormuz; e a lucida é de mais preço e a outra de menos; e os mercadores onde achão a lucida, que he sua, não comprão a outra que se gasta em gente mesquinha, em comeres e mézinhas; alguns a comem com o páo, a que chamão *apas*.

O cheiro he todo hum?

O da que aprovão qua por milhor, que he a que vem ao Guzarate, que he mais luzente, tem o cheiro mais forte; e a que vem de Ormuz nam he tam forte; mas, a meus narizes, ambas cheiram muito mal, e peor que todas, a que tem por milhor, que he a luzente. E quando perguntão a alguns Baneanes qual cheira milhor, dizem que a que vem do Guzarate, por ter o cheiro pior e mais forte; e isto deve acontecer, porque o tem em o custume; que a muytas pessoas cheiram mal o *estoraque liquido,* e a *algalia,* por seu forte cheiro, e geralmente cheiram muito bem; e a mim não me cheira alguma destas gomas a porros, e algum tanto me cheira á nossa *mirra.* E esta foy a causa porque a dividio Avicena em *fetida* e *cheirosa:* porque diziam que a *fetida* cheirava a porros, o qual nam he assi; porque se considerarmos a maneira de falar dos antigos, acharemos não se chamar huma cousa odorifera por cheirar bem, senão por ter o cheiro forte: e assi chamão ao *calamo aromatico,* o qual, a juizo de muitos, se podia milhor chamar *calamo fetido,* pois a *myrra* tambem cheira mal, e o *aloes* pior, e o *espique* muito mais; porque já purguey muitas pessoas que não queriam tomar o *ruibarbo* por o *espique* que levava.

RUANO

Não me parece mal isso, mas milhor será que seja *assa fetida* esta de que usamos, e a cheirosa o *benjuy;* pois não me dais capitulo de *benjuy.*

ORTA

Se he mézinha ou simple novamente achado no nosso uso, porque lhe hemos de dar nome antiguo?

RUANO

Dirvoloey: porque mais razam he, que a raiz do arvore de *benjuy* seja boa pera temperar os comeres, e *assa fetida* não traz razam que seja boa; e se aos Baneanes lhe sabe bem he porque são acustumados a comer hortaliças e outros comeres não saborosos, como os come a gente da nossa Europa. E, segundo diz Antonio Musa, os que nestas partes navegam e vão buscar o *benjuy* dizem, descrevendo o arvore, ser conforme á descriçam do arvore de *laserpicium;* mais dizem que os da mesma terra, constrangidos da verdade, chamam á tal goma *laserpicium.*

ORTA

Nam sey qual foy o espanhol tam desvergonhado, que dixesse a Antonio Musa em Ferrara tam grande mentira, e como vos direy, falando do *benjuy,* o arvore delle he muito diferente do arvore que escrevem da *assa fetida;* e o *benjuy* nam se sabe avelo senão em Çamatra e em Siam, e em todas estas terras não se chama senam *cominhan* e nam *laserpicium;* o qual *benjuy* não o ha na Armenia, nem em Siria, nem em Africa, nem em Cirene, pois ácerca dos moradores dessas terras não ha memoria delle: e a principal parte pera onde se gasta o *benjuy,* que vem a estas partes, he pera a Arabia, e isto digo, não negando gastarse tambem pera todas as outras partes; porque tambem se gasta pera os reinos Dely, e do Mandou e Chitor; porque os Guzarates e os Decanins, que o comprão de nós, dizem que tem saída pera essas partes; posto que, como dixe, não he muita quantidade: logo mal dixe o vosso Musa que o ha em Africa e Armenia e Judea, e em Siria, pois de todas essas partes o vem qua buscar; e o levão, podendo levar mercadoria de mais proveito, se lá o houvesse (5).

Peçovos muito que vos nam agasteis com vos perguntar. Ruelio, homem assaz douto e digno de muito louvor, que trasladou o Dioscorides, diz, no seu livro da natureza das plantas*, que em França nasce huma raiz grossa e grande, e de fóra negra e de dentro branca, e vay a pintando nas folhas e feiçam, e diz, que, assi a raiz, como a semente, como a lagrima, cheira com grande suavidade, e, por ser muito provada mézinha, lhe poseram nomes muito soberbos, scilicet, *raiʒ imperatoria, raiʒ angelica, raiʒ do Espirito Santo;* e diz aproveitar pera muitas cousas, sendo quente sequa no terceiro gráo; he unica contra o veneno, e preserva da contagiam e apegamento de peste; e diz que, se a tomam e trazem na boca quantidade de hum grão de comer, e no inverno com vinho, e no verão com agoa rosada, não sentiram peste o dia que a tomarem, deitando o veneno per orina e per suor; e assi diz valer contra as fascinações e contra muitas enfermidades que leixo de dizer, e diz ser aquelle *laserpicium gallico,* o que os medicos veterinarios (a que chamamos alveitares) disseram; e diz que o çumo ou lagrima cheira a *benjuy,* e que os doctos são d'este parecer, scilicet, que he *benjuy;* e que este he o *opus cirinaico* ou *çumo cirinaico,* que pario Judéa e deitou em França; e assi diz que se havia de chamar *ben judeo* e que está corruto o vocabulo e chamam o *benjuy* (6).

Largamente louvastes esta raiz; e porém o arvore he muito diferente do *benjuy* como vereis quando nelle falarmos;

---

* Ruel. li. stirpium (nota do auctor). Isto é no *De natura stirpium libri tres.*

porque estoutro do *benjuy* he grande arvore e muito diferente, e tambem o da *assa fetida* sei não ser tam grande,
e fóra razam que se he *laserpicium cirinaicum,* que ficára
lá algum, e que se achára algum em Judéa, maiormente que
perguntey já a homens desta terra, mercadores boticairos,
e nenhum me dixe aver tal simples em memoria de homens
e da região; e quanto mais que o Ruelio o louva, dizendo
que tomado a jejum, apaga e abaixa todos os estimolos da
carne; e de toda a *assa fetida* se escreve que não leixa o
membro estar baixo; e mais Mateolo Senense diz que teve
essa opinião, e que depois, constrangido da verdade, tem a
contraira: e portanto não sejais tam affeiçoado aos Gregos
que avorreçais aos Arabios onde bem fallarem.

RUANO

Assi o farey, e porque vejais que o faço assi, chamarlheey
imgu e não *laserpicium,* e darmeis licença vindo ao caso,
pera falar nos Genosophistas que dixestes, e nos custumes
desta terra; e agora veremos que cousa he *anil,* porque ó
acho qua no meu a b c.

ORTA

Anil nam he simple medecinal, senam mercadoria, e per
isso nam ha que falar nelle. E por vos tirar de cuidados,
sabei que o *anil* he chamado assi dos Arabios e Turcos e
de todas as lingoas, e somente o Guzarate, que he onde se
faz, o chama *gali,* e porém já agora o chama *nil.* He herva
que se semea e parece com a que nós chamamos *mangiri-*
quam; e assi a colhem e põem a sequar per tempo, e molhada a pisam com páos, e des que he bem pisada a ajuntam e põem a enxugar per dias, e quando a enxugam ou está
enxuta, parece de cor verde, e quanto mais se vay enxu-
gando pareçe de cor azul crara, e depois escura, até que
venha ser o mais fino escuro que pode ser: e quanto he
mais puro e limpo da terra he milhor, e a prova mais certa
he queimado còm huma candea, e não hade fiquar com arêa,
senão com huma farinha muito delgada; e outros o lanção
em agoa, e, se nada, temse por bom; de modo que ha de

ser leve e de boa cor. E porque he muito grave cousa hum filosofo estar mais nisto, será bem que comamos, e lexemos o *anil* aos contratadores (7).

RUANO

Si: mas primeiro me direis que fruta he aquella do tamanho de huma noz que tam bem cheira?

ORTA

Nam he fruta de que se uze em mézinha, mas he boa pera temperar os comeres com azedo, fazendoos mais apetitosos: em madura cheira bem, e com ser madura retem em si o azedo mais apetitoso, chamamse *ambares* (8), e tem huma armadura cartilaginosa, e é amarella quando madura, e quando o não he a sua cor he verde craro (9).

NOTA (1)

Depois veremos de que planta ou plantas Orta falla n'este *Coloquio;* mas primeiro necessitâmos fixar-lhe a geographia.

O seu «Coraçone» identifica-se facilmente com a provincia persa do Khorásán, não só pela semelhança do nome, e pela situação em que o colloca, como tambem porque uma explicação quasi contemporanea define este ponto de um modo explicito. Pedro Teixeira, um dos portuguezes d'aquelles tempos que melhor conheceram a Persia, diz textualmente: *Karason. Llaman-la comunmente nuestros portugueses, Corason, es otra provincia de las sugetas al reyno de Persia... (Relaciones,* 380).

Este «Coraçone» tocava no «reyno Dely», isto é na India; e na região de «Chiruam». Sobre ou a respeito de Chiruam, fez Scaligero, nas suas notas ao livro de Orta *(Exotic.,* 244), uma confusão terrivel, querendo identifical-o com a cidade africana de Kiruan, ou antes Cairawán. Perdoe-nos o eruditissimo commentador, mas o erro de geographia seria demasiado grosseiro para Orta, que seguramente distinguia a cidade da Asia da da Africa. Chiruam, ou Schirwán, شروان, ficava junto de Derbend, a conhecida cidade das margens occidentaes do mar Caspio; e este nome estendia-se a toda a região vizinha, ao lado do Daghestan, á qual Pedro Teixeira chama mesmo *reyno de Xy-*

ruam (Cf. C. Barbier de Meynard, *Dict. géogr. de la Perse,* 349, París, 1861; Teixeira, *Relaciones,* 361).

Vê-se, pois, que o nosso Orta, como de resto outros escriptores do tempo, não chamava unicamente «Coraçone» ao Khorásán; abrangia sob esta designação, um tanto vaga, uma grande região, que ía da India até ao Caucaso, incluindo o Beluchistan, Afghanistan, parte do Turkestan meridional, o Khorásán proprio e toda a Persia septentrional. Pela banda do oriente e do norte, o seu Coraçone chegava até ao Amu-Daria, ou Oxus, para alem do qual ficava o «Uzbeque»—como veremos nas notas seguintes.

As mercadorias d'esta região vinham á India, ou por via de Hormuz, como o nosso escriptor affirma correctamente, ou pelo norte, pelos caminhos de Kandahar e do Cabul. Por isso elle diz muitas vezes, que se encontravam no reino de Dehli.

Nota (2)

A *Glycyrrhiza* chama-se em arabico *sus* ou *çus,* سوس; e o seu nome portuguez, *alcaçuz,* parece vir de *irq çus,* ou *arq çus,* عرق سوس, que significa *raiz de çus,* e se transformou por euphonia em *alcaçuz;* assim como o nome hespanhol da mesma planta, *orozuz,* vem do plural, عروق سوس, que significa *raizes de çus. Rob,* رب, quer effectivamente dizer «sumo feito basto», e *robaçuz* é o *rob de çus,* رب السوس: sómente Orta engana-se em dizer que está corrompido o nome, e devia ser *robalçuz,* pois o *l* do artigo se funde correctamente no *s* solar do nome (Cf. Dozy, *Glossaire,* palavras *Orozuz, Rabazuz,* etc; e Sousa, *Vestigios da lingua arabica,* palavra *alcaçus).*

Mas de tudo isto não resulta de um modo bem claro que se não deva dizer *assa dulcis.*

Nota (3)

Avicenna nasceu, ou pelo menos creou-se e educou-se em Bokhára; e foi depois «goazil», isto é, *wazir* ou *vizir* de um principe independente do Hamadan, e mais tarde em Ispahan. As noticias de Orta sobre a sua vida são substancialmente correctas, e não carecem de explicações.

O que requer alguns momentos de exame é a situação ou collocação de Bokhára no «Uzbeque»; tanto mais que a versão de Clusius n'este ponto não é muito fiel, e elle suscitou alguns reparos da parte de Scaligero *(Exotic.,* 152 e 244).

Bokhára, como o resto da Transoxiana, como outras regiões da tão perturbada Asia, pertenceu successivamente a diversos senhores. Fez algum tempo parte do Khanato de Chagátai, uma das grandes divisões em que se fraccionou o enorme imperio de Chengíz-Khan; mas, pelos começos do seculo XVI, occuparam aquella cidade os tartaros Uzbeks, antigamente habitantes do Khanato de Kipchák, e que derivavam o seu nome do de um dos seus Khans, o primeiro que professou o islamismo, Mahommed Uzbek. Ali se conservaram depois durante todo o seculo, com vicissitudes de boa e má fortuna, e interrupções mais ou menos longas. Temos a este respeito uma informação muito interessante para o nosso caso, por ser perfeitamente contemporanea—refere-se ao anno de 1550. É a relação de viagem de um certo mercador persa, Hadj Mohammed, feita por este verbalmente a Ramusio, que a incluiu no seu livro. Fallando das regiões de Samarkanda, elle diz que os *Iescilbas* do barrete verde, *tartari musulmani* (os Uzbeks), occupavam aquellas terras, e tinham grandes guerras com os *Soffiani* do barrete vermelho (os subditos do Súfí ou Scháh da Persia)[1]. Os Iescilbas possuiam varias cidades, *l'una Bochara e l'altra Samarcand*. No fim do seculo, Pedro Teixeira exprime-se d'este modo: *Uʒbek és grandissima provincia...;* e enumera as suas cidades principaes, *Balk, Samarcand, Damarkand e Bokara*. Vê-se, pois, que o nosso Orta, escrevendo em 1560 proximamente, é correcto em collocar Bokhára no «Uzbeque» (Cf. Ramusio, *Delle navigationi*, II, 16 vº; Teixeira, *Relaciones*, 383; e para a historia completa dos Uzbeks e de Bokhára, William Erskine, *Hist. of Báber and Humáyun*, I. 26 et seqq., London, 1854).

Deve ainda notar-se, que Orta se não enganava em dizer que a «Persia he pequena região», se se considerar a Persia propriamente dita, isto é, a provincia de Fars ou Farsistán.

NOTA (4)

Receio muito, que o nosso Orta fizesse no seu espirito uma grave confusão, posto que isto não resulte bem claramente das suas palavras.

É relativamente exacto quando falla do *garb,* o poente, de que procedeu o nosso nome do Algarve. É tambem exacto quando falla dos «Magaraby», os habitantes do *Maghreb,* ou *Maghrib,* que —segundo o define El-Beckri— abrangia a Africa septentrional a partir da grande

---

[1] O barrete vermelho era o famoso *Kaʒalbásch* dos persas schiitas. Foi bem conhecido dos portuguezes; Duarte Barbosa conta como o grande Ismael adoptou esta ∗devisa∗; e Affonso de Albuquerque, quando escreve ao poderoso scháh da Persia, chama-lhe: *Rei das carapuças Roxas*.

Syrta, e a Hespanha musulmana (Cf. a versão de Abu Obeid el-Beckri por De Slane, no *Journ. Asiatique*, 5me série, vol. xii (1858), 412 et seqq.).

Ainda é exacto quando falla das differenças que podiam existir entre o arabico puro da Arabia, Syria, Mesopotamia e outras regiões vizinhas, e o arabico do Occidente, ou do Maghreb; posto que essas differenças, pelo que diz respeito á lingua escripta e litteraria, fossem pequenas (Cf. Renan, *Hist. des langues sémitiques*, 409 et seqq.).

Quando, porém, insiste em que as obras «de Avicenna, e Galeno, e dos filosofos gregos, e as do falso profeta erão escriptas em lingua da Syria», esta phrase deixa-me suspeitar, que elle não distinguia claramente duas cousas bem diversas—o syriaco e o arabico da Syria: o *syriaco*, lingua já quasi morta no seu tempo, em que haviam sido feitas as primeiras versões dos auctores gregos; e o *arabico*, usado na Syria como em outras partes, e em que foram escriptos o *Qanum* e o *Qoran*.

NOTA (5)

Parece-me preferivel grupar em uma só nota, forçosamente um pouco extensa, o que temos a dizer sobre as interessantes noticias, que Orta dá em todo o *Coloquio* a respeito da *asa-fœtida*.

Vejamos em primeiro logar os nomes vulgares:

—«Imgu» e «Imgara» são os nomes indianos citados, que correspondem ao sanskritico *hingu*, e aos nomes modernos *hing* e *hingra* de variedades da droga.

—«Altiht» nome arabico da droga; isto é, حلتيت, *hiltit*.

—«Anjuden» ou «Angeidan» nome arabico da planta de que manava; isto é الجدان, *andjudan*.

—«Almharut» outro nome da planta; de محروث, *mahrúth*, applicado especialmente á raiz.

Como se vê, tudo isto é exacto; e, á parte variantes de orthographia, tudo isto é facil de identificar com o que encontrâmos nos livros antigos e modernos (Cf. Avicenna, na *Interpretatio* do Bellunense; Sprengel, *Dioscorides*, ii, 528; Ainslie, *Mat. Indica*, i, 20; *Pharmacographia*, 284; Dymock, *Mat. med.*, 389).

Da planta sabia pouco; nunca a viu, e tinham-lhe apenas dito, que era uma arvore pequena, tendo folhas parecidas com as da «avellaneira». Comquanto ainda hoje existam alguns pontos duvidosos, parece averiguado, que a droga mais fina, chamada *hing*, procede da *Ferula alliacea*, Boiss., que habita os terrenos aridos do Khorásán; emquanto a droga inferior e commum do commercio se extrahe da *Ferula Narthex*, Boiss. *(Narthex Asa-fœtida*, Falconer), encontrada ao norte do Kachmira por este botanico, e da *Ferula Asa-fœtida*, Linn. *(Scorodosma fœti-*

dum, Bunge)[1] dos desertos arenosos a nascente e poente do Aral, das terras ao sul de Samarkanda, do territorio de Herat, e de outros pontos da Persia e Afghanistan (Cf. *Pharmacographia,* 280; Dymock, *Mat. med.,* 381 a 385).

Todas estas plantas são grandes *Umbelliferæ* herbaceas, e não são arvores, nem têem folhas de «avellaneira». Orta estava, pois, mal informado n'este ponto. Quanto ao modo de obter a gomma-resina, sabia apenas que davam «cutiladas» na arvore para a extrahir, o que é exacto. Kämpfer, o primeiro que descreveu methodicamente o processo de extracção (1687), refere-se ao modo por que na Persia e Afghanistan cortam finas secções na parte superior da raiz para provocar a saida do succo leitoso. Muito depois (1857) H. Bellew, que assistiu á colheita da droga na região de Kandahar, falla igualmente nas incisões profundas feitas na raiz. E recentemente o sr. Dymock, a quem devemos a ultima e mais completa noticia sôbre as origens da *asa-fœtida,* confirma as indicações de Kämpfer e de Bellew sobre este ponto[2].

Orta sabia igualmente que a guardavam em «coiros de boy», misturando-a com farinha de trigo. H. Bellew confirma a ultima indicação, dizendo que a adulteram nos sitios de producção, lançando-lhe gesso, ou farinha, *flour.* E Dymock diz, que a trazem para a India em coiros, *packed in a skin,* descrevendo mais detidamente o que diz respeito á região de Kandahar, *sewn up in goat skins, forming small oblong bales, with the hair outside*—uma especie de odres. Como se vê, o nosso escriptor continua a ser exacto.

Onde, porém, Orta é particularmente interessante, é n'aquillo que pôde observar directamente. No nosso seculo, o zeloso pharmacologista Guibourt chamou a attenção para uma amostra de *asa-fœtida,* vinda da India, muito pura, de cheiro forte e repugnantissimo, e da cor de *miel foncé.* Segundo os auctores da *Pharmacographia,* esta variedade da droga forma: *a dark brown, translucent, brittle mass, of extremely alliaceous odour.* E recentemente, o sr. Dymock diz, que a ella se dá o nome especial de *hing,* que é produzida pela *Ferula alliacea* e vale perto do triplo da ordinaria, acrescentando, que Guibourt foi o primeiro europeu que a notou. Mas a verdade é, que ella vem claramente apontada pelo nosso escriptor. Aquella *asa-fœtida* «limpa e crara»,

---

[1] Os generos *Narthex* e *Scorodosma* estão incluidos no genero *Ferula* (Bentham e Hooker, *Genera plantarum,* I, 918). A identidade da planta de Kämpfer (*Ferula Asa-fœtida* Linn.) com a de Bunge foi posta em duvida, mas é admittida por Boissier *(Flora Orientalis,* II, 994).

[2] É interessante a noticia do portuguez Teixeira, posterior a Orta, mas muito anterior a Kämpfer. Diz elle : *coge-se la mas d'ella en fin del otoño, por que en fin del estio acochillan las plantas y comiença a distillar.* Refere-se a Duzgun no Laristan, um dos sitios classicos da producção d'esta droga *(Relaciones,* 92 e 93).

tendo a cor como «latam muito luzio», tendo o «cheiro mais forte», e sendo de «mais preço», era evidentemente o *hing* da *Ferula allia-cea* (Cf. Guibourt, *Hist. nat. des drogues*, III, 241; *Pharmacographia*, 284; Dymock, l. c., 381, 382).

Vejâmos ainda as procedencias. Grande parte da droga, segundo Orta, vinha de «Ormuz»; isto era verdade no seu tempo, e ainda é verdade no nosso, se não propriamente de Hormuz, hoje decadente, ao menos do Golfo Persico em geral: *much is shipped in the Persian Gulf for Bombay (Pharmac.*, 285). Outra vinha ter ao Guzerate, e di-ziam os guzerates, que procedia de Chitor e do Patane (Afghanistan?) e Dely. Estas indicações, tomadas á lettra são inexactas, porque, nem no reino de Dehli, nem em Mandou ou Chitor havia *asa-fœtida;* mas Orta quer referir-se á que entrava na India por terra e pela fronteira do noroeste. N'este sentido a affirmação deve ser exacta, e ainda hoje alguma *asa-fœtida* —computada no anno de 1864 em valor superior a 2:000 £— continua a vir á India pela via de Kandahar e desfiladeiros de Bolán até Shikarpúr, emquanto outra vem pelo Cabul a Peshawár (Cf. Davies, *Report on the trade of central Asia,* 18 e 21).

Se prescindirmos, pois, de algumas inexactidões, perfeitamente ex-plicaveis pelos escassos meios de informação de que o nosso auctor dis-punha em relação a regiões, que nunca visitou e eram pouco conheci-das, vemos que a sua noticia sobre as origens da *asa-fœtida* é bastante completa e sobretudo notavelmente exacta.

Dos usos, bem conhecidos, da droga pouco ha a notar. A *asa-fœtida* figura ainda hoje em todas as Pharmacopêas como um anti-spasmodico poderoso; e na India foi tambem considerada aperitiva e aphrodisiaca. O que era novo para Garcia da Orta, era o seu emprego constante como condimento; e naturalmente este tempero mal cheiroso repu-gnava aos seus habitos de europeu. Comtudo elle confessa que uns cer-tos *bredos,* temperados com *asa-fœtida,* lhe não cheiraram e mesmo lhe não souberam muito mal.

Passaremos tambem de leve sobre a interminavel questão da identi-dade ou não identidade da *asa-fœtida* com o *laserpitium,* recordando apenas o sufficiente para elucidar o que diz o nosso escriptor. O cele-bre σιλφιον dos gregos, o *laserpitium* dos latinos, era uma planta africana, que habitava particularmente na peninsula Cyrenaica. Julgaram alguns tel-a encontrado ali modernamente; mas pesquizas cuidadosamente fei-tas, sobretudo pelo sr. Julio Daveau, demonstraram, que o supposto *sil-phion* era simplesmente a vulgar *Thapsia garganica,* Linn., uma planta medicinal, mas de qualidades diversas da antiga, a qual se deve julgar extincta. Como este *silphion* ou *laserpitium* africano fosse raro já nos tempos de Plinio e de Dioscorides, empregava-se em seu logar uma droga de inferior qualidade, á qual se dava o mesmo nome, e que vinha do Oriente, da Syria, da Persia e da Média. Será difficil decidir com segurança se aquelle *laserpitium* asiatico era a *asa-fœtida;* mas esta opinião não parece inacceitavel, antes muito plausivel. Orta, um pouco confusamente na verdade, inclina-se a este modo de ver; e repelle, com toda a rasão, qualquer approximação entre o *laserpitium* e o *beijoim,* do qual trataremos no *Coloquio* respectivo. (Cf. Hérink, *La vérité sur le prétendu Silphion de la Cyrénaique;* Sprengel, *Dioscorides,* ii, 527; Guibourt, *Hist. des drogues,* iii, 238; Jonathan Pereira, *Elements of mat. medica,* vol. ii, part. ii, p. 174, 4.ᵗʰ edition, London, 1857).

Nota (6)

Confundem-se aqui duas plantas, ambas da mesma familia das *Umbelliferæ,* e que ambas tiveram um momento de celebridade. Uma é a *Imperatoria Ostruthium,* Linn.[1]; a outra, a cuja raiz se deu o nome de *raiz angelica,* e de *raiz do espirito santo,* é a *Archangelica officinalis,* Hoff. et Koch *(Angelica archangelica,* Linn.), que ainda figura nas Pharmacopêas, mas é pouco empregada.

Nota (7)

Do *Anil* falla o nosso Orta brevemente e com um certo desprendimento, parecendo-lhe materia mais propria de «contratadores», que de «filosofos». Indica, porém, o nome moderno na India, «Nil», o qual vem do sanskritico *nīlī,* que se deriva de नील *nila,* azul. E descreve succintamente a sua fabricação, que já seculos antes observára e descrevêra Marco Polo (Cf. Yule, *Marco Polo,* ii, 363 e 370).

As maneiras de apreciar as qualidades do *anil,* a que se refere o nosso escriptor, eram bem conhecidas no Oriente; e ao melhor e mais leve davam os portuguezes o nome de *anil nadador.* Duarte Barbosa diz, que o «Anil pesado, que tenha areia» valia de 18 a 20 fanões a farazola[2], emquanto o «Anil nadador muito bom» valia 3o fanões (Cf. Duarte Barbosa, *Livro,* 385).

---

[1] Hoje incluida no genero *Peucedanum.*

[2] A *farazola* variava segundo as localidades entre 8 e 11 kilos proximamente, chegando algumas a 14 kilos; e o *fanão* valia de 20 a 27 reaes, havendo alguns mais baixos. *Farazola,* ou *faraçola* ou *farasola* era a *fârsala* arabica; no *Roteiro da viagem de Vasco da Gama* vem escripta a palavra com menos alteração, *farazalla* e *frazala.* O *fanão* ou *fanam* era uma pequenina moeda, e o seu nome vinha do tamil *panam,* que significa dinheiro (Cf. as excellentes *Tabellas,* annexas ao *Lyvro dos Pesos,* nos *Subsidios* de Felner; e tambem Yule e Burnell, *Glossary,* nas palavras *Frazala,* e *Fanâm*).

Nota (8)

Os «ambares» são os fructos da *Spondias mangifera,* Willd., cujo nome hindi é ainda o mesmo, *ambara* (Piddington, *Index,* 83); e cujas drupas ovoides, e de caroço fibroso, correspondem perfeitamente á descripção de Orta.

Nota (9)

Os escriptores citados n'este *Colloquio,* e não mencionados nos anteriores, são: Sepulveda, o Fernando de Sepulveda, que escreveu o *Manipulus medicinarum;* e Guarinero, ou correctamente na nota Guainero, isto é, Antonio Guainero, auctor do *Opus præclarum* (Cf. *Garcia da Orta e o seu tempo,* 291 e 293).

COLOQUIO OCTAVO DO BANGUE

INTERLOCUTORES

RUANO, ORTA, ANTONIA

RUANO

Nam sei a diferença que ha entre o que chamão *bangue,* e o que se diz *amfiam;* porque pode ser que tudo seja hum, pois que vos vejo, quando vituperais algum servo chamaislhe *bangue,* e outras vezes *amfiam;* e por isso queria saber qual he cada hum e como se faz e pera que se usa cada hum.

ORTA

O *amfiam* he o que chamamos *opio;* e delle vos direy a seu tempo; e agora vos satisfarey com dizervos que cousa he o *bangue,* scilicet, a arvore e a semente. Antónia, dá qua o que mandei trazer.

ANTONIA

Ex aqui o arvore dos pequenos, e vedes aqui a semente que dá, e tambem vede o que se vende na botica feito; ·porque tudo me mandastes que tivesse junto.

RUANO

Esta semente pareçe a do linho *alcanave,* senão que esta he mais pequena e não tam branca, e este arvoresinho parece tambem linho *alcanave,* por onde não ha que falar nelle, pois sabemos a que aproveita.

ORTA

Nam he linho *alcanave,* porque a semente he mais pequena e mais não he alva como a outra, e os Indios comem esta semente ou as folhas pisadas pera ajudarse e comprazer ás mulheres; e posto que pera outros effeitos a tomem, scilicet, pera ter vontade pera comer, tambem pera isto lhe ajuda; e os nossos escritores dizem que corrompe a semente genital o linho *alcanave,* e mais os ramos deste tem muito de pao e pouco de casca, e o contrairo tem o linho *alcanave.*

RUANO

Fazem destas cascas algumas cordas?

ORTA

Não.

RUANO

Ha outra cousa de que as fazem?

ORTA

Si, da casca do fruto da palmeira, do que ao diante faremos mençam, e tambem no Balagate fazem cordas da casca de huma raiz de huma arvore muito grande; e pera falar comvosco a verdade tambem as fazem de linho *alcaneve,* que ha lá muito, e no Decam e em Bengala; e mais eu vi lá linho do nosso, de que fazemos as nossas camizas, e todo este linho e o linho *alcanave* he mercadoria que vem a nós das terras sobreditas (ao qual chamão *alci):* e porém o linho *alcanave* ha nesta terra firme e he pouco; e por aqui ficais sem escrupulo de nam ser isto linho *alcanave* (1).

RUANO

Pois asi he, dizeyme como se faz este *bangue,* e pera que o tomão, e que leva?

ORTA

Fazse do pó destas folhas pisadas, e ás vezes da semente; e alguns lhe lanção *areca verde;* porque embebeda e faz estar fóra de si: e pera o mesmo lhe mesturão *noʒ moscada* e *maça,* que tem o mesmo effeito de embebedar; e outros lhe lanção *cravo,* e outros *canfora de Borneo,* e outros *ambre* e *almisque,* e alguns *amfiam;* e estes são os Mouros que muyto podem; e o proveito que disto tirão he estar fóra de si, como enlevados sem nenhum cuidado e prazimenteiros, e alguns rir hum riso parvo; e já ouvi a muitas molheres que, quando hião ver algum homem, pera estar com choquarerias e graciosas o tomavão. E o que nisto se conta pera que foy inventado, he que os grandes capitáes, antiguamente acustumavão embebedarse com vinho ou com *amfiam,* ou com este *bangue,* pera se esquecerem de seus trabalhos, e nam cuidarem, e poderem dormir; porque estas pessoas as vigilias as atormentavão (2). E o gram Soltão Badur dizia a Martim Affonso de Sousa, a quem elle muito grande bem queria e lhe descubria seus secretos, que quando de noite queria yr a Portugal e ao Brasil, e á Turquia, e á Arabia, e á Persia, não fazia mais que comer um pouco de *bangue;* e este fazem elles em letuario, com açucare e com as cousas acima ditas, a que chamão *maju* (3).

RUANO

Faz esses effeitos de prazer em todos?

ORTA

Póde ser que nos acustumados a elle, que os fará assi; mas eu vi hum portuguez choquareiro, que comigo foy ao Balagate ha muito tempo, e comeo uma talhada ou duas deste letuario, e de noite esteve bebedo gracioso e nas falas em estremo, e no testamento que fazia. E porém era triste no chorar e nas magoas que dizia; quero dizer que, pera si, mostrava ter tristeza e grande enjoamento, e ás pessoas que o vião ou ouvião provocava o riso, como o faz hum bebedo saudoso; e estes moços meus que, escondidamente de my, o tomão, dizem que lhes faz nam sentir os trabalhos, e estar prazenteiros e ter vontade de comer. E crede que pois isto he tanto usado e de tanto numero de gente, que nam he sem mysterio e proveito; mas eu nam o provei, nem o quero provar; e muytos Portuguezes me disserão que o tomarão pera os mesmos effeitos, em especial pera o das molheres, e pois isto não he mezinha daquellas nossas, nem que lá aja, nam gastemos o tempo nisso.

Nota (1)

Garcia de Orta engana-se, quando julga a planta, que na India produz o «bangue», diversa d'aquella, que na Europa dá as fibras textis do «linho alcanave», ou *canhamo*. Ambas pertencem á mesma especie, *Cannabis sativa*, Linn. Succede, porém, que as influencias do clima determinam algumas differenças de fórma e de propriedades; e tornam —por exemplo— a planta da India lenhosa e quasi arbustiva; é isto que elle exprime, dizendo: «tem muito de páo e pouco de casca». Estas differenças foram notadas tambem pelo escrupuloso Rumphius; e levaram mais tarde um botanico illustre, Lamark, a estabelecer para a fórma indiana uma especie particular, *Cannabis indica*, a qual, no emtanto, assenta sobre caracteres fugazes e não é geralmente admittida. O engano de Orta explica-se pois, e prova mesmo com quanto cuidado elle observava.

Orta falla principalmente das propriedades intoxicantes da planta —de que nos occuparemos na nota seguinte —; mas refere-se tambem ao aproveitamento das suas fibras textis na região do Deckan interior, ou «Balagate». A noticia é curiosa, porque geralmente se diz que as fibras do *Cannabis* só recentemente têem sido empregadas na India, o que está em contradicção com esta affirmação do nosso escriptor (Cf. Ainslie, *Mat. ind.* ii, 109; Drury, *The useful plants of India*, 108, 2ᵈ edition, London, 1873).

Incidentemente, Orta menciona o linho commum, «de que fazemos as nossas camisas», a que na India chamavam «alci»—isto é, *alsi*. Não nos diz para que o cultivavam; mas sabemos que esta especie é ali geralmente semeada, não tanto para obter as fibras, como em vista do oleo contido nas sementes, o vulgar e bem conhecido *oleo de linhaça* (Cf. Drury l. c. 278).

Notaremos ainda de passagem, que Orta dá duas orthographias do antigo nome portuguez do *canhamo*—«alcanave» e «alcaneve» Esta ultima fórma encontra-se tambem na *Aulegraphia* de Ferreira, e no *Lyvro dos Pesos* de Antonio Nunes; mas a orthographia primitiva parece ser *alcanavy*, como se lê em um documento de Moncorvo do anno de 1407. E esta fórma indica a procedencia, não propriamente do nome arabico do *canhamo*, القنب, *al-qinab*, mas do adjectivo derivado d'aquelle nome, القنبي, *al-qinabi*. De resto, é necessario advertir, que se o nome nos veiu directamente das linguas semiticas, tinha passado para aquellas linguas das aryanas; e o arabico *qinab* prende-se ao persiano *kanab*, ao grego χάνναβις e a outros (Cf. Viterbo, *Elucidario*, I, 75, Lisboa, 1798; Dozy, *Glossaire*, 83; A. Pictet, *Les Orig. Indo-européennes*, I, 313, París, 1859).

Nota (2)

A noticia de Orta sobre o emprego excitante e intoxicante do «bangue» —hoje mais conhecido pelo nome arabico de *haschisch*—é bastante completa e exacta.

O nome de que elle usa, «bangue» —isto é *bháng*— dá-se propriamente ás folhas seccas do *Cannabis*, tambem chamadas *siddhi* e *sabzi;* dando-se o de *ganjá* aos rebentos floridos; e o de *charás* á resina da mesma planta, a qual se colhe principalmente nas terras de Yarkand e outras regiões elevadas, e vem d'ali para a India. Todas estas drogas contêem uma substancia particular, de effeitos intoxicantes energicos[1].

Pelo que diz Orta se vê, que o uso do «bangue» ou *haschisch* era então muito geral na India nas altas e nas baixas classes; entre os «Mouros que muyto podem», e que tomavam aquelles electuarios complicados, chamados «maju» —mais propriamente *madjun*—, e compostos de ingredientes numerosos e caros; e entre a gente menos rica, que se contentava com as infusões, chamadas *bhangi,* ou com as folhas seccas, fumadas. Sobre os effeitos do *bangue,* e a excitação especial que produzem os seus preparados, tambem o nosso escriptor é muito interessante e exacto, tendo mesmo n'estas paginas uma facilidade e uma felicidade de fórma, que lhe não são muito habituaes. E quando nos diz, que o proveito que tiravam de o tomarem era «estar fóra de si como enlevados sem nenhum cuidado», o velho·medico portuguez fere bem a perigosa seducção de todos esses venenos, que se chamam alcool, opio, haschisch ou morphina—*enlevados sem nenhum cuidado.*

Apesar de o uso do *bangue* ser então vulgarissimo por todas aquellas terras orientaes, não deixava por isso de ser condemnado. O grande

---

[1] Uma ou mais substancias, sendo as mais importantes uma *resina* e um *oleo volatil.* Segundo Personne, do *oleo* podem separar-se dois corpos, o *cannabéne* (C_{18} H_{20}), e o *hydreto de cannabéne* (C_{18} H_{22}), sendo o primeiro o mais activo physiologicamente. É certo tambem que a *resina* tem propriedades muito energicas (Cf. *Pharmac.,* 493; Wittstein, *Org. const. of plants,* 144, trad. de Von Mueller, Melbourne, 1878).

erudito d'Herbelot diz-nos *(Bibl. orient.*, 200, París, 1697) que: *ceux qui usent ordinairement du Beng*[1] *et de l'Afioun* (opio) *sont nommés par les Arabes, Persans et Turcs, Benghi et Afiuni, et passent parmi eux pour des débauchés.* E esta phrase de d'Herbelot dá-nos a explicação d'aquella outra phrase de Ruano, logo no começo do *Coloquio*, quando diz que Orta, zangado com os servos, lhes chamava *bangue* e *amfião,* o que mal se poderia comprehender. Chamar-lhes-ía *banghi,* e *amfiuni,* como um amo irascivel da Europa póde ás vezes chamar bebedo a um creado.

Se o uso do *bangue* era condemnado, não era legalmente prohibido, e aquella substancia vendia-se publicamente em todas as terras sujeitas ao nosso dominio, e de certo tambem nas outras. Nos contratos para o exclusivo da venda de certas substancias e mercadorias, contratos muito usados na India portugueza do XVI seculo, e que constituiam uma grande parte das rendas do estado, o *bangue* andava geralmente annexo ao *anfião* (opio) e ao *sabão.* Nos rendimentos da cidade de Goa, figura o seguinte:

«E a Rènda do anfião e bangue e sabão as quaes cousas ninguem pode vender pelo miudo senão o rendeiro da dita Renda, ou a pesoa que com ele se concertar, esteve arrendada...»; seguem as quantias, que para os annos de 1545 e 1546 foram em cada anno de 1:600 pardáos[2]. Por menores quantias figura tambem o arrendamento do *bangue,* annexo a mais substancias, nas ilhas de Divar, e outras proximas de Goa; e, junto ao *anfião* e *sabão,* nas terras de Chaul. Não temos indicação sobre a importancia relativa da venda do *opio* e do *bangue,* duas substancias igualmente perigosas *(Tombo do Estado da India,* 52, 54, 124).

Não é facil decidir em que região da Asia se começou a empregar o *canhamo* como substancia intoxicante. Herodoto diz, que os Scythas o conheciam, e, expondo-se ao fumo das suas sementes, que lançavam sobre brazas, ficavam em um estado de excitação violenta e selvagem. Mas por outro lado, o seu uso na India é antiquissimo. Tem numerosos synonymos sanskriticos, todos significativos: *vrijpatha* (a folha forte); *ununda* (o que provoca o riso); *ursīnī* (o que excita os desejos sensuaes); *chapola* (o que faz cambalear). E nas leis de Manu já o seu uso é prohibido aos Brahmanes, como nocivo e indecoroso. Da India passou naturalmente para a Persia, onde os conquistadores arabes o encontraram e adoptaram, tornando-se um vicio commum entre mussulmanos. Houve mesmo seitas, que do uso do *haschisch* tiraram o nome,

---

[1] D'Herbelot identificou incorrectamente o *beng* com o *Hyoscyamus,* mas é certo que se quer referir aos preparados do *Cannabis.*

[2] Sobre o valor do *pardáo* vejam-se algumas notas aos *Coloquios* seguintes, particularmente ao *Coloquio do Cravo.*

como·foram aquelles Ismaelitas, tão discutidos —elles e o seu chefe, o famoso Velho da Montanha, *Scheikh el-Djibal*— pelos historiadores das Cruzadas, e que se chamavam os *Haschischi,* d'onde, segundo se diz, veiu a palavra assassino.

Em tempos mais modernos, o uso do *Cannabis* estendeu-se da India em outro sentido, sendo levado pelos arabes para a costa africana de leste, e introduzido entre os negros, que hoje fumam *liamba* ou *riamba* ($_0$ nome africano) por toda a parte, como já tive occasião de expor longamente em outro trabalho (Cf. *Plantas uteis da Africa por-tugueʒa,* 261, Lisboa, 1884).

Nota (3)

Esta curiosa noticia sobre os habitos do famoso Bahádur Schah con-firma e elucida de uma maneira interessante e inesperada um facto historico, a que se referem os nossos chronistas da India, e que, entre elles, Gaspar Corrêa conta muito detidamente.

O caso passou-se no anno de 1536, quando os portuguezes estavam já de posse da fortaleza de Diu, e Bahádur se encontrava na cidade, não completamente desavindo com elles, mas começando a tratar de lhes retirar a sua imprudente concessão. Uma noite, seriam dez horas, veiu o Scháh bater á porta da fortaleza; e abrindo-lhe o governador, que então era Manuel de Sousa, entrou, acompanhado unicamente por tres homens e quatro pagens. Vinha bebedo, *matando-se de riso ... com a falla muito torvada, que bem parecia sua bebedice.* Cantava e fallava alto, dizendo na sua lingoa: *portugueses roins, dar-lhe, dar-lhe, matar.* Depois de estar um pedaço *falando suas boas bebedices,* foi *arrefecendo* e se *foy casi cayndo,* até que a final adormeceu. Quando acordou, Ma-nuel de Sousa deixou-o honestamente e cavalheirosamente saír, o que depois lhe foi levado a mal, pois muitos diziam que o deveria ter retido.

Gaspar Corrêa attribue naturalmente o seu estado ao vinho; mas conhecendo a indicação de Orta, lendo com attenção as paginas das *Lendas,* e reparando na natureza especial da excitação, lembra logo, que Bahádur estivesse sob a influencia do *bangue,* ou *haschisch* (Cf. Gaspar Corrêa, *Lendas,* III, 754).

COLOQUIO NONO DO BENJUY

INTERLOCUTORES

RUANO, ORTA

RUANO

Falando em *laserpicium* me dixestes que *assa odorata* não era *benjuy,* como alguns doctos tiverão, e falaremos agora nelle, pois com tanta suavidade nos deleita; porque a mim milhor me cheira este que o de Portugal; e havia de ser o contrairo, pella muita abundancia que cá ha delle.

ORTA

Tendes muyta razam de vos cheirar milhor; porque este nam he o *benjuy* que lá em Portugal se gasta; porque este se chama *benjuy de boninas,* e custa muyto mais.

RUANO

De hum e do outro me dizey, pois falando na *assa fetida* me dissestes que nam era milhor pera adubar os comeres que a *assa fetida.*

ORTA

O que entonces vos disse vos torno agora a dizer, que nunca pessoa usou do *benjuy* pera adubar os comeres, e da *assa fetida* que he muyto em uso temperar os comeres com ella, e deyvos pera isso razam que as cousas que cheiram mal, convem saber os alhos e cebolas e porros, adubam muito bem os comeres, e mais vos disse a esperiencia que era em contrairo da gente desta terra, que tam bem lhe sabia o comer com ella feito.

RUANO

Agora quero saber o nome do arvore e do *benjuy,* cuja goma he, e em que terras nace, e como se chama ácerca dos Arabios, e se falla algum autor arabio ou grego delle.

ORTA

Respondendo ao derradeiro, digo que dos Gregos não sei algum que escreva do *benjuy;* e dos Arabios, Averrois* diz *beleniȥan* ou *boliȥan* ou *petroȥan* he quente e seco no segundo gráo, aromatiza o estomago humido e fraco, e confortao, faz bom cheiro da boca, fortifica os membros, e acrescenta o coito. Eu, por estas palavras ditas assi brevemente não entendo ser o *benjuy;* se algum deste testo o poder tirar, seja muito embora. Antre os modernos fala do *benjuy* Antonio Musa e tambem Ruelio; e o Antonio Musa diz que o *benjuy* he a *assa dulcis* ou *odorata,* e pera isto dá razões que vos dixe, falando em *assa fetida,* scilicet, que os moradores da propria terra, constrangidos da verdade, lhe chamavam *assa dulcis;* e que isto lhe dixeram Portuguezes que foram a Çamatra, ou pessoas que lho ouviram: mas quanto isto seja falso volo decrarey já, falando em *assa fetida,* e vos dixe que todolos moradores nessas terras donde o ha, lhe chamam *cominhami,* e tambem vos dixe que os Portuguezes, sem nenhuma vergonha falárão o que não era verdade.

RUANO

Poisque falamos em Antonio Musa, vos direi que diz mais, pera me satisfazerdes a tudo: diz que o arvore do *benjuy* nace em Africa e em Armenia, e que elle acrescenta tambem na India; e que traz Dioscorides, que da raiz sae huma farinha como farello, a qual elle muitas vezes achou no *benjuy;* e mais diz que o ha na provincia de Cirenia ou de Judéa, e que este he o milhor que todos (1).

---

* Averrois, hoc colliget (nota do auctor).

ORTA

Não me ponhais medo com Dioscorides, nem Galeno; porque não ey de dizer senão a verdade e o que sey, por mais que lhe chamem *opus cireniacum* (que quer dizer *çumo de Cirenia)*; porque eu sey que o principal não o ha senão na India, que está alem do Ganges (a que os Indianos chamão Ganga), e vem o *benjuy,* que chamam *amendoado,* de Siam; e de todo este *benjuy* que vem á India, a mór parte se gasta pera a Arabia e Turquia e Persia. E porque nam cuideis que ha alguma pouca cantidade delle em Judéa e Palestina, vos digo que faley com Mouros e Judeos, e que o compravão pera o levarem pera sua terra por mercadoria; logo não he de crer que o comprassem pera Palestina, se lá ouvesse outro melhor, como dizeis.

RUANO

Respondeime ao que diz Ruelio*, que nace huma raiz em França, a qual chama *raiz angelica,* ou *raiz do Espirito Santo,* ou *emperatoria,* que he quente e sequa no terceiro gráo, e he aperitiva e tem tantas virtudes ou mais das que vos dixe falando da *assa fetida* (2).

ORTA

Digo que bem pode ser, como vos dixe já no mesmo capitulo, aver em França essa *raiz* e *lagrima;* e que tenha tal virtude ou taes virtudes, como elle diz, porque homem tam douto bem sey que dirá verdade; e certamente que nesta India aproveitaria pera muytas enfermidades que elle diz: mas pera usar della, pera reprimir a deleitação da carne, pera o que diz que aproveita, não ganharia cá dinheiro quem a troxesse, porque os Indios não buscam mézinha pera repremir o estimulo da carne, senão pera o acrecentar; e pois aproveita pera o repremir, e a *assa* aproveita pera o acrecentar, claro he não o ser, pois tem a

---

* Ruelio, livro estirpium (nota do auctor).

obra contraria: nem em Judéa, como vos dixe, não o ha, segundo a relação que disso tenho; e que o não ouvesse antiguamente se prova, porque alguma memoria ficára delle na gente da terra, e fóra louvado por David e Salomão, que tanto louvaram os cheiros; e bem sey que o nome emguanou a Ruelio, que dixe que se chamava *benjudeum,* que quer dizer *filho de Judéa,* e certamente que he milhor de crer que se chamara *benjaoy,* que quer dizer *filho de Jaoa,* onde o ha muyto.

RUANO

Pois que já me respondestes ao que dixeram estes doutores, respondeime ao que diz um milanes que nasce no monte Paropaniso, e que huns de Macedonia lhe afirmáram que o viram no monte Cáucaso, e que este tem grande cheiro, e he milhor que o nosso *benjuy;* e alega este autor a Luduvico Vartomano*, que diz que o milhor de todos he o de Çamatra: decraraime isto se he verdade?

ORTA

Vós crede a esse milanes, que eu nam lho quero crer, nem aos Macedonios o que dixeram, pois cá vem tantos Rumes e Turcos cada dia, e levam o *benjuy* por mercadoria. E quanto he ao que dizeis de Luduvico Vartomano, eu falei, cá e em Portugal, com homens que o conheceram cá na India, e me dixeram que andava cá em trajos de mouro, e que se tornou pera nós, fazendo penitencia de seus peccados; e que este homem nunca passou de Calecut e de Cochim, nem nós naquelle tempo navegávamos os mares que agora navegâmos. E quanto he ao dizer que o ha em Çamatra, e que nam vem cá, he verdade que o bom val na propria terra muito; e porém todavia vem cá agora, e he o que chamamos *benjuy de boninas.* E eu tinha este Luduvico, que

---

* Luduvico Vartomano (nota do auctor); isto é Ludovico Vartomano, ou Varthema, ou Bartema, que de todos os modos se encontra escripto o seu nome; veja-se a nota (3).

aleguais, por homem de verdade; e depois, vendo o seu livro, acho que escreveo nelle o que á vontade lhe veo; porque, falando em Ormuz, dixe que era huma ilha, ou cidade, a mais rica que podia ser, e tinha as mais suaves agoas do mundo; e em Ormuz não ha outra cousa mais que sal, e todos os comeres e a agoa vem de fóra da ilha; e mais nam he muyto boa agoa essa que vem de fóra. E, falando este Luduvico em Malaca, diz que nam tem agoa nem madeira alguma; e tudo isto he falso, porque em Malaca ha muito boa madeira e muyto boa agoa. E por aqui vereis quam mal testemunha esse autor nas cousas da India (3). E tornando ao que diz esse milanes do *benjuy* de Macedonia, vos diguo que póde ser *estoraque,* que, se vos Deos levar a salvamento, trabalhay de saber, posto que o *estoraque* nam o sabemos senam na Etiopia, onde ha *mirra.*

RUANO

Assi o farey, se Deos for servido. E agora me dizey de quantas maneiras o ha, e como he feita a arvore, e como se chama.

ORTA

Ha* uma especia, a mais vendavel de todas, que chamam *amendoado,* que tem dentro humas amendoas brancas; e quanto mais amendoas tem, tanto he havido por milhor. Este ha todo o mais em Siam e em Martabam, que per a terra confina com elle; deste he o que dixe Antonio Musa que vinha mesturado com farinha da raiz delle, o qual é craro ser falso, porque a goma toda he huma: huma grossa, e outra delgada, e outra quasi dura, e fazse mais branca per tempo com o sol. E esta se faz ás vezes em farinha, que he a que diz Antonio Musa que he farinha da raiz, e he das amendoas, como podeis esperimentar, pisando algumas. Ha outro *benjuy,* e mais preto, na Jaoa e em Çamatra; e este he de menos preço; e ha outro na mesma ilha

---

* «He» na edição de Goa.

de Çamatra preto, scilicet, de arvores novos; a este chamâmos *benjuy de boninas,* e val dez vezes tanto como estoutro; este he o *benjuy* que estoutro dia me mandaram aqui de presente.

RUANO

Eu vy esse *benjuy,* e nam me pareceo tam bom como estoutro a que chamais *amendoado.*

ORTA

Nam vistes o do outro dia, que cheirava muito milhor; e esfreguando com as mãos ficava huma grande fragancia?

RUANO

Si, vy; e mais me dixestes que pello grande cheiro lhe poseram nome *benjuy de boninas* ou *de flores;* mas eu nam daria tanto dinheiro por elle como qua se dá; pode ser que seja isto por eu nam ser tam grande senhor.

ORTA

Eu vos direy o que muitas vezes eu imaginei; e he que este *benjuy de boninas* era mesturado com *estoraque liquido,* a que qua chamão *roçamalha;* porque certo dá um cheiro della ao *benjuy de boninas,* e quilo esperimentar, mesturando o *benjuy* com *estoraque liquido,* fazendo delle pães; e posto que cheirava milhor que o outro, não cheirava tam bem como este *de boninas.*

RUANO

Pois do outro dia me lembra que comprastes, a hum homem que vinha na náo em que eu vym, dez quintaes de *estoraque liquido;* e me dixestes que o querias pera mandar a Malaca, pois elle nam ha lá de servir doutra cousa senam pera mesturar com *benjuy.*

ORTA

Nam vos enganeis nisso, porque lá nam se leva senam porque a gente he muito amiga do cheiro; e dahi o levão á China todo o mais; e outro algum se gasta noutras terras. E que isto seja verdade he manifesto; porque o que levão

á China, quando ha muita quantidade deste chamado delles *roçamalha* (4), logo nam se vende por se gastar pouco na
terra. E a todas estas especias de *benjuy* lhe chamam os
moradores da terra *cominhan,* e os Mouros lhe chamão
louanjaoy, quasi *encenso de Jaoa;* porque desse cabo ouverão primeiro noticia os Arabios; porque *louan* chamão os
Arabios ao *encenso,* e os Decanins e os Guzarates lhe chamão *udo**.

RUANO

Muito bem me parece essa derivaçam; porque nós chamamos ao encenso *olibano,* tomandoo dos Gregos; e elles
parece tambem que imitaram aos Gregos, chamandolhe co-
rompidamente *louan:* e pois eu estou satisfeito disso, dizeyme a feiçam da arvore, se a sabeis.

ORTA

O arvore do *benjuy* he alto e bem fermoso e de boa sombra, copado nos ramos, os quaes deyta no ar muito bem
ordenados; o tronquo tem** do chão até os ramos muito alto
e grosso e rijo de cortar; he maciço na madeira, nacem alguns delles no mato de Malaca, em lugares humidos; os
pequenos, como dixe, dão *benjuy de boninas,* que he o de
Bayros, o qual he milhor que o de Siam, e o de Siam he
milhor que todolos outros. Dão huns golpes aos arvores
pera que saia delles a goma, que he o *benjuy,* em mais
quantidade. As folhas do arvore me vieram, por huma
banda metidas em vinagre, e por outra banda huns ramos, que amostrão ser verdade o que digo. Na madeira
apparece esta folha mais pequena que a do limoeiro, e nam
tam verde, e he per fóra branca: a do páo me parece folha
de vimieiro, e nam tam comprida e mais larga. E todas es-

---

* Ao *benjoim,* e não ao *incenso;* veja-se a nota (5).

** Grammatica um tanto singular—é *o arvore* que tem um tronco
d'aquella feição.

tas cousas me custaram a saber o meu dinheiro; porque quem foy trazer estas folhas e estes páos do mato foy muy bem paguo; porque, alem do trabalho que ha no mato de Malaca, ha muyto perigo, por causa dos tigres que andam nelle; e a estes tigres chamam em Malaca *reimões* (5).

RUANO

Fazeyme tanta merce que se este anno vos vier alguma cousa nova de Malaca, em contrairo do que tendes dito, que mo escrevais; e não vos pese de vos desdizer.

ORTA

Eu vos prometo que se Deos me der dias de vida, que não deixo de escrever todos os annos hum corretorio, que emende o que dixe, se ouver que emendar; e se fordes morar a Castella lá o podeis saber; porque a quem o eu escrever, lhe escreverey que volo mande. E porque vos dixe primeiro que o *amendoado* nam era tam cheiroso como o *preto,* que he de arvores novos, sabey que a goma velha per tempo perde o cheiro, como todas as outras cousas. E, se tomardes duas ou tres amendoas, e as poserdes sobre as brazas, nam vos ham de cheirar tam bem como o *benjuy preto;* e porque o *branco* he fermoso e o *preto* cheira bem, mesturão, os que o vendem, hum com outro, e fica mais fermoso e cheira milhor.

NOTA (1)

Parece que o nosso Orta confundiu a «Cirenia» com a Judéa, quando é a conhecida peninsula Cyrenaica, a famosa região das cinco cidades, *pentapolitana,* no norte da Africa; e não tem muita desculpa no erro, pois o seu Plinio explica por diversas vezes e claramente onde estava situada. O *opus cyrenaicum,* que não era o *benjoim,* como Orta muito bem diz, era o celebre *laser,* de que fallámos a proposito da *asa-fœtida,* e cuja identificação botanica se deve hoje considerar uma questão insoluvel.

Nota (2)

Veja-se a nota (6) ao *Coloquio* VII.

Nota (3)

Aquella affirmação do celebre viajante Luiz Varthema, relativa ás aguas da ilha de Hormuz, e que tanto indignou o nosso Orta, não se encontra no texto italiano, pelo menos em uma das antigas edições que consultei, e no que publicou Ramusio. Diz-se ali exactamente o contrario: *n'ella detta isola non si trova acqua*... Parece, porém, que na versão latina se introduziram por engano as palavras: *aquarum potu suavium*—como já advertiu Varnhagen. E na edição hespanhola de Sevilha repete-se o mesmo: *las aguas en ella son muy suaves*. Vê-se pois que Orta teve entre mãos a versão latina, ou a hespanhola, e naturalmente fez obra pelo que leu[1]. Quanto a Malaca, é certo que Varthema diz: *questo paese non é molto fertile, pur vi nasce grano, carne, poiche legne,* o que não parece ser uma descripção muito exacta da peninsula de Malaca (Cf. *Itinerario del venerable varon micer Luiz Patricio Romano,* libr. II, cap. II, Sevilla, 1520; Ramusio, I, 156 e 166; Varnhagen, na ed. dos *Coloquios* de 1872, a p. 30).

De um modo geral, as duvidas de Garcia da Orta sobre a veracidade de Varthema deviam ter fundamento. Bastará ler, por exemplo, o que o viajante italiano escreve a respeito do sultão de Cambaya e dos effeitos do *betle,* para adquirir o convencimento de que elle, ou inventava, ou acceitava o que lhe contavam com demasiada credulidade. Orta diz-nos, tambem, que tinha fallado com pessoas que ainda o conheceram na India, o que é natural, pois Varthema andava por lá no principio do seculo; e diz-nos mais, que, segundo o informaram, elle nunca foi alem de Calicut e Cochim. Posto que Varthema conte a sua viagem a Malaca, ás ilhas do archipelago Malayo e mesmo ás Molucas, esta parte da sua relação pôde talvez ser composta pelas noticias que outros lhe deram d'aquelles paizes. Um dos mais sagazes e mais competentes juizes em taes questões, o fallecido sir H. Yule, poz em duvida esta parte das viagens; e, fallando da noticia de Varthema sobre Java, acrescenta:

---

[1] Mesmo que Varthema tivesse dito que em Hormuz havia boa agua, não teria faltado á verdade. Na ilha encontrava-se pouca agua, e não chegava para o consumo, tendo de ser transportada da terra firme; mas alguma era boa. Diz Antonio Tenreyro: «Huma legoa da cidade estão trez poços dagoa muito boa, e nam tem outra salvo de cisternas, ou salobra».

which I fear is fiction. E mais tarde, o mesmo Yule e Arthur Burnell, citando aquella noticia de Orta, de que Varthema não fôra mais longe do que Calicut e Cochim, confirmam-n'a dizendo: *a thesis which it would not be difficult to demonstrate out of his own* (Varthema) *narrative* (Cf. Yule, *Marco Polo*, ii, 270; Yule e Burnell, *Glossary*, xlv).

Nota (4)

Posto que a *roçamalha* só venha citada por incidente, merece uma nota particular.

Em primeiro logar, vemos que *roçamalha* —segundo Orta— era o nome oriental do *estoraque liquido;* e em segundo, que não era uma producção da India, nem das regiões situadas para leste, pois Orta figura havel-a comprado a bordo do navio em que vinha o dr. Ruano, e manifesta a intenção de a mandar para Malaca. Effectivamente o *storax liquido* é produzido por uma grande arvore, *Liquidambar orientalis,* Miller, da familia das *Hamamelideæ,* que habita a parte sudoeste da Asia Menor, como modernamente averiguou o professor Krinos de Athenas. Ia, portanto, do Levante para a India, e d'ali para a China e outras regiões do extremo Oriente; e isto desde tempos muito antigos. Ha todos os motivos para suppor, que uma droga, chamada pelos chins *su-ho,* levada para a China do Ta-ts'in, isto é, das provincias orientaes do imperio romano, era esta de que estamos fallando. E a mesma droga, sob outro nome, *an-si siang* (litteralmente *perfume do An-si,* isto é, das antigas regiões da Parthia), ía tambem para a China, durante a dynastia Ming (1368-1628), o que abrange o tempo do nosso Orta. Posteriormente, Kämpfer (1690) dá noticia de que se importava regular e lucrativamente no Japão. Vemos, pois, que o *su-ho, an-si siang, roçamalha* ou *storax liquido* ía do Occidente para a India, e da India principalmente para a China—é exactamente o que Orta diz (Cf. Hirth, *China and the Roman Orient,* 263, Leipsic, 1885; Bretschneider, *On the knowledge possessed by the ancient chinese of the arabs,* 19; Kämpfer, *Hist. of Japan,* citado na *Pharmac.,* 242).

Passemos agora ao singular nome de *roçamalha,* que no livro de Figueiredo Falcão, por erro de copia ou do proprio Falcão, encontrâmos na fórma ainda mais singular de *Roża macha.* Daniel Hanbury, em uns trabalhos eruditissimos sobre o *Storax* (publicados em diversos jornaes e reunidos depois nos *Science papers)* apontou uma referencia de Petiver a esta substancia (1708), dando-lhe o nome de *rosa mallas.* Soube depois, que nos mercados do Oriente lhe chamavam *rose malloes, rosmal,* e outras fórmas mais ou menos corrompidas e alteradas do mesmo nome; e acrescenta, que o unico auctor seu conhecido, que alludiu á droga, dando-lhe um nome analogo, foi Garcia da

Orta. Podemos ampliar um pouco estas noticias. *Roçamalha* não é um d'aquelles nomes vulgares, conhecidos unicamente do nosso naturalista, e averiguados pelas suas demoradas e pacientes pesquizas; era no seu tempo uma designação geral e corrente no commercio portuguez. Antonio Nunes, fallando dos pesos de Hormuz, diz:

«O baar da Roçamalha tem em todo como ho do llinho e como o arroz, sem aver nhũa deferemça.»

E, fallando de Malaca, dá a seguinte informação:

«O baar do Dachem pequeno tem 200 cates; cada cate pesa 2 arrateis; tem o baar 3 quintaes, 16 arrateis, pello qual se pesa estanho, seda da china, marfim, anfião, aguoa rosada, Roçamalha, camfora da china e outras mercadoryas.»

Por ambas as passagens se vê, que era uma designação conhecida, corrente, sem necessidade de explicação (Cf. Figueiredo Falcão, *Livro de toda a fazenda,* 118; Daniel Hanbury, *Science papers,* 129 a 149, London, 1876; *Pharmacographia,* 242; *Lyvro dos pesos da Ymdia,* 20 e 39, em Felner, *Subsidios).*

Têem-se proposto diversas etymologias da palavra *roçamalha.* Scaligero —nas notas a Orta— diz: *non dubito scribendum esse Roç el-Maiha, id est liquor Storacis;* mas alguns arabistas, consultados pelos auctores da *Pharmacographia,* não admittem esta explicação. Notou-se tambem, que uma arvore, similhante á que produz o *storax liquido,* o *Liquidambar altingiana,* Blume, tem no Oriente o nome vulgar de *Rasamala,* e suppoz-se que houvesse troca de nomes. O sr. Dymock, porém, inclina-se a uma opinião, que parece mais acceitavel. Admitte que a palavra seja de origem europêa, e derivada do nome do *manná doce,* δροσόμελι dos gregos, *ros melleus* dos escriptores da idade media. Cita, entre outras, uma passagem do *Makhzan-el Adwiya,* livro arabe do seculo passado, onde se diz que: Rasímilíus é o nome grego de uma especie de incenso, chamado em hindi o incenso do·Occidente. Isto é tanto mais plausivel, quanto nós sabemos que a droga ía para a India e China das regiões occidentaes, e de um modo geral sabemos tambem, que os nomes de drogas e substancias empregados no commercio são quasi sempre oriundos das terras d'onde a droga ou substancia procede (Cf. Dimock, *Mat. med.,* 314).

Nota (5)

Os eruditos auctores da *Pharmacographia* reconheceram o interesse especial d'este *Coloquio,* dizendo o seguinte: *Garcia d'Orta, writting at Goa* (1534-1560) *was the first to give a lucid and intelligent account of benjoin.* Com effeito antes do nosso escriptor sabia-se pouco sobre a procedencia e variedades d'esta substancia.

Orta começa por arredar da discussão tudo quanto disseram os antigos, não lhe parecendo que, nem gregos, nem latinos, nem mesmo os primeiros escriptores arabicos de materia medica tivessem conhecimento do *beijoim;* e com esta opinião concordam as modernas auctoridades sobre o assumpto, como Jonatham Pereira, e Flückiger e Hanbury (Cf. *Elements of Mat. med.,* ii, P. i, 683; *Pharmac.,* 361).

Apenas, durante a idade media, se encontra uma menção rapida d'esta substancia, feita por Ibn Batuta sob o nome de *lubán jáwí* ou *incenso de Java;* e indicações de que fez parte de alguns presentes, enviados pelos sultões do Egypto aos doges de Veneza e outros altos personagens da Europa *(Pharmac.,* 362).

Vem depois as noticias dos portuguezes; e em primeiro logar a do auctor do *Roteiro da viagem de Vasco da Gama,* o qual diz, que em «Xarnauz ha muito beijoim, e vall a farazalla trez crusados». Já tive occasião de indicar em outro trabalho, como *Xarnauz* se identifica com Sião, e é a transcripção approximada de um nome muito usado pelos mercadores arabes da idade media, *Schahr-i-Náo*[1], empregado depois por Fernão Mendes Pinto na fórma *Sornau*. Esta é, pois, —a meu conhecimento— a primeira menção do *beijoim* de Sião (Cf. *Rot. de Vasco da Gama,* 109; *Flora dos Lusiadas,* 83).

Segue-se-lhe Duarte Barbosa, o qual nota que no reino *Dansean* (Sião) «nase muyto bom beijoim, que he resina d'arvore, a que os Mouros chamaom Lobam»; diz mais adiante que «nase» tambem na grande ilha de Çamatra; e acrescenta em outra pagina que é cotado n'um certo preço no mercado de Calicut (Cf. *Livro,* ii, 363, 368 e 384).

Taes eram as indicações existentes quando Orta escreveu. Este, porém, adiantou muito em relação ao que se sabia. Vejamos primeiro os nomes vulgares:

—«Louanjaoy» lhe chamavam os «Mouros». Esta é a designação arabica mais geralmente empregada, *lubán jáwí,* litteralmente *incenso de Java;* e da qual, por alterações successivas, vieram *banjawi, benjui*[2], e todos os nomes modernos da resina. Deve notar-se, que a designação de *Jawá* não se applicava unicamente a Java, deu-se tambem a Sumatra, e, de um modo vago, a todo o archipelago Malayo, distinguindo-se as procedencias d'aquella região pelo adjectivo *jawi* (Cf. Yule, *Marco Polo,* ii, 266).

---

[1] O nome é propriamente persiano e significa *Nova cidade,* sendo talvez a traducção de *Nava-purá* ou *Lophaburi,* uma das antigas povoações de Sião (Cf. Yule, *Marco Pollo,* ii, 122).

[2] A syllaba *ban* ou *ben* é, pois, a ultima da palavra *lúban* (incenso), e nenhuma relação tem com a palavra arabica *ben* (filho). O *benjoim* não é, portanto, o *filho de Java,* como Orta parece admittir.

—«Udo» lhe chamavam no Deckan. É tambem uma designação arabica, *ud*, ﻋﻮﺩ, que significa simplesmente madeira, *lignum*, mas se dá
por excellencia a certas arvores. O nome de *ud* continúa até hoje a ser
usado em Bombaim (Cf. Dymock, *Mat. med.*, 485).

—«Cominhan» nas terras onde nascia. É o nome malayo e javanez, que encontrâmos nos livros modernos nas fórmas *kamāñan, ka-
miñan* e *kamayan* (Cf. Crawfurd, *A descriptive dict. of the Indian islands*, 50, London, 1856).

Passando ás procedencias, vemos que Orta distingue duas qualidades. Uma d'ellas vinha de Sumatra e de «Bayrros». Este Bayrros era
na propria Sumatra, o porto de *Barús*, chamado pelos Arabes *Fansur*.
É hoje quasi ignorado, mas foi durante seculos um ponto de importante
commercio, por onde se exportava a melhor *canjora*, como veremos
mais detidamente em outro logar. De Sumatra vinha, pois, um *beijoim*
inferior ao de Sião, e em geral mais preto. Isto é exacto; os auctores
da *Pharmacographia*, comparando as duas resinas, dizem da de Sumatra: *differs in its generally greyer tint* (p. 364). Vinha, porém, d'aquella
ilha um *beijoim* superior a todos, mesmo ao de Sião, a que os Portuguezes chamavam *de boninas*, o qual procedia —segundo Orta— das
arvores novas. As informações modernas de europeus, residentes em
Sumatra, e relativas á colheita do *beijoim* na terra dos Battas, não
longe de Barús, confirmam inteiramente esta noticia, dizendo-nos que
a resina das arvores novas, nos primeiros tres annos de exploração, é
de melhor qualidade e chamada pelos malayos *de cabeça*, isto é, superior (Cf. *Pharmac.*, 363).

A outra Variedade de *beijoim* vinha de Sião, e era em geral melhor,
«mais Vendavel», de côr clara, e de aspecto «amendoado, que tem dentro umas amendoas brancas». A exactidão d'estas indicações reconhe-
ce-se facilmente, comparando a phrase de Orta com o que dizem os
auctores da *Pharmacographia* (p. 364) da resina de Sião: *the mass is
quite compact, consisting of a certain proportion of white tears of the
size of an almond downwards, imbedded in a deep rich amber-brown,
translucent resin*. Esta variedade da droga vinha de Sião, ou pelos portos do golfo do mesmo nome, ou pelos da costa de «Martabam, que
por a terra confina com elle» (Sião), como affirma o nosso Orta com
muito correcta geographia.

Da arvore de Sião não falla Orta; era-lhe desconhecida, e ainda hoje
não está bem clara a procedencia botanica da resina d'aquellas terras.
Mas da arvore de Sumatra, que tambem se encontrava no «mato de
Malaca»[1], dá uma boa descripção. Diz-nos que a arvore é «copada nos

---

[1] O *Styrax Benzoin* encontra-se effectivamente na peninsula de Malaca (Cf. Hooker,
Flora of British India, III, 589).

ramos, os quaes deita no ar muy bem ordenados»; e effectivamente o *Styrax Benzoin*, Dryander, é uma bonita arvore, com uma copa de folhagem densa e regular. Diz-nos tambem, que a folha é mais pequena que a do limoeiro, «e nam tam verde, e he per fora (por baixo) branca»; isto póde comparar-se com a diagnose da especie em um livro moderno ... *foliis oblongis, acuminatis, subtus albido-tomentosis.*

Orta, que não foi a Malaca nem a Sumatra, sabia tudo isto por informações, e porque recebêra exemplares seccos, e outros mettidos e conservados em vinagre. E tudo lhe custou a saber o seu dinheiro; as explorações nos matos de Malaca eram caras, pois eram trabalhosas e perigosas por causa dos tigres, chamados ali *reimões*—*arimau* ou *rimau* em malayo.

Esta passagem é a mais explicita de todo o livro, pelo que diz respeito á feição scientifica e botanica das investigações de Garcia da Orta. Vê-se que elle pagava a collectores, os quaes lhe íam procurar ao longe os exemplares das plantas que não podia observar directamente. Procedia exactamente como procederia um botanico dos nossos dias, reunindo e colleccionando exemplares, que depois estudava e classificava, quanto então se podiam classificar.

COLOQUIO DECIMO DO BER, QUE

SÃO AS MAÇÃAS QUE CÁ USAMOS, E DOS BRINDÕES, e dos nomes e apellidos dos reys e senhores destas terras. E he coloquio que nam serve de cousa alguma de fisica; mas põese aqui a pedimento do doctor Ruano pera dar passatempo aos que em Espanha o lerem. E assi se trata do emxadrez e de suas peças.

INTERLOCUTORES

RUANO, ORTA

RUANO

Parecem tam boas estas maçãas pequenas que comemos agora á mesa, que queria muito saber se são *maçãas de anáfega,* ou se he fruita diversa; e tambem queria provar aquella fruita vermelha, que comem aquellas moças.

ORTA

Na derradeira fruita que nomeastes nam tendes muita razão de a querer provar, nem menos escrevais della, por- . que he muito azeda.

RUANO

Pois por isso, por via de medicina, aproveitará.

ORTA

Chamase nesta terra *brindões;* e por fóra he vermelha algum tanto, mas por dentro tem hum tam fino vermelho que parece sangue; e ha huns per fóra pretos, e estes nam são tam azedos; porque esta pretidam lhe vem por serem bem maduros, mas de dentro sempre sam muito vermelhos; e, posto que são aprazives ao gosto de muitos, ao meu nam o sam, nem per via de cibo, nem per via de medicina, por serem muito agros; e milhor he o *tamarinho;* serve isto de tingir, e a casca se guarda seca, e se leva per mar, pera fazer vinagre; e já alguns a levaráo pera Portugal, e acharamse bem com ella (1).

RUANO

Pois destoutras maçãas me dizey o nome e o arvore e em que terras as ha e se sam maçãas de *anáfega.*

ORTA

O nome em canarym he *bor,* e no Decam *ber,* e os Malaios as chamão *vidaras,* e são milhores que estas nossas; porém nam tam boas como as do Balagate, scilicet, humas compridas que são muito saborosas. He o arvore differente das *jujubas;* e os Coraçones trouxeram ao Nizamoxa estas que vos gabei, pequenas, e me dixeram ser outra arvore que as *jujubas;* porque na sua terra as ha, e as vem cá vender pera a botyca; e estas polla mayor parte sam ponticas, ou azedas hum pouco.

RUANO

Estas que comemos nam sam senam doces.

ORTA

He verdade, mas outras ha mais doces, e porém nunca vem a madurar tanto que se possam passar como as chamadas de *anáfega,* e mais sempre tem pontecidade; por onde não podem ser peytorais como as *jujubas,* de que fazemos xarope; mas fazemos cá festa desta fruita, porque carecemos das camuesas e repinaldos de Portugal. He esta arvore algum tanto espinhosa e da grandura das nossas maceiras, e a folha he tambem como a da maceira, e alguma coisa menos redonda (2).

RUANO

Cavalguemos e vamos ao campo; e de caminho me direis que quer dizer Nizamoxa, porque me falais muitas vezes nelle.

ORTA

Desdagora vos digo que hc hum rey no Balagate, cujo pay curey muitas vezes, e ao filho algumas; de quem, por vezes, recebi mais de doze mil pardáos; e davame quarenta mil pardáos de renda porque o visitasse alguns meses do anno, os quais eu não aceitey (3).

RUANO

Vamos pera alguma parte mais aprazivel aos olhos; e digo, senhor, que bem sei que he nome de rey; mas queria saber o que significa este nome e outros de reys desta terra, porque não queria que fosse tudo fisica, senão fazer alguma fallada de cousas, pera despertar mais o ingenho.

ORTA

Eu não queria que gastassemos hum capitulo em cousas que nam sejam de sciencia, porque dirá todo o homem que o ler, que me ponho a escrever hum livro de patranhas.

RUANO

A culpa disso seja deitada a mim pera quem vós fazeis este livro: quanto mais que eu sey muitos, que folgarão de saber estas cousas que dixerdes, em Espanha.

ORTA

Cumprindo vosso mandado, sabey que hum poderoso rey do reino Dely conquistou, haverá 3oo annos, esta terra toda e a do Balagate; e em este tempo foy Cambaya tambem tomada tiranniquamente por os Mouros aos Reisbutos, que eram gentios que a senhoreavam; e este rey Dely tomou o Balagate a huns gentios muy poderosos, cuja geração são estes que agora chamão Venezaras, e outros que na terra habitão, chamados Colles; e assi estes Colles, como os Venezaras, como os Reisbutos, vivem de roubos e furtos o dia de oje; e aos Reisbutos lhe dão tributo as terras de Cambaya porque as não roubem; e aos Venezaras e Colles as ditas terras de Decam, e até agora nunca poderam ser domados dos reis (4).

RUANO

Valente gente deve ser.

ORTA

Si, são; mas tambem os reys sam cobiçosos, porque, como partem com elles do que roubão, são perdoados. Este reino Dely he posto longe polla terra dentro, pera a banda do norte, e parte com terras do Coraçone; he terra muito fria, e neva e gêa nella como na nossa (5). Os Mogores, a quem chamâmos Tartaros, a tomáram ha mais de 3o annos. Eu conheci o irmão delrey Dely, na corte do Soltão Bhadur*, rey de Cambaya, que honrava muito a este irmão delrey Dely (6); despois foy tomado este reino Dely aos Mogores per hum cavaleiro de huma lança, que, nojado delrey de Bengala por lhe matar hum seu irmão, se levantou contra elrey de Bengala e o matou; e depois tomou o reyno Dely e outros muitos reynos. E per espaço de tempo foy o mór senhor que se podia crer; e dixeramme pessoas dignas de fé, que suas terras tinhão 8oo legoas de quadra. Era este rey primeiro Patane de humas serras que partem com Bengala; foy chamado Xaholam que quer dizer rey do mundo (7). Deste se podia fazer huma cronica mais que a do gram Tamirham** (a quem nós corrutamente cha- mâmos o gram Taborlam), e alguns cronistas o chamão Ta- mirlangue, porque *Tamir* era seu proprio nome, e *langue* quer dizer coxo, como elle era. Mas isto leixo pera outro tempo, e digo que este rey Dely conquistou o Decam e o Cuncam; e foy delle senhor alguns dias; e por não poder senhorear tanta distancia se foy ás suas terras, e leixou

---

* Algumas vezes, Orta escreve simplesmente Badur; mas d'esta or- thographia se vê, que elle sentia bem a aspiração existente no nome do sultão Bahadur, بهادر.

** Não sei se em Tamirham ha um simples erro de imprensa, ou se Orta suppoz que a ultima syllaba era o titulo honorifico dos tartaros, que elle adiante escreve Ham.

nestas hum seu sobrinho coroado em rey. Este sempre favoreceo a gente estrangeira, que sam Turcos, Rumes, e Coraçones e Arabios, e repartio o reyno em capitanias, scilicet, ao Adelham (a quem chamamos Idalcam) deu de costa desde Angediva até Cifardam, que sam sesenta legoas, e per dentro da terra até confinar com os outros capitães; e ao Nizamaluco deu de costa de Cifardam até Negotana, que sam vinte legoas, e polla costa dentro, até confinar com estoutros senhores e com Cambaya; estes dous somente tiveram parte no Cuncam, que he a fralda do mar até huma alta serra que chamão Guate, que toma grande quantidade de terra, e he muito alta em muitos cabos, e eu a passey em alguns; e tem huma cousa digna de escrever encima esta serra, que he nam decer cousa alguma, senam ficam muito fermosos campos iguaes ao alto da serra, e porque *bala* em persio quer dizer acima, e *guate* serra, tanto he dizer Balagüate como detras da serra ou tra los montes (8). E no Balaguate deu terras ao Imademaluco, a quem nós chamâmos Madremaluco, e ao Cotalmaluco, e ao Verido. Todos estes capitães erão estrangeiros, Turcos e Rumes e Coraçones de nação; senam o Nizamaluco, que dizem ser Decanim, filho de hum Tocha delrey Daquem *; e porque a molher deste Tocha dormio com elrey Daquem se jata o Nizamaluco, que vem da casta dos reys Daquem, e que os outros todos sam escravos comprados pollo dinheiro delrey. E porque estes regedores se enfadaram de obedecer a elrey Daquem, concertaramse entre si que ficasse cada hum com suas terras, e que prendessem o rey Daquem em Beder, que he principal cidade e cabeça do Decam; donde o prenderam, e entregárão a hum delles per nome Verido; e assi

---

* O reino Daquem era o mesmo que Orta algumas linhas adiante chama do Decam. Os portuguezes, segundo parece, fizeram uma singular fusão de som e de sentido, chamando-lhe Daquem, porque este nome se parecia com Deckan, e porque ficava *aquem* do grande rio Nerbadda.

elle como os outros, per si ou per seus procuradores, lhe fazem a *çalema* certas vezes no anno (9).

RUANO

Se *çalema* quer dizer paz em arabio, falsa paz lhe chamo eu a essa.

ORTA

E juntamente com estes se levantaram alguns per concerto, como foy o Mohadum coja, e o Veriche que era gentio; e estes ouverão terras muyto poderosas e poucas e ricas cidades; convem saber: o Mohadum ouve Visapor, e Solapor, e Paranda; e o Visapor he agora a casa do Idalcam; e Solapor e Paranda lhe tomou depois o Nizamaluco; e assi deixou algumas terras. E o Veriche ficou em suas terras, que confinão com Cambaya e com as terras do Nizamaluco; e elles, como lhe nam tomarão o seu, soltaramlho per algum tempo. E o bisavô deste Adelham que agora he, foy hum destes capitães que se levantaram; e era de naçam Turco, e morreo no anno de mil quinhentos trinta e cinquo; e foy sempre muito poderoso, a quem nós tomámos per força de armas esta cidade de Goa duas vezes. E o avô deste Nizamaluco que agora he, pay do meu amigo que foy, morreo no anno de mil quinhentos e nove; e foy, como dixe, Decanim. O Imademaluco, ou Madremaluco como nós lhe chamamos corrompidamente, foy Cherques de naçam, e havia sido primeiro christão, e morreo no anno de 1546. O Cotalmaluco, que morreo no anno de 1548, foy tambem dos que se levantárão, e foy Coraçone de naçam. O Verido, que morreo no anno de 1510, foy Ungaro de nação e primeiro christão, segundo tive por certa enformação (10).

RUANO

Vinde aos nomes, e dizeyme quem he aquelle a quem tirastes o barrete, e nam passastes até que passou?

ORTA

He o embaixador do Idalham, cujo avô foy senhor desta ilha. E estes Mouros dão os ditados conforme ao que querem;

e porque ácerca dos gentios *rao* quer dizer rey, e *naique* quer dizer capitão; quando estes reys tomam algum gentio pera que os sirva, se o não querem muito honrar, accrescentão-lhe ao nome proprio *naique*, como Salva naique, Acem naique; e quando o querem muito honrar chamamlhe *rao,* assi como Chita ráo, que eu conheço; e he nome suberbo, porque *chita* quer dizer omça, assi que quer dizer Chita ráo, rey tam forte como huma omça. E porque *ham,* ácerca dos Mogores ou Tartaros, quer dizer rey, tambem chamão aos que querem *ham,* e nós corrutamente lhe chamamos *cam,* e por ventura milhor. E *Rao* somente, sem nenhum nome, per excellencia, quer dizer elrey de Bisnaguer, o qual os tempos passados era muy vexado do Adelham, e nos tempos de agora tem poder sobre todos os senhores do Decam; e elles todos lhe obedecem: e isto he porque todas as cousas socedem ás vezes. E tornando a nosso proposito, porque *adel* em persio quer dizer justiça, chamáram a este senhor destas terras Adelham, como si dixesse rey de justiça.

RUANO

Nome é esse que lhe não convem, porque, nem elle, nem outros acostumam fazer justiça; e mais me dizey por que em Espanha lhe chamão o Sabayo?

ORTA

Alguns me dezião que se chamava assi, porque tinha hum capitam chamado per este nome; mas depois soube na verdade que *saibo* em arabio e persio quer dizer senhor, e que por isso lhe chamavão assi por excellencia. E tambem porque *maluco* quer dizer reino, e *neza* em persio quer dizer lança, chamaram ao meu amigo, Nizamaluco, quasi lança do reino: e *cota* em arabio he fortaleza, e por isso Cotalmaluco quer dizer fortaleza do reino: *imad* quer dizer esteo, e por isso chamaram o outro Imadmaluco, que é esteo do reyno: e *verido* quer dizer recado e guarda, e Meliqueverido quer dizer rey da guarda; e alguns não chamavam a estes malucos senão *meliques,* que quer dizer reizinhos (11).

RUANO

E *maluco* quer dizer reyno propriamente?

ORTA

Náo; senáo regiam ou provincia.

RUANO

A tudo me satisfizestes já, senam ao *xá;* porque dizeis Nizamoxa e Adelxa?

ORTA

Levantouse no Coraçone o Xá Ismael, pay do Xatamas que agora vive, e sendo de baixa geraçam levantou a guerra sobre suas falsas leis contra o Gram Turco; e veo a ser hum dos maiores senhores do mundo; e mandava que tomassem a sua seita, que he contra Mafamede, e he polla parte de Ali; e aos que a nam tomavam lhe faziam crua guerra; e este seu filho, que chamam Xatamas, a mandou denunciar a estes senhores do Decam, e lhes deu o Xá, que he titulo de rey. E assi se chamáo Adelxa, Nizamoxa, Cotumixa; e assi ficam reis nos nomes ao menos, somente que nam podem bater moeda senáo de cobre: e o Nizamoxa aceitou logo a sua ley, e os outros, como se foy seu embaixador, logo a engeitaram.

RUANO

Eu sempre cuidey que se chamava Xeque Ismael, e nam Xa Ismael, e tambem cuidey que se chamava esse homem Sofy?

ORTA

Verdade he que *xeque* he dignidade que quer dizer velho, e destes sam os Xeques da Arabia; mas *xá* em persio quer dizer rey, e Xá Ismael quer dizer elrey Ismael; e chamaramlhe os Turcos e Rumes Çufi, porque tinha hum grande capitam que chamaváo Çufo ou Çufi, e por isto lhe ficou o nome ao Xá Ismael de Çufi, por causa de seu grande capitam (12). E pois jogaes o enxadrez dirvosey huma cousa que folgueis de saber, ainda que náo seja fisica.

RUANO

Muita merce me fareis nisso.

ORTA

Xá quer dizer rey, e quando digam ao rey que se mova, nam se ha de dizer *xaque* senam *xá,* como quem dixesse a elrey, falo que se mova; e assi dizem os Mouros e não *xaque.*

RUANO

Cousa he essa bem curiosa e com que muito folgo. E elles jogam bem o enxadréz?

ORTA

Bem, mas he differente do nosso jogo. E por nam vos enfadar não vos digo os nomes das peças, que he huma batalha ordenada (13).

RUANO

Nam vos escuseis, e dizeymo.

ORTA

Ao rey dizem *xá,* e á dama *goaẓir,* que he condestabre; e ao delfim chamão *fil,* que quer dizer elefante; e ao cavalo *guora,* que he o mesmo; e o roque *roch há,* que significa tigre; e ao piam *piada,* que quer dizer homem que pelleja a pé, e assi fica isto huma batalha ordenada. E perdoayme se vos enfadey com historias vans (14).

RUANO

Antes folguey muyto.

————

Nota (1)

O «Brindão» é o fructo da *Garcinia indica,* Chois. *(Brindonia indica,* Dupetit Thouars) da familia das *Gutiferæ,* uma arvore frequente na costa occidental entre Damão e Goa. Este nome parece ter sido inventado pelos portuguezes, tanto pela sua fórma, como pelo facto de unicamente ser conhecido em Goa; e a primeira noticia sobre os usos do fructo foi dada —que eu saiba— pelo nosso auctor. Do pericarpo ou «casca», que, segundo Orta, servia para fazer vinagre nas viagens de mar e mesmo em Portugal, se utilisam ainda na India na preparação dos molhos e adubos, *as an acid ingredient in curries;* e d'ella se ser-vem tambem como um mordente na tinturaria, ou como diz Orta, «para tingir».

Das sementes não falla Orta; mas extrahem d'ellas um oleo ou man-teiga vegetal, chamado *koḳam,* que tem usos medicinaes, e segundo se diz serve tambem para adulterar o *ghi.* De passagem notaremos, que esta substancia foi chimicamente estudada pelo fallecido professor portuguez Oliveira Pimentel (Visconde de Villa Maior), em collabora-ção com J. Bouis (Cf. Hooker, *Flora of British India,* i, 261, advertindo que Garcia da Orta vem ali incorrectamente citado quanto á data; Dymock, *Mat. med.,* 79; *Comptes rendus,* xliv, 1355).

Nota (2)

O «Ber», ou «Bor», ou «Vidara» de Orta é o *Zizyphus Jujuba,* Lamk., que se chama em sanskrito वद्री *vadarī,* e em hindustani بر *bir* ou *ber.* Esta pequena arvore espinhosa (pelas stipulas transformadas) encontra-se espontanea na India, e é tambem cultivada. O seu fructo, uma drupa globosa, amarella quando madura, é um objecto de con-sumo geral n'aquella região, e a cultura tem dado já logar á forma-ção de diversas variedades. Ainslie, por informação do dr. Wallich, nota a existencia de uma variedade excellente, de fructos alongados, que é sem duvida a mesma de que falla Orta: «humas compridas, que são muito saborosas» (Cf. Ainslie, *Materia Indica,* ii, 94).

Orta distingue com rasão esta planta da que dá as *maçans d'anafega* mais geralmente chamadas *jujubas,* a qual é o *Zizyphus vulgaris,* Lamk., e se encontra tambem na India, sendo cultivada em muitas outras re-giões quentes e temperadas, por exemplo, no sul da Europa (Cf. De Candolle, *Orig. des plantes cultivées,* 154).

Nota (3)

Depois veremos quaes foram as relações de boa amisade, que exis-tiam entre Garcia da Orta e Buhrán Nizam Sháh, o qual era —como diz Diogo do Couto— «o mais valoroso, franco, liberal e justiçoso rei de todos os do seu tempo e vizinhos». Por agora devemos unicamente examinar a questão do estipendio offerecido ao medico portuguez.

Clusius —nas suas notas—achou-o exagerado, e é de opinião que se deve ler quatro em logar de quarenta. Effectivamente, a somma de quarenta mil pardáus é elevada. Computando o pardáu em 300 réis— o que resulta de muitos apontamentos do *Tombo do Estado da India*— dá-nos 12:000$000 de réis. Ora, o governador da India recebia então 3:200$000 réis, com mais uns 600 quintaes de pimenta; e os outros ordenados eram muito inferiores. O physico mór, por exemplo, recebia apenas 44$200 réis annuaes. Advirta-se, que, attendendo ao *valor intrinseco* do *real,* todas estas quantias seriam um pouco mais de cinco vezes superiores ao indicado, e que o estipendio de Orta andaria por 60:000$000 de réis da moeda actual; e attendendo ao *poder effectivo* da moeda nos meados do seculo XVI, estes 60:000$000 de réis equivaliam pelo menos a 180:000$000 réis dos nossos dias[1]. Por mais franco e liberal que fosse Buhrán, a paga seria um pouco forte. Apesar pois de o erro de imprensa ser difficil de admittir, por a quantia estar escripta «quarenta» e não em cifra, devemos suppor que n'este ponto houve um dos mil enganos do compositor, ou um lapso do proprio Orta. O que, em todo o caso, não é admissivel, é que este exagerasse por vaidade e jactancia a quantia que lhe offereceram. Reduzida a cifra á decima parte ainda nos dá o equivalente de 18:000$000 de réis, e poucos medicos se pagam por esse preço.

O facto de Garcia da Orta não acceitar aquelle brilhante offerecimento explica-se, pois alem de o prenderem em Goa todos os seus habitos e relações, esta passagem para o serviço estipendiado de um rei estranho e mussulmano lhe seria levada a mal, como um abandono de nacionalidade e quasi de religião.

Nota (4)

Este *Coloquio,* que é sem duvida alguma um dos mais curiosos de todo o livro, é tambem um dos mais difficeis de esclarecer. O nosso Orta, sempre confuso, excedeu-se n'esta parte, e enredou uma serie de noticias tão desordenadas quanto interessantes. Vamos ver se lhe desfiâmos a meada.

Diz elle, que um «poderoso Rey do reino Dely» conquistára haveria 300 annos aquellas terras do sul. Não diz o nome do rei, mas João de Barros, que nas suas *Decadas* falla tambem do rei que conquistou o

---

[1] No meu anterior trabalho sobre Garcia da Orta, e a proposito das rendas de Bombaim, eu não fiz por inadvertencia esta comparação da antiga moeda com o seu actual valor; a qual, de resto, tem sido omittida por quasi todos os nossos modernos escriptores sobre cousas da India. Vejam-se sobre esta questão algumas das notas seguintes, particularmente as notas ao *Coloquio do cravo.*

Deckan, chama-lhe Xa Nosaradin. Barros, porém, deve estar enganado, pois Nasir ed-Din nunca estendeu as suas conquistas tanto para o sul. O soberano de Dehli a quem Orta se quer referir, devia ser Alá ed-Din Khiljy. O seu general Aluf Khan tomou aos Rájpúts as terras do Guzerate —a que Orta chama Cambaya—; e mais tarde, outro dos seus generaes, um antigo escravo, chamado Melik Káfúr, correu e senhoreou todo o litoral do Concan e Canará, assim como o Deckan interior—o Balagate de Orta. Como Alá ed-Din Khiljy reinou em Dehli do anno de 1296 ao de 1316, e Orta escrevia ahi pelo de 1560, temos quasi a conta dos seus 300 annos (Cf. Barros, *Asia*, ii, v, 2; Elphinstone, *The history of India*, 6.ᵗʰ édition by Cowel, 390 et seqq.; Mahomed Kasim Ferishta, *History of the rise of the Mahomedan power in India*, traducção do coronel Briggs, i, 321 a 385).

Segundo Orta, a terra foi tomada aos Reisbutos, aos Colles e aos Venezaras.

Os «Reisbutos» não são difficeis de identificar com os conhecidos *Rájpúts*, nome que vem do sanskrito *Rājaputra*, ou «filhos de rei». Esta grande raça, que se jactava de descender de sangue real, seguia em regra a profissão das armas; e Duarte Barbosa, um dos portuguezes de então que melhor viram as cousas da India, chama-lhes correctamente: «hos cavalleiros e defensores da terra». Posto que espalhados por quasi toda a India, eram mais numerosos n'aquella região de noroeste, ainda hoje marcada em algumas cartas com o nome de *Rájputana*. Desapossados de parte das suas terras pelos mussulmanos, continuavam no emtanto a ter bastante importancia no tempo de Orta, como é facil de ver a cada pagina das historias de Dehli e do Guzerate. Algumas d'estas tribus guerreiras, no momento da sua decadencia, transformaram-se em bandos e quadrilhas de salteadores, como era natural succeder; e varios estados ou cidades lhes pagavam tributos para não serem roubados, uma especie de *black-mail*, como bem diz o nosso escriptor. Os portuguezes chamavam-lhes *Resbutos, Reisbutos*, ou com outras formas orthographicas; e o secretario, que redigiu o tratado entre Bahádur Schah e Nuno da Cunha, escreveu *Reis buutos*, voltando assim, sem d'isso ter consciencia, á primitiva significação da primeira parte do nome (Cf. Duarte Barbosa, *Livro*, 276; Felner, *Subsidios*, 137; Elphinstone l. c., 83, 250, etc.; Yule e Burnell, *Glossary*, palavra *Rajpoot*).

Os «Colles» ou *Kolis* pertenciam a tribus selvagens das florestas e montanhas, e eram numerosos nos Ghates occidentaes, em terras do Guzerate, do Concan e do Deckan. Esta raça tem caido, e já tinha caido no tempo de Orta, a occupações baixas e servis, sendo os da costa principalmente pescadores e barqueiros. Simão Botelho, no *Tombo do Estado da India*, falla do que elles pagavam de impostos: «E a renda dos coles, que são pescadores que vão pescar ás estaquadas do mar, e por este Rio de baçaim....». Parece, todavia, que alguns conservavam uma certa força, se impunham pelo terror mesmo a cidades ou povoações de estados poderosos, e, do mesmo modo que os *Rájputs,* recebiam aquelles impostos de que Orta falla. João de Barros trata largamente dos impostos que a cidade de Champanel (Champanír) pagava aos «Collijs», do modo barbaro por que Bahádur Schah tratou os seus enviados, e da vingança que d'isso tirou o «rei (?) dos Collijs». Estes *Kolis* occidentaes deviam relacionar-se com outras tribus, *Mundaris, Bhils,* etc., que fallam ou fallaram linguas afastadas das do grupo sanskritico e das do grupo dravidico, provisoriamente reunidas no grupo chamado *kolarico;* e eram talvez os descendentes dos antigos habitantes da India, os *dasyus* dos primeiros Aryas (Cf. Felner, *Subsidios,* 155; Barros, *Asia,* iv, v, 7; um extracto do dr. Carter, *Castes in the Bombay presidency,* no *Indian antiquary,* ii (1873), 154; Yule e Burnell, *Glossary,* palavra *Cooli;* Cust, *Modern languages of east Indies,* 79, London, 1878; Latham, *Descript. Ethnology,* ii, 415 et seqq.).

Os «Venezaras» de Orta são os *Banjárás.* Hesitei muito tempo quanto á verdadeira significação d'aquelle singular nome; e, conversando no assumpto com o erudito indianista, Gerson da Cunha, fo este quem primeiro me suggeriu a identificação. Achei depois, que já fôra feita no excellente *Glossario* de H. Yule e A. Burnell, tão cheio de preciosas indicações de todo o genero. Os *brinjarries, banjárás,* ou *vanjárás* são uns commerciantes nomadas, de raça especial e origem um tanto problematica, que desde tempos antigos percorrem a India com grandes manadas ou cafilas de bois mansos, carregados de cereaes, sal e outras mercadorias. Duarte Barbosa conhecia-os, sem lhes saber ou pelo menos sem lhes citar o nome. Fallando de uma especie de feira, que se fazia em Chaul, diz assim:

«hos mercadores que aquy vem tratar no tempo que acima digo, hos que saom do certam vem por tera, e assentaom araial com tudo ho que trazem, em hũ lugar que estaa de Chaul contra o certam hũa pequena leguoa; trazem estes suas mercadorias em muy grandes recouas de bois mansos, com suas albardas, como castelhanas, e em cima hũas sacas compridas atravesadas, sobre que carregaom suas mercadorias, e traz logo hũu condutor que leva vinte, trinta bois diante de sy.»

Aos mesmos negociantes se deve referir Gaspar Corrêa; mas tambem lhes não cita o nome:

«...huma nova estrada que agora se fazia pola Serra, e corria para as terras d'Orixá e de Bencalla, que erão cafilas de bois de carga, que cada hum levava em alforges hum bár de pimenta, e erão tantos que exgotavão toda a pimenta, porque trazião arroz de Choramandel...»

Estes *vanjárás* foram sempre conhecidos como negociantes nomadas, e de certo não estavam fixados, nem eram senhores de terras, pelo menos em uma data tão recente, como seria a epocha da conquista mus-

sulmana. N'esta parte Orta deve estar enganado. E este engano, junto
á dissimilhança que ha entre *vanjárá* e *veneʒara,* podia lançar alguma
duvida sobre a identificação. É certo, porém, que outros viajantes, referindo-se evidentemente aos *vanjárás,* lhes dão o mesmo nome que
Orta. João Alberto de Mandeslo, que andou pela India no anno de
1639, falla dos negociantes que percorrem o Deckan e Hindustan com
cafilas ou caravanas de nove e dez mil animaes carregados de arroz,
trigo e outras mercadorias, e acompanhados sempre pelas mulheres e
familias; e diz que lhes chamam *Venesars.*

(Duarte Barbosa, *Livro,* 290; *Lendas,* ii, 559; Yule e Burnell, *Glossary,* palavra *Brinjarry;* resumo das viagens de Mandeslo, na *Hist. gé-
nér. des Voyages,* xxxvii, 249, París, 1752).

Nota (5)

Sobre esta indicação, de o reino de Dehli confinar com o Khorásán
veja-se a nota (1) ao *Coloquio* vii. E quanto ao clima do Panjáb e outras provincias do norte da India, é certo ser tanto ou mais rigoroso do
que Orta o descreve.

Nota (6)

Os «Mogores» de Orta vinham commandados pelo celebre Báber, o
qual descendia de raça turca chagatai pelo pae, e de raça mongol pela
mãe; e fundou na India o poderosissimo imperio, vulgarmente chamado do Grão-Mogol, que deixou a seu filho Humáyum. Báber tomou
Dehli e Agra no anno de 1526; e Orta é pois exactissimo dizendo: «ha
mais de 30 annos» (Cf. Erskine, *History of Báber and Humáyum,* i,
437 et seqq.).

O «irmão d'el-rei Dely», que Orta conheceu pessoalmente, chamava-se Mohammed Zéman Mirza, e era casado com Maasúma Sultan
Begum, filha de Báber, sendo, portanto, cunhado e não irmão de Humáyum. Este personagem, bastante inquieto e turbulento, tinha entrado
em varias conspirações contra o cunhado, e veiu fugido para a córte de
Bahádur Scháh pelos fins do anno de 1534, ou correr do seguinte. No
mesmo anno de 1535, o nosso Orta veiu para Diu na expedição de
Martim Affonso de Sousa, como contámos largamente na sua vida;
e ali o encontrou então no sequito de Bahádur (Cf. Erskine, ii, 13 et
seqq.; *Garcia da Orta e o seu tempo,* 95 et seqq.).

Deve notar-se, que o tal Mohammed teve muitas relações com os
portuguezes, e foi mesmo favorecido por Nuno da Cunha nas suas pre-
tensões ao throno de Cambaya, depois da morte violenta de Bahádur.

Gaspar Corrêa falla d'elle, chamando-lhe Mamedascão; Barros dá-lhe mais correctamente o nome de Mir Mohamed Zaman; e Couto dedica-lhe um capitulo quasi completo, mas em alguns pontos confuso e inexacto (Cf. *Lendas*, III, 788; Barros, *Asia*, IV, VIII, 10 e 11; Couto, *Asia*, V, I, 13).

Nota (7)

Se do «cavalleiro de uma lança» se não poderia fazer uma chronica superior á do grande Timur —como diz o nosso Orta— é certo que elle foi uma figura notabilissima na historia da India; assim como é certo, que as noticias de Orta sobre a sua vida são em substancia verdadeiras.

Scher Khan, conhecido depois de rei pelo nome de Scher Schah, era um afghan da tribu de Súr, a qual occupava o Roh, uma região montanhosa para os lados de Pesháwar. Orta é, pois, exacto dizendo que elle era «patane», pois os nossos escriptores nunca empregam o nome de afghan, que parecem desconhecer, e designam sempre aquelles povos, de origem um pouco duvidosa e fallando uma lingua do grupo iranico, o *pashtu*, pelo nome equivalente de patane, ou *pátan*. E quando Orta diz, que elle era de umas «serras que partião com Bengala», não o diz por engano, deslocando o Roh e o Afghanistan para o centro da India, mas quer referir-se ás terras confinantes com Bengala, onde dominavam os afghans, que em grande numero entraram na India quando governavam em Dehli sultões da sua raça. Barros tambem colloca os patanes tocando em Bengala; e Gaspar Corrêa situa muito claramente o «reyno dos Patanes», entre o reino de Dehli e o reino de Bengala. N'esta situação houve effectivamente e durante pouco tempo um estado afghan independente, estabelecido nas terras de Behar e Juanpúra, e governado pelo sultão Mohammed Lohani e outros. Ora Scher Khan, que já nascêra na India, era patane de raça, mas originario d'aquellas regiões.

Da historia, bem conhecida, de Scher Scháh, bastará recordar as circumstancias essenciaes, que concordam com o que diz o nosso auctor; isto é, que elle se apossou do reino de Bengala, e mais tarde do grande imperio de Dehli, sendo então, durante alguns annos (1540-1545) um dos maiores potentados de todo o Oriente.

D'este Scher Khan fallam bastante os nossos escriptores, porque, quando elle atacou Bengala, andava por lá um troço de portuguezes, sob o commando de Martim Affonso de Mello. Barros chama-lhe Xerchan, e Gaspar Corrêa, Xercansor (de Scher Khan Súr). Tanto Barros como Couto, mencionam aquelle titulo de rei do Mundo, *Xiah Olam*, ou *Xah Hólão*, a que Orta se refere, mas não encontrei esta noticia confirmada pelos escriptores modernos ou orientaes, que pude consultar (Cf. Elphinstone, 456; Ferishta, II, 98 a 125; Erskine, II, 110 et seqq.; Barros, *Asia,* IV, IX, 6 e seguintes; Gaspar Corrêa, *Lendas,* III, 719 et seqq.).

Nota (8)

A cordilheira de montanhas, que vem ao longo da costa occidental da India, recebe em geral o nome de *Ghāt, Guate* ou *Gate* na orthographia dos nossos. D'ella fallaram varias vezes os escriptores portuguezes, e entre estes Camões:

> Aqui se enxerga lá do mar undoso
> Hum monte alto, que corre longamente,
> Servindo ao Malabar de forte muro,
> Com que do Canará vive seguro.

> Da terra os naturaes lhe chamam Gate,...

A palavra maratha *ghāt* significava propriamente um desfiladeiro, ou cortadura da montanha, por onde esta se podia atravessar; mas veiu a ser tomada no sentido geral de serra, como a toma Orta e a tomou tambem Barros, ou como sendo o nome proprio d'aquella serra. O reparo orographico de Orta é exacto, porque o desnivellamento ou descida para o interior é relativamente pequeno, ficando por detraz dos Ghates os grandes planaltos centraes da India. A esses planaltos davam o nome de Balagate (Orta escreve habitualmente Balagate e algumas vezes Balaguate), da palavra persiana *bálá,* que significa acima. O Balagate estava, pois, acima da montanha, litteralmente acima dos desfiladeiros, por onde essa montanha se podia subir (Cf. Yule e Burnell, *Glossary,* nas palavras *Balaghaut* e *Ghaut;* Barros, *Asia,* I, IV, 7).

Nota (9)

Toda esta pagina contém varias inexactidões, que é necessario apontar; mas antes devemos explicar a discrepancia que existe entre o texto portuguez de Garcia da Orta, e a versão latina de Clusius.

Na sua habitual desordem de redacção, o nosso escriptor esquece-se das suas digressões a proposito dos ultimos soberanos de Dehli, Báber, Humáyum, e Scher Scháh, retrocede de tres seculos a fallar do primeiro rei a que se referiu, e diz «este rey Dely». Clusius não o percebeu bem —o que, seja dito em abono da verdade, lhe succedeu poucas vezes— e, enganado pela fórma grammatical, attribuiu tudo quanto se segue a Scher Schah, o que é simplesmente absurdo e historicamente inintelligivel. A verdade é, que Orta quer fallar de Alá ed-Din; mas ainda com esta correcção está longe de ser exacto.

Em primeiro logar dá a entender, que a separação do Deckan teve logar logo em seguida á conquista. Isto não é verdade; o Deckan, annexado em grande parte ao imperio de Dehli no reinado de Alá ed-Din, só se separou perto de cincoenta annos depois no reinado de Mahommed Tuglak, quando Haçan Gangú (1347) fundou no sul a dynastia independente de Bahmany (Cf. Ferishta, ii, 290, etc.).

Em segundo logar, Orta falla da divisão do Deckan — a qual não foi, nem tão voluntaria, nem tão regular quanto elle diz— como de um successo immediato á sua independencia. Vae aqui envolvido um anachronismo ainda mais grave que o anterior. O Deckan conservou-se independente e unido perto de cento e cincoenta annos, do meiado do seculo xiv aos fins do xv ou principios do xvi. Foi só então, no reinado do fraco Mahmud Scháh II, que os senhores mais poderosos da córte, Yusuf Adil Khán, Nizam el-Mulk, Kasim Berid e outros se declararam independentes, e fundaram outras tantas dynastias, o que veremos melhor na nota seguinte.

Apesar d'estes erros, vê-se que o nosso escriptor tinha um certo conhecimento dos successos politicos a que se refere. Assim, o que nos diz sobre a estada do «rey Daquem», isto é, de Mahmud Scháh, em Bider, sob a guarda, ou antes na custodia de Kasim Berid, é perfeitamente exacto, como é exacta a sua noticia em relação ás formulas de respeito, que os revoltosos conservaram durante algum tempo na presença do seu antigo soberano (Cf. Ferishta, ii, 519 et seqq.).

Nota (10)

Vamos ver se deslindâmos quem foram todos estes personagens, e comecemos pelos mais conhecidos.

Diz Orta: «o bisavô d'este Adelham que agora hé...». Este bisavô era Yusuf Adil Khán, o qual veiu para a India na qualidade de escravo; mas alguns diziam ser filho do sultão ottomano Amurat II. No reinado de Mahommed Bahmany chegou a adquirir uma grande importancia, sendo o chefe do partido dos estrangeiros, arabes, persas, turcos do norte e da Asia menor ou: «Turcos, Rumes, e Coraçones e Arabios», como Orta diz correctamente. Durante a anarchia, que se estabeleceu no reinado de Mahmud, successor de Mahommed, declarou-se independente, mandando ler a *khutbah* em seu nome, e tomando o titulo real de Adil Schah, que depois usaram os seus descendentes. Bijapúra era a capital dos seus estados, que se alongavam á parte do Concan onde ficava Goa. A este e aos seus successores chamaram os escriptores portuguezes Hidalcão e Sabayo—Hidalcáo pela corrupção de Adil

Khán[1], e Sabayo pelos motivos que veremos adiante. Yusuf morreu no anno de 1510, no intervallo que decorreu entre as duas tomadas de Goa por Affonso de Albuquerque. Succedeu-lhe seu filho Ismael Adil Scháh, o qual morreu no anno de 1534, data que Orta confundiu com a da morte do pae. A Ismael succedeu séu filho, Mullú, a este um irmão, chamado Ibrahim, e a Ibrahim, no anno de 1557, seu filho Ali, o qual reinava no tempo em que Orta escrevia, e era, como se vê, bisneto de Yusuf[2] (Cf. Ferishta, III, 4 a 112; *Garcia da Orta e o seu tempo*, 224).

Diz Orta: «E o avô d'este Nizamaluco...» Segundo o historiador Ferishta, o primeiro personagem importante d'esta linha foi um hindú do Deckan, um «Decanim» pois, como affirma o nosso escriptor. Quando mudou de religião, mudou tambem o seu antigo nome de Timapa no de Haçan Bheiry, e foi depois mais conhecido pelo seu titulo de Nizam el-Mulk. Em seguida á sua morte violenta, seu filho Ahmed declarou-se independente no seu feudo ou *jagir*, fundando a capital a que deu o nome de Ahmednagar, e tomando a designação real de Ahmed Nizam Scháh. Succedeu a Ahmed, no anno de 1508 ou 1509, seu filho Buhrán Nizam Scháh, o qual foi o grande e intimo amigo de Garcia da Orta. E, por morte de Buhrán (1553), succedeu-lhe Huçein, o qual reinava quando Orta escreveu, e era effectivamente neto do primeiro Nizam Scháh. Os portuguezes chamaram aos soberanos d'esta dynastia indistinctamente «Nizamaluco» e «Nizamoxa», accentuando a ultima syllaba. No tratado de paz de Buhrán com D. Garcia de Noronha diz-se: «hu Niza muxaa, que dantes se chamava hu Niza maluquo.» (Cf. Ferishta, III, 189 a 237; *Garcia da Orta e o seu tempo*, 227 et seqq.).

Diz Orta: «O Imadmaluco, ou Madremaluco ... foi Cherquez de nação ... e morreu no anno de 1546.» Está n'este ponto menos bem informado. Segundo Ferishta, Fath Ullah, que teve primeiro o titulo de Imad el-Mulk, era um hindú, e não um «Cherques» ou circassiano. Morreu no anno de 1484; e mesmo o seu filho, o primeiro que usou o titulo real de Imad Scháh, morreu antes da data indicada pelo nosso escriptor. A capital de Berar —o pequeno reino do Imad Scháh — era em Elichpúra (Cf. Elphinstone, 761; Ferishta, III, 485 a 489).

Diz Orta: «O Cotal maluco que morreu no anno de 1548 ... foi Coraçone de nação». Dizem os escriptores orientaes, que Sultan Kulí era turco ou turcomano de raça, mas nascêra na provincia de Hamadan da Persia—isto é no «Coraçone», no sentido lato que Orta dá á palavra. Pertencia á familia celebre dos *Kara-cuvinlu,* ou do Carneiro

---

[1] Hidalcão ou Idalcão; o *h* com que habitualmente o escreviam resultava do som guttural da letra *ain* (ع) pela qual começava o nome de Adil.

[2] Orta refere-se logo adiante ao mesmo personagem, escrevendo o nome Idalham, e dizendo que era neto do antigo senhor de Goa; mas a primeira affirmação a é a verdadeira.

preto, e veiu para a India fugindo ás perseguições dos *Ak-cuvinlu* ou do Carneiro branco. Nomeado Qutb el-Mulk pelo rei do Deckan, foi um dos ultimos que abandonou o partido do soberano e declarou a sua independencia, tomando então o titulo de Qutb Scháh. A capital dos seus estados era na celebrada Gólconda. Foi assassinado, sendo já muito velho, no anno de 1543 (Cf. Ferishta, III, 321; e outra relação dada por Briggs em appendice, l. c. 339 et seqq.).

Diz finalmente Orta: «O Verido, que morreu no anno de 1510, foy Ungaro de nação, e primeiro christão...». Ferishta affirma, que Kasim Berid era um escravo georgiano, vendido a Mahommed Scháh por Khuája Sahib ed-Din. A procedencia, porém, d'estes escravos do Occidente era difficil de averiguar, e nada nos impede de acceitar a versão de Orta, tanto mais que elle assegura tel-a obtido por «certa enformação». Kasim Berid foi primeiro ministro de Mahmud Scháh, e governou em Bïder, durante tempo em nome do Scháh, e depois em seu proprio nome. Quando morreu (1504 e não 1510), seu filho Amir tomou o titulo de Berid Scháh (Cf. Ferishta, III, 495).

Quanto ao «Mohadum Coja», um dos que se rebellaram, e houve as cidades de «Visapor, e Solapor e Paranda,» devia ser um certo Khuája Jehan Deckany, tambem conhecido pelo titulo de Mukdum Khan, ao qual Mahmud Scháh dera as fortalezas de Purenda (ou Parenda) e Sholapúra, e depois figurou bastante nas intrigas e luctas d'aquella epocha (Cf. Ferishta, II, 529).

Não posso identificar com segurança o «Veriche»; as suas terras, confinando com Cambaya e com os estados de Nizam-Schah, deviam estar situadas na bacia do Tapti, e portanto no Kándésh; mas não encontro n'este tempo e região pessoa importante de nome parecido.

Nota (11)

Para estabelecer uma similhança de ordem nas noticias do nosso escriptor, vejamos primeiro o que nos diz das distincções e titulos em geral, e depois trataremos dos nomes proprios das pessoas.

Rájá (राजा), *ráj*, e d'ahi *ray*, *ráo*, significava rei em sanskrito e nas modernas linguas derivadas, isto é, «acerca dos gentios»; e os mouros ou mussulmanos usavam tambem d'estas designações, restringindo-as geralmente aos principes hindús.

O mesmo succedia com a palavra *naik*, *naique* (sanskrito *naika)*, que significava conductor ou chefe, e d'ahi «capitão», como Orta diz. Os portuguezes designavam com este nome os officiaes indigenas ao seu serviço. Encontram-se no *Tombo do Estado da India* muitas inscripções analogas á seguinte que damos como exemplo: «E a hum naique com seis piães... que todos servem o governador...» Parece, porém, que os naiques tinham pouca auctoridade, e se podem comparar apenas com os sargentos ou officiaes inferiores.

Não me consta que o rājā de Bijayanagar tivesse um titulo especial— como era o de *Rana* em Udipúra—ou fosse chamado o Rājā por excellencia. Isto devia, porém, succeder em Goa, pois nas vizinhanças não existia outro principe hindú de poder igual, nem mesmo comparavel.

Bijayanagar, ou Vijayanagara (a cidade da victoria), que os portuguezes escreviam Bisnaguer, Bisnagua, Bisnagá, era a capital de um poderoso estado hindú, chamado pelos nossos reino de Narsinga, do nome de um dos seus antigos soberanos *Narasinha* (o homem leão). Orta aponta com rasão o grande poder d'aquelle estado «nos tempos d'agora», isto é, pelas proximidades do anno de 1560. Effectivamente havia augmentado muito em importancia no reinado de Krishna Raya; e tanto, que pouco depois (1565) todos os soberanos mussulmanos do Deckan se ligaram contra Ram Rājā, successor de Krishna, desbaratando-o na importante batalha de Talicót. O grande e rico estado hindú ficou então aniquilado, porque —como diz Orta, na sua tranquilla philosophia— «todas as cousas socedem ás vezes». (Cf. Elphinstone, 477; Ferishta, III, 127, 414).

Os titulos, indicados por Garcia da Orta, e usados pelos puros mussulmanos, foram bem conhecidos na India, predominando n'uma certa successão, que é interessante notar.

Os primeiros que ali entraram, arabes pela maior parte, contentaram-se com o titulo supremo puramente arabico de شِيخ, scheikh, ou *Xeque* na orthographia dos nossos. Significava simplesmente velho, *senex*, e veiu a designar o chefe, por uma derivação de sentido absolutamente igual á da nossa palavra portugueza *senhor* (do latim *seniorem).* Depois, sob a influencia dos faustosos e apparatosos Khalifas, multiplicaram-se as designações pomposas, *Sol da fé, Leão de Deus, Estrella do reino,* e varias mais que adiante Veremos.

A onda de conquistadores e aventureiros do norte trouxe para a India aquelle titulo, que Orta diz correctamente ser tartaro e escreve *Ham,* ou maliciosamente *Cam,* isto é khán, خان, que em turco significa principe. O filho do grande Chengíz-Khan, Okkodai, assumiu o titulo muito superior de Cáán, Qáán, ou Kháqán. Este era, assim como os seus successores, aquelle mysterioso potentado, o *Gráo Cão da Tartaria,* ás vezes chamado *Grande Cão*—fr. Odorico escreve em latim, *magnus canis.* Os restantes principes usavam, porém, o titulo mais modesto de khan, que depois na India se vulgarisou muito, dando-se a quasi todos os generaes, e a outras pessoas importantes.

Finalmente, sob os Kiljís de Dehli, empregou-se com frequencia a designação de *Melique,* مالك, melik, muito usada entre afghans.

Significava primitivamente rei; mas distribuia-se com tanta prodigali-
dade, que Orta tem toda a rasão em lhes chamar reisinhos.

O titulo de scháh, شاه, na nossa orthographia antiga *Xa*[1], era muito
superior; e —com rarissimas excepções— só se dava a principes reinan-
tes de estados independentes. Era effectivamente de origem persiana;
mas Orta está enganado quando attribue a sua introducção no Deckan
á influencia de Thamasp, pois se usava muito antes em Dehli, e no
proprio Deckan. (Cf. Yule, *Cathay*, cxvii, e 128; D'Ohsson, *Hist. des
Mongols*, ii, 11; uma nota do coronel Briggs, em Ferishta, i, 291; Blochmann, *Biogr. notes of grandees of the mughul Court*, no *Ind. Ant.*
(1872), p. 259 et seqq.).

Vejamos agora o que Orta nos diz dos titulos e nomes especiaes de
algumas pessoas.

D'entre os hindús, cita apenas o nome do seu conhecido «Chita Rao»,
que diz significar «rey tão forte como uma onça». Chitá é effectivamente o nome ·da onça ou leopardo de caça, o *Felix jubata*; e deriva-se de *chitraka*, que significa pintado ou malhado.

D'entre os mussulmanos, menciona Varios nomes com as suas derivações, em grande parte exactas.

«Adelham» —diz elle— significa «rey de justiça». Isto é exacto:
عدل, *adil*, significa justiça e justo *(justitia, æquitas, justus, æquus* em
Freytag) d'onde عدل خان, o principe justo. Orta é menos feliz na explicação do nome de Sabayo, pelo qual tambem era conhecido o mesmo
personagem; «saibo», isto é صاحب *sahib*, quer effectivamente dizer
senhor *(dominus, minister regis* em Freytag); mas esta não é a origem.
Yusuf era natural ou,· pelo menos, procedente da cidade persiana de
Sawah, a cujos habitantes se dava o nome de ساوى *sawi*, d'onde
Sabayo, como o nosso João de Barros sabia e explica mui correcta e
claramente (Cf. Meynard, *Dict. de la Perse*, 299; Ferishta, iii, 8; Barros, *Asia*, ii, v, 2).

Orta deriva *Niʒam el-Mulk* de *neʒa* (lança em persiano), no que se
engana. *Niʒam* significa ordenamento, d'onde نظام الملك *Niʒam
el-Mulk* significa o *administrador* ou *regulador do estado.*

Deriva Cotalmaluco ou *Qutb el-Mulk* de *cota*, fortaleza; quando o
nome é ainda mais pomposo; قطب الملك quer dizer a *estrella po-
lar do estado.*

---

[1] A velha orthographia portugueza dos nomes orientaes era sonicamente muito exacta.
Xá e *xeque* dão-nos bem o som das palavras persiana e arabica, como *Xercansor* nos dá
muito proximamente *Scher Khan Súr*. Pareceu-me, porém, que a sua adopção seria hoje
inadmissivel, porque a orthographia se dirige aos olhos, tanto pelo menos como aos ouvidos,
e esta volta a fórmas já hoje desusadas introduz um elemento de incerteza na leitura.

É exacto na derivação de Imadmaluco, *Imad el-Mulk,* عماد الملك,
que de feito significa o *esteio* ou *pilar do estado.*

Finalmente deriva «Verido» de «recado» ou «guarda», no que parece não andar muito longe da verdade. O coronel Briggs, no *Appendix* á sua versão de Ferishta, dá a *Berid,* برید, o sentido de illustre.
Blochmann, porém, diz que *Barid* (do latim *veredus)* era um dos car-
gos da côrte, *court intelligencer,* o que se não afasta da interpretação
de Orta (Cf. Briggs, no *Appendix* i a Ferishta, vol. iv, p. 561, d'onde
principalmente extrahi as noticias precedentes; Blochmann, l. c., p. 260)

Nota (12)

A noticia de Orta sobre o grande Ismael da Persia é fundada na
verdade dos factos, posto que envolvida em muitas circumstancias inexactas ou mal interpretadas. Assim, Ismael não se levantou contra o
«Grão Turco», mas rebellou-se contra os então soberanos da Persia,
da familia dos *Ak-cuvinlu,* do Carneiro branco, que eram de raça
turca ou turcomana; e só mais tarde esteve em guerra com o Grão
Turco, o sultão ottomano Selim I. Assim tambem, não era de «baixa
extracção», pois descendia em linha directa nada menos que de Alí e
de Fatima, a filha do Propheta; mas era um simples scheikh, filho de
scheikh Haidar, o que alguns lhe lançavam em rosto. Mesmo depois
de rei, continuaram a chamar-lhe o scheikh Ismael — *Xequesmael* escrevem os nossos portuguezes do tempo. Tambem se não chamava
«Çufi», porque tivesse um grande capitão d'este nome. A designação
de *Sophi, Sofi,* ou *Sufi* vinha-lhe da seita mystico-pantheista, a que
pertenciam os seus ascendentes, nomeadamente aquelle celebre e santo
scheikh Saifú ed-Din de Ardebil, contemporaneo e conhecido do grande
conquistador Timur. Ainda não é exacto, que elle fosse «contra Mafamede»; era pelo contrario um zeloso mussulmano, apenas adverso aos
Sunnitas orthodoxos, e pertencente á crença *Schiita,* que venerava
particularmente Fatima, Alí e os doze Imams. E as relações que Ismael
e seu filho Thamasp tiveram com os reis mussulmanos do Deckan,
contribuiram de certo para alargar ali esta fórma schiita do islamismo,
que, entre outros, professava o Nizam Scháh, como o nosso Orta affirma com rasão. Este, porém, engana-se quando diz, que Ismael ou
Thamasp deram áquelles soberanos o titulo de Scháh, pois é certo
que se usava anteriormente na India. (Cf. Teixeira, *Relaciones,* 359 et
seqq.; artigo *Sunnites and Shiites* na *Encycl. Britannica*; Gobineau,
Trois ans en Asie, 323 et seqq., París, 1859; veja-se tambem todo o interessante capitulo de João de Barros, *Asia,* ii, x, 6).

Já que fallámos de Ismael Scháh, não virá fóra de proposito recordar brevemente as boas relações, que existiram entre o grande rei da

Persia e o grande governador da India. A primeira embaixada de Ismael encontrou-se fortuitamente com Affonso de Albuquerque; vinha dirigida ao Adil Scháh, e deu com os portuguezes já senhores de Goa. O governador, porém, recebeu o embaixador com demonstrações de amisade, e mandou com elle um enviado seu, Ruy Gomes, munido de prudentes instrucções, o qual, ao que parece, foi envenenado em Hormuz e nunca chegou ao seu destino *(Lendas,* ii, 69 et seqq.). No anno de 1512 voltou á India um embaixador de Ismael, e na sua companhia mandou Affonso de Albuquerque, Miguel Ferreira, dando-lhe instrucções extremamente meticulosas e curiosas, e uma carta sua para o Scháh, transcripta por Gaspar Corrêa, mas de cuja authenticidade é licito duvidar *(Lendas,* ii, 358). Miguel Ferreira foi recebido pelo Scháh em Schiraz, e ficou muito tempo pela Persia, assistindo a festas e caçadas de que Gaspar Corrêa dá interessantes descripções *(Lendas,* ii, 409 a 417). Quando voltou, veiu com elle outro embaixador de Ismael Scháh, que Affonso de Albuquerque, então em Hormuz, recebeu pomposamente *(Lendas* ii, 423; Barros, *Asia,* ii, x, 4). D'ali mesmo mandou um novo enviado ao Scháh, Fernão Gomes de Lemos, dando-lhe um *regimento* ou instrucções especiaes, um rico presente e uma nova carta para o Scháh. Esta carta vem transcripta tambem por Gaspar Corrêa; mas é evidentemente falsa, pois temos a verdadeira, muito mais digna, e muito mais na indole e modo de dizer de Albuquerque. É assim intitulada: *Carta d'Afonso d'Albuquerque, capitão e governador da India, ao Xeque Ismael, Rei das carapuças Roxas* (Cf. *Cartas de Affonso de Albuquerque,* p. 387 et seqq., Lisboa, 1884).

Até aqui, as relações de Affonso de Albuquerque com Ismael; mas não podemos deixar de ao menos mencionar ainda a embaixada de Balthazar Pessoa, no governo de D. Duarte de Menezes, porque n'essa embaixada ia um dos mais Veridicos, mais indagadores e mais interessantes dos viajantes portuguezes, Antonio Tenreyro. É bem conhecido o seu *Itinerario,* e é bem sabido que elle estava em Tabriz quando morreu Ismael, e foi levantado ao throno o seu filho Thamasp.

NOTA (13)

Os nomes das peças do xadrez, usados na India, encontram-se em qualquer tratado d'este jogo, por exemplo no de Forbes, e não carecem de elucidação. Mas devemos notar a phrase em que Orta diz: jogam «bem; mas é differente do nosso jogo.» O xadrez diz-se inventado na India, onde se chamava *Chaturanga,* ou jogo das quatro *angas,* os quatro elementos dos exercitos: elephantes, cavallos, carros e peões. Da India passou para a Persia, onde os arabes o encontraram e adoptaram, chamando-lhe por corrupção e alteração de alphabeto, شطرنج,

schatrandj; e d'este caminho ficou uma curiosa indicação na expressão *xaque-mate,* composta do substantivo persiano *scháh,* e do verbo arabico *mât.* Mas voltando ao *schatrandj,* este jogo usou-se na Europa durante toda a idade media, soffrendo no seculo xv modificações profundas, que o converteram no xadrez moderno. Vê-se, pois, que Garcia da Orta, conhecendo de Portugal e Hespanha o novo jogo, devia notar differenças no movimento das peças e outras particularidades, quando no Oriente encontrou a antiga fórma.

Nota (14)

Se agora considerarmos em globo as noticias dadas por Garcia da Orta n'este *Coloquio,* poderemos notar sem parcialidade, que são pela maior parte exactas, e muitas d'ellas especialmente suas, não dadas nem conhecidas de outros escriptores nossos, mesmo dos mais bem informados, como era João de Barros. E alguns escriptores estrangeiros, como Linschoten, não fizeram mais do que copial-o. Todo o *capitulo* xxvii d'este auctor é o mais descarado plagiato, repetindo tudo quanto Orta disse, sem acrescentar ou emendar cousa alguma. É mesmo facil ver, que foi moldado pela versão latina, e não pelo texto portuguez. De quando em quando, o plagiato pretende occultar-se sob uns artificios infantis. Orta disse do reino de Dehli «he terra muito fria, e neva e gea n'ella como na nossa». Clusius traduziu: *Frigida admodum est regio, nivibus et gelu per hiemem non minus divexata, quam nostra Europa.* E Linschoten diz: *hyemis qualitate provinciis Belgicis haud absimilis.* Esta menção dos Paizes Baixos tem evidentemente o fim de dar á phrase o cunho da nacionalidade do auctor; mas só póde illudir a quem não cotejar cuidadosamente o *Coloquio do Ber,* a sua traducção no capitulo xxviii de Clusius, *De quibusdam Indiæ regibus,* e o capitulo xxvii de Linschoten *Brevis descriptio terræ post Goam* ... que elle tranquillamente diz ser tirado, *ex annalibus, monumentisque ipsorum Indorum,* quando é todo copiado dos *Coloquios.*

COLOQUIO UNDECIMO DO CALAMO

AROMATICO E DAS CACERAS

INTERLOCUTORES

RUANO, ORTA

RUANO

Dizeyme agora os nomes do *calamo aromatico* ácerca das nações que sabeis, porque pollos nomes venhamos em conhecimento do que he; porque os nossos doctores modernos tem grandes duvidas nelle e no *acoro,* que dizem huns que he o *calamo aromatico,* outros dizem que a *galamga* he o *calamo.* Em tal maneira está esta meada empeçada, que tem necessidade de hum bom sergueiro pera a desempeçar; e por tanto venho a vós que, pois conheceis estes simples, que a desempeçeis.

ORTA

O que lá em Portugal se usa em as boticas por *calamo aromatico,* e que na India he mézinha mais usada, assi nos homens como nas molheres,, como nos cavalos pera suas doenças, chamase em Guzarate *vaz,* e o Decanim o chama *bache,* e em Malabar *vazabu,* e em Malaio *daringó,* e em Persio *heger,* e em Cumcam, que he a fralda do mar, *vaicam;* e em Arabio *cassab aldirira.*

RUANO

Pois Serapiam, que he arabio e de auctoridade, o chama *assabel diriri*.*

---

* Serapio, cap. 205 (nota do auctor).

ORTA

Serapio está corruto, e Avicena está emmendado, e mais os Arabios fisicos lhe chamam este nome; e o mesmo soa *cassab* que *calamo,* e *aldirira* dos aromaticos; porque *dirire* he o mesmo que he ácerca de nós *aroma;* isto se tira de Avicena*. E porque os Malayos souberam esta mézinha por os Mouros, que do Coraçone foram, a chamaram corrutamente *dirimguo.* E esta mézinha he em Goa muito usada e em toda a India se semêa; e aqui em Goa nas hortas cresce pouco, e porém cheira, ao meu gosto, mal; quanto mais verde tanto he o cheiro mais forte e horrido pera mim (posto que diz Ruellio o contrairo); e algumas mézinhas, quanto mais sequas tanto cheiram milhor; assi como o *sandalo* e a *aguila.* Semeam muyto no Guzarate e no Balaguate; e no cabo onde está semeado nam cheira até que seja tirado da terra. Trazse della pera a fralda do mar, porque o que nella nasce se gasta na terra, e o que vem do Balaguate se leva pera o ponente. As molheres usão muito delle pera as paixões da madre e pera as enfermidades dos nervos (1); tudo o que mais se guasta he, no tempo frio, pera os cavallos; porque por as manhãas lho dão a comer pisado · e misturado com alhos e *ameos,* que he cominhos rusticos, e algum sal e manteiga e açucare, e chamam esta mézinha *arata* (2).

RUANO

Naçe em outro cabo afóra na India? e pareçe ser que si, porque Galeno** e Hipocras o chamão *calamo yngoentario,* e Plutarco *calamo arabio,* e Cornelio Celso *calamo alexandrino.*

---

* Avic., li., 2, cap. 161 e 212 (nota do auctor). A citação está errada; o capitulo do *calamo aromatico* em Avicenna é 160. A significação da palavra *dirire* deduziu Orta da leitura do capitulo 79.

** Galen., Sim. medica. lib. 1 (nota do auctor).

ORTA

Eu perguntey a muitos Coraçones e Arabios, que trazem a vender cavalos a esta India, se o havia em sua terra; e todos me dixerão que não havia outro senam o que vinha da India por mercadoria; e pergunteylhes se o conhecião e usavão lá delle, dixeramme que muito bem o conhecião lá, mas que nam era mézinha da sua terra, e nisto se afirmaram todos os mais. E os que dizem que he comum aos Indios e Sirios, não dizem conforme ao que estes mercadores me dixerão, e tambem me dixerão os fisicos do rey do Decam. Assi que os que o chamão da India, dizem verdade; e os que da Arabia, dizem bem, porém que viesse primeiro da India á Arabia. E muito bem falão os que o chamão *alexandrino,* porque dahi vão ter aos Venezianos, e a Beirut e a Tripoli de Suria*.

RUANO

Pois Menardo diz que o vio em Panonia, e que era muito fresco, por onde parecia ser de perto trazido.

ORTA

Nós do que vemos e ouvimos damos fé; e póde ser que se enganou elle, ou, se o vio, foy semeado em alguns alguidares ou cestos, como se semêa o *gengivre* e nasce; mas a verdade he o que vos dixe, porque se leva lá por mercadoria.

RUANO

Isto que se administra, de que usamos, que he, raiz ou cana?

ORTA

He cana, porque a raiz he pequena e a semeão; e ás vezes vem mesturada a cana com a raiz; e portanto não

---

* A phrase não tem concordancia, e alem d'isso envolve um erro, pois a mercadoria não devia ir de Alexandria para Tripoli ou Beyrut. Julgo que se póde reconstruir assim: «porque ahi vão ter os Venezianos, e a Beirut...»

dizem bem os que dizem que he raiz sòmente, porque isto dizem pera fundar a sua openiam, que acoro he *calamo aromatico* ou *galamga*.

RUAÑO

E porque lhe chamais *aromatico,* pois dizeis que lhe vem do nome arabio?

ORTA

Digo que *aromatico* não quer dizer cheiroso, sènam droga trazida destas partes*; e mais eu nam sey *calamo odorato,* mas sey *junco odorato;* e já vedes a differença que vay de cana a junco, e mais vos faço saber que não he o que está dentro do *calamo* cousa semelhante a tea de aranha, mas antes está dentro huma substancia porosa de cor algum tanto amarella; e nisto se enganarão Avicena e Serapião, que tinham mais razam de saber isto que os Gregos.

RUANO

Dizem estes modernos escritores que o *calamo aromatico* he hum *acoro,* porque a raiz do *acoro* que se nas curas administra, não he calamo ou cana, senam a raiz que vemos nas boticas.

ORTA

Nisso nam trabalheis, porque somente o *calamo* he o que se vende e usa e nam a raiz, e se o quereis ver, vedello aqui verde e seco.

RUANO

Não duvido já pois o vejo com os olhos; mas dizeyme como *acoro* será *espadana,* pois dizem huns ser preta e outros branca, e que mordica, e que he quente no terceiro gráo; e nós não lhe achamos alguma acrimonia nem quentura; e isto nam tam somente nas regiões frias, mas nem em as quentes; quanto mais que não póde ser huma mézinha

---

* *Sic* na edição de Goa; ignoro completamente o que o nosso escriptor pretende dizer. Estas paginas podem-se contar entre as mais confusas de todo o livro; envolvido em uma questão insoluvel, Orta cáe em um estylo absolutamente nebuloso.

quente e seca no terceiro, e que, plantada em outro cabo
nam fique quente; porque estas calidades seguem a especia,
e nam se podem tirar de todo ponto, como se vê no *acoro,*
por onde sem duvida tem muita razam de nam ser o *acoro*
o que por tal se vende.

ORTA

Eu vos confesso que nam he *acoro* a *espadana;* senam
que, ou carecemos delle, ou não o sabem buscar nos logares onde dizem Galeno e Plinio e Dioscorides* que o ha, e
isto porque sam os fisicos pouco curiosos; e por o nam
achar nam he bem que seja *calamo aromatico;* pois Avicena e Serapiam fazem tres capitulos, convem saber: do
calamo aromatico; e do *acoro;* e da *galamga.* E os que escrevem do *calamo* dizem avelo na India, e assi he que o
nam ha em outras partes; e o *acoro* nam dizem que o ha
senam em Europa: per donde nam foy conhecido de nós,
porque nam especulámos o que agora especuláram Menardo,
Lyoniceno e outros; mas todos os fisicos Arabios e Turcos
e Coraçones e da India nam conhecem o *acoro;* porque,
quando eu curey ao Nizamoxa de hum tremor, tive com
elles grande porfia sobre isso, e nunqua me souberam dizer
o que era *acoro,* senam que em Turquia o havia, porque
eu lhe dizia o nome em arabio, e mais o *calamo* he quente
e seco no segundo gráo e o *acoro* no terceiro, por onde
nam pode ser tudo hum; e se o *acoro* nam o achais, bus-
cayo e olhay por os livros o que poreis em seu lugar.

RUANO

Porque nam será a raiz da *galamga, acoro,* pois todos
os sinais tem do *acoro?*

ORTA

Aqui a vereis de duas maneiras, de Jaoa e de China, e
plantamna aqui, e as folhas nam parecem gladiolo, e são

---

* Gale. Simplic. 6; Plin. li. 25 e 26; Diosc. li. 1, cap. 17 (nota do
auctor). O capitulo 17 de Dioscorides é o do *calamo;* o do *acoro* é o
segundo do mesmo livro.

muito curtas, e he feita muito como colher, como vos direy quando falarmos na *galamga;* e vola mostrarey verde
e seca; e mais a *galamga* tem outra compreisam, que he
mais quente, e nam he apropriada ao que he o *acoro* e o
calamo; porque estes dous sam apropriados aos nervos; e
a *galamga* ao estomago e a resolver ventosidades; e mais
estas mézinhas, convem saber a *galamga* e o *calamo,* sam
mercadorias nesta terra, do principio conhecidas e usadas
a levarse pera o ponente.

RUANO

De maneira que quereis que percâmos hum simple tam
notavel como *acoro?*

ORTA

Eu nam quero que o percâmos, mas quero que nam perca
a India estoutros dous ou hum delles; e digo que, se se perder, não tem os Indios a culpa, senam os outros; pois diz
Plinio que o milhor he em Ponto, e depois em Galacia, e
depois em Creta*.

RUANO

Pois que isto dizeis, que poreis em logar de *acoro* pera
lá usar?

ORTA

Ponho o *calamo aromatico* em maior quantidade; por
nam ser tam quente e seco, que he hum gráo menos; e
deste modo usey em o Nizamoxa e em seu pay; vós o
podeis fazer, se vos bem parecer; mas sabey que nam he
acoro o que por *calamo aromatico* usâmos; e o que diz
Marcello, que he *canella,* he tam falso que nam tem necessidade de se impugnar (3).

RUANO

Pareceme que sera bom comer; e dizeyme que fruita he
aquella que está parando aquella moça, porque parece *junça
avelanada* ou *junco odorato?*

---

* Plin. libr. 25 e 26 (nota do auctor).

ORTA

Nam he senam huma fruita, que nace na vasa debaxo da terra; e depois, com as secas, sae fóra, e deita hum tálo curto de hum dedo, com folhas humas pegadas com as outras; e sam estas folhas muito verdes da feiçam das de *espadana;* e depois de seca a vasa, sae fóra, como as tuberas da terra; e, depois que for seca, sabem a castanhas aviladas, e quando nam he seca, nam tem bom sabor.

RUANO

Muito propriamente me sabe a isso, e dizeyme o seu nome?

ORTA

Chamase *caceras* (4); e porque não he isto em uso de fisica, comâmos (5).

NOTA (1)

O «Calamo aromatico» de Orta é sem duvida alguma o *Acorus calamus,* Linn., da familia das *Aroideæ,* uma planta de habitação extremamente vasta (Asia, Africa e America), frequente na India e hoje tambem na Europa.

Esta identificação resulta claramente dos numerosos nomes vulgares citados pelo nosso auctor

—«Cassab aldirira»; este é effectivamente o nome empregado em geral pelos escriptores arabicos, قصب الذريرة, *qassab adh-dherirah* (Sprengel, *Diosc.,* II, 355).

—«Bache» no Deckan. É o nome hindi e bengali, *bacha, bach,* o qual procede do sanskritico वचा *vachā.*

—«Vaz» no Guzerate. É um nome empregado pelos arabes da India, e citado por Dymock na fórma *waj,* evidentemente uma corrupção do anterior (Dymock, *Mat. med.,* 813).

—«Vaicam» no Concan; isto é, *vekhand,* um dos nomes usados ainda modernamente em Bombaim, segundo Dymock (l. c.).

—«Vazabu» no Malabar; isto é, uma das fórmas das linguas dravidicas, *vassamboo* em tamil, *vaymboo* e *vaesambu,* em maláyalam, segundo a orthographia e a pronuncia ingleza, adoptadas por Ainslie (Cf. *Mat. Ind.* 1, 417).

—«Heger» em «persio». Encontrâmos no livro de Ainslie um nome hindustani da planta, muito similhante a este, *igir*, e que bem póde ser de origem persiana.

—«Daringó» e «dirimguo» malayo. Ainslie cita o nome usado em Java, *deringo* (l. c., 418).

Como se vê, a nomenclatura de Orta é muito completa; e a sua concordancia com os nomes do *Acorus calamus* nas diversas linguas asiaticas, taes quaes os encontrâmos nos livros modernos, é perfeitamente satisfactoria.

O rhizoma do *Acorus calamus* gosa entre os clinicos indigenas da India de consideravel reputação, sendo applicado á cura de variadas enfermidades, entre as quaes figura alguma cousa parecida com as «dores da madre» do nosso escriptor. Dymock diz-nos o seguinte: *a pessary composed of Acorus, saffron, and mare's milk is used to promote delivery*.

Nota (2)

Esta dieta com manteiga e assucar póde parecer um tanto singular para cavallos; mas está perfeitamente nos habitos indianos. Pelo que se refere aos tempos modernos, diz-nos Yule, que a pratica de incluir a manteiga *(ghi)* na alimentação dos cavallos é ainda vulgar em quasi toda a India; e, em uma epocha mais chegada á do nosso escriptor, vemos que no *Ain-i-Akbari* vem mencionada a ração dos cavallos, que o celebre Akbar sustentava nas suas reaes cavalhariças: 2 libras de farinha, 1 1/2 libra de assucar, e no inverno 1/2 libra de *ghi*. O viajante russo, Athanasio Nikitin, que no seculo xv andou pelo interior da India, menciona tambem entre a alimentação dos cavallos: *kichuris*, fervidos com assucar e oleo, e, pela manhã, o seu *shishenivo*. Nem Major que annotou Nikitin, nem Yule que o citou, sabem o que fosse aquelle *shishenivo*. Devia, porém, ser alguma mistura excitante, no genero d'esta «Arata», em que entravam *alhos, ameos*[1], e *calamo aromatico*. Note-se que Orta aponta, como Nikitin, o habito de o darem de manhã; e concorda tambem com o *Ain-i-Akbari*, mencionando a alimentação especial do inverno, do «tempo frio.» (Cf. Yule, *Marco Polo*, ii, 337; *Travels of Nikitin*, 10, em Major, *India in the fifteenth century*, London, 1857).

---

[1] O «ameos» seria propriamente o *Ammi*, ou o *Sison;* mas Orta podia dar este nome a qualquer das *Umbelliferæ* de sementes aromaticas, que são frequentes na India.

Nota (3)

Não seguiremos Orta na intrincada questão em que se embrenha sobre *acoro* e *calamo aromatico*. Se o ακόρον de Dioscorides é esta, ou outra especie do mesmo genero; se o seu κάλαμος αρωματικός é tambem o *Acorus calamus,* como julgam diversos escriptores, ou uma especie de *Andropogon,* como suppõe Royle; se as plantas de que Serapio e Avicenna fazem diversos capitulos —á parte naturalmente a *galanga,* que é muito distincta— são identicas ou diversas; tudo isto são questões conhecidas, debatidas e bastante ociosas. Da longa e um tanto obscura discussão do nosso escriptor, resultam apenas tres affirmações definidas: primeiro que elle distinguia correctamente a *galanga* das outras drogas; segundo, que identificava o *calamo aromatico* com a planta hoje chamada *Acorus calamus;* terceiro, que ignorava o que fosse o *acoro,* mas se inclinava a que não fosse uma planta indiana. A primeira é perfeitamente exacta, e em favor das ultimas ainda hoje se podem adduzir muitos argumentos. (Cf. Sprengel, *Dioscorides,* I, 11, 31, II, 344, 355; Royle, *Hindoo med.,* 82; *Pharmac.,* 614).

O que em todo o caso é seguro, é que o *calamo aromatico* de Avicenna era identico ao do nosso auctor. E a proposito podemos notar a curiosa emenda d'este ao celebre medico arabe. Em uma secção do rhizoma do *Acorus calamus* vê-se uma especie de rede formada por laminas finas de cellulas, que deixam entre si grandes lacunas aereas—o que, de resto, se póde observar em outros orgãos de plantas aquaticas. Avicenna notou esta textura interior, e diz: ... *cujus canna est plena re simili tela araneæ* (Liber II, tract. II, cap. 160), ao que Orta acode, chamando-lhe antes «uma substancia porosa», o que é um pouco mais exacto.

Nota (4)

O «Caceras» de Orta deve ser o *Scirpus Kysoor,* Roxb. Aquelles fructos que nascem na vasa —evidentemente tuberculos—, e pertencem a uma planta, comparada com a *junça,* lembram desde logo um *Cyperus,* ou um *Scirpus.* O *Scirpus Kysoor,* commum na zona occidental da India, vivendo nas terras alagadiças e margens dos tanques, tem o nome vulgar de *kachara* ou *kachera,* muitissimo similhante a *cacera.* Dymock menciona unicamente as qualidades adstringentes e medicinaes das suas raizes tuberosas; mas o dr. Lisboa inclue a planta entre as alimentares, e diz que as suas raizes são doces e feculentas, acrescentando que se vendem em Bombaim, e que não só os pobres mas todas as classes as comem: *eaten by all classes.* Esta noticia, e a similhança dos nomes vulgares, dão-nos uma identificação satisfactoria

(Cf. Roxburgh, *Flora Indica,* I, 230; Dymock, *Mat. med.,* 847; J. C. Lisboa, *Useful plants of the Bombay presidency,* p. 184, Bombay, 1886).

Nota (5)

Orta cita de novo n'este *Coloquio* o escriptor Marcello, e cita-o a proposito de um singular equivoco. Não procurei verificar a citação, mas julgo que não será do antigo medico, Marcellus Empiricus, e sim do escriptor da renascença, Marcello Virgilio. Cita tambem Plutarco e Cornelio Celso, sem duvida pelo que encontrou em outros livros. Menciona de passagem Lyoniceno, isto é, Nicolau Leoniceno, o celebre advogado da velha medicina grega, e chefe da escola hippocratica.

COLOQUIO DUODECIMO

DE DUAS MANEIRAS DE CAMFORA E DAS CARAMBOLAS

INTERLOCUTORES

ORTA, RUANO, SERVA

RUANO

Muyta razam será que fallemos na *camfora,* pois he tam
estimada e usada na fisica; da qual não escreveo Galeno
nem escritor algum grego, senão Aecio escritor moderno;
e sem duvida que se deve aos Arabios muyto em algumas
cousas, porque ainda que dellas nam deixassem perfeita
noticia, foy por estas terras serem ignotas, que dellas nam
podiam dar perfeita relaçam.

ORTA

Certo que passa assi, porque eu que estou nesta terra
ha tanto tempo com muyto trabalho posso saber huma verdade perfeitamente, e a causa he porque os Portugueses,
que navegam muita parte do mundo, onde vão nam procu-
rão de saber senam como farão milhor suas mercadorias,
e que levaram pera lá quando forem, e que traram da tor-
naviagem; não são curiosos de saber as cousas que ha na
terra, e, se as sabem, nam dizem a quem lhas traz que lhe
amostre o arvore, e, se o veem, nam o compárão a outro
arvore nosso, nem proguntão se dá frol ou fruto, e que tal
he*. E como eu nam posso andar todas as terras, nem me
dão licença os que a terra governão pera yr fóra donde
residem, porque se querem servir de mim por minha velhice
antes que doutrem, e não por na terra não haver fisicos

---

* Reflexão perfeitamente sentida, e que ainda hoje tem cabimento.

muito bons letrados; e por isto não sam digno de culpa em vos dizer isto destas mézinhas com duvida e tanto a medo.

RUANO

Bem sei que quem não sabe, que não duvida, e por isto não tam somente sois digno de perdam, mas sois merecedor de louvor.

ORTA

A *camfora* he de duas maneiras, huma se diz *camfora de Burneo,* a qual nunca foy vista em nossas regiões, ao menos de quando eu lá estava, e não me maravilho porque esta custa tanto huma libra, quanto custa hum quintal de *camfora da China,* que he a que lá vae ter e he feita de pães redondos de diametro de huma mão atravessada, e por ser assi pareçe cousa composta e nam simple; e esta he a causa porque a não levão lá.

RUANO

Desta que não vy me dizey primeiro e ma mostray.

ORTA

Aqui tenho huma pouca, mas não he da milhor. Moça dá cá o bote da *camfora de Burneo.*

SERVA

Senhor eilo aqui.

ORTA

Pois aveis de saber que esta que vedes, que he da grandura de milho ou algum pouco maior he a mais somenos, porque ácerca dos Gentios e Baneanes e Mouros, que esta fazenda comprão, fazem della quatro sortes, scilicet: *cabeça, peito, pernas, pé:* val hum arratel da *cabeça* a oitenta pardáos; e do *peito* a vinte, e das *pernas* a doze, e do *pé* a quatro e cinco, quando muito; e alguns curiosos peneiram esta *camfora* per humas joeiras de peneirar *aljofre,* que sam feitas de cobre e são furadas, e a *camfora* que sae pollos buracos grandes, vendem por hum preço, e a que

sae ̓por os mais pequenos por outro; porque sam estas joeiras quatro, scilicet, de buracos grandes e pequenos, e mais
pequenos e muito meudos; e são estes Baneanes tam es-
pertos mercadores que ainda que mestureis huma *camfora*
com a outra, lhe lançam tam bem sua conta que nam ha
quem os engane. Essa que aqui vedes he o rebotalho de
muita e he roym, e está preta, por se fazer della pouco caso,
e por ser pouca. Ha muita desta *camfora* em Burneo e em
Bairros, e Çamatra, e Paçem, e isto são ilhas ou terras; e
os nomes que escreveram donde erão, scilicet, Serapiam e
Avicena, alguns delles ou todos são corrompidos*. E sabey
que esta he huma mercadoria muito gastada e custumada
em comer nesta terra; e a que Serapiam chamou a de Pançor, he de Paçem, que he em Çamatra; e a que Avicena
chamou *alçuẓ*, póde ser a de Çumda, que são isto ilhas ou
terras firmes confines a Malaca; e a que Serapiam diz que
se traz da região de Calca, está corruto o nome, e ha de dizer
de Malaca, pois a ha em Bairros, que he perto dahi**.

RUANO

Muito folgo de conhecer esta mézinha tam nobre e preciosa, e quero saber de vós, primeiro que em outra cousa
falemos, se he goma ou se he miolo, como sente Avicena
e outros; e se he primeiro com magoas vermelhas e pretas
e per fogo ou destilaçam se faz branca; e se a falseficam.

ORTA

He goma e nam miolo que cae no fundo do páo, como
o dirão os que a viram tirar, e logo vereis no páo a goma,
que deita por humas gretas, de maneira que vedes suar a
camfora por alli. Isto vy eu muito craramente em huma

---

* Serapio, cap. 344; Avi. li. 2, cap. 154 (nota do auctor); o cap. de
Avicenna é o 133, e não o 154.

** São incorrectas parte d'estas identificações, por exemplo, a de
Pançor com Pacem; vejam-se as notas (1) e (2).

mesa, que hum boticairo tinha; tambem vy isto em hum
páo que apresentaram ao governador dom João de Crasto,
da grossura de huma coxa; tambem aqui n'esta cidade tem
um mercador huma taboa de hum palmo, que todos estes
páos mostrão serem do arvore da *camfora*. E eu não negarey que desta goma caya no oco do arvore alguma, como
nos arvores de Portugal vimos muitas vezes; e primeiro vem
muito branca sem nenhumas magoas vermelhas nem pretas;
e não se estila, como dizem os escritores, ou se coze para
ser branca, somente a da China se amasa, como adiante vos
direy, e nisto nam tenhais duvida alguma, porque forão falsas
enformações que se deram a Avicena e Serapiam; de longas vias longas mentiras. E foyme dito por pessoas dignas
de fé, que vay colher esta *camfora* hum homem, e enche
della huma cabaça, e se outro o vê primeiro com a cabaça
chea, o mata, e lhe toma a cabaça, sem por isso ser casti-
gado, porque dizem que a sua ventura lhe deu aquilo.

RUANO

Porque dizeis que os Gregos não falão nisto, vos lembro
que Serapiam alega a Dioscorides, falando na *camfora;* e
mais vos peço que vos nam esqueça de me dizer da false-
ficação della.

ORTA

Não vos maravilheis disso, porque em Serapio está isso
acrescentado falsamente; e, ácerca de como se falsifica, sabey que a de Burneo vem muitas vezes mesturada com
algumas lascas de pedra muito delgadas, ou com huma goma
(a que chamão *chamderros)* que pareçe alambres crús, ou
he mesturada com farinha de hum páo; mas todas estas
cousas bem se vê, a quem as quer especular; e eu nam vi
outro modo de falsificar senam este; e se vem com magoas
pretas ou vermelhas, dizem ser porque foy maltratada, ou
se molhou; e este mal lhe tirão os Baneanes, lavandoa secretamente atada em hum panno, em agoa quente, com sabão e çumo de limões; e depois de bem lavada a põem a
enxugar á sombra, e fica muito mais alva, e do peso não

perde muito: eu vy fazer isso, e confiouse de mim em secreto o Baneane, porque era muito meu amigo.

Achais pollos autores feita mençam destas duas maneiras de *camfora?*

Sy; posto que escuramente o diz Serapiam, que o mais que se traz desta *camfora* he de Hariz, e he menor que a da China; o qual se ha de entender que a mayor quantidade que se traz he do Chincheo, e he mayor que a outra de Burneo, porque nam se acha della quantidade mayor que de huma oitava; o qual he verdade tudo; posto que o texto de Serapiam vay torçido, e os pães de Chincheo (a que nós chamamos China) são de quatro onças e mais.

Do arvore me dizey.

Dixeme hum homem digno de fé que o arvore era como huma nogueira, e a folha delle era branca e de feiçam de folha de salgueiro, e que nam lhe vira frol nem fruto, e que podia ser que o tivesse e que elle lho nam visse; porém eu sey que o páo he pardo e muito delle da cor da faya, e algum delle mais preto; nam he leve e poroso, como diz Avicena, mas he mociço meamente, e pode ser que o que Avicena vio fosse já velho; e dizem os mais que o arvore he espaçoso e alto e de boa copa e aprazivel á vista, e lança a *camfora* fóra de si, que lá vedes sair ou suar, o qual eu vi em huma meza. Outro páo vi grosso como huma coxa, de que já faley, e nam se lhe parecia a *camfora,* porém era em o cheiro muito semelhante a ella; e vi outra taboa de hum palmo, que deitava alguma *camfora* e era de cor de faya.

Da sombra deste arvore me dizey, se he verdade que a ella se chegão multidam de animaes pera fugir das feras rapaces.

ORTA

Tudo isto he fabuloso; e posto que nessa terra aja tigres (a que no Malayo chamão *reimões**) nam são seguros á sombra deste arvore, nem tal ouvi.

RUANO

Ha mais novidades desta *camfora* em hum anno que em outro? Porque me dizem que quando ha muitas trovoadas he boa a novidade, e, quando poucas, má.

ORTA

Nisto se enformárão mal Avicena, Serapiam e Aecio; porque na ilha de Çamatra e ao redor della ha sempre muitas trovoadas, por estar perto da linha onde sempre chove pouco ou muito cada dia; por onde sempre todos os annos avia de aver *camfora;* assi que as trovoadas não sam causa de aver *camfora;* nem lhe podem chamar causa, senão per accidente, ou ocasionalmente acontecida: e a esta causa chamão os filosofos causa sem a qual não se acontece o efeito (1).

RUANO

Da *camfora* de pães, que dizeis ser da China ou do Chincheo, me day razam.

ORTA

A *camfora* da China presumese ser feita de huma parte destoutra de Burneo, e todo o mais de outra *camfora* da China, de menos preço; e amassada fazem pães della, como vedes; e nam porque em principio tivesse magoas vermelhas ou pretas; e isto nam o sey mais que per huma conjectura** e parecer de algumas pessoas que mo assi affirmáram; porque esta *camfora* não vem de Cantam onde toda a mais da gente vay, senão vem de Chincheo, donde vão poucas pes-

---

* O nome do tigre em malayo é *arimau,* por elisão *rimau.*

** «Conjuntura» na edição de Goa.

soas. Posto que hum homem digno de fé me dixe que a multidam della a fazia valer tam barata na China, outros me dixerão o contrairo, scilicet, que estes pães eram compostos; porque a *camfora* de Burneo he mercadoria pera o Chincheo, e a gente da terra dizem que a querem pera a mesturar com outra somenos: a este dito favorecem os Baneanes de Cambaya, que dizem em secreto que, quando lhes falece a *camfora* de Burneo, mesturão huma pouca com muita da China, e de tudo fazem *camfora* chamada de Burneo falsamente; e dizem mais estes Baneanes que logo se parece a *camfora* da China ser composta; mas a *camfora* de Burneo nunca se gasta.

RUANO

Qual he vosso parecer ácerca disto?

ORTA

Digo que no Chincheo ha *camfora,* posto que nam tam boa como de Burneo, e amassadas e ajuntadas ambas fazem boa mixtão, por serem comprendidas debaxo de hum genero; e por ser assi composta evapora e se vay pollo ar, e a de Burneo nam.

RUANO

Logo bem diz Menardo que he cousa nova, e que elle crê ser composta e nam simple?

ORTA

A mim nam me parece tanto ser composta, e, se o he, he de duas maneiras de *camfora;* e posto que evapore não he corrutivel muito; porque as cousas compostas sam mais aparelhadas a corruçam; porque o *ruibarbo* escassamente dura cá quatro mezes, que chove nesta terra; e por isso he muito não se corromper a *camfora* da China ficando na India.

RUANO

Ha outra especia de *camfora* por Avenrrois dita muito differente destoutra; porque diz que nace no mar; e que he

quente sequa no segundo gráo; e, o que mais he de maravilhar, dizer que o *ambre* he especia de *camfora,* e que
nasce no mar em fontes; pergunto se polla ventura ha cá
essa *camfora?*

Nunca ouvi dizer della, nem a ha, porque faz sempre
esta gente toda da India tanto por esta mézinha que nam
se ouvera de perder della a memoria. Se o *ambre* fosse especia de *camfora* não seria havido em tanta estima na
China, que o levam lá e o vendem tam caro, como dixe
falando no *ambre;* e mais pois o ambre é quente no segundo, e a *camfora* fria no terceiro, não podem ser comprendidas debaixo de hum mesmo genero; porque as calidades
procedem das especias, porque nunca se vio alfaça quente
nem pimenta fria, assi que nisto podeis descançar (2).

Andreas Belunensis de quem não dizeis mal e louvais,
diz no seu Dictionario que a *agoa de camfora,* segundo os
Arabios, corre e mana do arvore da *camfora;* e que o tal
arvore e agoa são quentes no terçeiro gráo; e porque comunmente se diz a *camfora* fria, he necessario saber como
he isto, e se vistes a tal agoa, ou vistes della fazer mençam?

Já perguntey a muitos por esta agoa, assi fisicos como
mercadores; e della me não dixeram cousa alguma, e se
a ouvera, craramente se soubera, porque no Balaguate ha
agoa de canas de açucare, e vendese: assi que, nem da agoa,
nem da graduaçam, tem culpa o Belunense, senam o livro
do arabio com quem alegua*.

---

* Belun. (nota do auctor). O *Dictionario* a que Orta se refere é a
Interpretatio, impressa com quasi todas as edições de Avicenna, e onde
o Bellunense na palavra *aqua camphoræ* diz effectivamente, que a *aqua*
é *calida in tertio,* emquanto a *camphora* é *frigida.*

RUANO

Pois Ruelio e Mateolo Senense dizem que a da China he milhor, e dizem que a milhor de todalas *camforas* foy purificada por hum rey barbaro, a quem elles chamão, rey da China.

ORTA

Podeis dizer a Ruelio e a Mateolo Senense, que, ainda que saibam tam bem as lingoas grega e latina, nam hão tanto de encher a boca a chamar barbaros aos que nam são de sua geraçam; e que elle se enganou; porque a *camfora de Burneo* se vende por *cates,* e a da China por *bares,* e que o *cate* são vinte onças, e o *bar* são perto de 600 arrateis; e que o rey da China não se põe a fazer *camfora*, e he hum dos maiores reys que se sabe no mundo; e pera falar nelle e nas suas terras era necessario escrever hum gram volume: e sabey que as mercadorias que della vem são leitos de prata, e baixella ricamente lavrada, seda solta e tecida, ouro, almisque, aljofare, cobre, azogue, vermelham, e o menos he porcelana, que val ás vezes tanto, que he mais que prata duas vezes; e ey vergonha de vos dizer quanta quantidade entrou de seda nas cidades de Goa e Cochim, hum anno destes passados.

RUANO

Dizey, que bem sey que direis a verdade.

ORTA

Setecentos *bares,* e cada *bar* tem tres quintaes e dezaseis arrateis, e por aqui vereis a riqueza e a grossura desta terra, que em Goa, quando outra monção vem, já he gastada toda a seda (3).

RUANO

Dos nomes e compreisam della me dizey.

ORTA

Capur e *cafur* dizem os Arabios e toda a outra gente; porque o *f* e o *p* são letras muito irmãas ácerca dos Arabios; assi que todos a chamão de huma maneira; e se alguns escritores lhe põem outro nome, foram enganados ou estão depravados os livros. E na compreisam Rasis a põe fria e humida, Avicena fria e seca no terceiro gráo, e alguns escritores ou todos seguem Avicena.

RUANO

A muitos escritores modernos pareceo, por seu cheiro e por ser evaporable, ser de compreisam quente, e pareceme que tem razão; porque os cheiros das cousas frias nam são tam fortes, como se póde ver no sandalo e nas rosas.

ORTA

Verdade me pareceo isso muito tempo; mas desque vy em obtalmia muito quente, e em huma queimadura posta a *camfora,* he como se lhe pusessem neve, logo me pareceo o contrairo; e mais a gente desta terra, assi Gentios como Mouros e donde nasce, dizem ser fria, e* o sentido do tocar e gosto sejão sentidos proprios nam se haviam de enganar tantos nella, e de ser fria e seca no terçeiro gráo a ser quente. E ao argumento do cheiro he facil a resposta, por que a *camfora* de si he evaporable e lança todo o que tem fóra, e a rosa e o sandalo, por serem estiticos, o retem em si, e nam o deixam sair fóra; e muitas cousas sam frias e secas, e sam inflamabiles, como a lã e os cabellos e as estopas.

RUANO

Se Avicena diz que faz vigilias, como he fria, pois as cousas frias provocam sono?

---

* Intercalando a palavra «como», torna-se talvez intelligivel a phrase.

ORTA

Faz sono e faz vigilia, scilicet, o pouco della por fóra ou dentro applicado faz sono, e o muito uso do cheiro della, secando o cerebro, faz vigiar; e isto nam he muito de maravilhar em ter efteitos contrairos nesta maneira. E comâmos que he tempo já.

RUANO

Muito bom sabor tem estes pasteis, pareceme que o causa humas talhadas azedas que estão nelles de huma certa fruta; vejamola.

ORTA

Antonia traz desse arvore alguma *carambola,* que assi se diz em malavar; e ficounos em uso os nomes malavares, por ser a primeira terra que conhecemos.

ANTONIA

Eilas aqui.

RUANO

Fermosas são, e sam agras doces e não muito azedas, são do tamanho de ovos pequenos de galinha e sam muito amarelas. O que milhor parece nellas, he serem fendidas em quatro partes, que fazem quatro partes menores de circulo.

ORTA

Chamase em canarim e em decanim *camariz,* e, em malaio, *balimba.* Nam sey o uso dellas em medecina, somente sey que medecinalmente as dão por dieta nas febres; com o çumo dellas e outras cousas fazem hum colirio pera a nevoa dos olhos, e achamse bem com elle; muitas pessoas acham nellas muito sabor, em ʼespecial as que chamamos agras doces, porque estas sam hum pouquo mais azedas; fazse dellas huma conserva de açucare muito graciosa, que eu mando dar em lugar de xarope acetoso, e darvoloey a provar logo. Antonia traze qua huma *carambola* em conserva (4).

ANTONIA

Eila aqui.

Desse xarope acetoso ey de comer todas as manhãas, porque sabe muito bem.

Nota (1)

Garcia da Orta começa por notar, que os gregos e os latinos da epoca classica não conheceram a *canfora,* e que o primeiro a mencional-a foi Aëcio, «escriptor moderno»; e a sua opinião, sobre este ponto interessante de historia da sciencia, é confirmada pelo professor Flückiger, o qual estudou com muito cuidado os documentos relativos áquella substancia *(Pharmac.,* 459).

Aëcio, natural de Amida na Mesopotamia, estudante em Alexandria, e mais tarde medico em Constantinopla, recebeu sem duvida o conhecimento que teve da *canfora* dos arabes, que já então (vi seculo) frequentavam aquellas terras. Isto é tanto mais provavel, quanto o nome usado pelos ultimos escriptores gregos, καφουρά, é a simples hellenisação do arabico كافور, *kafúr,* do qual vieram tambem os antigos nomes portuguezes, *canfor* e *alcanfor.* Deve notar-se, que a palavra *kafúr* é pelo seu lado uma adaptação arabica do nome sanskrito da substancia, *karpūra.*

O modo por que Aëcio se refere á *canfora,* ordenando que lancem duas onças em um medicamento, *se a houver,* prova que não era então commum; e muitos outros documentos, citados pelo professor Flückiger, vem igualmente demonstrar que foi durante muito tempo uma substancia preciosa, rara e cara *(Pharmac.,* l. c.).

Flückiger é de opinião, que a *canfora* conhecida n'estes primeiros tempos foi a do archipelago Malayo exclusivamente; e que a da China ficou ignorada e desaproveitada, mesmo no paiz em que é produzida. É um facto incontestavel, que os auctores arabes fallam geralmente da *canfora* de *Kansur* ou de *Fansur,* a qual era —como logo veremos— a do archipelago. E temos tambem noticia de presentes ou de tributos de *canfora,* enviados da India ou da Cochinchina aos imperadores da China, e que foram ali recebidos com muito apreço[1]. Deve no emtanto notar-se, que os chins tiveram e ainda têem a *canfora* do archipelago na conta de uma coisa diversa da sua e muito superior. Podiam pois acceitar e louvar os presentes em que figurava aquella

---

[1] Um dos presentes citados na *Pharmacographia,* e mencionado por Maçudi, o qual consistia, alem de uma formosissima escrava, e de uma taça cheia de perolas, em mil *menn* de *lignum aloés,* e dez *menn* de *canfora,* foi enviado, não a um imperador da China, como ali se diz por equivoco, mas a um rei da Persia (Cf. Maçudi, *Prairies d'or,* II, 201).

substancia mais preciosa, mesmo quando a outra fosse conhecida e frequente entre elles.

A *canfora* do archipelago Malayo procede de uma grande arvore, *Dryobalanops aromatica,* Gärtn. *(Pterygium costatum,* Corrêa da Serra) da familia das *Dipterocarpeæ.* Orta diz bem quando affirma, que é uma arvore «alta, de boa copa, e aprazivel á vista,» pois de feito o *Dryobalanops* é a maior arvore d'aquellas regiões, e uma das mais bellas existentes, tendo um tronco elevadissimo, e uma densa e larga copa de folhagem brilhante. Sem duvida, da belleza da arvore e da frescura da sua sombra, resultou aquella lenda sobre os animaes que a ella se refugiavam seguros: *faciens umbram multitudini animalium valde numerosæ...* diz a versão latina de Avicenna, que parece ser n'esta parte —como em varias outras— bastante defeituosa. Orta refere-se a essa lenda, acolhendo-a no emtanto com o seu scepticismo habitual em frente de todas as coisas que tocam no maravilhoso.

A *canfora* encontra-se nas fendas longitudinaes da madeira do *Dryobalanops,* em um estado solido e crystallino.

> Olha tambem Borneo, onde não faltam
> Lagrimas, no licor coalhado e enxuto
> Das arvores, que camphora he chamado,
> Com que da ilha o nome he celebrado

dizia o Camões, com a mais feliz e mais exacta escolha de termos. É pois «gomma», e não «miolo»; e «súa pelas gretas do páo», segundo as affirmações do nosso escriptor, que em toda esta parte é correctissimo. Onde elle se mostra menos bem informado, é em desconhecer a existencia da *agua de canfora.* Nos mesmos troncos em que se encontra a substancia crystallisada, chamada *bornéol,* encontra-se tambem um liquido especial, a *agua de canfora,* ou *oleo de canfora,* ou *bornéene,* isomera com a *essencia de therebentina,* mas contendo algum *bornéol* dissolvido[1]. Esta substancia, de que falla André Bellunense, era muito conhecida e desde tempos muito antigos. Ibn Khurdádbah menciona-a já no IX seculo; e, no seguinte, Maçudi falla correntemente no *camphre,* e na *eau de camphre* das ilhas do mar de Kerdendj, as quaes se podem identificar com o archipelago Indiano ou Malayo (Cf. Crawfurd, *Dict. of the Indian islands,* 81; *Pharmac.,* 465; Maçudi, *Prairies d'or,* I) 340).

A agua ou oleo de *canfora* extrahe-se com facilidade; mas para obter o *bornéol* é necessario lascar pouco a pouco a madeira, em busca dos pequenos fragmentos solidos. Para isso é forçoso abater e

---

[1] A formula do *bornéol* é $C_{10} H_{18} O$, sendo a do *bornéene* $C_{10} H_{16}$.

sacrificar a arvore, na duvida de encontrar a substancia, pois nem to
dos os troncos a contém. D'esta incerteza, e da avidez de se apoderar
de uma cousa cara e preciosa, se originaram provavelmente todas as
lendas que pairam em volta da secreção da *canfora*. Primeiro, aquella
noticia do nosso escriptor, sobre o direito que todo o homem tinha de
matar outro homem, quando o encontrava com uma cabaça cheia de
canfora, a qual, se não é verdadeira, ao menos não desdiz dos habitos
dos Dyaks de Bornéo, ou dos Battas de Sumatra, que nem uns nem
outros professavam um grande respeito pela vida humana. Depois a
referencia de Ibn Batuta ao sangue dos animaes, ou mesmo ao sangue
humano, derramado no pé da planta como um sacrificio propiciatorio,
para provocar a formação da desejada substancia. Finalmente a affirmação de Maçudi, de que a colheita era especialmente abundante em
annos de *beaucoup d'orages, de secousses et de tremblements de terre.*
D'esta, que se encontra tambem na obra de Serapio e em outras, teve
conhecimento o nosso Orta; mas acolhe-a com a sua costumada in-
credulidade, e adverte com rasão e com graça, que, se fosse questão de
trovoadas, haveria sempre muita *canfora*, pois as trovoadas eram frequentissimas n'aquellas terras e mares do equador (Cf. Moura, *Via-*
gens de Ben Batuta, II, 344; Maçudi, *Prairies d'or,* I, 338).

O *Dryobalanops* é espontaneo no noroeste de Sumatra, no norte
de Bornéo, e na pequena ilha proxima de Labuan. Orta cita «Burneo»,
e «Çamatra». Cita «Pacem», o nome que os portuguezes davam a um
porto e reino da mesma Sumatra, e que parece ser o Pasei dos malayos, e o Basma de Marco Polo. Cita tambem «Bairros», igualmente
em Sumatra, e que foi o ponto classico da exportação da *canfora*. Segundo as eruditas investigações de sir Henry Yule —a que já me referi a proposito do *beijoim*— Bairros, Baros, ou Barús, um pequenino
porto situado na costa occidental de Sumatra, por 1° 59′ 35″ de latitude
norte, era conhecido dos arabes pelo nome de Kansur, ou de Fansúr[1],
ás vezes corrompido em Kaisur, e na versão de Serapio em Pançor—o
«Pançor» de Orta. Foi sempre celebrada entre todas a *canfora* d'ali,
kafúr alqansuri, ou *alfansuri* de Avicenna, e de outros escriptores
arabes; a qual depois, e ainda hoje —segundo Yule— passou a cha-
mar-se *kafur* ou *kapur Barús*, para a distinguir de outra substancia,
de que fallaremos na nota seguinte, á qual dão o nome de *kapur-*
Chiná, e de *kapur*[2] *Japún* (Cf. Crawfurd, *Dict. of the Indian islands,*
40 e 81; Yule, *Marco Polo,* II, 268 e 285).

---

[1] O nome escrevia-se *Kansúr,* ou melhor *Qansur* com *qâf,* قصور, differindo portanto
de فصور, *Fansúr,* em um simples ponto diacritico.

[2] Posto que o nome arabe seja correctamente *kafúr*, parece, pelas citações, que o pronunciam muitas vezes *kapúr*. Orta cita as duas fórmas «Cafur» e «Capur»; e attribue o seu

Segundo Orta, esta *canfora* de Bornéo e de Sumatra não vinha á Europa, por ser muito melhor, muito mais procurada pelos orientaes, e portanto muitissimo mais cara — logo veremos a questão dos preços. Esta noticia, que é interessante e tem sido repetidas vezes citada, confirma-se pelo exame dos documentos do tempo. O *Lyvro dos Pesos da Ymdia* diz simplesmente da «Camfara» da China, que se pesava por um certo peso, pelo «Baar»; mas quando falla da de Bornéo, depois de indicar, que se pesava por «maticaes de xiraas» (Schiraz[1]), accrescenta: «gastar-se á em Ormuz quamta vier.» Vê-se pois que era rara e muito procurada; e que a pouca que viesse parar a Hormuz ficaria pela Persia. Succede hoje a mesma cousa; a *canfora* de Bornéo e Sumatra, ou *bornéol,* é conhecida nas collecções dos pharmacologistas, mas não se encontra no commercio da Europa. Em primeiro logar a sua producção é limitada; e depois, alguma é consumida na propria região, nas ceremonias funerarias dos principes indigenas, e o resto exportado para Sião, Cochinchina, Japão, e principalmente para o porto de Cantão na China. Á India mesmo, ao mercado de Bombaim e outros, vem em pequena quantidade (Cf. *Lyvro dos pesos,* 9 e 14; *Pharmac.,* 465; Dymock *Mat. med.,* 95).

Para terminar, mencionarei uma interessante confirmação do que diz o nosso escriptor, acompanhada de uma circumstancia curiosa. Segundo Orta, os mercadores orientaes, Baneanes e Mouros, dividiam a *canfora* em quatro sortes, que da superior á mais inferior chamavam «cabeça, peito, pernas, pé.» Rumphius descreve tambem as qualidades em que a classificavam: fragmentos maiores, approximadamente das dimensões da unha, a que chamavam *Cabessa,* que elle explica significar *caput;* grãos ou escamas mais pequenas, chamadas *Bariga,* ou *venter;* e a parte pulverulenta e em granulações miudas, com o nome

---

uso a que o *f* e o *p* são muito similhantes em arabico, o que lhe valeu uma correcção severa e até certo ponto justa da parte de Scaligero: *ne Arabice quidem hunc Garciam legere scivisse, neque quod literæ in Arabismo sint... (Exotic.,* 245). A verdade é que o *p* não existe no alphabeto arabico. Yule, porém, adverte que no alphabeto malayo (arabico modificado) o som do *p* é representado, não pelo *pé* dos persas (ﭖ), mas pelo *fé* dos arabes (ﻑ) com tres pontos (ﭪ). Teria Orta noticia de alguma cousa n'este genero?

[1] O «baar» (sanskrito *bhāra,* na fórma arabica *bahar*) variava de porto para porto, e ainda no mesmo porto em relação ás mercadorias pesadas; o de Hormuz tinha 14 arrobas e tanto, um ponco mais de 207 kilogrammas. O «matical» *(mithkal)* de Schiraz pesava approximadamente 4,6 grammas, e era naturalmente empregado nas transacções em substancias preciosas. Esta simples differença no modo de pesar mostra o diverso apreço em que eram tidas as duas *canforas.* Orta diz do mesmo modo, que a da China se vendia por «bares»; e a de Borneo por «cates», que são «vinte onças». O «cate» da China (malayo-iavanez *kātī*) equivalia a 16 *taeis,* um pouco mais de 21 onças, ou proximamente 612 grammas. Pesava-se pois no extremo Oriente pelo kati, e em Hormuz, mais longe dos sitios de producção, pelo *mithkal;* mas em todo o caso por um peso pequeno, o que era natural, attendendo á raridade da substancia.

de _Pees,_ que significava _pes._ Parece porém, que nem Rumphius, nem modernamente Guibourt que transcreveu esta passagem, tiveram a noção clara de que as palavras eram portuguezas; e a orthographia de Rumphius mostra bem, que elle as ouviu aos Malayos e as transcreveu pelo som (Cf. Rumphius, _Herbarium Amboinense_ vol. vi, _Auctuarium,_ 66; Guibourt, _Hist. des drogues,_ ii, 417).

Nota (2)

A _canfora,_ vulgarmente chamada da China, é uma substancia analoga mas diversa da que procede do _Dryobalanops_ em Bornéo e Sumatra[1]. É produzida por uma arvore, _Cinnamomum Camphora,_ Nees et Eberm. _(Laurus Camphora,_ Linn.) da familia das _Lauraceæ,_ espontanea nas florestas das provincias centraes e orientaes da China, da ilha Formosa e do Japão.

Segundo vimos na nota antecedente, o professor Flückiger é de opinião, que esta _canfora_ do _Cinnamomum_ não foi conhecida nem usada nos tempos mais antigos. Um grande numero de factos e dados historicos mostram effectivamente, que a substancia a que os escriptores d'aquelles tempos se referiram era em geral o _kafur fansuri,_ ou _bornéol._ O sr. Dymock, porém, diz-nos, que os escriptores sanskriticos distinguiam duas especies de _canfora, Karpūra pakva,_ isto é, _cozida,_ ou preparada ao fogo, e _Karpūra apakva,_ isto é _crua,_ ou natural; e que em geral se considera a primeira designação como applicada ao producto do _Cinnamomum,_ emquanto a segunda se dava ao producto do _Dryobalanops._ Sendo assim, teriamos a substancia da China conhecida na India desde tempos bastante remotos. Os textos dos antigos livros arabes, em geral mutilados nas versões, tambem nos podem deixar em duvida. Assim Scaligero, nas suas notas ao livro de Orta, diz-nos que existe uma passagem no texto arabico de Avicenna, omittida na versão de Gerardo Cremonense, e que elle (Scaligero) traduz assim: _nascitur quoque in tractibus Sinarum._ Avicenna teria, pois, conhecimento da _canfora_ da China, a qual seria talvez a que elle menciona depois da melhor ou _alqansuri,_ e que chama _alȝeid,_ pois _Zeid_ póde lembrar _Zaytúm,_ por onde, como vamos ver, se exportava principalmente a mercadoria da China. O texto de Serapio, citado pelo nosso auctor não muito exactamente, tambem se póde applicar á China. Depois de fallar na _canfora_ de Pançor _(Fansur),_ que é a melhor, diz elle: _et dicunt quæ in montibus Indiæ et Sim sunt ex arboribus camphoræ;_ mais longe

---

[1] A composição d'esta substancia póde representar-se pela formula $C_{10} H_{16} O$, emquanto a formula do _Bornéol_ é $C_{10} H_{18} O$.

acrescenta ... *et plurimum quod defertur ex ea, est Harig, et est minor Sim.* Este *Sim* póde perfeitamente ser a China, chamada geralmente *Sin.*

Em alguns livros chins, referidos ao periodo da dynastia Sung (960-1280), vem mencionada a *canfora* de Bornéo, como trazida de fóra, e chamada *lung-nao siang* ou *po-lo siang* (perfume de Bornéo). E no celebre *Pen Ts'ao Kang Mu* (livro na verdade recente, redigido no xvi seculo, mas compilado de noticias anteriores) na parte relativa ás arvores *Mu*, e na secção das arvores aromaticas *Hiang Mu*, faz-se uma distincção clara, entre a arvore que dá a *canfora de Bornéo*, e a que dá a *canfora da China.*

(Cf. *Pharmac.*, 460; Dymock, *Mat. med.*, 665; *Exotic.*, 245; Avicenna, ii, ii, cap. 133; *Serapionis aggreg. de simpl. comm.*, 228, edição de O. Brunfels, Argentorati, 1531; Bretschneider, *On the knowledge*, etc. 13; e *Botanicon Sinicum*, 61, London, 1882).

Fosse qual fosse o momento em que a secreção do *Cinnamomum* começou a ser explorada, sabemos que isto tinha logar em larga escala no xiii seculo. O grande viajante Marco Polo, atravessando pelo anno de 1292 a provincia de Fo-kien, entre a cidade de Fu-chau e o porto de Zaytún, passou por extensas florestas, em que se encontravam muitas das arvores que dão a *canfora*. Esta substancia era então exportada por Zaytún, uma opulenta cidade, cujas magnificencias celebraram o mesmo Marco Polo, Ibn Batuta e outros viajantes da idade-media, e que foi o emporium do commercio da China com o archipelago malayo, a India, e em geral o Occidente. Este Zaytún, um nome usado pelos mercadores arabes, quiz Yule identificar com o porto de Tswanchau; mas, pelas reflexões de Phillips e de Douglas, parece antes dever-se collocar mais ao sul, em Chang-chau, na grande enseada de Amoy (Cf. Yule, *Marco Polo*, ii, 217 a 224).

Segundo Orta, durante a sua estada na India e já anteriormente, toda a *canfora* do commercio occidental vinha da China, e o que é mais do mesmo porto de Zaytún. Sómente, o nome tinha mudado. Quando os portuguezes no xvi seculo abriram de novo ao commercio os portos da China meridional, o velho nome arabe estava esquecido, e elles deram á mesma localidade o nome de Chincheo. E Orta diz-nos, que da *canfora* chineza se sabia pouco, porque não vinha de Cantão, onde toda a gente ía; mas de Chincheo, «onde vão poucas pessoas». Era natural que a exportação se fizesse por Zaytún ou Chincheo, pois o *Cinnamomum* é particularmente abundante nas florestas da propria provincia de Fo-kien, e nas das provincias limitrophes de Chekiang e de Kiang-si. Orta sabia, pois, exactamente a procedencia da substancia; mas não conhecia a feição da arvore, nem o processo de extracção, porque as terras da China, para o norte de Cantão, eram pouco frequentadas pelos portuguezes.

Nas *Lettres édifiantes* (citadas por Yule) vem descripto o modo po que na China se obtinha a *canfora* dos fragmentos ou aparas da madeira do *Cinnamomum,* submettendo-as á acção do calor, e provocando a sublimação da substancia. E são bem conhecidos os processos analogos, empregados na ilha Formosa e no Japão, d'onde hoje vem quasi toda a *canfora,* porque a da China tem desapparecido do commercio. Sem nos demorarmos na descripção d'esses processos[1], importa notar, que a *canfora* do *Cinnamomum* se não encontrava á venda no estado nativo —como a do *Dryobalanops*— mas preparada pela acção do calor, e em massas porosas, a que Orta chamava «pães». D'esta preparação tiveram conhecimento os escriptores sanskriticos, se acaso a distinguiram pelo qualificativo de *pakva,* ou *cozida;* e d'ella teve tambem uma vaga idéa o nosso auctor, admittindo que fosse uma cousa composta. No que, porém, se engana, é em julgar que lhe misturavam alguma *canfora* de Bornéo.

Para terminar estas longas notas, devemos dizer alguma cousa sobre os preços relativos das duas especies de *canfora.* Orta affirma, que uma libra da de Bornéo valia tanto como um quintal da da China. Admittindo que elle fallou da *libra* de botica, de 12 onças, teriamos a de Bornéo 170 vezes mais cara que a da China—o que póde parecer exaggerado. No *Livro* de Duarte Barbosa —um pouco anterior — encontram-se alguns preços: diz elle, que a *canfora grossa em pães* valia de 70 a 80 *fanões* cada *farazola;* e esta devia ser da China, tanto pelo seu preço baixo, como pela indicação de ser «em pães». Diz mais, que a *canfora de comer, e para os olhos,* valia cada *mitigal* 3 *fanões.* D'este preço do *mitigal (matical* ou *mithkal)* deduz-se, que o preço da *farazola* era de 7:000 *fanões* proximamente: isto é 100 vezes mais cara que a inferior. Modernamente, Rondot, em um estudo sobre o commercio da China, publicado no anno de 1848, e citado tanto por Yule como por D. Hanbury, dá os seguintes numeros:

Preços de diversas qualidades de canfora por *picul* de 133 ½ lbs:

China 1.ª qualidade...... 20 dollars
   » 2.ª qualidade...... 14
Formosa............... 25
Japão........... 30
Ngai (da China[2])........ 250
Barús 1.ª qualidade...... 2:000
   » 2.ª qualidade....... 1:000

---

[1] Veja-se *Pharmac.,* 461; e, sobre a resublimação a que sujeitam na India a *canfora bruta,* Dymock, 665.

[2] *Ngai,* extrahida da *Blumea balsamifera,* e não conhecida nos tempos antigos.

Por onde se vê, que a melhor *canfora* de Barús, era 100 vezes mais cara que a melhor da China, exactamente como tres seculos antes, no tempo de Duarte Barbosa. Dados ainda mais modernos e relativos á India, approximam-se muito sensivelmente das indicações de Orta. Diz-nos o sr. Dymock, que no mercado de Bombaim a *canfora bruta* do Japão e da China vale de 15 a 16 rupias o *maund*[1] de Surrate de 37 ¹/₂ lbs., isto é menos de ¹/₂ rupia por lb.; emquanto a boa *canfora* de Bornéo póde valer 100 rupias por lb., ou mais de 200 vezes aquella. De tudo isto resulta, que, nem o nosso escriptor foi exaggerado, nem o valor relativo das duas substancias tem variado de um modo muito sensivel.

Nota (3)

Garcia da Orta admirava muito a riqueza e civilisação da China, como teremos occasião de notar em mais de um *Coloquio*.

Esta noticia sobre o commercio d'aquelle paiz com a India é muito interessante, posto que em um ponto me pareça menos exacta. Orta inclue o «azogue» e o «vermelham» entre as mercadorias que vinham habitualmente da China, no que julgo haver um engano. É certo que na China existiam jazigos de *cinabrio*, e que fabricavam ali *vermelhão* muito fino e apreciado, parte do qual, assim como algum *mercurio,* se deveria exportar; mas habitualmente succedia o contrario. Duarte Barbosa, sempre bem informado, diz que o *azougue* e o *vermelhão* chegavam ao mercado de Diu, vindos de Aden e da Méca, isto é, do Occidente. E, quando falla do movimento commercial de Malaca, não inclue aquellas substancias entre as que os juncos *traziam* da China, mas pelo contrario entre as que *levavam* para lá de retorno. Esta é que parece ser a verdade.

Em tudo o mais a noticia é exacta. Os metaes preciosos abundavam na China, e d'ali vinham para a India desde tempos antigos, particularmente a *prata.* Marco Polo já menciona a importação de *prata* no Malabar, vinda do oriente, e cita os navios de Manzi (China meridional), entre os que a traziam, acrescentando que alguns d'esses navios traziam tambem *cobre* como lastro. Alguma *prata* devia vir em obra, em «baixellas ricamente lavradas»; e alguma viria em «leitos», que não sei bem o que fossem, pois me parece que a palavra *leito* não deve ter aqui a sua significação vulgar.

O *almiscar* em *pó,* ou em *papos,* era uma das exportações classicas da China, em cujas provincias septentrionaes abundavam os animaes

---

[1] Este peso, que os inglezes escrevem e pronunciam *maund,* é o mesmo que os nossos antigos portuguezes da India escreviam *mão.*

que o produziam. Uma parte d'esse *almiscar* chegava á India pelo interior, pelo Thibet e Himalaya, principalmente ao mercado de Patna; mas outra vinha dos portos da China a Malaca, e d'ali ás cidades das costas de Coromandel ou do Malabar.

Igualmente vinham da China *perolas* e *aljofar*, algum tanto irregulares e desiguaes, como notou Duarte Barbosa com a minuciosidade de um bom negociante. Na curiosa miscellanea que constitue a *Lembrança das cousas da Imdea*, vem cuidadosamente apontados á parte os preços do *aljofar da Chyna*, por onde parece que seriam diversos dos do *aljofar* das pescarias de Coromandel e Ceylão. Este *aljofar* da China era pescado ao longo das costas do sul, principalmente da grande ilha de Aynam, ou Hai-nan; e Fernão Mendes Pinto nas suas aventurosas e celebres peregrinações teve occasião de visitar aquellas pescarias.

Mais conhecida ainda como exportação da China é a *porcellana*, que vinha para a India, e d'ali para Portugal, onde ficou sendo designada pelo nome improprio de louça da India. Alguma —segundo diz Orta— valia «mais que prata duas vezes»; e devia .effectivamente ser preciosa, pois n'aquelle tempo, o da dynastia Ming, o fabrico attingiu na China a maior perfeição.

Mas superior em importancia a todas as outras mercadorias era então a *seda*. Vinha da China muita «seda solta»; e mesmo o que Duarte Barbosa chama *sulia*, que parece ser o casulo em bruto. E vinha tambem a «seda tecida», ou —como diz Duarte Barbosa— «panos de damasquo de cores, setins, e outros panos razos, e brocadilhos». Todos estes ricos tecidos tinham na India um largo consumo; em uma estação gastavam-se setecentos bahares, segundo diz o nosso velho medico.

(Cf. Duarte Barbosa, *Livro*, 283, 365 e 374; Yule, *Marco Polo*, ii, 378; *Lembranças da Imdea*, 39, nos *Subsidios*; Fernão Mendes Pinto, *Peregrin*. cap. xliiii).

Nota (4)

Orta refere-se a uma de duas especies vizinhas: *Averrhoa Carambola*, Linn., chamada vulgarmente *carambola*, e *kamaranga*, que deve ser o seu «Camariz»; e *Averrhoa Bilimbi*, Linn., chamada tambem *kamaranga*, e por outros *bilimbi*, o seu «Balimba». Ambas são cultivadas com frequencia na India, e elle falla provavelmente da primeira, posto que hoje —segundo dizem— na nossa India portugueza o *bilimbeiro* seja mais commum e tratado com mais esmero do que a *caramboleira* (Cf. Roxburgh, *Flora Indica*, ii, 450; Costa, *Manual pratico do agr. indiano*, ii, 213 e 214).

Os fructos alongados d'estas pequenas arvores, da familia das *Oxalideæ*, são visivelmente sulcados pelas suturas longitudinaes das carpel ·

las, e por isso Orta diz, que parecem divididos nas partes menores do circulo. Estes fructos servem ainda hoje na preparação de molhos acidos, ou no tempero da comida, como nos «pasteis» do nosso escriptor. Tambem os conservam em assucar, em «graciosas conservas»; e os applicam em bebidas refrigerantes durante a febre. Não encontro mencionado o «colirio» do nosso medico; mas Rhede assegura que empregam uma d'aquellas plantas *(A. Carambola)* contra as affecções cutaneas e todas as inflamações (Cf. Drury, *Useful plants*, 58; Rhede, *Hortus malabaricus*, I, 52).

COLOQUIO DECIMO TERCEIRO

DE DUAS MANEIRAS DE CARDAMOMO E CARANDAS

INTERLOCUTORES

RUANO, ORTA, SERVO

RUANO

Grande meada temos pera desempeçar, e grandes nós pera desatar, como os que Alexandre cortou por escusar o trabalho de os desempeçar. E por esta causa me parece bem haver de vós hum desengano disto; porque se os podeis desatar, bem; e se nam, quebrarlosey, usando do *cardamomo mayor* e *menor,* como em Europa se usa; nam sendo conforme a Galeno, nem a Plinio, nem a Dioscorides.

ORTA

Eu muy bem vos saberey dizer qual he o que chamão *cardamomo mayor* e *menor,* e que vejaes isto tam craro como a luz do meo dia; porque sam estas humas muito usadas mercadorias, e assi gastadas nesta terra, como levadas pera Europa e Africa e Asia: mas se este nome *cardamomo* lhe foy bem posto ou não, não volo posso afirmar.

RUANO

Começay em boas oras, e dizey os nomes arabios e latinos e indianos.

ORTA

Avicena faz capitulo do *cacollá*,* e o divide em maior e menor, e ao mayor chama *quebir* e ao menor *ceguer;* assi

---

* Avicen. lib. 159 (nota do auctor). Para ser correcta seria lib. II, tract. II, cap. 158; Veja-se a nota (1).

que hum delles se chama *cacollá quebir,* e outro *cacollá ceguer,* que he tanto como se dixesse *cardamomo mayor* e *cardamomo menor;* e por estes dous nomes sam conhecidas estas duas maneiras de *cardamomo* dos fisicos arabios e mercadores; e ambas ha na India, e a mayor quantidade he de Calecut até Cananor, bem que em outras partes do Malavar o aja, e na Jaoa; mas não he tanta quantidade, nem tam branco da casca. E neste Malavar se chama *etremilly,* e em Ceilam *ençal;* e, ácerca dos Bengalas e Guzarates e Decanins se chama, por alguns *hil,* e por outros *elachi;* e isto, ácerca dos Mouros, porque ácerca dos gentios destas partes acima ditas se chama *dore;* e por esta causa ha tantas confusões nos nomes delle escriptos per os Arabios; porque huns o chamárão pella lingoa indiana, e outros pella arabia; e ficou a cousa tam embaraçada, que deu a¦muitos occasiam de errar.

RUANO

Pois Serapiam chama a hum *cacollá* e a outro *hilbane*.*

ORTA

Está corruta a letra, e hade dizer *cacollá* e *hil,* e se lhe quisermos acrescentar *bane,* antes diremos *bara,* que quer dizer grande em decanim; assi que *cacollá,* como dizem todos os Arabios, ou *caculle,* como diz Avicena, ou *elachi,* querem dizer o que chamamos *cardamomo.*

RUANO

E em latim como lhe chamaremos, ou em grego?

ORTA

Os Gregos, nem os Latinos antigos, nam conheceram *cardamomo;* como quereis que vos diga o nome? E por tanto podeis crer que Galeno nam escreveo delle; e isto alem da esperiencia e o capitulo do *cardamomo,* he dizelo Avenrrois;

---

* Serapio, cap. 64 (nota do auctor).

porque diz Galeno que nam he o *cardamomo* tam quente como *masturço**; mas que he mais aromatico e mais saboroso, e tem alguma cousa de amargor; e pois todas estas cousas nam lhe convém, nem tem sabor de *masturço,* nem amarga, sinal he que nam conheceo este que chamamos *cardamomo.*

RUANO

E pois Plinio e Dioscorides nam escreveram delle**?

ORTA

Dioscorides diz que o milhor se traz de Comagena e da Armenia e do Bósforo; e que tambem se traz da India e da Arabia; e pois diz que se traz destas partes, acima ditas, e o que cá chamamos *cardamomo* não o ha lá, pois he mercadoria que pera lá se leva; assi que se lá ha o que diz Galeno e Diocorides, e não he este da India, bem se segue que são duas cousas e não huma só. E se queremos dizer que he o que chamão Avicena e Serapiam *cordumeni,* nisto não contendo, porque este nam he o que Avicena e Serapiam chamáram *cacullá* ou *hil;* quanto mais que Dioscorides, em as condições que delle põe, diz que seja máo de quebrar e encerrado na casulha, e agro e hum pouco amargo, e que tente com o cheiro, e fira a cabeça, as quais cousas todas sam ao revez deste chamado *cardamomo;* porque não he máo de quebrar, nem tenta com o cheiro a cabeça, nem he amargo, senam tem hum sabor agudo, nam tanto como a pimenta ou cravo; e porém he mais aprazivel, e na boca traz agoa.

RUANO

Pois porque lhe chamarão *cardamomo,* pois dizeis nam ser o dos Gregos?

---

* Avenrrois, 5, Colligit; Galenus, 7, Simp. medica. (nota do auctor).

** Pli. lib. 12, cap. 13; Diosc. li. 1, cap. 5 (nota do auctor).

ORTA

Porque, como diz Terencio*, Davo contorbou todas as cousas; e este Davo foy Geraldo Cremonense trasladador, que, por nam conhecer este simple, por a muyta distancia destas terras, e não haver navegaçam, nem commercio pera ellas, poslhe o nome que milhor lhe pareceo; e fóra milhor deixar o nome em arabio, pois era mézinha não conhecida; e não foy só o erro que deste modo teve este Geraldo.

RUANO

O de Plinio parece ser o desta terra?

ORTA

Plinio põe quatro especias; scilicet, muito verde e grosso, e o milhor ha de ser contumaz ao esfregar; e o outro que resplandeça de cor ruiva de ouro; e o outro, mais pequeno e mais negro, hade ser de desvairadas cores, e que se quebre bem: ora vedes aqui o *cardamomo* que tem a casca em que está, branca, e elle he preto, e facilmente se quebra. E provay, que não he amargo, nem o ha preto por fóra, e muito menos o ha verde, ou vario de cor, como podeis ver neste. Moço, pede a huma negra *cardamomo*, e trazeo cá; porque estas negras usam muito delle por o máo cheiro da boca e pera masticatorio, e pera desfleimar e alimpar a cabeça.

SERVO

Eilo aqui.

RUANO

Bem differente cousa he esta; quanto mais que diz Valerio Cordo**, que o mayor he quasi como bollota e o menor quasi como avelã; e destes nenhum dos grandes he mayor que hum pinham com casca; e elle, nos Dioscorides que

---

* Terencio (nota do auctor). Veja-se a nota (5).

** «Valerio Probo», na edição de Goa, mas por erro evidente. O nome d'este conhecido commentador de Dioscorides foi um dos que mais alterações soffreram na impressão; veja-se a nota (5).

fez debuxar, pinta o assi; e diz que estes grãos estão metidos nas outras cabeças grandes; portanto me dizey se he assi.

ORTA

Elle se semêa como os nossos legumes; e o mais alto he como um covado de medir; e nelle estão dependuradas estas casulhas; e nesta casulha que vedes abrir, estão de dez até vinte grãos pequenos.

RUANO

Venha Ruelio e Laguna, pois são mais novos escritores, e digão o que sintem deste simple; porque diz Ruelio que he huma frutice ou mata semelhante ao *amomo,* como o nome o diz, e abaxo diz que se colhe como o *amomo* na Arabia.

ORTA

Por aqui podeis ver que não he o *cardamomo;* porque o que cá da India vay, pera essas partes o levão, scilicet, pera o ponente; e nestas terras cá não ha o *amomo,* porque de lá do ponente o mandão trazer os reys pera mézinha, do que eu sam testemunha de vista. E que o *cardamomo* ou *cacollá* não ajão nessas terras do ponente se prova por ser mercadoria pera lá; e he sabido de todolos mercadores.

RUANO

Tambem traz per . auctoridade de Theofrasto, que he vezinho ao *nardo* e ao *costo.*

ORTA .

Isto achamos ser alheo da verdade, porque o *nardo* e o *costo* ha os no Mandou e no Chitor; e o *cacollá* ha o no Malavar, e já póde ser que o aja onde ha o *nardo* e o *costo,* mas nam ha tanto como o ha no Malavar.

RUANO

E tambem diz que as sementes sam brancas, e que empolam com grande esquentamento a boca?

12

ORTA

Isto he falso do *cacollá,* pois a casca he branca e as sementes são pretas; e, tomado na boca traz tanta agoa, que
parece nam ser quente; donde tomaram occasiam os Indios
a dizer que era frio de compreisam.

RUANO

Pois o Laguna, que trasladou o Dioscorides em castelhano,
diz que nas boticas se mostrão tres especias de *cardamomo,*
scilicet, mayor e menor, e outra que he a *nigela,* e que
todas são muito aromaticas e mordaces ao gosto; e que o
cardamomo mayor pareçe ao *fenugreco* ou *alfoluas,* e que
he mais negro e mais pequeno; e o *cardamomo menor* corresponde na figura ao mayor, porque he esquinado e nam
tem tanto corpo, e declina mais a cor pardilha; e o terceiro
he a *nigela citrina,* que he differente na cor preta somente;
de modo que concluy que a primeira especia he *malagueta*
ou *grãos do paraiso;* e que este he o *cardamomo* de que
escreve Dioscorides. E diz mais o mesmo Laguna que hum
mercador lhas mostrou em Veneza todas tres especias o
anno de 48, e depois diz mil males dos Arabios e que con-
fundem tudo.

ORTA

O que dizeis de Laguna he craro ser falso, pollo que já
disse e adiante direy; porque o Dioscorides não vio o *cardamomo* com casca; pois diz que a *malagueta* o he; não, a
malagueta conheceo Dioscorides donde era*; e o mayor, que
diz ter a cor pardilha, nam diz bem; e mais a *nigela* nam ha
nesta região, nem tem as obras do *cardamomo.* E o mercador que lhe mostrou as tres especias de *cardamomo,* que
disse que trazia a Veneza da Armenia, não dixe verdade se
era verdadeiro *cardamomo;* e se era o verdadeiro, traziaas
da India, scilicet, levadas della a Alexandria ou outro porto.

---

* A phrase é muito confusa; e Orta depois de refutar Laguna parece
admittir a sua opinião de que Dioscorides conheceu a *malagueta,* opinião de todo o ponto insustentavel. Veja-se a nota (1).

RUANO

Logo, per vossas razões, me parece que dizeis que o *cardamomo* dos Gregos não he este que chamão *cardamomo*
os Arabios; e tem muyta razam Menardo e outros escritores novos de dizer que o *cardamomo* dos Arabios que he
mézinha nova; e que nam se deve usar della, pois Galeno e
Dioscorides, principes da medecina, não a usaram (1).

ORTA

O primeiro vos confessey já, scilicet, que o *cardamomo*
que os Gregos escreveram, não he o *cacollá* que escreveram os Arabios; mas o segundo vos nego em dizerdes·que
nam se hade usar delle, porque cada dia ha enfermidades
novas, assi como o morbo napolitano (a que chamamos
sarna de Castella), e Deus he tam misericordioso que em
cada terra nos deu mézinhas pera sararnos; porque elle que
dá a enfermidade dá a mézinha pera ella; senam, como diz
Temistio, o nosso saber he a mais pequena parte do que
ignoramos*. E porque nam sabemos as mézinhas com que
curamos todas, trazemos o *ruibarbo* da China, donde trazemos o *páo* ou *raizes* pera curar a sarna de Castella, e
a *cana fistola* trazemos da India, e o *manná* da Persia, e
guaiacam das Indias occidentaes. E tambem quiz Deos que
buscassemos e inquerissemos sempre mézinhas; e pois isto
assi he,· porque os amadores dos Gregos quando achão as
mézinhas esperimentadas nas terras onde nascem, e nas
terras onde as usáram Avicena, e Abenzoar, e Rasis, e Isaque, e outros a quem nam se póde negar serem letrados, em
tanta maneira as vituperáo, que vituperáo os autores.

RUANO

Bem dizeis: mas como usarey do vosso *cardamomo* curando segundo Galeno, pois o não conheceo?

---

* Temistio (nota do auctor). Veja-se a nota (5).

ORTA

Digo que em as receitas dos Gregos e dos Latinos antigos, que nam seguirão os Arabios, por *cardamomo* usay
do de Galeno; e se o nam conheceis, não deis a culpa aos
outros, pois nam a tem: e nas composições ou curas dos
Arabios e Latinos modernos usay do *cardamomo mayor*,
que he este grande que vedes, e do *menor*, que he estoutro.

RUANO

Outra guerra se nos aparelha, estes (nam) são ambos de
huma feiçam, e (que) não diferem mais que de grande a pequeno, e todolos vossos imitadores dos Arabios (nam) chamam a este pequeno *cardamomo mayor,* e estoutro grande
nunca o virão em Europa; e por o *menor* usam de huma
semente, a que chamam *grana paradisi,* e os Hespanhoes
malagueta*. Pareceme que desfazeis toda a fisica e todo o
modo de curar; portanto tende mão em vós, e dizeime donde
vos veo este error.

ORTA

Eu volo direy, e vós o vereis craro; porque muitas vezes
perguntey em Portugal, e cá na India a pessoas que foram
de Portugal á Malagueta, se avia na Malagueta este *cacollá*
a que chamamos *cardamomo,* e dixeramme que nam; e cá
nestes terras perguntey se avia *malagueta* e nunca a achey.
Começei entonces a cuidar em mim, como Avicena, tanto
sabedor, avia de dividir o *cardamomo mayor* e *menor,* e
que o *mayor* se avia de achar na India, e o outro na Malagueta, quatro mil legoas della; e tambem vy que Avicena
chama á malagueta *conbaẓbague;* e parece muita razam ser
ella, pois que diz que a trazem das partes de Çofala, e a Malagueta he continua a ella. E já póde ser que em Çofala ou
nas terras convisinhas a aja, e nam o sabemos, porque he

---

* Toda esta passagem é inintelligivel, e contem talvez a mais as palavras incluidas entre parenthesis; alem disso envolve um erro, sobre a
identificação do *granum paradisi* com o *cardamomo menor.*

gente barbara, e não acustumada a conversar com os homens: pois como quereis que escreva dous capitulos Avicena de huma cousa? E andando eu nestes cuidados em Cochim, veo a mim hum judeo, mercador da Turquia, e dixeme que trazia em huma lembrança de mézinhas que avia de comprar, *cacollá quebir;* e como entendi que *cacollá* significava *cardamomo,* e *quebir* grande, perguntey a muitos, se avia *cardamomo* em outras terras, e de que feiçam era, e nam me davam razam disso; e por derradeiro achey que em Ceilam o avia, e que era muito mais grande e nam tam aromatico; e isto me dixe hum feitor de elrey que ahi residíra, e que se levava a Ormuz e Arabia por mercadoria, em que se ganhava bem. E no mesmo tempo mandey a Ceilam hum meu navio, e me trouxerão huma amostra delle; e porque nam creais a huma só testemunha, ainda que seja Catam, curando eu no Balagate hum grande senhor, por nome Hamjam, irmão de hum rey do Balagate, que se chama Verido, de industria despensei em uma receita *cardamomo mayor* e *cardamomo menor,* em lingoa arabica, e apresentaramme, pera fazer a composição, estas duas mézinhas; isto avia de abastar, quanto mais que, a olho vedes que ambos são de huma feiçam, e hum grande e outro mais pequeno.

RUANO

Logo a Portugal vai o menor destes, e o maior destes nam vi: qual vos parece milhor pera usar?

ORTA

Digo que ambos he bem que se levem a Portugal, e dahi se gasta pera toda a Europa; e porém o mais aromatico e milhor he este mais pequeno, e podese chamar mayor em virtude e menor em cantidade: isto digo salvo milhor juizo.

RUANO

Eu estou espantado de mim, como vendo estas duas cabeças de sementes, nam dixe logo, este he *cardamomo mayor* e este he *menor,* e daqui adiante assi usarey e praticarey; e do *conbaᵶbague* ou *malagueta,* somente onde o achardes pensando nas mézinhas dos Arabioș (2).

ORTA

Nenhuma cousa sei, que logo o nam diga aos boticairos e físicos, e a todos; e isto bem sei que nam he bom pera mim, porque dizem depois que elles acháram estas cousas, e levão a gloria de meus trabalhos, e eu nam o digo, senam por aproveitar a todos. E Deus he testemunha disto, que me aconteceo. Foy hum visorey nesta India, muito curioso de saber, e posto que nam sabia latim, em toscano entendia Plinio, e desejava de saber a certeza de algum simple, e encomendavame que lho dixesse, quando o achasse; ao qual eu levei este *cardamomo ₁mayor* a mostrar, e o *menor,* e mostrandolos ambos, lhe dixe que hum se dizia *cardamomo mayor* e outro *menor,* o qual elle, olhando e provando, afirmou que aquilo lhe parecia verdade, e porém que elle tinha fé em hum boticairo velho, que o queria mandar chamar.

RUANO

Esse boticairo era docto, e sabia latim, e grego, ou arabio?

ORTA

Não, senam era hum homem velho e de muito tempo na India, e sabia bem a pratica da botica, e em latim, e grego e arabio sabia do modo que o sabem em Espanha os que nunca o ouviram falar nem ler; e comtudo isto era muito bom homem, e porque hia fazer a Cambaya as drogas da botica, que pera Portugal mandava o veador da fazenda, dezia, que nenhum boticairo sabia no reino nem cá senão elle cousa destas drogas; e elle nunca soube tanto que lhe fizesse perda. Perguntou o visorey áquelle boticairo se era hum daquelles *cardamomo mayor* e outro *cardamomo menor,* e dixe que nam; senam que o mais pequeno era *cardamomo,* e o outro que nam o era *mayor* nem *menor;* e como lhe eu dixe que o provasse e acharia ambos de hum sabor, e hum era grande e outro pequeno, e elle nam dava

estas duas especias nesta terra, sendo nella tam espermen-
tado, que era razam serem aquellas duas mézinhas huma
cardamomo mayor e outra *cardamomo menor*. A isto dava
elle grandes brados em bom romance de Portugal *de pre-
sumitur*, que volo concedo, mas que o seja assi, que volo
nego: argumentovos de *menta* e *polipodio*. E eu lhe dizia,
porque nam será este *cardamomo*, pois não dais outro na
terra? E elle dezia: Porque? Como ha Deos de querer que
o que eu não soube em tantos annos, saibais vós tam asinha? E eu a isto lhe replicava que muitas cousas sabiamos
oje, as quaes ontem ignoravamos; e que muitas vezes, aos
menores, como a mim, se revelavam as cousas que aos mayores, como elle, nam revelavam; e com todas estas lisonjas
nunca o pude fazer confessar, senam acodia *de persumitur*.

RUANO

E pudieis ter o riso entonces?

ORTA

Si podia, mas com grande trabalho; porque, diante de tal
pessoa, sermia reputado a liviandade; e porém um letrado
jurista, que em hum canto estava assentado, reya* por mim
e por elle, e oje em dia riy disso, quando lhe lembra.

RUANO

Nam sabia esse visorey o que vós sabieis?

ORTA

Si; e mais me conhecia de Portugal; e elrey quando
pera esta terra veo elle lhe dixe que não era necessario trazer fisico comsigo; e assi o fez, e se finou em minhas mãos;
mas pudia mais a porfia do boticairo, que todas estas coisas (3).

---

* «Reya», uma fórma hespanhola, como muitas outras de que usa o
nosso auctor.

RUANO

Folgarey de conhecer este boticairo.

ORTA

Já morreo, e Deos lhe perdõe, porque tirado de algumas
cousas era muyto bom homem; e nelle não falemos mais,
porque isto foy mais dito pera o festejardes e vos alegrar,
que pera o encomendar á memoria.

RUANO

Digovos que Andreas Belunensis, bem entendido no arabio, diz que *caculle* he *cardamomo mayor,* e *alçal* ou *haleil*
ou *cayrbua* e *eilbua* he *cardamomo menor.*

ORTA

Todos estes nomes estão depravados ácerca dos livros
arabios e de alguma gente; e o que acima dixe he a verdade; e nam digo isto porque elle não sabia muito, mas, por
nam vir a esta terra, nam póde haver as verdadeiras enformações.

RUANO

Usase muito em fisica da gente da terra?

ORTA

Muito, porque no *betel* mesturado se mastiga pera fazer
bom cheiro; e com elle dizem que se tira a freima da cabeça
e do estomago; e assi o ·tomam em xaropes e tomaram
erronia em dizer que era frio; e nam he muito, pois assi o
afirmam na *pimenta.*

RUANO

E os fisicos indianos tomam a raiz pera as febres? porque
diz Mateus Silvatico que si, e que naçem em humas trombu-
sidades de huns arvores: ha pella ventura cá tambem alguns
arvores donde naçem?

ORTA

Nam tem raiz, que ao caso faça, pera tomarem em febres; porque nam nace, senam semeandose na terra que

primeiro seja queimada, e não ha outro: e o que diz Mateus Silvatico he muito falso; e pois nam alega com outro algum, com elle se fique a mentira.

RUANO

Como se gasta em Europa tanta *pimenta* e tam pouca *malagueta,* sabendo milhor a *malagueta,* principalmente no peixe?

ORTA

Já tive essa pratica com Alemães e Francezes mercadores; e dixeramme que a *malagueta* nam adubava os comeres em cozido, nem sufria cozimento, somente em cousa crua, ou que fosse já cozida; e que porque isto era pouco, por isso se gasta menos della. E leixemos isto, e comamos o peixe que temos cozido pera comer, porque tambem leva *cardamomo.*

RUANO

Bem he: mas que fruita he esta azeda que pareçe maçanzinhas pequenas verdes?

ORTA

Chamamse *carandas,* ha as na terra firme e no Balaguate: são arvores do tamanho de medronheiro, e a folha assi, e a frol he muita e cheira a madresilva; quando são maduras he muito saborosa fruita, sam pretas e sabem a uvas, e já ouve homem que fez dellas vinho, e foi rezoado mosto; e podera ser que se fóra muito fôra bom vinho ao diante. Agora he esta fruita verde, e de grossura de huma avelã com casca, he mayor no Balaguate quando he madura, e entonces deita huma viscosidade, como leite; e algumas pessoas lhe deitam sal, quando he madura pera comer, e sabem bem: estas verdes são salgadas, e esta provisam ha nesta terra, que fazem as fruitas salgadas pera incitar o apetite no tempo que as nam ha; e tambem as lançam em vinagre e azeite, a que chamam *achar;* e assi vem cá da Persia e Arabia ameixas verdes e maçans e talos de videira e de silva, alcaparras e o fruito dellas. E pois estes Indios buscam tantas maneiras á gulla, comei (4).

RUANO

Assi o farei, e já provey esta fruita e sabeme a maçans verdes (5).

Nota (1)

«Grande meada temos pera desempeçar e grandes nós pera desatar,» diz logo no começo o nosso Orta. *Nulla res est fortasse in re pharmaceutica magis litigiata quam Cardamomi notitia,* dizia tambem o antigo pharmacologista Geoffroy. A meada, porém, não é muito difficil de desempeçar, pelo menos na parte que este *Coloquio* tem de realmente interessante.

Devemos em primeiro logar ter em vista, que Orta se refere a uma unica especie, *Elettaria Cardamomum,* Maton *(Alpinia Cardamomum,* Roxb.), uma grande planta herbacea e perenne da familia das *Scitamineæ.* Conhecia, porém, duas variedades d'esta especie, das quaes nos occuparemos na nota seguinte.

Vejâmos agora os nomes vulgares, citados pelo nosso escriptor:

— «Cacollá quebir» e «Cacollá seguer» entre os escritores arabicos, significando respectivamente «Cardamomo mayor e Cardamomo menor». Estes são os dois nomes bem conhecidos كبار قاقلة *qaqalah kebar,* e صغار قاقلة *qaqalah segher,* pelos quaes esta droga vem geralmente designada nos livros dos arabes (Cf. Ainslie, *Mat. ind.,* I, 52, 54).

— «Hil» entre os mouros, isto é, os mussulmanos, de diversas partes da India. Com a mesma orthographia *hil* o cita Dymock como sendo usado por alguns escriptores arabicos modernos *(Mat. med.,* 786).

— «Elachi» entre os mesmos mouros; isto·é *iláchi,* nome vulgar bengali, ou *elchi,* nome ainda usado em Bombaim (Dymock, l. c.).

— «Ençal» em Ceylão. Ainslie cita o mesmo nome singhalez *ensal (Mat. ind.,* I, 52).

— *Etremilly* no Malabar. Posto que deva estar muito alterado, parece ligar-se com o nome vulgar *elettari,* citado por Rhede, e que foi adoptado para a designação scientifica do genero *(Hortus malab.,* XI (1692), T. 4 e 5).

— «Dore» é nome que não encontrei, e apenas se parece vagamente com a terminação de uma das designações vulgares em Bombaim, *veldode* (Dymock, l. c.).

Passa depois o nosso escriptor a enumerar todas as difficuldades que encontrou, quando quiz approximar a planta sua conhecida das descripções de Dioscorides, Plinio, Galeno e outros auctores classicos. Vê-se que elle fez cuidadosamente este exame. Cita as proprias expressões de Dioscorides, «máo de quebrar, encerrado na casulha, agro e um pouco amargo»— δυσθραυστον, μεμυκὸς ... γεύσει δὲ δριμὺ καὶ ὑπόπικρον. Transcreve quasi textualmente a passagem de Plinio, onde este distingue no *cardamomum* quatro variedades: *viridissimum ac pingue, acutis angulis, contumax fricanti, quod maxime laudatur: proximum e rufo candicans: tertium brevius atque nigrius. Pejus tamen varium et facile tritu.* E d'esta conscienciosa confrontação conclue, que aquellas substancias não são a que elle conhece, ou pelo menos não é possivel affirmar que o sejam. Á mesma conclusão chegaram todos os modernos auctores de materia medica, J. Pereira como Flückiger e Hanbury, os quaes reconhecem, que o καρδαμωμον de Dioscorides, e o *cardamomum* de Plinio, se não pódem identificar satisfactoriamente com as substancias modernamente designadas pelo mesmo nome (Cf. Dioscorides, I, 5, pag. 14, edição Sprengel; Plin. XII, 19; Pereira, *Mat. med.*, II, I, 258; *Pharmac.*, 583).

Orta admitte, porém, que os antigos escriptores arabicos conheciam esta droga. Effectivamente, Avicenna dedica nem menos de quatro capitulos a substancias que deviam ser analogas e alguma d'ellas identica a esta. Os capitulos têem nas velhas versões latinas os seguintes titulos, que de certo estão muito alterados: *sacolla,* que se distingue em grande e pequeno; *cordumeni; cobzbague* ou *chayrbua;* e *eylbua* ou *chayrbua.* Algumas d'estas drogas eram de origem asiatica, e podiam ser a propria *Elettaria,* pois temos motivos para suppor que os arabes a conheciam já então. Maçudi, no x seculo, enumera as substancias que vinham do imperio do Maharadja, isto é, do archipelago e da India: canfora, aloés, cravo, sandalo, areca, nóz moscada, cardamomo (القاقلة) e cubebas. Mais tarde Édrisi dá uma lista das mercadorias, que os navios da China traziam a Aden, entre as quaes figura o *cardamomo*[1]; e em outra passagem refere-se á sua existencia em Ceylão, onde se comprava barato um certo vinho doce, cozido com *cardamomo fresco.* Vê-se, pois, que os arabes tinham noticia de uma droga asiatica, a qual pelo nome e pela região d'onde vinha parece ser a *Elettaria* (Cf. Avicenna, II, II, cap. 158, 159, 203, e 232, edição de Rinio (1556); Maçudi, *Prairies,* I, 341; Édrisi, *Géographie,* I, 51, 73).

Succedia, porém, que além das drogas asiaticas, Avicenna mencionava outras de procedencia africana, e isto lançou o nosso escriptor em uma certa perplexidade, e induziu-o em varios erros.

Encontrou-se em antigos tempos, nos mercados, um *cardamomo* de grandes dimensões, procedente da Abyssinia, exportado pelos portos africanos do mar Vermelho, e chamado pelos Gallas *korarima.* Para a

---

[1] Esta substancia podia ser a *Elettaria,* trazida da India pelos navios da China; mas podia tambem ser algum *Amomum,* dos varios que existem na propria China.

planta que o produz, e que não está ainda bem conhecida, propoz J. Pereira o nome provisorio de *Amomum korarima*. Não é facil decidir com segurança se esta droga era o *chayrbua* de Avicenna; mas parece ter sido o *cardamomum majus* de Matthiolo, de Valerio Cordo e de outros escriptores da Renascença—aquelle que Valerio Cordo fez «debuxar», e que Orta estranhava tivesse tão grandes dimensões[1].

Encontrou-se tambem no commercio outra droga, chamada *melegéta (malagueta* na fórma portugueza), *granum-paradisi,* e algumas vezes *cardamomum majus.* Procedia geographicamente da costa occidental da Africa, e botanicamente do *Amomum Granum-paradisi,* Afz., e de outras especies proximas. Teve tanta nomeada, que uma parte da costa africana, do cabo Mesurado ao cabo das Palmas, se chamou *Costa da Malagueta* ou simplesmente *a Malagueta*—como lhe chama o nosso Orta. Nos tempos d'este havia sobre aquella droga noções extremamente incompletas e nebulosas, e o que elle encontrava nos livros de materia medica só lhe podia augmentar a confusão. Toda a passagem que cita do eruditissimo Laguna, é extremamente incorrecta; e nem é admissivel que Dioscorides conhecesse a *malagueta,* nem facil saber se Avicenna fallou d'ella, ou de alguma droga de Sofala, que, em todo o caso, ficava bem distante da costa de Liberia. Para avaliar bem como as cousas deviam estar enredadas então, basta ver como ainda é confuso o que diz Whitelaw Ainslie em 1826. Onde Orta poderia ter encontrado algumas noções mais claras, seria nos escriptos dos seus compatriotas, no *Esmeraldo* de Duarte Pacheco, ou na relação de Diogo Gomes; mas ambos estavam —e um ainda está— ineditos. Tambem as podia encontrar na *Asia* de João de Barros; mas é notavel que, sendo a primeira edição de 1552, Orta parece não conhecer este livro que tanto o devia interessar (Cf. *Dioscorides* do dr. Andrés de Laguna, p. 15, na edição de Valencia, 1695; Ainslie, *Mat. ind.,* I, 55; Barros, *Asia,* I, II, 2; *Memoria sobre a Malagueta,* nas *Mem. da Ac. Real das Sc. de Lisboa,* nova serie, vol. VI, parte I).

Resumindo temos, que tres drogas, de tres afastadas procedencias geographicas, e de tres distinctas origens botanicas, comquanto todas tres fornecidas por plantas da familia das *Scitamineæ,* tiveram no commercio, nas pharmacias e nos livros o nome de *cardamomum majus:*

—primeiro a variedade maior da *Elettaria Cardamomum,* procedente da ilha de Ceylão.

—segundo a droga chamada *korarima,* produzida pela especie ainda duvidosa *Amomum Korarima,* e procedente da Abyssinia e outras terras da Africa oriental.

---

[1] Segundo Dymock este *cardamomum majus* ou *hil-bawa* reappareceu recentemente (1885) nos bazares de Bombaim. Diz-se proceder das terras de Tumhé, d'onde é levado ao mercado de Báso na Abyssinia meridional, e d'ali por Massauá á India *(Mat. med.,* 883).

—terceiro a droga chamada *malagueta,* produzida pelo *Amomum Granum-paradisi* e outras especies, e procedente da Africa occidental. Orta conhecia *de visu* unicamente a primeira, e por isso elle não sabia distinguir as outras, e por isso elle «andava n'aquelles cuidados» de saber como um cardamomo maior se havia de encontrar na India, e o outro a quatro mil leguas d'ali «na Malagueta» — isto é, na costa da Malagueta. A sua exposição, perfeitamente lucida no que diz respeito á planta da India e de Ceylão, é necessariamente confusa quando falla das plantas da Africa, de que que ninguem lhe sabia dar rasão. Accresciam a isto noções de geographia africana um tanto vagas, que o levavam a dizer que Sofala é «continua á Malagueta».

NOTA (2)

Vimos na nota antecedente, como os escriptores arabicos, Maçudi e Edrisi, enumeram o *cardamomo* entre as drogas vindas da India ou terras proximas; mas o primeiro a marcar exactamente a sua procedencia do Malabar, parece ter sido Duarte Barbosa, como já advertiram Flückiger e Hanbury: *the first writer who definitely and correctly states the country of cardamom, appears to be the portuguese navigator Barbosa (Pharmac.,* 583).

Barbosa indica effectivamente aquella substancia entre as producções da costa do Malabar, nomeadamente dos reinos de Cananor e de Cochim *(Livro,* 341, etc.). É exactamente a região apontada pelo nosso escriptor para a sua variedade menor, que era sobretudo abundante de «Cananor até Calicut.» E ali continua a encontrar-se nas florestas e montanhas de Mysore, Travancore e outras. A planta existe espontanea e é tambem cultivada, como parece succedia já no tempo de Orta, pois este diz, que se «semea como os nossos legumes».. O processo de cultura é simples ; em algumas partes os indianos queimam os arbustos e rebentos das florestas humidas, poupando as grandes arvores, e depois semeam o *cardamomo,* que cresce melhor na sombra e começa a dar fructo passados alguns annos. Evidentemente o nosso escriptor tinha noticia d'este processo cultural, pois affirma que a planta «não nace senão semeando-se na terra que primeiro seija queimada» (Cf. os processos de cultura na *Pharmac.,* 584).

Este *cardamomo* do Malabar procedia da fórma menor e typica do *Elettaria Cardamomum,* Maton. Na ilha de Ceylão encontrava-se uma fórma maior, que foi considerada uma especie distincta, sob o nome de *Elettaria major;* mas hoje se toma por uma simples variedade *(Elettaria Cardamomum* var. β). A distincção entre as duas foi correctamente feita pelo nosso escriptor, o qual affirma, que a droga de Ceylão é maior e menos aromatica, o que é perfeitamente exacto. E esta distincção que elle fez, depois de andar muito tempo em «cuidados», depois de conversar em Cochim com um judeu da Turquia, depois de mandar aviar receitas na capital do Berid Schah, esta distincção constitue o verdadeiro interesse do *Coloquio*. Restavam muitos pontos a esclarecer, muitos *cardamomos* de procedencia duvidosa, e que modernamente Guibourt, J. Pereira ou D. Hanbury estudaram mais ou menos completamente; mas aquelle ponto ficou assente de um modo definitivo.

Logo no começo do *Coloquio*, Orta indica a existencia do *cardamomo* em «Jaoa». A indicação é exacta, mas a planta era diversa; a droga de Java procede do *Amomum maximum*, Roxb., e comquanto conhecida e usada ali não parece ter sido exportada. D'este *cardamomo* temos uma antiga noticia dada por Fr. Odorico de Pordenone, pelos annos de 1320 a 1330, o qual diz que na ilha de Java se encontravam varias especiarias e entre ellas *melegetæ*. Este nome, que propriamente se devia dar á droga da Africa occidental, era o mais conhecido na Italia; e o honesto franciscano applicou-o muito naturalmente a uma substancia, que era simplesmente analoga, mas lhe pareceu identica á que elle conhecia da sua terra (Cf. *Pharmac.*, 589; Yule, *Cathay*, 88).

Nota (3)

Na *Vida* de Garcia da Orta disse eu já quem me parecia ser este personagem. Orta diz-nos: primeiro, que era vice-rei, e morreu na India, sendo elle seu assistente: segundo, que não sabia latim, mas entendia bem italiano, e era «curioso de saber».

O primeiro vice-rei, que morreu na India, estando lá Garcia da Orta (1540), foi D. Garcia de Noronha. Mas, nem elle devia ser muito dado a investigações de historia natural, nem o nosso medico devia ter então a auctoridade scientifica e pessoal, que se revela em toda a anecdota.

O segundo vice-rei, que ali morreu, foi D. João de Castro. Este, porém, era muito illustrado e sabia bem latim. Suppoz-se mesmo que elle havia escripto primitivamente n'aquella lingua o seu *Itinerarium maris rubri*, Vertendo-o depois em portuguez. Fica portanto excluido, ainda que por motivos bem diversos do primeiro (Cf. *Roteiro*, etc., pelo dr. Antonio Nunes de Carvalho, p. x, París, 1833).

Ficâmos pois reduzidos a D. Pedro Mascarenhas, a quem a historia parece applicar-se sem difficuldade. D. Pedro Mascarenhas, sem ser homem de muitas letras, era intelligente e culto; e devia saber bem italiano, pois estivera durante annos embaixador em Roma. É mesmo natural, que d'ali trouxesse entre os seus livros o Plinio traduzido por Landino, e de que já então havia varias edições. Morreu em Goa a 23

de Junho de 1555, depois de uma doença curta, mas que lhe deu tempo
para fazer todas as suas disposições; e deve ser este o que se «finou nas
mãos» de Garcia da Orta; e, portanto, o que assistiu á curiosa discussão do nosso medico com o velho boticario. Quanto a este, não será
facil acertar com o seu nome, posto que varios documentos nos conservassem os de alguns boticarios do tempo (Cf. *Garcia da Orta e o
seu tempo,* 197; Couto, *Asia,* vII, I, 12).

Nota (4)

Os «Carandas» de Orta são os fructos da *Çarissa Carandas,* Linn.,
um arbusto da familia das *Apocynaceæ,* frequente n'aquellas regiões
desde o Panjáb até Ceylão e Malaca. Os fructos —uma drupa vermelha
e ultimamente preta— são ainda hoje geralmente apreciados na India
para tortas, e conservas em vinagre e sal, ou de *achar—pikles* dos inglezes (Cf. Drury, *Useful plants of India,* 116).

Nota (5)

Orta menciona n'este *Coloquio* alguns escriptores de botanica e materia medica, a que se não referíra nos anteriores. Em primeiro logar
Theophrasto, mas reportando-se unicamente a uma citação do medico
francez Ruellio, ou João de la Ruelle. Depois e brevemente «Isaque»,
que sem duvida é um Isaac Judæus, cujas obras foram publicadas em
Londres no anno de 1515, e successivamente em outras edições. Finalmente Valerio Cordo, referindo-se especialmente aos «Dioscorides que
fez debuxar»; e que devem ser o *icones xylographico,* publicado com
a versão de Dioscorides de Ruellio do anno de 1549, e com as *An-
notationes in Pedacii Dioscoridi* do mesmo Valerio Cordo—livro que
não vi e unicamente cito pela indicação de Choulant.

Transcreve uma sentença de «Temistio»; provavelmente Themistio,
o amigo de Juliano o Apostata, e conhecido commentador de Aristoteles. Por ultimo, menciona um dos personagens da *Andria* de Terencio,
Davus, creado de *Simo,* enredador e intrigante, o prototypo do *Scapin*
de Molière; e compara-o, um pouco injustamente, com o zeloso traductor dos antigos livros arabicos de medicina.

COLOQUIO DECIMO QUARTO

DA CASSIA FISTOLA

INTERLOCUTORES

RUANO, ORTA

RUANO

Da *canafistola* he muito necessario saber; pois aos vossos Arabios devemos tam boa cousa pera purgar, e tanto sem trabalho, nem damno do paciente, que bem creo eu e tenho por certo, que os Gregos que della nam escreveram, que a louvaram muito, se a espermentaram.

ORTA

Pouca necessidade temos de falar em mézinha tam conhecida e espermentada; e onde nam ha mais contradiçam que o nome, que lhe foi mal posto por Geraldo Cremonense, que, como já vos dixe muitas vezes, milhor fora leixallo assi como estava no arabio; pois elles só foram inventores desta mézinha; e não vieram* a dizer tanto mal Nicolao Leoniceno e Menardo e outros muitos modernos dos fisicos Arabios; como que a culpa de seos treladadores fosse sua; que, se o pera que aproveita fosse dito falsamente terião razam, mas pois falão verdade, dignos sam de louvór e nam de vituperio.

RUANO

Não reprende muitas cousas destas Avicena aos outros escritores, que o seguem indistintamente, sem fazer differença alguma em os nomes que significão muitas cousas; e pois assim he, dizeilhe o nome em as lingoas onde ha o arvore.

---

* «Vieram» por *viriam;* tambem acima «louvaram» e «espermentaram» estão pelo condicional.

13

ORTA

Em todas estas partes o ha, mas he milhor nas partes mais chegadas ao norte; e os Arabios lhe chamão *hiarxamber*, e he nome de quatro sillabas; este he o mais comum nome ácerca delles; posto que Avicena diga *chiarsamdar,* está corruto o nome: os Malavares o chamão *comdaca;* os Canarins, que he o gentio desta terra de Goa, *bava simga;* os Decanins e Bramenes *bava simgua;* os Guzarates e Decanins mouros *gramalla.* O arvore della chamão nesta terra canarim *bahó:* este arvore he do tamanho de hum pereiro; as folhas são como de pexigueiro, algum tanto mais estreitas e assi verdes: deita este arvore as flores amarellas, como as da giesta, cheira propriamente como cravos verdes, e como caem as flores, nacem no páo da *canafistola* a modo de candeas, como nacem em os castinheiros*; he a cana muito verde no arvore, antes que seja madura, e não he vermelha como diz Laguna; he de cinquo palmos de comprimento ate dous palmos a mais curta. Ha, como dixe, em todas estas terras e no Cairo; porém, como dixe, a milhor he de Cambaya, e de mais dura; e pode ser que a aja em Malaca e em Çofala; mas a pouca curiosidade da gente faz que nam pareça (1).

RUANO

He arvore transplantada ou silvestre?

ORTA

Eu não a vi senão montez em toda esta terra; e foyme dito que, nas chamadas Indias occidentaes, era primeiro montez, e deitava a cana oca e grande; e que a pozeram de semente em a ilha de Santo Domingo, no mosteiro de

---

* Na edição de Goa a phrase é inintelligivel, e só julgo poder-se pontuar d'este modo. Ainda assim é pouco clara; o auctor parece referir-se aos caixos novos, ou ao fructo pendente, que se desenvolve quando «caem as flores»; mas este mal se póde comparar com os amentilhos dos castanheiros, que o povo ainda hoje chama *candeia* ou *candeio.*

Sam Francisco de la Vega; e que creceo e deu a *canafis-tola* muito boa e chea de miolo e de semente; e desta maneira plantou cada hum na sua herdade arvores, até que veo a ser tanta que mantem toda Castella. Mas eu tenho por mais bemaventurados os Portuguezes, pois, sem semear, tem tanta cantidade, que em Cambaya dão hum candil, que são 522 arrates, por 360 reaes, que he um pardáo*: e, louvado seja Deos, que tanto bem nos faz cada dia (2).

RUANO

De que compreisão a fazem os Indianos?

ORTA

A elles nam dou muita fé nas graduações, mas dizem ser fria; e Avicena diz ser temperada, nas calidades autivas de quente e frio, e que he humida: Serapiam a faz temperada: Mesue diz que declina hum pouco a quente, e isto deve ser por sua doçura: Antonio Musa a põe quente e humida, no primeiro ou na primeira parte do segundo: tudo se póde sustentar; pois o fisico julga por os sentidos exteriores.

RUANO

Usam della em fisica os Indios?

ORTA

Sy, pera purgar, e fazem della bocados raspando a cana como nós fazemos.

RUANO

E os grãos são purgativos tambem?

ORTA

Não, senam deitamnos por hi fóra; e eu me maravilho muito de Menardo dizer que os grãos são purgativos, sendo

---

* O pardáo de ouro valia effectivamente 360 reaes; e o candil (maratha *khandī*) variava nas proximidades de 500 arrateis de porto para porto. Dava-se o mesmo nome a uma medida de capacidade.

cousa que tem mais arte de apertar que de relaxar; e se
elle se enganou, foy dando algum mesturado com alguma
medulla; e como as sementes acharam a cousa aparelhada,
baixarão muito; porque estas mézinhas lubrificativas nam
tiram mais que as materias que encontram; e por esta causa,
acontece que purgam com huma onça de *canafistola* ás
vezes mais que com trinta grãos de *escamonea;* e tambem
póde ser que a imaginaçam da purga o faria purgar mais
a esse que purgou Menardo.

RUANO

E pera provocar menstruo usão della, ou pera fazer o
parto facil, ou pera deitar a secundina?

ORTA

Pera nenhuma cousa destas usam della.

RUANO

Não pergunto isso sem misterio; porque os nossos usam
dos pós das cascas em cozimento de *artemisa,* ou em hum
ovo, com quatro onças de mel; e isto diz Sepulveda que foi
achado por esperiencia.

ORTA

Esse Sepulveda não he evangelista; e quanto mais que,
por razam do cozimento de *artemisa,* podia provocar o
menstruo, e não polla tal casca; nem he conforme á razam, por ser muito fria e seca; e se deitou a secundina
nam he muito, porque sem mézinha deita a natureza as
cousas que a virtude retentiva desempára e solta de si.

RUANO

Pois que direis a Avicena, que a manda dar pera facilitar o parto?

ORTA

Todos os mais duvidaram ser esta a entençam de Avicena; e por isso puseram por regra que quando se diz *cassia* em mézinhas purgativas, se entende *cassia fistola,* e em

todos os outros cabos que se fala em *cassia* se entende *cassia lignea*. E agora veo Andreas Belunensis, e diz que a verdadeira letra diz *cogombro seco,* e não *canafistola;* por onde ficam fóra da reprensam os que mal usam da *canafistola;* digam esses imitadores dos Gregos o que quizerem (3).

RUANO

Em Portugal me dixeram que as camaras erão muito frequentadas* na India; porque as vacas comião *canafistola,* e por isso as carnes eram solutivas: dizeime se he isto assi ou não.

ORTA

Tambem em Portugal me dixe hum homem que cá fóra governador, e outro que era cá visorey, que nam queria tomar a *canafistola* pela mesma causa; e hum fisico seu, posto que cá avia andado, se hia com elle nisso; e eu lhe faley nisso a verdade, dizendolhe que nam era assi como em Portugal cuidavão; porque os arvores são muito altos, e as vaccas não podem lá alcançar; e mais os arvores não são tantos que as vacas se possam delles manter, porque as vacas são nesta terra sem conto; e a causa he porque o gentio as cria e nam as come; e mais a *canafistola* he dura na casca, quando he verde, e não será pera as vacas tam gostosa, como a herva verde, que muito tempo do anno ha cá: e mais já perguntey por isso, e achey que a não comião; e riramse de mim aquelles a quem o perguntey, e porque em esta terra ha muita e nas partes acima ditas, nisto nam falemos mais.

NOTA (1)

A «Cassia fistola», ou «Canafistola» de Orta é a *Cassia Fistula,* Linn. *(Cathartocarpus Fistula,* Pers.), uma arvore da familia das *Legumino-*

---

* «Frequentadas» por *frequentes*—fórma bastante habitual no nosso escriptor.

sæ, espontanea na India, e frequente tambem em outras regiões quentes do globo, onde foi introduzida. A polpa das suas longas vagens é medicinalmente bem conhecida, e figura em todas as pharmacopéas.

O reparo de Orta, sobre o emprego do nome de *cassia fistula,* pelo qual Gerardo Cremonense traduziu a designação arabica de Avicenna, é justo, pois os nomes de *cassia* ou *casia,* acompanhados ás vezes do mesmo qualificativo de *fistula,* se haviam antes applicado a uma cousa diversissima, ás cascas e pequenos troncos do *Cinnamomum,* como melhor veremos no *Coloquio da canella.* A confusão, que d'esta nova applicação resultava, levou alguns escriptores do xvi e xvii seculos a darem a esta droga de que fallâmos agora o nome de *cassia solutiva,* para a distinguirem da outra *cassia* (Cf. *Pharmac.,* 195).

Os nomes vulgares de Orta identificam-se todos ou quasi todos com facilidade :

—«Hiarxamber», nome arabico. É a transcripção de خيار شنبر, *khiar schamber,* o qual se deriva do persiano, e parece que da palavra *chambar,* que significa collar, pois o longo fructo tem alguma similhança com um collar (Cf. Ainslie, *Mat. ind.,* 1, 60; Dymock, *Mat. med.,* 258).

—«Condaca» entre os Malabares; isto parece ser o nome tamil, que Ainslie dá na fórma *konnekāi,* e Dymock na fórma *konraik-kai* (Ainslie, l. c; Dymock, l. c.).

—«Gramalla» entre os Guzerates e Deckanis mussulmanos, isto é, *gurmala* ou *garmala,* o nome ainda hoje vulgar em Bombaim (Dymock, l. c.).

—«Bava simgua», entre deckanis e brahmanes, ou «bava simga» entre os canarins. A primeira parte d'este nome vem citada por J. Murray e por J. C. Lisboa, na fórma *bawa,* como sendo a designação deckani ainda usada. Dymock cita o mesmo nome na fórma *bhava*[1] (Dymock, l. c.; Lisboa, *Useful Plants of Bombay presid.,* 63; Murray, *The Plants and drugs of Sind,* 130, Bombay, 1881).

Nota (2)

No tempo de Orta já uma grande parte da *cassia fistula* das pharmacias vinha da America por via de Hespanha. Nicolau Monardes dá-nos a mesma noticia. «Antes —diz elle— vinha por Alexandria do

---

[1] Estes nomes encontram-se tambem em Rumphius *(Herb. Amb.,* ii, 84); mas evidentemente copiados dos *Coloquios,* e mesmo com um erro de imprensa, que Orta emenda na *errata.* Como a emenda foi feita por Clusius, torna-se evidente, que Rumphius quando cita Orta, o cita pela edição portugueza, e não pela versão ou resumo latino.

Egypto e por Veneza, d'onde se distribuia por todo o orbe; mas agora, desde que começou a ser trazida de S. Domingos e de S. João a esta cidade de Sevilha, d'aqui se manda para toda a parte». As minuciosas circumstancias da sua introducção na America, indicadas pelo nosso escriptor, são evidentemente tiradas de Oviedo, cujo livro elle conhecia, e cita em um dos *Coloquios* seguintes. Effectivamente Oviedo menciona a primeira arvore que se creou na ilha Española ou de S. Domingos (Haiti) e foi semeada na cerca do convento de S. Francisco da cidade da Vega. Sómente as cousas não se passaram exactamente como Orta diz, e não se semeou a *cannafistula* «montez» ou espontanea. Havia effectivamente na America muita *cannafistula* espontanea, produzida por especies de *Cassia,* proximas mas distinctas da *Cassia fistula;* e os fructos d'estas especies eram ali aproveitados e deviam vir á Europa entre os outros. Mas, segundo se deprehende das phrases de Oviedo, na cerca do convento semeou-se a verdadeira *Cassia fistula* asiatica, de semente vinda de fóra, e da propagação d'esta provinha, annos depois, toda, ou pelo menos a maior parte da droga do commercio (Cf. Nicolau Monardes, em Clusius, *Exotic.,* 333; Oviedo, em Ramusio, iii, 114. Cito pelas versões, não tendo á mão os livros hespanhoes de Monardes e de Oviedo).

Nota (3)

A *cannafistula,* isto é, a polpa do fructo —que Orta chama «cana»— era principalmente usada na India, como um purgante leve. Mas Orta não é exacto, quando affirma que nunca empregavam a planta com outros fins medicinaes. No livro de Dymock se diz, que a casca do fructo ou vagem, com açafrão, assucar e agua rosada, se applica ali em casos de partos difficeis e demorados; de modo que o velho Sepulveda não merecia a reprehensão que Orta lhe dá.

Este tem uma phrase extremamente curiosa e notavel quando diz: ... *e tambem pode ser que a imaginaçam da purga o faria purgar mais a esse que purgou Menardo*—aliás Manardo. Admitte assim, e com toda a clareza, um caso de suggestão.

COLOQUIO DECIMO QUINTO

DA CANELA, E DA CASSIA LIGNEA E DO CINAMOMO, QUE TUDO HE HUMA COUSA

INTERLOCUTORES

RUANO, ORTA

RUANO

Nenhuma especeria se póde comer com gosto, senam *canela:* verdade he que os Alemães e Framenguos vejo comer *pimenta*; e aqui estas vossas negras vejo comer *cravo*; mas os Espanhoes nam comem destas especerias, senam *canela*. E veome isto á memoria, porque os comeres cheiravam muito a ella, e nam a vy; e perguntey á cozinheira se a levavam ao cozer, e disseme que nam, senam que muitos comeres hião temperados com agua de canela. E por quanto, em logar da que chamamos *cassia lignea,* põem *canela* muitas vezes, será bom que falemos nella agora.

ORTA

Antes *canela* he o que chamamos *cassia lignea,* e tudo he huma cousa; senão os escritores antigos viram estas drogas tam de longe trazidas, que nam puderam haver perfeita noticia dellas; e porque erão de muito preço quando faleciam, fingiram mil fabulas que Plinio e Herodoto traz; que elle conta por verdadeiras, e são mais fabulosas que podem ser; e por isso não falo aqui nellas, porque todos sabem já a verdade, e que não se merece falar nellas. E porque o preço era grande, e a cobiça dos homens mayor, falseficavam estas drogas; e porque o falso nunca póde ser semelhante em todo ao verdadeiro, chamavão a huma *canela* hum nome, e a outra, que era mais roym ou falsificada, lhe punham outro nome, sendo ás vezes ambas de huma mesma especia.

RUANO

Dizeime o que nisto sabeis, porque ao cabo eu direi as duvidas que tiver, que não quero ficar com escrupulo. E assi me direis os nomes nas linguas todas, scilicet, nas terras onde nace a *canela,* e no arabio e persio; porque, por estes nomes possamos vir em conhecimento da *cassia lignea,* e do *cinamomo;* ainda que eu até ao presente tenho, com outros que o escreveram, que nam ha verdadeiro *cinamomo* ou verdadeira *cassia,* ou ao menos o *cinamomo.*

ORTA

Eu vos satisfarey a tudo. A *cassia* não a conheceram os Gregos, nem os Arabios; e isto polla grande distancia e pouco trato que com estas regiões tinham; e os que a levavão a Ormuz e á Arabia vender erão Chins, como adiante vos direy; e dahi de Ormuz a levavão a Alepo (cidade principal e cabeça da Suria); e os que dahi a levavão aos Gregos dizião que a havia na sua terra ou na Etiopia; e que se tomava com muitas superstições, scilicet, que o sacerdote partia o que ficava em partes pera o diabo, a quem adoravão, e pera o rey, e pera os sacerdotes.

RUANO

Como? Nam ha *cassia* ou *cinamomo* na Etiopia e na Arabia?

ORTA

E mais me maravilho de vós nam saberdes isto; porque a Etiopia he sabida de nós que a navegamos, e muita parte andárão os nossos nella por terra; e nella nam ha *canela,* nem *cinamomo,* nem *cassia lignea;* e os mesmos Arabios a vem cá comprar pera a levar; e o tempo que lhe de cá nam vay, val lá muito cara.

RUANO

He verdade nesta *canela* que dizeis; mas a verdadeira *cassia* e o verdadeiro *cinamomo* tem o elles, e levam estoutro, ou nam o conhecem por ser gente rude muito.

ORTA

Conheço fisicos, muito bons letrados, Arabios e Turcos e Coraçones, e todos chamam a esta *canela* grossa, de que usão, *cassia lignea*.

RUANO

E de nam nacer na Etiopia que razão me daes?

ORTA

Digo que ambas as Etiopias são dos Portuguezes muito sabidas; porque a costa de Guyné, que he a Etiopia abaxo do Egypto, he sabida pollos nossos, nam tam somente na fralda do mar, mas dentro no sartam; e, como já vos dixe, da ilha de Sam Tomé até Çofala e Mozambique veo hum clerigo por terra, e dahi veo a esta cidade de Goa, e eu o conheci muito bem (1). E do Cabo de Boa Esperança até Moçambique e Melinde vieram muitas pessoas que se perderão em náos, e nunqua viram *canela:* assi que ambas as Etiopias, debaixo do Egypto como de cima do Egipto, que he a que está perto de nós, sabemos nam haver nellas *canela*.

RUANO

Será isso porque nam são muito curiosos de saber?

ORTA

Nam são todos assi; porque os da ilha de Sam Lourenço, que são gente barbarissima, amostrárão aos homens, que lá vão a tratar, humas frutas como avelãas no tamanho, sem cabeça; e porque cheiravão a *cravo* lhas vierão a mostrar (2); pois se estes acharam lá *cinamomo* ou *cassia lignea,* tambem lha mostraram; pois parece mézinha tão odorifera. E porque a redondeza nunca foy tam sabida como ao presente, em especial dos Portuguezes, não créais que faltassem tam celebradas mézinhas, porque assi as prantas como as frutas nunca forão tantas como agora são; porque as enxertias fazem diversidade nas frutas, e porque o transplantar de huma terra a outra faz tambem diversidade; logo per amor de mim que nam tenhais que falecem *cassia*

nem *cinamomo*, senam que polla muita cantidade que ha du-
vidamos sello*. Isto presuposto, direy os nomes.

Dizey, que a fim protesto de dizer de meu direito, como
dizem os causidicos.

Chamam os Arabios á *cassia lignea, salihacha;* e os Persios assi a chamão; e os Indios e os que não sabem fisica
por os livros arabios, lhe chamam o nome que chamam á *canela;* porque todos nesta terra não fazem differença nos nomes da *canela* e da *cassia lignea,* como lhe nós chamamos. E
na verdade nenhuma pessoa vio *cassia lignea* differente da
canela, nem fisico nem boticairo a vio em algum tempo, nem
a ha; e se quiserdes ver donde veio este error, chamarem
á *canela cinamomo,* e á *cassia* estoutro nome, dirvoloey.

Muito folgaria de o saber.

Os Chins navegarão esta terra muito tempo ha; e como
a gente d'ella era barbara e sem nenhum saber, tomavam
delles as leis e custumes, e navegações em navios de alto
bordo, em tanta maneira, que, se vos não enfadasseis, vos
contaria disso muitas cousas, que direitamente nam fazem
ao caso, posto que folgueis de o saber.

Antes me fareis nisso muita merce; pois o tempo temos
por nós.

Pois sabey que erão tantos os navios da China que navegavão, que contão os de Ormuz que achão em seus li-

---

* Orta parece admittir n'esta passagem a variabilidade da especie;
e com um pequenino esforço de imaginação poderiamos contal-o entre
os precursores de Darwin.

vros, que em huma maré entrárão na ilha de Jeru (que agora
se chama Ormuz) quatro centos juncos; e tambem dizem
que se perderam nos baxos de Chilam mais de 200 juncos;
e isto está, por memoria, nas terras que confinão com os
baxos. Juncos são uns navios compridos que tem a popa
e a proa de huma feiçam. E em Calecut tinhão uma feito-
ria, como fortaleza, que oje em dia permanece, e se chama
China cota, que quer dizer *fortaleza dos Chins* (3). E em Cochim leixarão huma pedra por marquo, e em memoria que
ali chegarão os Chins; e quando elrey de Calecut (que tem ·
por ditado Çamorim ou Emperador) cercou a Cochim, porque
estavam em elle dous Portuguezes, que alli ficarão no descobrimento da India, e lhos não deram, estruyo Cochim,
e levou dally aquela pedra, em logar de trofeo, o qual lhe
tem custado bem caro. E nesta pedra se coroava em Repelim, tomando a coroa por elrey de Repelim, que na cabeça lha punha, e lhe fazia homenagem; e em este Repelim
ficou aquella pedra por mandado do Çamorim. Este Repelim está apartado quatro legoas de Cochim, onde ficou a
pedra até ao anno de 1536, que Martim Afonso de Sousa,
nam menos envencivel que afortunado capitam, sendo Capitão mór do mar, destruyo Repelim e queymouo e saqueou,
fugindo elrey com muita gente; e matou outros muitos que
nam fogiram, do que eu sam testemunha de vista; e levou
a pedra a Cochim, e a mandou a elrey, o qual fez com ella
muita festa, e fez merce a quem lha levou; e a Martim
Afonso de Sousa ficou em muita obrigaçam por isso, e por
duas vezes deitar a elrey de Calecut fóra de suas terras, e
por lhe mandar o sombreiro que tomou com os paros* em
Beadalla (que eram cincoenta e sete) onde lhe matou quinze
mil homens, não levando comsiguo mais de trezentos; e ay
lhe tomou seis centas peças de artilheria e mais de mil es-

---

* Barcos mais habitualmente designados pelos nossos escriptores na
fórma *paráo,* do maláyalam *pāru.* Nas referencias ás regiões de Malaca e archipelago parece antes dever derivar-se a palavra *paráo* da
javaneza *prahu,* modernamente escripta pelos viajantes *prow* e *prau.*

pinguardas. E porque as cousas deste tão gram capitam sam muitas, vos não diguo mais. E estas que vos diguo nam he pollo louvar; porque de si he tanto louvado como todos os de nossos tempos; senão conto isto, porque faz ao caso do que digo dos Chins (4).

RUANO

Mais quero saber isto que toda a *canela,* e, portanto, vindo ao caso, sempre me dizei alguma istoria dessas.

ORTA

Estes mercadores traziam de sua terra *ouro* e *seda, porcelana* e *almiscre,* e *cobre, aljofre* e *pedra ume,* e outras muitas cousas; das quaes vendiam em Malaca algumas, e della traziam *sandalo,* e *noz,* e *maça, cravo, lignaloe;* e depois no caminho vendiam muitas cousas destas, scilicet, em Ceilam e no Malavar; e de Ceilam traziam muito boa *canela,* que lhe custava muito pouco dinheiro; e os marinheiros, sem dinheiro nenhum, traziam dos matos do Malavar *canela* brava e roin, e tambem a traziam já de Jaoa, e faziam escalla neste Malavar de *pimenta* e *cardamomo,* e outras droguas; e levavam tudo a Ormuz ou á costa da Arabia, onde o vinham comprar mercadores; e o levavam a Alexandria, e Alepo, e a Damasco. E perguntados estes Chins, que cousa era aquella *canela* que tal cheiro e sabor tinha, diziam as fabulas que Herodoto conta, e outras muito maiores, por vender milhor sua fazenda; e como viram a *canela* de Ceilam ser muito deferente da de Jaoa e do Malavar, puseramlhe dous nomes, nam sendo mais que hum só páo ou casca delle; senão que, assi como huma fruta he milhor em humas terras que em outras, assi a *canela* de Ceilam he milhor que todas as outras, sendo tudo *canela;* e a Portugal nam se leva outra *canela* senam a de Ceilam. E os de Ormuz, porque esta casca traziam a vender os da China, lhe chamaram *darchini,* que em persio quer dizer *páo da China;* e assi a vendiam em Alexandria, e nas partes que acima dixe, mudandolhe o nome por o vender milhor aos Gregos, e chamaramlhe *cinamomo,* que quer dizer *páo cheiroso,* como

amomo trazido da China; e á ruim *canela* que he a de Malavar e a de Jaoa, puseramlhe outro nome, que he o que tem
na Jaoa, scilicet, *caismanis,* que em lingoa malaia quer dizer
páo doçe. De modo que a que era huma especia puseramlhe
dous nomes, scilicet, á boa *darchini,* que he *páo da China,*
e *cinamomo,* que he *amomo da China;* e á outra *caismanis,*
que he *páo doçe.*

RUANO

Darchini nam he nome arabio; pois o escreveo Avicena*
e Rasis, e todos os Arabios?

ORTA

Não, senam persio; que muytos nomes põe Avicena no
Canom*+, que diz serem persios. E porque o nome em arabio
da *canela* he *querfá,* e posto que este nome diga Andreas
Belunensis que he nome da *canela grosa,* eu comuniquei
isto com Arabios, e me dixeram que *querfá* e *querfé* em
arabio era a *canela* de qualquer maneira que fosse; e os
Gregos, corruto o nome da *cassia,* que era *caismanis,* lhe
chamaram *cassia.* E todos os nomes que os escritores Arabios escreveram sam estes; e os que doutra maneira estam
escritos, sam corrutos, como *darsihaham* e outros. E pois
esta he a verdade, requeiro da parte de Deos aos boticairos que não lancem, por *cassia lignea, canela* ruim, senam
muyto fina *canela,* pois della ha tanta abundancia, e escu-
saram de dobrar o peso da *cassia lignea* por *cinamomo.*

RUANO

Isso que dizeis do peso da *cassia lignea,* que ha de ser
dobrado, em lugar de *cinamomo,* nam careçe de autoridade;
pois o dizem Dioscorides e todos os outros.

---

* Lib. 2, cap. 128 (nota do auctor).

** Isto é, no *Qanun,* o livro de Avicenna, القانون فى الطب, *al-
qanun fil tebb.*

ORTA

A mim, como a testemunha de vista mais baixo que todos os medicos, se ha de dar mais fé que a esses padres da medecina, que per falsa enformaçam escreverão. De modo que a que chamão os Gregos e Latinos *cinamomo,* chamam os Arabios *quirfé* ou *quirfá,* e os Persios *darchini,* e os de Ceilam (onde a ha) *cuurdo,* e os Malaios *caismão,* e o Malavar *cameá.* E se achardes que Serapio espõe e decrara *darchini,* que he arvore da China, tende pera vós que a derivaçam he falsa, e que foy acrecentada pello trasladador, e a minha he verdadeira (5).

RUANO

Se bem sam alembrado, dixestes que a *cassia lignea* se chamava primeiro *caismanis,* que quer dizer *páo doce;* e se isto assi he, a *canela* ha de ser *páo amargoʒo,* como entrepreta Menardo do verbo greguo, que senifica que ao menos seja corrosiva.

ORTA

Esse verbo, enterpretado por Menardo, quer dizer que punja com hum mordimento suave e cheiroso, e mais diz que amargura he fóra das cousas aromaticas, senam que he chegado a ellas bom cheiro e sabor agudo. E alem disto diguo eu, respondendo a este Menardo, que a gente desta terra nam tem mais que tres sabores, scilicet, doçe, e azedo e amarguo, e ao que lhe sabe bem, como não he amarguo, lhe chamam doçe; de modo que á cousa que sabe bem lhe chamam doce, e assi lhe puserão o nome *páo doce.*

RUANO

Hum moderno escritor diz que esta nossa *cassia lignea* não he dos antiguos; porque diz que he preta e sem cheiro; e que se alguma *cassia* ha, que he chamada por Dioscorides a *pseudo cassia,* que quer dizer *canela falsa.*

ORTA

Bem pudia ser que falseficasem a *canela* antiguamente; mas aguora nam ha rezam pera fazer tal cousa, por a muÿta abundancia que della ha; e comtudo diguo que huma das drogas que se corrompe nesta terra mais he a *canela;* e mais se for levada muyto tempo por mar. E portanto nam ey por enconveniente que na boa *canela* mesturem alguma da má e danada, e sem cheiro, e que não seja vermelha: e tanto danada pode ser que não seja *canela,* assi como homem morto não he homem. E qua na India achamos muita desta; ou porque não se curou bem, ou porque foy colhida sem tempo, ou porque seja corrompida; porque sabey que esta terra, ao menos a fralda do mar, he muito sogeita a putrefaçam, como achamos por esperiencia cada dia, que a *canela* nunqua dura mais de hum anno sem se danar. Assi que *cassia lignea,* e *cinamomo* e *canela* tudo he hum; postoque nunqua foy sabido dos Gregos, e mal sabido dos Arabios.

RUANO

Estes fisicos letrados Persios e Arabios, que curam a esse rey vosso amiguo, que tomavam em lugar da *cassia?*

ORTA

Canela grossa do Malavar, e eu aporfiava com elles que não lançassem senam *canela* fina; e elles sem nenhuma rezam estavam em sua pertinacia; e o rey os convençia, e era de minha parte. E certo que, tornando a fallar na *cassia,* não posso entender estes modernos escritores; porque huns tem que não ha verdadeira *cassia lignea,* e o Menardo diz que si, scilicet, a que vendem nas boticas, chamandoa *canela* e he *cassia:* e porém diz este mesmo Menardo que nam ha verdadeiro *cinamomo;* e Valerio Cordo diz que não ousára dizer tal cousa, scilicet, que careçemos do verdadeiro *cinamomo,* senão que temos algumas especias delle. Laguna diz, alegando Galeno, que a *cassia lignea* se converte em *cinamomo;* porém que a elle lhe pareçe milhor dizer que o *cinamomo* se converte em *cassia lignea;* porque huma especia não se pode tornar em outra mais perfeita por tempos, antes em outra menos perfeita. Concertaime lá estes escritores; e porém eu diguo que huma especia nunqua se pode mudar em outra; mas que a boa *canela* se pode por

14

tempos fazer má, e chamaremlhe *cassia lignea;* mas não porque a *cassia lignea* e o *cinamomo* sejam varias especias, senam são nacidas em diversas terras de huma mesma especia. Depois Amato Lusitano teve que avia todas as especias, e a este imitou Mateolo Senense, com outros alguns; e per derradeiro diz Laguna, que quem for á caza da India de Lixboa, achará todas as especias do *cinamomo;* mas fallando a verdade comvosquo, eu nunqua pude ver mais que duas maneiras ou tres delle, que são de huma mesma especia, scilicet, a *canela* de Jaoa e a de Ceilam, e a do Malavar; e quando Laguna diz que quem for á casa da India de Lixboa achará todas as especias do *cinamomo,* diguo eu que se entende que achará *cinamomo* bom e corrompido, e achará outro melhor, e outro muito melhor, mas não as cinquo especias distintas, que elle diz.

RUANO

Pois sabey que diz mais que, em tempo dos emperadores romanos, quem pudia achar hum páo de verdadeiro *cinamomo* fazia grandes tesouros delle; que nam nos maravilhemos nós de o não podermos aver; e diz que ao tempo do papa Paulo foy achado um pedaço, que estava guardado do tempo do emperador Arcadio, o que foy ha 1400 annos, de que foy feita grande festa.

ORTA

A tudo vos responderey. Diguo que se sabe mais em hum dia agora pellos Portuguezes, do que se sabia em 100 annos pellos Romanos; e que o páo que lhe a elle foy dado em peça seria trazido de Lisboa, que nam se corrompeo; e o que acharam do emperador Arcadio seria guardado assi polla vontade de Deos, ou pode ser que foy isto fingido.

RUANO

O páo da *canela* cheira a oregam, como diz Ruelio?

ORTA

Não cheira o páo senão assi como cheira a casca, e assi tem o sabor della; mas nam cheira com cheiro tam forte e intenso, nem ha oregãos em toda a ilha de Ceilam, nem no Malavar, nem eu os vi na India, senão trazidos de Ormuz.

RUANO

Alguns dizem que temos *cinamomo,* mas não aquele muito louvado a que chamavam *mosselitico;* e dizem que o *cinamomo* quanto he melhor, tanto dura mais; outros dizem que dura trinta annos; e que dura mais feyto em pó. E que respondeis a isto?

ORTA

Ao primeiro vos responderey quando vos dixer onde ha a *canela;* e ao derradeiro vos diguo que esta droga, de que tratamos, dura muyto pouco sem se corromper. E ao que dizeis que, polverisada e feita em troçisquos, dura mais, não tendes nisso muyta rezão, que mais se conserva no seu propryo páo; e nas casas onde comem pó de canela lançado per cima dos comeres, não guardam este pó de hum dia pera outro, porque se corrompe qua na India. E quanto he á corteza, que he a *canela,* em humas terras dura mais que em outras, conservandoa bem; onde não ha humidade dura mais annos. E nas outras terras os fisicos se conformaram com ellas, e com a esperiencia; e assi o saberam bem: de modo que nam sey se dura trinta annos. E a outra *canela,* que achárão do tempo do emperador Arcadio, já vos respondi que queria ver e crer.

RUANO

Outra rezão dá Antonio Musa, trazida per autoridade de Teofrasto, que o *cinamomo* antiguo tinha muytos nós, e que esta *canela* não os tem.

ORTA

Teofrasto não diz bem, nem era homem desta terra pera saber como he o arvore. E como se tyra a corteza bem, direyvos donde vereis craramente a verdade.

RUANO

Dizey, que ao cabo virey com as duvidas que tiver.

ORTA

Os arvores sam do tamanho de oliveiras, e alguns mais pequenos; e os ramos destes arvores sam muytos, e não tortos, senão algum pouco dereitos; as flores sam brancas, e o fruito preto e redondo, mayor que murtinhos, porque será como avelãas; e a *canela* he a segunda corteza do arvore; porque tem duas cortezas, como o sovereiro, que tem cortiça e casca; assi a *canela* a tem; ainda que as cortezas nam sam tam destintas nem tão grossas, como as do sovereiro. E primeiro tiram esta corteza de fóra, e alimpam a outra; e deitãona no cham, feita em fórma quadrangullar; e deitada no cham, ella por si se enrolla em forma redonda, que parece corteza de hum páo, mas nam porque o seja; porque os páos della sam da grossura da coxa de hum homem; e a mais grossa desta *canela* he como hum dedo. E tambem se faz vermelha, e tem aquesta cor que vedes, pollo sol que a queima; e a cor he como de pouca cinza mesturada com vinho vermelho, que fica como vinho cinzento, dominando pouquo a cor da cinza e muyto a do vinho. Os arvores nam sam tam pequenos, como dizem Dioscorides e Plinio*, e sam muytos; e o preço he muito pouquo na *canela* em Ceilam, mas de trinta annos a esta parte nam a póde comprar ninguem senão o feitor de elrey. E esta corteza, que este anno se tira, deixando estar o arvore dá outra dahi a tres annos. E os arvores sam muitos, e a folha he como de loureiro; e os arvores que dam *canela* ruim no Malavar e em Goa são muyto mais pequenos que os de Ceilam; e todos são monteses e crecem e nacem per si. A raiz deyta aguoa que cheira a *canfora,* e temse por fria; e elrey veda que se não tirem as raizes, por nam ser estruiçam dos arvores.

---

* Lib. I, cap. 12; lib. 2, cap. 19 (nota do auctor). A citação de Dioscorides é exacta, tratando o cap. 12 da *cassia,* e o 13 do *cinnamomo.* A referencia a Plinio é errada; a passagem encontra-se no livro XII, 42, ed. Nisard, cap. 19 das antigas edições.

RUANO

He branca, e vermelha e preta esta *canela?*

ORTA

A que nam he bem curada fica branca ou parda; e a muito seca fica preta; e a bem curada fica vermelha, como antes dixe; e a raiz he casi sem sabor, e cheira a *canfora;* e o fruto não he aprazivel ao guosto; e as flores tambem se estilam, mas não cheiram tam bem como a aguoa estillada da *canela;* postoque Laguna digua que das flores somente se estilla, mas a verdade he que se estilla a melhor das cortezas antes que se sequem. He muyto gentil mézinha pera o estomaguo, e pera tirar a dor da coliqua, que he procedente de causa fria; porque tira a dor de emproviso, como eu muitas vezes vi. Faz o rosto vermelho, e de boa cor; tira o máo cheiro da boca: certamente que pera Portugal he muyto boa mercadoria, se a levassem em cantidade que abastasse; porque, alem de ser muyto medecinal, he saborosa e boa pera temperarem os comeres, como qua fazem na India.

RUANO

Ha em outro cabo esta boa, senão em Ceilam?

ORTA

Não que eu ouvisse dizer.

RUANO

Pois Francisquo de Tamara, no livro que fez dos Custumes, diz que ha no estreito do mar ruivo *cinamomo e loureiros* que os cobre a aguoa, quando cresce a maré. E tambem dizem os que escrevem das Indias Occidentaes, dos nossos Castelhanos, que em muitas partes destas Indias a ha, em especial em huma terra que chamão Zumaco; e tambem dizem, falando na China, que ha lá muita *canela* e especieria; a isto me respondei tudo.

ORTA

Ao que diz Francisquo de Tamara lhe podeis responder que traladou o que os outros falsamente escreveram; que os Portuguezes, que esse mar ruivo navegam, nunqua tal cousa viram, navegando todos os annos. E os outros coronistas que dizem que as ha nas Indias, tambem não dizem a verdade; porque dizem que a fruita he como bolotas de sôvaro; e que traz huns capelos pegados nella; e a fruita da *canela* de Ceilão e do Malavar he como azeitonas pequenas ou muyto grossas. E já fora bem que alguma desta *canela* viera a Espanha; por onde pode ser que será outra arvore que dá esta fruita e a casca, e seram deferentes ambas as arvores, como he deferente a *pereira de engoxa* da outra *pereira*. E ao que diz da China, bem sabido he ser falso, pois de Malaqua levão pera a China drogas, e sabem não aver lá a tal drogua (6).

RUANO

Do fruto da *canela* que se faz?

ORTA

Fazem azeite, como nós fazemos o das oliveiras, parece como sevo em pães, ou como sabam francez; não cheira bem nem mal, senão, quando se esquenta, cheira alguma cousa a *canela,* aproveita pera esquentar o estamaguo e nervos (7).

RUANO

A *canela* de Ceilão he toda muito fina?

ORTA

Não, senão alguma he muito roim, que se não arredondou bem, e era muyto grossa por não ser daquelle anno; e, como he de mais tempo, não he boa: isto entendei na de Ceilam, porque a do Malavar e das outras terras toda he muyto roim, e val o quintal da *canela* de Ceilam dez cruzados, e a do Malavar val hum *bar,* que sam quatro quintaes, hum cruzado; e levam os Malavares a vender esta *canela* a Cambaya e a Chaul e Dabul; pera dahy a levarem ao Balaguate.

RUANO

Dizeime dos nomes das especias que traz Plinio, pera ver se se podem reduzir a algumas partes da India.

Serão reduzidos, como podermos; porque a verdade he o que dixe, e os nomes levalosemos a ella. E diguo que *Zegir* pode ser que se chamasse assi toda a terra dos Chingualas, que sam os de Ceilam; porque os Persios e Arabios chamam os negros *Zangues;* e toda a gente de Ceilam e do Malavar he desta cor; e tambem aquelles baixos que estam entre a costa e a ilha de Ceilam se chamam de Chilam, onde podemos derivar o nome de *Zegir.*

E *cinamomo musilitico,* tanto louvado, donde se diz?

Da ilha de Ceilam, que he ilha montuosa, que está contraira ao monte Cory, que he o cabo do Comorim; e onde achardes em Dioscorides que cheira a *aruda* nam lhe deis fé; e Plinio diz que trazem esta *canela* ao porto dos Genalabitas que se chama o Ceilam: vedes como craramente quer dizer no porto dos Chingualas, que he Ceilam; porque diz que por direito caminho vem do promontorio de Cory, porto das Genalabitas dito Ocila; se estas derivações vos nam contentarem, nam vos saberey dar outras melhores (8).

Estas derradeiras me parecem milhor; mas os que dizem que he a folha da *canela* como do *lyrio espadanal,* dizem bem?

Não, porque a folha da *canela* parece a laranjeira ou a louro; scilicet, a feiçam he de laranjeira, e a cor he de louro.

O olyo fazse da *canela* tambem?

Já vos dixe que se fazia somente do fruto da arvore da *canela;* e que se fazia, como nós fazemos o das oliveiras, e esta he a verdade.

RUANO

Acho em receitas de hum doutor de autoridade, *toma cinamomo allipitino:* he por ventura alguma parte da ilha de Ceilam, ou donde he?

ORTA

Si*, ay em Alepo, cidade principal da Suria, *canela* naçida, assi como ha em Espanha, senão levamna de Ormuz e de Gida a Alepo; e vendem lá isto, e trazem cavallos a Ormuz, e muitos generos de sedas e brocados; e porque aquella *canela* era boa e nova, ficou aquelle nome á boa *canela*; e não porque a ay aja.

RUANO

Eu sam satisfeito; e diguo que me parece bem que tenhamos verdadeiro *cinamomo* e verdadeira *cassia lignea;* e nam que nos falte; e que toda seja huma, e que, quando achar *cassia lignea* nas receitas, ou *cinamomo,* sempre porey *cinamomo* o milhor que achar, pois todo he hum, e as cousas que os doutores escrevem pera que aproveita hum as dam a outro; e se Deos me levar a Espanha, eu tirarey desta erronea a muitos fisicos e boticairos; e direy áquelle famoso doutor Thomas Rodrigues, que aquella eshortaçam que faz Mateolo aos fisicos de elrey de Portugal, que tirem isto a limpo, que vós lhe presentais, e pondes debaixo de sua correiçam; porque elle vos mandou isto pedir antes. E agora me dizei o que sabeis da ilha de Ceilam, pois he tão celebrada.

ORTA

Tem a ilha de Ceilam de comprimento 80 legoas ou mais, e de largura trinta legoas: he frutifera, está de gráos de 6 até 9; he a mais frutifera e milhor ilha do mundo. Alguns dixeram ser Trapobana ou Çamatra: tem defronte na costa hum promontorio, que chamam o cabo de Comorim. He muito povoada, postoque montuosa por muitas partes: á

---

* Parece-me que se deve ler: «Não ha ... assi como não ha em Espanha ...»

gente della chamam *Chingalas:* he de elrey nosso senhor e os reys della sam sujeitos a elle. He certo que esta ilha he a mais nobre do mundo; e era toda de um rey, e foy morto por seus netos, e partiram entre si esta ilha. E quando os Portuguezes vieram a esta terra, fizeram consulta de cortarem e esterilizarem muitos arvores, assim como sam *nozes* e *cravo* e *pimenta*. Ha nesta ilha todo genero de pedraria, tirando diamans. Ha muito *aljofre,* como diremos adiante; tem ouro e prata, e nam querem tirallo os reys, senam tello por tisouro: dizem que se ajuntam alguma vez, pera o tirar secretamente. Os matos sam com todas as aves do mundo, e muytos pavões e galinhas, e pombas muitas, e de muitas maneiras; cervos e veados, e porcos em muyta cantidade: ha muitas frutas nella das desta terra e laranjeiras, e tudo isto he montesinho; e as laranjas he a milhor fruta que ha no mundo em sabor e doçura; damse nella todas as frutas nossas, como uvas e figuos. Certo que das laranjas só se podia fazer muito boa pratica; porque he a milhor fruta que ha no mundo. Tem linho e ferro; e entre os negros qua dizem os Indios ser o paraizo terreal; e fabulam que huma serra, que ahi ha muyto alta, que chamam o pico de Adam, e dizem que está ally a pégada de Adam, e outras fabullas muyto mayores, que por tais volas conto, e taes sam. Ha muitas palmeiras e os alifantes são os milhores que ha no mundo, e de muito entendimento (9), e dizem que os outros que lhe tem obediencia (10).

NOTA (1)

Se havia ou não *canella* no interior da Africa, é questão que procuraremos averiguar em uma das notas seguintes. Por emquanto diremos simplesmente, que nos não é conhecido este clerigo, o qual —como ingenuamente diz o nosso escriptor— foi de S. Thomé a Moçambique por terra. O facto —tomando a phrase no seu verdadeiro sentido— não é por modo algum improvavel, pois são bem conhecidas as tentativas, que desde o tempo do infante D. Henrique até ao de D. João III,

e posteriormente, os portuguezes fizeram para penetrar no interior da
Africa. Ruy de Sousa, Balthazar de Castro, Gonçalo da Silveira, Re-
bello de Aragão, e varios mais, uns pelo oriente, outros pelo occidente,
penetraram nas terras do interior; e algum outro iria de costa a costa,
mas sem deixar memoria da sua viagem. A affirmação de Orta é muito
positiva, dizendo que tinha conhecido em Goa o tal clerigo. É, porém,
vaga, e nem mesmo é facil saber d'onde este partiu, pois não é muito
provavel que partisse da costa occidental n'aquella região do equador,
em frente de S. Thomé.

Nota (2)

Ortá refere-se á *Ravensara aromatica*, Sonn., uma arvore de Madagascar da familia das *Lauraceæ*, a cujo fructo os francezes chamaram
noix d'épice de Madagascar. Sonnerat descreveu-a e figurou-a nos fins
do seculo passado; e Cêré, director do Jardim botanico na ilha de
França, já antes (1779) tinha dado sobre esta planta uma noticia, dizendo: *Le Ravensara est un arbre à épicerie de Madagascar, dont la*
feuille et le fruit tiennent des quatre épices fines, que nous connaissons.
No catalogo das plantas uteis das Colonias francezas, diz-se que os seus
fructos têem *une forte odeur de girofle*—o cheiro «a cravo» do nosso
Orta. Sonnerat diz tambem, que os naturaes a conheciam perfeitamente, e se serviam das folhas para adubarem o arroz; era pois natural que a trouxessem a vender aos portuguezes, que frequentavam os
portos de Madagascar ou ilha de S. Lourenço.

Orta não foi o unico escriptor portuguez, que fallou na *Ravensara*.
Barros, dando conta da viagem de Diogo Lopes de Sequeira, que foi
procurar *cravo* á ilha de Madagascar, onde —como era natural— o
não encontrou, acrescenta: que os naturaes da terra «vieram a entender em humas certas arvores, que dam hum fructo como baga de louro,
que tem o mesmo sabor do cravo, e começaram de o trazer aos portos
de mar a ver se lhes davam por isso alguma cousa». E depois diz, que
mais tarde veiu a Portugal uma «mostra» d'aquelle fructo.

(Cf. Sonnerat, *Voyage aux Indes orientales et à la Chine*, ii, 58, e 226,
Pl. 127, Paris, 1782; Lanessan, *Les plantes utiles des colonies françai-*
ses, 532, Paris, 1886; Baillon, *Adansonia*, ix, 299; Barros, *Asia*, ii, iv, 3).

Nota (3)

A noticia de Garcia da Orta sobre as viagens dos juncos chins até
ao Golfo Persico é particularmente interessante, porque este facto devia ser pouco conhecido no seu tempo, posto que esteja hoje perfeitamente demonstrado.

O antigo escriptor persa Hamza de Ispahan —citado por Tennent— diz-nos, que no v seculo o Euphrates era navegavel até Hira. E Maçudi, fallando tambem das variações que se têem dado no curso d'aquelle rio, informa-nos de que elle seguia, muito antes do seu tempo, o antigo canal *el-Atif,* passando em Hirah, e vindo lançar-se no mar da Abyssinia (Golfo Persico), que então cobria as terras de *en-Nedjef,* onde: *arrivaient les bâtiments de la Chine et de l'Inde à destination des rois de Hirah.* O termo d'aquella navegação foi, porém, retrogradando, e passou a ser em Obolla, depois proximo da moderna Basra, ou Bassora, mais tarde em Siraf na costa da Persia (segundo Abu Zeyd), e por ultimo em Hormuz (Cf. Tennent, *Ceylon,* I, 565, 5.ᵗʰ edition (1860); Maçudi, *Prairies d'or,* I, 215; Yule, *Cathay,* LXXVIII).

Estas informações dos escriptores arabicos são em parte confirmadas por documentos chins, citados e commentados modernamente pelo sr. F. Hirth. Um porto ou cidade, chamado pelos chins Tʻiao-chih, conhecido por elles desde, pelo menos, o primeiro seculo da nossa era, parece dever situar-se na Mesopotamia, justamente nas proximidades da antiga Hira, e da moderna Kufa. É verdade, que os primeiros documentos o mencionam, não como o *terminus* da navegação; mas, pelo contrario, como o das viagens por terra. Os chins viriam então pela Asia central, através do paiz de An-hsi (Parthia), até Tʻiao-chih, e ali embarcavam com destino ao mar Vermelho, por onde principalmente se punham em contacto com o Ta-tsʻin, ou parte oriental do Imperio Romano. Outras passagens, porém, referem-se ás relações directas, que mais tarde a China teve com o Tʻien-chu (India) e com o Ta-tsʻin ou Fu-lin (as provincias orientaes do Imperio). Se estas relações directas eram, como parece, maritimas, é natural que os chins viessem demandar o porto de Tʻiao-chih seu conhecido. O antigo sinologo De Guignes dá-nos mesmo uma indicação muito mais clara, que no emtanto não encontro confirmada por Hirth. Segundo De Guignes, consta dos annaes da dynastia Thang (VII e VIII seculos), que os juncos chins partiam de Kuang-cheu (Cantão), e, depois de tocarem em Ceylão, costeavam o Malabar até a um porto chamado Tiyu (Diu?). D'ali seguiam ainda ao longo da costa, e chegavam a um segundo Tiyu, proximo do grande rio Milan ou Sinteu (o Indus, ou Sindu, chamado pelos arabes Mehran). Navegavam depois para um ponto, onde havia um pharol (os estreitos de Hormuz?), indo finalmente a Siraf e á embocadura do Euphrates (Cf. F. Hirth, *China and the Roman Orient,* 37, 42, 147, etc. Leipsic e Munich, 1885, De Guignes, *Mem. de l'Acad. des Inscriptions et Belles letres,* XXXII (1768), pag. 367).

Mais tarde, as navegações dos chins encurtaram-se, á medida provavelmente que os navios mais leves dos arabes se foram multiplicando. Edrisi, que escreveu perto de dois seculos depois de Maçudi, dá conta das relações commerciaes de Aden com a China, mas não diz em que

navios se fazia a navegação; e, fallando de Soar, na costa de Oman,
usa da seguinte phrase: *il s'y faisait des expeditions pour la Chine,*
por onde parece, que se fazia em navios arabes. Em todo o caso,
quando Marco Polo, e depois Ibn Batuta visitaram a costa do Malabar,
era ali, em Coulão e Calicut, o termo habitual da navegação dos juncos. Ibn Batuta fixa mesmo aquelle termo expressamente, dizendo de
Hili (junto ao monte Dely), e a «*cuja cidade chegão navios da China*».
Depois, como é bem conhecido, quando os portuguezes chegaram á
India, os juncos chins já nem mesmo vinham ao Malabar, e em geral
não passavam de Malaca (Cf. Edrisi, *Géographie*, ı, 5ı, ı52; Yule,
Marco Polo, ıı, ı95; *Viagens de Ben Batuta,* ıı, 246).

Vê-se pois, que o facto apontado por Orta é absolutamente exacto,
e ao mesmo tempo que esse facto tinha cessado alguns seculos antes
d'elle escrever, devendo estar já um pouco apagada a sua memoria.
Em que o nosso escriptor se enganou, foi em julgar que os juncos entravam na ilha de Jeru, isto é Jerun, ou Gerun. Os juncos frequentavam o velho porto de Hormuz na terra firme, que parece ter sido importante desde tempos muito antigos, pois se tem identificado com a
cidade de Armuza de Ptolomeo, e com aquelle sitio chamado Harmozia,
locus ipse Harmozia vocatur, em que descansou e se refez a armada
de Nearcho, segundo conta Arriano. Este foi e era n'aquelles tempos
o porto commercial, e só se transferiu para a ilha de Jerun depois do
anno de ı3o2, seguindo a versão de Teixeira, a qual parece mais acceitavel que a de João de Barros, e concorda com o que diz Abulfeda.
Quando Marco Polo ali passou (ı293 proximamente) a cidade ainda
estava na terra firme; mas quando ali foi fr. Odorico (ı32ı) já a encontrou estabelecida na ilha. N'esta epocha as viagens dos juncos tinham
cessado; e quando antes ali íam, Jerun era uma pequena ilha deserta
e salgada, transformando-se depois em uma cidade tão rica, que os
orientaes diziam: se o mundo fosse um annel, Hormuz seria a pedra
n'elle cravada.

· Esta transferencia de nome e de importancia de um ponto da terra
firme para uma ilha, é que o nosso Orta desconhecia, ou se esqueceu
de mencionar; e que outros escriptores do tempo, por exemplo Camões,
indicaram com exactidão:

> Mas vê a ilha Gerum, como descobre
> O que fazem do tempo os intervallos,
> Que da cidade Armuza, que alli esteve,
> Ella o nome depois e a gloria teve.

(Cf. Arriani *Indica,* 573, edição de Nicolaus Blancardus; Teixeira,
Relacion de los reys de Harmuz, ıı; Yule, *Marco Polo,* ı, ıı3; *Lus.,*
canto x, est. ı03).

Ao mesmo tempo, que Orta nos dá noticia dos numerosos —talvez demasiado numerosos— juncos, que entravam na ilha de Jerun, fallanos dos que se perderam nos «baxos de Chilam». Estes baixos ficavam entre a ilha de Ceylão e a costa de Coromandel; e as suas rochas grandes, regulares, aflorando ao lume da agua, parecendo artificialmente collocadas, receberam o nome de ponte de Adão, *Adam's bridge* dos inglezes. Por ali diziam os Hindús, que o seu Rama havia passado para conquistar a ilha; e por ali, segundo os mahometanos, tinha sido o caminho de Adão. Pareceria, pois, por esta noticia de Orta, que os juncos seguiam aquella derrota, no que pôde haver alguma duvida.

Os nossos navios portuguezes, fustas, galeotas e outros, passavam ás vezes pelos canaes dos baixos; mas alguns maiores com certa difficuldade. Gaspar Corrêa diz, por exemplo: «esta armada passou os baixos de Chilão com o galeão e caravellas *descarregadas,* ao que lhe deu muyto aviamento Diogo Rabello, que andava por capitão da pescaria» (de perolas). A antiga navegação dos arabes fazia-se tambem por ali, como claramente dizem Soleyman e Ibn Wahab no ıx seculo; e por ali continuou no tempo dos portuguezes, como se vê do seguinte trecho de Duarte Barbosa: «por honde (pelos baixos) passaom caminho de Charamandel todolos zambucos do Malabar, e cadano se perdem muytos n'estes baixos, por ho canal ser muy estreito». Todas estas embarcações de pequena lotação tomavam, ou a passagem entre a ilha de Manaar e a de Ceylão, ou o canal de Paumben, entre a ilha de Rameseram e a costa da India.

Sir Emerson Tennent, porém, põe em duvida que os grandes juncos seguissem aquelle caminho, e admitte que elles rodeavam Ceylão e frequentavam o porto, hoje conhecido pelo nome de Ponta de Galles. Os antigos juncos eram effectivamente enormes, trazendo grandes cargas, e guarnições, que chegavam a ser —segundo Ibn Batuta— de mil pessoas. Era pois natural, que nem passassem, nem tentassem passar habitualmente pelos canaes dos baixos. A noticia de Orta não deve, pois, referir-se á navegação habitual, mas a um ou a mais factos isolados, de que fallam outros escriptores. João de Barros diz:

«No tempo que os Chijs conquistaram aquellas partes por razão da especiaria, entre o transito d'esta Ilha (Ceylão) e a terra firme, com hum tempo a que elles chamão vara, que he o que faz a maravilha do seu Scylla e Charybdes, em hum dia perderam oitenta vellas, donde aquelle lugar se chama Chilão ... que ácerca d'elles quer dizer os perigos ou perdição dos Chijs».

E fr. Gaspar da Cruz allude ao mesmo ou a outro naufragio:

«...e nos baixos de Chilão, que correm da ilha de Ceilam pera a costa de Cheromandel se afirma pelos da terra, que se perdeo hũa muy grossa armada dos Chinas, que vinha sobre a India, a qual se perdeu porque os Chinas eram novos em aquella navegação».

Deixando de parte a etymologia da palavra Chilão, que não parece exacta, estes factos de naufragios nos baixos devem ser verdadeiros, ainda quando não fosse por ali o caminho habitual da navegação.

(Cf. Tennent, *Ceylon*, I, 587 et seqq.; *Lendas*, III, 560; Duarte Barbosa, *Livro*, 352; Barros, *Asia*, 'IIII' II, 1; fr. Gaspar da Cruz, *Tractado da China*, 19, 2.ª edição, Lisboa, 1829.)

Estas referencias ás expedições militares dos chins ao sul da India, levam-nos a fallar da Chinacota de Calicut, e da origem que Orta lhe attribue. A mesma noticia se encontra nas *Lendas*, e d'ali se vê que o recinto da Chinacota era grande, pois n'ella se aposentou Pedralvares Cabral com toda a sua gente que desembarcou. Este e outros edificios referem os nossos escriptores com insistencia ao dominio dos chins na India. Alem das indicações, dadas por Barros e fr. Gaspar da Cruz nas passagens citadas, Gaspar Corrêa falla de uma grande armada de chins e «lequeos», que quatrocentos annos antes da nossa chegada correu aquella costa, estabelecendo-se ali muitos d'aquelles estrangeiros. E, entre outros, Diogo do Couto falla explicitamente na estada dos chins na India meridional, e nas leis e costumes que ali introduziram. A questão é intrincada, porque é difficil admittir, que não existisse um fundamento real para estas affirmações concordes, e por outro lado esse fundamento se não encontra — ao menos, que eu saiba.

Póde ter contribuido para introduzir aquella idéa no espirito dos nossos escriptores, o dominio que os chins tiveram na ilha de Ceylão, onde mandaram uma armada depois do anno de 1405, e d'onde recebe-ram tributo até ao anno de 1459. Este facto estava fresco na memoria de todos quando os nossos chegaram á India, e pôde bem ser que os juncos perdidos nos baixos fossem d'esses que se enviavam a Ceylão. Quanto á India, é certo que Yule menciona alguns estados situados n'esta região, e nomeadamente um que identifica com a costa de Maabar, ou de Coromandel, como vindo incluidos em uma lista de paizes tributarios á China, em tempos do imperador Kublai (1286); mas é necessario ter em vista a arrogancia dos documentos chins, que dão a significação de actos de vassallagem a uma embaixada, ou ás vezes a simples relações commerciaes. Dominio effectivo na India parece não ter havido. Havia, porém, colonias commerciaes, ricas e prosperas; e a essas colonias, aos mercadores chins, estabelecidos em Coulão e outros pontos do Malabar e de Coromandel, allude Ibn Batuta e varios viajantes da Idade-media. É perfeitamente admissivel, que essas colonias tivessem feitorias, edificios religiosos, e mesmo recintos fortificados; e é admissivel que a Chinacota tivesse esta origem.

Em outros casos, porém, os nossos escriptores tiveram um equivoco manifesto, e attribuiram aos chins edificios, que haviam sido levantados por algumas seitas religiosas da India. Já na *Vida* de Garcia da Orta eu tive occasião de notar esta confusão entre chins e buddhistas; e vi

depois no *Indian Antiquary* um artigo —de que então não tinha conhecimento— e em que duas grandes auctoridades orientaes, Yule e Cald-
well, apontavam uma confusão analoga entre *chinas* e *jainas*.

(Lendas, I, 69, 186; Couto, *Asia,* v, I, 1; Tennent, *Ceylon,* I, 622;
Cathay, lxxvi; *Marco Polo,* II, 321; *Garcia da Orta e o seu tempo,* 259;
Ind. Ant. IV, (1875), 9.)

No decurso do *Coloquio,* Orta dá uma longa lista das mercadorias, que os juncos deviam trazer, já da sua propria terra, já das
compras, feitas pelo caminho: ouro, seda, porcellana, almiscar, cobre, aljofre, pedra hume, sandalo, noz e maça, cravo, madeira de
aloés, canella boa e ruim, pimenta e cardamomo. Alguns seculos antes,
Edrisi dera igualmente uma lista das mercadorias, que da China vinham
a Aden, entre as quaes é facil reconhecer que muitas não procediam
propriamente da China, e sim dos pontos intermediarios. Comquanto
as listas diffiram, ha entre ellas concordancias muito interessantes, e
Edrisi aponta algumas das mercadorias citadas por Orta: porcellana?
(vaisselles de terre na traducção), sedas? *(étoffes riches et veloutées),*
noz e maça *(muscade, macis),* almiscar, madeira de aloés, cravo, canella,
pimenta e cardamomo (Cf. Edrisi, *Géographie,* I, 51).

Nota (4)

Para não alongar demasiado estas notas, não repetirei o que disse
já na *Vida* de Garcia da Orta, sobre a famosa pedra de Repelim, sobre
a tomada d'aquella chamada ilha, e sobre o combate naval de Beadalá.
A pedra devia ser simplesmente um *lingam;* e os sucessos militares
são bem conhecidos pelas relações dos nossos chronistas (Cf. *Garcia
da Orta e o seu tempo,* 123 a 132; Gaspar Corrêa, *Lendas,* III, 717, 766,
828; Barros, *Asia,* IV, VII, 19, e VIII, 13; Couto, *Asia,* v, II, 4).

Nota (5)

Como se vê, Orta cita um grande numero de nomes vulgares da *canella,* cuja exactidão é necessario averiguar: '
—Dois nomes gregos, adoptados pelos latinos e em muitas linguas
modernas, designaram duas substancias distinctas, mas, ao que parece,
analogas, κασία ou κασσία, é κιννάμωμον tambem escripto κιννάμ.ον. Estes dois
nomes são geralmente derivados das duas palavras hebraicas, que se suppõe terem designado as mesmas substancias, קְצִיעָה e קִנָּמוֹן. A primeira d'estas palavras liga Sprengel a uma raiz hebraica, que significa
cortar, *abscindere*—e a sua opinião é geralmente seguida, de preferencia

á de Orta, que vê na palavra *cassia*, a corrupção do malayo *cais*. O segundo seria —no parecer do mesmo Sprengel,— a alteração de um nome asiatico[1] da substancia, *cacyn-nama*, que significa pau doce, *dulce lignum*. O nosso Orta procura, porém, outra origem da palavra *cinamomo*, julgando ser o *Cin* ou *Sin-amomo*, isto é o *Amomo* da China. Esta etymologia excitou as iras de Scaligero, o qual exclama: *nihil jocularius, ineptius, stultius, potuit dici*. No emtanto o erudito Cooley, depois de examinar todas as origens propostas para a palavra, considera esta a unica racional; e para ella se inclina igualmente Nees von Esenbeck. A opinião de Orta não era pois tão inepta e ridicula como dizia Scaligero, e tem por si as melhores auctoridades (Cf. Renan, *Hist. des langues sémitiques*, 206; Sprengel, *Dioscorides*, ii, 349, 350; *Exoticorum*, 246; W. Desborough Cooley, *On the regio Cinnamomifera of the ancients*, no J. R. G. S. vol. xix, pars i (1849), pag. 169; Nees von Esenbeck, *Disputatio de Cinnamomo*, trabalho que não pude ver e só conheço pelas citações).

—«Salihacha» —diz Orta— chamam os arabes ā *cassia lignea*. É um nome conhecido, mas cuja transcripção correcta deve ser *salikhah* سِليخَة (Cf. Sprengel, l. c; W. Ainslie, *Mat. ind.*, i, 58).

—«Darchini» é nome «persio» e não «arabio». Escreve-se na fórma arabica دارْ صِينِى *darsini*, ou na fórma e alphabeto persiano دار چِينِى *darchini*; e é effectivamente de origem persiana, como se vê bem da primeira parte *dar*, (cf. sanskrito दारु *dāru*, que significa arvore e madeira). Todos o interpretam do mesmo modo que Orta, querendo dizer *pau da China* (Cf. Pictet, *Orig. Indo-europ.*, i, 210; Ainslie, *Mat. ind.*, i, 72; *Pharmac.*, 468).

—«Querfá», ou «Querfé» nome arabico da *canella* em geral. É um dos mais frequentes entre os Arabes, قِرْفَة *qerfah*, e significa casca *(cortex* em Freytag). Chamam á *canella, qerfah ed-darsini*, a casca do pau da China, ou simplesmente *qerfah*, a casca por excellencia (Cf. Dymock, *Mat. med.*, 667).

—«Caismanis» e «Caismão» é o nome malayo, e significa *pau doce*. Os nomes malayo e javanez são effectivamente *kayu-manis* ou *kaimanis*, e têem a significação que Orta lhes attribue. É claro que este deve ser o *cacyn-nama* e o *dulce lignum* de Sprengel; mas não é igualmente claro que seja a origem da palavra *cinnamomo* (Cf. Crawfurd, *Dict. of the Indian Islands*, 100; Ainslie, l. c.).

—«Cuurdo» é o nome usado em Ceylão: *Coronde, kurunda, kurundú*, e ainda outras fórmas singhalezas, se encontram nos livros mo-

---

[1] Singhalez, segundo Royle *(Ant. of hindoo med.*, 84) ; mas nem o encontro citado entre os nomes usados em Ceylão, nem uma origem singhaleza parece aceitavel pelas rasões adiante expostas.

dernos. Applicam-se em geral á casca de que tratâmos, distinguindo-se depois a melhor pelo nome de *rassu-coronde*, e as inferiores por diversos e numerosos qualificativos (Cf. Ainslie l. c; Piddington, *Index*, 51; Guibourt, *Drogues Simples*, ii, 405).

—«Cameá» no Malabar. Este nome está de certo muito alterado; mas deve prender-se ao tamil *kárruwá*, que Rhede dá na fórma mais simples *karua* ou *carua* (Cf. Ainslie l. c.).

Se prescindirmos das variantes orthographicas, faceis de explicar na transcripção de nomes estranhos e de difficil pronuncia, vemos que a nomenclatura de Orta é exacta, e notavelmente completa.

Devemos dizer que Diogo do Couto, sem ser da especialidade, se mostra muito sabedor d'estes nomes da canella; e aponta o nome *corundo* em Ceylão, *caroa* no Malabar, *carfa* entre os arabicos, *darsin* ou *pau da China* entre os persianos, e *caio manis*, ou *pau doce* entre os Malayos, dando outras indicações interessantes. Mas n'este, como em outros pontos, é para mim duvidoso, se as informações de Couto são propriamente suas, ou se elle as extrahiu dos *Coloquios*, sem comtudo os citar. Algumas concordancias curiosas me levam a crer, que Diogo do Couto se aproveitou mais de uma vez do livro do seu compatriota, mas lhe não fez a honra de o mencionar (Cf. Couto, *Asia*, v, i, 7).

Nota (6)

Orta conhecia a *canella* de diversas procedencias. Em primeiro lo‑ gar a de Ceylão, que era no seu tempo a principal região productora d'aquella substancia, e d'onde ainda vem o *cinnamomum* ou *cortex cinnamomi* mais fino. É a casca do *Cinnamomum zeylanicum*, Breyne, uma arvore da familia das *Lauraceæ*, da qual existem na ilha de Ceylão distinctas variedades, tidas por alguns na conta de espécies particulares, e fornecendo cascas de diversas qualidades e valores. Orta dá uma descripção bastante exacta da arvore; mas cáe em um erro grosseiro e imperdoavel em tão consciencioso observador, quando suppõe que tiravam a «corteza» e passados tres annos dava outra[1]. Este engano —que teve tambem Gaspar Corrêa— resultou de alguma vaga reminiscencia do que se passava em Portugal com os *sovereiros;* e Orta suppoz, que a *canella* se reproduzia, como se reproduz a *cortiça*. Isto, porém, não succede nem póde succeder, porque a *canella*, principalmente constituida pela parte liberiana da casca, se não torna a formar; e a sua extracção determina mesmo a morte do ramo. Duarte Barbosa, sem ser da especialidade, dá um quináo em Garcia da Orta, dizendo

---

[1] Apezar de ter notado acertadamente que a *canella* era a segunda casca.

15

correctamente: «el-Rey ha manda cortar em ramos delguados, e man-dando-lhe tirar a casqua ...». É effectivamente assim que se procede; as arvores são podadas, e são descascados depois os ramos que se cor-taram (Cf. Gaspar Corrêa, *Lendas*, 1, 652; Duarte Barbosa, *Livro*, 350; *Pharmac.*, 470).

Orta conhecia igualmente a *canella* mais grossa e ordinaria do Ma-labar, a qual procede talvez de mais de uma especie, mas principal-mente do *Cinnamomum iners*, Reinw., uma arvore frequente nas flo-restas de Travancore, Mysore, e de outras partes da India.

Conhecia tambem a *canella* de Java, que se julga proceder do *Cin-namomum Burmanni*, Blume.

Mas ignorava a existencia da *canella* na China, e affirmou errada-mente que a não havia ali. Temos todos os motivos para acreditar —como veremos em uma das notas seguintes—, que a primeira *canella* conhecida foi a da China, e sabemos que hoje vem das provincias me-ridionaes d'aquelle paiz toda a *canella* mais especialmente conhecida no commercio pelo nome de *cassia lignea*. Procede, segundo parece, da especie *Cinnamomum Cassia*, Blume, que habita aquellas terras, assim como parte da Indo-China (Sobre esta questão complicada das procedencias botanicas da *canella* e *cassia lignea* póde ver-se Meissner in D. C. *Prodromus*, vol. xv, sect. 1. p. 10 et seqq.; Flückiger e Han-bury, *Pharmac.*, 466, 475; e tambem a traducção franceza d'este ultimo livro pelo dr. Lanessan nas notas finaes).

Em resumo, a insistencia com que Orta, já no titulo e depois em todo o *Coloquio*, affirma que *canella, cinamomo* e *cassia lignea* é uma e a mesma cousa, tem uma certa rasão de ser. Distinguiram-se e ainda hoje se distinguem no commercio, o *cortex cinnamomi* e o *cortex cas-siæ-ligneæ*, como substancias e mercadorias diversas pela sua proce-dencia e pelo seu preço; mas no fundo são substancias muito simi-lhantes, e pertencendo a especies do mesmo genero. É isto, e só isto, o que Orta pretende dizer, porque a distincção scientifica das especies se não sabia fazer no seu tempo; e elle só podia notar, como notou, que a arvore do Malabar era um tanto diversa da de Ceylão.

Pelo que diz respeito ás *canellas* de outras regiões, é claro que a *canella aquatica* do mar Vermelho era uma pura phantasia, resultando de antigas noticias a que nos referiremos nas notas seguintes. A *ca-nella* da America, de «Zumaco» ou de Quito, foi muito celebrada, mencionada por Garcilaso de la Vega, Oviedo e Monardes, e ainda hoje se encontra no commercio com o nome de *ishpingo*. Mas era for-necida por uma planta diversa do *Cinnamomum*, comquanto da mesma familia, uma grande arvore, *Nectandra cinnamomoides*, Meissner, que por emquanto está imperfeitamente estudada.

NOTA (7)

Este oleo, extrahido do fructo do *Cinnamomum*, era bem conhecido dos portuguezes; e Gaspar Corrêa tambem falla d'elle dizendo: «da baga se tira hum azeite, que se faz duro como sabão branco, cousa muy forte de quente». Segundo Orta, tinha usos medicinaes: «para esquentar o estomago e nervos». Não o vejo mencionado modernamente; mas o coronel Drury diz, que as sementes do *C. iners* são ás vezes empregadas na medicina hindú (Cf. Gaspar Corrêa, *Lendas*, ɪ, 652; Drury, *Useful plants of India*, 138).

Alem do oleo da baga, Orta menciona «a agoa de Canella»; e a que «a rayz deita, que cheira a camfora». Refere-se ao producto hoje chamado *Oleum cinnamomi radicis*, tendo um cheiro entre cinna‑ momo e canfora; e um gosto canforaceo pronunciado. Foi descripto por Kämpfer (1712), e vem mencionado por Flückiger e Hanbury, os quaes se referem ao nosso auctor (*Pharmac.*, 474).

NOTA (8)

Sem entrar largamente na complicada historia antiga da *canella*, é no emtanto necessario recordar alguns factos, que esclareçam as duvidas e affirmações de Garcia da Orta.

Os antigos conheciam duas substancias, que reputavam distinctas, mas analogas—a *cassia* e o *cinnamomo*. Passagens de Galeno, repetidas vezes citadas, provam que a boa *cassia* differia pouquissimo do *cinnamomo;* e devemos admittir que elles designavam por aquelles nomes, o mesmo que hoje designâmos, isto é, cascas ou pequenos troncos de *Lauraceæ*, de melhor ou peior qualidade. Ambás as substancias, e particularmente o *cinnamomo*, eram tidas em grande estima; e o erudito dr. Vincent, que tão cuidadosamente estudou o commercio dos antigos, dá a esta especiaria o primeiro logar n'aquelle commercio. Nos livros sagrados dos Hebreus é mencionada repetidas vezes; desde o *Exodo* (xxx, 23, 24) em que Deus, fallando a Moysés, lhe manda tomar uma certa porção de *cinnamomo* e de *cassia;* até ao livro de *Ezekiel* (xvɪɪ, 22) em que se falla dos mercadores de Sheba, ou Saba, que traziam a Tyro aquelles *universis primis aromatibus;* sem notarmos varias menções nos *Psalmos, Reis* e outros. Era igualmente conhecida dos mais antigos escriptores gregos. Herodoto diz-nos, que os seus compatriotas haviam aprendido o seu nome com os phenicios —o que deve ser exacto—; e conta-nos, como se encontrava nos ninhos dos passaros, os quaes a traziam das terras, d'onde Bacho era natural; e como algumas serpentes aladas guardavam esta preciosa substancia. Theophrasto falla tambem d'essas serpentes venenosas, mas, com o seu habitual criterio, adverte logo: isto é uma fabula (μῦθος). D'estas fabulas, «o mais fabulosas que podem ser» tinha conhecimento o nosso Orta; mas nem lhes dá credito, nem mesmo as quer mencionar. Quanto á patria, tanto Herodoto, como Theophrasto, indicam a Arabia; mas as proprias fabulas que contam, mostram bem que os seus conhecimentos a este respeito eram incertos, e elles suspeitavam que viesse de mais longe. Na Arabia se localisou effectivamente a patria do *cinnamomo*; e Arriano, quando conta como a frota de Nearcho entrou os estreitos de Hormuz e avistou as costas de Oman, accrescenta, que d'ali tiravam os Assyrios o *cinnamomo* e outros aromas (Cf. Herodoto, III, 111; Theophr. *Hist. plant.* IX, 5, 7, pag. 146, 147, edição Wimmer (1866); Arr. *Indica,* 571).

Mais tarde, Plinio, sem nos dar as razões em que se funda, desloca as plantas da Arabia para a Africa; diz: *nascitur in Æthiopia Troglodytis connubio premixta;* e marca mesmo o ponto da costa, *Mossylicus*[1], por onde se fazia o seu commercio. Condemnando as fabulas de Herodoto, Plinio cáe em indicações igualmente singulares, sobre os sacrificios que se faziam ao deus *Assabinus,* e sobre a parte que se entregava ao sol. Garcia da Orta refere-se a esta passagem, quando falla da parte que pertencia «ó diabo» (o deus Assabinus); e é mesmo evidente, que elle conhecia a relação de Herodoto, unicamente pelo que d'ella transcreveu Plinio. Mas, voltando á patria do *cinnamomo,* vê-se, que depois de Plinio ficou geralmente collocada na Africa. Ptolomeu situa tambem a *regio cinnamifera* no alto Nilo, proximo das suas lagoas (Cf. Plin., *Hist. nat.,* VI, 34, XII, 41, 42, 43; Ptolom., *Geogr.,* IV, 8).

Nas cartas da idade media, que em geral não foram mais do que compilações de antigas noticias, conservam-se vestigios das duas situações. Em um *Mappamundi* do XII seculo, annexo a uns commentarios sobre o Apocalypse, vem na Arabia este distico: *et cinnamomum ibi est.* E na famosa carta do Museu Borgia do XIV seculo, vem do mesmo modo o *cynamomum* indicado na Arabia; emquanto na Africa oriental, a Phenix arde no ninho sobre um fogo de aromas: *se in igne aromatico comburitur.* Por este modo se foram conservando antigas indicações, que, ampliadas e alteradas, levavam a affirmações tão estranhas, como aquella de Francisco Tamara —citada por Garcia da Orta—, o qual collocava *cinnamomos* e *loureiros* no mar Vermelho, cobertos pela maré, em uma situação em que só poderiam viver *mangues* (Cf. Santarem, *Essai sur la Cosmographie,* II, 118, e III, 286).

---

[1] Ezekiel tambem falla de *Mosel,* Dioscorides de μόσυλον e varios outros. Garcia da Orta liga o nome de «musilitico» á ilha de Ceylão; mas sem motivo plausivel. Aquelle porto ficava na costa africana, entre Bab el-Mandeb e Guardafui, proximo talvez a Bender Ghasim e Bender Ghor das cartas modernas.

Modernamente (1849), um escriptor eruditissimo, Desborough Cooley, levantou de novo a idéa da antiga existencia do *cinnamomo* na Africa, apoiando-se sobre um grande numero de referencias de escriptores gregos e latinos, e sobre uma discussão muito engenhosa dos textos. As conclusões a que chegou podem resumir-se nas seguintes:

Que o primeiro conhecimento do *cinnamomo* foi derivado da China; e que a substancia, nos tempos mais remotos, chegava á Judéa e á Phenicia por terra, atravez da Persia;

Que mais tarde, os negociantes da Arabia, aquelles mercadores de Sheba de que falla Ezekiel, levaram a Tyro e outros mercados occidentaes o producto das suas possessões africanas; e que então o *cinnamomo* da Africa oriental supplantou o do extremo oriente;

Que depois os gregos se substituiram aos arabes, e foram elles proprios aos portos africanos buscar as famosas cascas, cuja procedencia já então conheciam;

Que finalmente, declinando o Imperio Romano, e augmentando o commercio da Persia com o Oriente sob os Sassanides, affluiu aos mercados o *cinnamomo* asiatico, principalmente da India; e que a decadencia e extincção do trafico na especiaria africana se póde approximadamente collocar nos fins do VI seculo.

(Cf. W. D. Cooley, *On the Regio Cinnamomifera of the ancients*, no J. R. G. S. vol. XIX (1849), P. I, p. 166).

A principal objecção a fazer a esta apreciação dos factos é ainda hoje a mesma que lhe fazia Garcia da Orta—isto é, que a arvore do *cinnamomo* não existe na Africa. Se acreditassemos nas indicações dos antigos escriptores, deveriamos procural-a na extremidade oriental da terra dos Somalis; ou, querendo alargar a região segundo as idéas de Ptolomeu, n'aquella terra, e na terra dos Gallas, chegando ao Nilo superior ahi pelas alturas de Gondokoro. Era de certo um atrevimento da parte de Garcia da Orta dizer, que esta região da Africa era bem conhecida no seu tempo. Mas hoje não succede o mesmo; tem sido visitada por diversos viajantes, e nenhum menciona ali a arvore da *canella,* nem mesmo uma *Lauracea* qualquer[1]. Em questões d'esta ordem, os dados historicos têm grande importancia; mas, em ultima analise, dominam os argumentos botanicos; e o que sabemos da distribuição geographica das *Lauraceæ* torna pouco provavel, que uma planta do genero *Cinnamomum* exista, ou existisse em tempos historicos na Africa oriental. Vê-se, pois, que o argumento de Garcia da Orta, pouco fundamentado no seu tempo, se conserva no emtanto de pé, ao cabo de tres seculos, e á luz das modernas explorações.

---

[1] Exceptuando uma indicação de Bruce, que carece completamente de confirmação.

Se o *cinnamomo* não vinha da Africa, d'onde Vinha? Parece que tambem não vinha de Ceylão. Em um exame detido, minucioso, completo, de todos os escriptores gregos, latinos e arabicos antigos, que fallaram de Ceylão, sir Emerson Tennent notou, o que já em parte tinham notado com surpreza Vincent, d'Herbelot, sir William Ouseley, isto é, que em nenhum d'elles ha uma unica referencia ao *cinnamomo* da ilha. É só em tempos relativamente modernos, que Kazwini (1275), e depois Montecorvino, Ibn Batuta e outros o mencionam. E mesmo n'aquelle primeiro tempo parece ser pouco conhecido. Marco Polo não o cita, citando o do Malabar e o da China. Ibn Batuta descreve um estado de cousas, que mostra um commercio nascente. De modo que a famosa ilha, a terra classica da

.... canella
Com que Ceylão é rica, illustre e bella,

teve as suas florestas desaproveitadas até proximamente dois seculos antes da chegada dos portuguezes (Cf. Tennent, *Ceylon*, I, 600 et seqq.; Yule, *Marco Polo*, II, 47, 297, 379).

Posta assim de lado a *canella* de Ceylão —pelo que diz respeito aos tempos antigos— devemos voltar-nos para a India, e principalmente para a China. Em uma das notas precedentes, vimos existirem provas de que desde o principio da nossa era os chins vinham por terra, e talvez tambem por mar, até ao Euphrates. Mas não se segue, que as suas relações com o Occidente começassem então. As trocas, não só de substancias materiaes e de mercadorias, mas as trocas de idéas e de noções scientificas, levam-nos pelo contrario a acreditar em um contacto muito mais antigo. O erudito J. Edkins de Peking, entre outros, admitte, que o commercio pelo oceano Indico pôde talvez ter logar desde os tempos nebulosos do imperador Hwangti e seus successores immediatos, quasi contemporaneo do rei Uruk da Chaldéa, e vivendo mais de vinte seculos A. C. Sem procurarmos, se as relações da China com o Occidente resultavam então de viagens terrestres atravez do An-hsi, como nos primeiros seculos da nossa era; se a navegação partiria dos portos occidentaes da Indo-China, onde as mercadorias viessem da China, aproveitando os grandes valles que parallelamente rasgam aquella peninsula de norte a sul; ou se a navegação partiria dos proprios portos da China meridional; sem indagarmos tambem, que parte caberia n'essa navegação aos juncos chins, e que parte se deva attribuir áquellas naus de Ur na Chaldéa, de cuja existencia (2:000 annos A. C.) sir Henry Rawlinson encontrou noticia; admittindo que todas estas questões são insoluveis, podemos no emtanto acceitar o facto das relações commerciaes, qualquer que fosse o caminho seguido.

Por outro lado, temos a prova de que a *canella* ou *cassia* era conhecida na China n'esses remotissimos tempos. Sob o nome de *kwei,* vem mencionada no *Shen-nung Pen Ts'ao king,* ou *Materia medica* do imperador Shen-nung, o qual reinava 2:700 annos A. C. E os no-mes occidentaes inclinam-nos tambem para aquella origem: em pri-meiro logar *darchini,* ou *pau da China,* que é uma designação muito antiga, pois vem citada no *Amara Cocha* na fórma *darasini,* e nos es-criptos do armenio Mosés de Choréne, na fórma *dareʒenic;* em segundo logar, a antiquissima fórma hebraica ou phenicia d'onde veiu *cinnamomo.* Quer o derivemos de *cacyn nama,* ou de qualquer outra fórma malaya, como fazem Sprengel e outros, quer o derivemos de *cin* ou *sin-amo-mum,* como fazem Garcia da Orta e Cooley, aquelle nome indica-nos uma procedencia do extremo Oriente. Tanto, pois, quanto podemos averiguar questões, destinadas a ficarem incertas e nebulosas, a ori-gem chineza da antiga *canella* parece-nos plausivel (Cf. Edkins, *An-cient navig. in the Indian ocean,* no J. R. A. S., vol. xviii (1886), 7; Rawlin-son, *Anc. Monarchies,* i, 16; D. Cooley l. c.).

Qualquer que fosse o caminho por onde traziam a especiaria, ella vinha ter aos portos da Chaldéa, aos da Arabia meridional ou Sabéa, aos da Ethiopia. D'ali, pelo mar Vermelho, chegava aos povos do Me-diterraneo, e esses povos, os gregos entre outros, tomaram os paizes *por onde* vinha, como sendo os paizes *d'onde* vinha. Esta parece ser a verdade, e esta é exactamente a argumentação de Garcia da Orta. Elle ignorava dois factos capitaes: primeiro, que a *canella* se creava na China: segundo, que a *canella* de Ceylão não fôra conhecida nos tem-pos mais antigos. Isto induziu-o naturalmente em alguns erros; mas, de um modo geral, os seu raciocinios são correctos, e perfeitamente acceitaveis em face do que hoje se sabe sobre a questão.

Nota (9)

Orta deve ter visitado a ilha de Ceylão, pelo menos duas vezes. N'este mesmo *Coloquio* nos diz que assistiu á tomada de Repelim; e pouco depois d'aquella victoria, Martim Affonso de Sousa foi de Cochim a Ceylão, desembarcou em Colombo, e seguiu d'ali para Cota no interior da ilha. Orta, que estivera em Repelim, e fazia então parte do sequito pessoal do Capitão Mór, acompanhou-o sem duvida n'esta viagem, que teve logar nos principios do anno de 1537. No anno seguinte, a 15 de Fevereiro, deu-se a batalha de Beadala, de que Orta falla tambem n'este *Coloquio;* e que provavelmente presenceou, posto que o não diga de um modo explicito. O porto de Beadala, marcado hoje nas cartas in-glezas Vedaulay (propriamente *Vēdālay)* estava situado na lingua de terra que se estende da costa da India em direcção a Ceylão, e limita pelo norte o golfo de Manaar. D'ali mesmo, Martim Affonso atravessou a Ceylão, ao longo dos baixos, e foi de novo a Colombo, e de Colombo a Cota visitar segunda vez o Rei; é provavel que Orta fosse n'esta viagem, como fôra na primeira. Annos depois esteve tambem na ilha das Vacas, na bahia de Palk, muito perto de Ceylão; mas d'essa expedição fallaremos mais tarde (Cf. Barros, *Asia*, iv, vii, 22; e iv, viii, 14; Couto, *Asia*, v, i, 6; e v, ii, 5).

Parte das noticias, que nos dá, resultavam, portanto, de impressões pessoaes; mas outra e a maior parte resultaria das informações que sempre tomava, pois a sua demora na formosa e famosa ilha foi muito curta, e pouco tempo lhe deu para observar. Em todo o caso, as suas noticias são em geral exactas. Das *pedras preciosas* de Ceylão teremos de fallar em outras notas; mas do *ferro* podemos dizer desde já, que existia na ilha, e que os singhalezes conheciam de tempos antigos o modo de tratar o minerio e de lavrar o metal. Não é igualmente exacto, que ali houvesse *oiro* e *prata;* estes metaes apenas se encontravam occa-sionalmente e em pequenissimas quantidades. E se os objectos de oiro eram frequentes nos pagodes, nos palacios dos reis, ou nas casas dos ricos singhalezes, isto resultava de importação.

A vegetação da ilha era e é riquissima, como todos sabem. Encon-travam-se ali «muitas palmeiras[1]», dos generos *Cocos, Areca, Borassus, Caryota* e outros; tambem «muitas frutas», já das puramente tropicaes, já das que tambem se criam nas regiões temperadas, como as laranjas. D'estas, que Orta diz serem a «milhor fruta que ha no mundo»; e das quaes «se podia fazer huma muyto boa pratica», fallaram sempre os viajantes com grande louvor. Varthema tinha dito quasi as mesmas palavras: *aranci dolci, li migliori che siano al mòndo.*

Pelos matos creavam-se todos os animaes de que Orta falla: «muytos pavões», que ainda recentemente eram frequentissimos na parte oriental da ilha: «galinhas bravas», a especie *Gallus Lafayeti:* «pombas muy-tas e de muytas maneiras», dos generos *Treron, Turtur, Carpophaga* e outros: «cervos e veados», dos generos *Rusa* e *Axis:* «porcos em muyta cantidade», o *Sus indicus* ou uma especie proxima. Havia tam-bem elephantes nas florestas, e perolas nas aguas dos golfos; mas de elephantes e de perolas teremos de fallar mais largamente em outras notas (Compare-se em geral esta noticia de Orta, com o que dizem Barros, Couto, João Ribeiro na *Fatalidade historica,* e sobretudo Ten-nent no seu livro classico, *Ceylon).*

---

[1] Esta phrase de Orta «ha muitas palmeiras», vem citada por Yule e Burnell *(Glossary,* v. P*almyra),* e applicada especialmente ao *Borassus flabelliformis.* Por esta vez, os eruditos auctores não tiveram rasão. A palavra portugueza *palmeira* designou sempre especies di-versas da familia das P*almæ;* deu-se em Portugal ao P*hœnix dactilifera,* como na India se dava ao *Cocos nucifera,* chamando-se *palmar* a reunião d'aquellas arvores. Orta abrangia, pois, sob aquelle nome formas diversas, bastante similhantes entre si para que se reconhe-cesse a sua afinidade, e se lhes desse uma designação commum.

O que Orta nos diz brevemente do *Pico de Adão,* e da pégada do primeiro homem, é perfeitamente conhecido de todos os nossos escriptores do tempo, e de muitos outros, anteriores e posteriores; e Couto dedicou a esta questão um capitulo completo e muito interessante. Camões tambem dizia:

> Olha em Ceilão, que o monte se alevanta
> Tanto, que as nuvens passa, ou a vista engana;
> Os naturaes o tem por cousa santa,
> Pela pedra, onde está a pégada humana.

A pégada, ou *sri-pada,* encontra-se no mais alto da montanha, e é uma depressão na rocha, de dimensões muito superiores ás de um pé humano, mas reproduzindo grosseiramente a sua fórma. Para os buddhistas foi ali impressa pelo seu Gautama Buddha; para os brahmanes por Síva; para os mahometanos por Adão; e para os portuguezes da India por S. Thomé, ainda que outros se inclinavam para o eunuco da rainha Candace. De modo que todos os povos e todas as religiões a veneravam. A tradição mahometana, cuja origem se póde talvez encontrar entre os christãos gnosticos, não situava propriamente em Ceylão o paraizo —como diz Orta—; mas unicamente o logar em que Adão fez penitencia depois da expulsão, e antes de se encontrar outra vez com Eva (Póde ver-se o que dizem os nossos escriptores, nomeadamente Couto, *Asia,* v, vi, 2; e tambem, Tennent, *Ceylon,* ii, 132; Yule, *Marco Polo,* ii, 302; Gerson da Cunha, *Memoir on the tooth-relic of Ceylon,* Bombay, 1875).

É n'este *Coloquio* que Orta tem a phrase singular, que já citámos a pag. 18: ... «que alguns dixeram ser Trapobana ou Çamatra». Ninguem disse que Ceylão fôra Sumatra, mas uma e outra ilha se identificaram com a antiga Taprobana; o que, de resto, Orta explica mais claramente em outro *Coloquio.*

Nota (10)

Pela primeira vez, Orta cita n'este *Coloquio* o seu compatriota João Rodrigues, ou *Amatus Lusitanus.* Os commentarios d'este a Dioscorides haviam sido impressos em Veneza (1553) e de novo (1557), alem de outras edições. Podia, pois, tel-os na India, como tinha mais livros publicados por aquelles tempos; mas cita-o tão brevemente, que parece conhecel-o mal, e talvez apenas por alguma referencia de outro escriptor.

Cita tambem Francisco Tamara, professor em Cadix, mencionando o seu livro, *Juan Bohemo de las costumbres de todas las gentes,* publicado em Antuerpia no anno de 1556.

O Thomaz Rodrigues, de quem falla, era o famoso professor de medicina, ao qual —como antes vimos— foi dirigida a epistola latina de Dimas Bosque. Parece que Thomaz Rodrigues, picado pela «exhortaçam» do celebre Matthioli aos medicos portuguezes, havia escripto antes a Garcia da Orta sobre o assumpto; e este desempenhava-se da obrigação que lhe fôra imposta, publicando o resultado das suas observações na India.

COLOQUIO DECIMO SEXTO

DO COQUO CHAMADO, SCILICET, DO COQUO COMUM
E DO DAS MALDIVAS

INTERLOCUTORES

RUANO, ORTA

RUANO

· Do arvore dos *coquos,* chamado assim dos Portuguezes, me dizei; que sempre ouvi dizer, que era hum arvore que dava muitas cousas nesseçarias á vida humana.

ORTA

Dá tantas e nesseçarias, que não sey arvore que dê a sesta parte; e pois assi he, bem he que saybaes do que nós chamamos *palmeira;* mas os Gregos antiguos delle não escreveram cousa alguma que eu visse, e os Arabios escreveram pouco; e isto será bem pera contardes em Castella, sem embarguo de ser sabido isto muito por os que vam, por ser cousa nota. E, vindo aos nomes, diguo que se chama *maro,* e o fruto *narel;* e este nome *narel* he comum a todos, porque o usam os Persas e os Arabios; e Avicena lhe chama *jauꝝialindi,* que quer dizer *noꝝ da India;* e Serapio* e Rasis chamam ao arvore *jaralnare,* que quer dizer *arvore que dá coquos;* e os Malabares chamam ao arvore *tengamaram,* e o fruito, quando he maduro, se diz *tenga;* e em malaio chamam ao arvore *tricam,* e o coco *nihor;* e nós, os Portuguezes, por ter aquelles tres buracos, lhe pusémos o nome *coquo;* porque parece rosto de bugio ou de outro animal. He arvore muito grande de comprimento, e tem a folha no mais alto, como as folhas da nossa palmeira ou das canas, as folhas da nossa palmeira são mais meudas; e a frol he como

---

* Avicena, lib. 2, 5o6; Serapio, cap. 228 (nota do auctor).

a do castanheiro; o páo he muito esponjoso; e quer lugares areosos perto do mar, porque fóra no sartão nam
se dam. Semeam os mesmos *coquos* e deles naçem palmeiras pequenas, as quais traspõem; e, em poucos anos,
dam fruito, se as tratam bem, e lhe lanção aguoa e cinza,
ou esterco no inverno, e agoa, como dixe, no verão. Fazemse
grandes e fermosas as que estão perto das cazas moradas,
que parece que a gente lhe faz bem; isto póde ser por causa
da çugidade, e *t*ambem se querem bem entulhadas.

RUANO

Começay a dizer os proveitos desta arvore.

ORTA

A madeira, posto que não he muyto boa, aproveita, por
ser alta, para muytas cousas; e nas ilhas de Maldiva fazem
hum navio que, assi elle como a pregadura, e as véllas e cordoálha, he feyto de palmeira; dos ramos (a que chamamos
olla em Malabar) cobrem as casas e navios. Fazem duas maneiras de palmeiras, humas pera fruta, e outras pera darem
çura, que he vinho mosto; e quando he cozido, chamamlhe
orraqua; e estas de *çura,* se as querem para isso, cortam-
lhe huns cabos, e atamlhes alli as vasilhas, donde tiram a
çura; e sobem a tirála açima, atadas aos pés humas péas,
ou fazendo algumas falças no arvore; desta *çura* estilam
ao modo de agoa ardente; e deitam hum vinho como agoa
ardente; e queimam hum pano molhado nella, como faz
agoa ardente; a esta fina chamam *fula,* que quer dizer
frol; e á outra que fica chamam *orraqua,* mesturando nella
estoutra alguma pouca cantidade; e da *çura,* até que se
estile, fazem vinagre, pondoa ao sól porque se azede; e
fica, ás vezes, muyto forte. E depois que se tira esta vasi-
lha da *çura,* se dá muyta, tiram outra de que fazem açucare,
embastecido ao sól ou a fogo, a que chama *jagra;* e o
milhor de todos he o das ilhas de Maldiva, e este não he tão
preto como o das outras terras. O fruito, quando he novo,
tem em si huma casca muito tenra, a qual sabe a alcachofa

molhada no sal, ou sem elle; tem dentro meolo muito languido e doçe, e agoa tambem muito doçe e suave; e com
sua doçura não faz fastio; a qual agoa dura muito tempo,
e se faz do sutil das cortezas do meolo; de modo que fica
o que nós chamamos *coquo,* e os Malabares *tenga;* e dentro
nelle alguma agoa, não tam doçe como a primeira, porque
ás vezes se azeda algum tanto. Este *coquo,* quando he verde,
chamão os Malabares *elevi,* e aqui em Goa *lanha;* tem este
coquo duas cascas grandes até que cheguem ao meolo; e o
meolo, quando he maduro, pera se comer, he bem que se
raspe a casca de cima; porque assi o diz Avicena e Serapiam. A primeira das cascas he muito lanuginosa e desta se
faz *cairo,* que assi he chamado dos Malabares e de nós:
delle se faz a cordoálha, emxarçia de todalas náos; serve
muyto nesta terra, porque he muyto gentil cordoálha, porque nam se apodrece na agoa salgada: e por esta causa he
boa esta lã destes cocos de que fazem o *cairo;* porque
todos os navios sam calafetados com elle, de maneira que
serve de linho e de estopa e de esparto. E por esta causa he
boa mercadoria pera Portugal, senão fizesse tanto volume,
esta he a causa porque se gasta tanto delle; porque sempre faleçe, com aver na India tantas palmeiras, e darem a
elrey de parias tanto *cairo* das ilhas de Maldiva, e certo
que no calafetar dos navios acertam muyto; porque incha
este *cairo* metido na agoa salgada.

RUANO

Boa cousa he esta arvore; pois tanto dá de si, porque tambem diz Laguna que fazem della tapizes ou esteiras pintadas.

ORTA

Não teve razão, nem boa enformação diso. E a outra
casca serve de vasos pera beber a gente mezquinha; e tambem queimada serve de carvão muyto bom pera os ourives.

RUANO

E nam he bom pera beberem os paraliticos, como diz Sepulveda?

ORTA

Sempre ouvi yso dizer sendo moço; mas em doutor de autoridade não o achei yso escripto; por onde creo ser fengido, e mais porque nesta terra nam o tem asi. E desta fruita não se louva pera os nervos, senão o oleo que he tam separado da corteza, tam fóra de sua naturaleza.

RUANO

A fruta já a provey muitas vezes.

ORTA

Todavia vos digo que, quanto he mais novo o que chamamos *coquo,* he a agoa mais saborosa; e a corteza do meio, porque a derradeira não he ainda formada, que he a que cobre o meolo quando he dura, e depois o *coquo* sabe a amendoas verdes; e este comem algumas pessoas com a *jagra* que acima disse, ou com açucare. E se não fosse a multidão desta fruita seria em mais preço extimada, como he no Balagate. E deste *coquo* pisado, e tirado o leite, fazem* (que assi parece) e cozem arroz com elle, e he como arroz de leite de cabras. Fazem comeres das aves e carnes (a que chamam *caril);* e tambem secam estes *coquos,* e, desque elles despedem a casca, ficam sécos em pedaços, e chamamlhes *copra,* e os levam a Ormuz e ao Balagate, e ás terras que tem pouca fruta desta e nam lhe abasta pera se secar, ou onde carecem della. E fruita saborosa, e usada como castanha sequa da nossa terra; porque sabe melhor que os *coquos* que levam a Lixboa.

RUANO

E como se faz o azeite?

ORTA

Desta mesma *copra* se faz em alagar; e fazse em muyta cantidade; e he muyto craro que parece agoa; alumia muyto

---

* Deve faltar aqui alguma palavra; o sentido é claramente, que do *coco* pisado fazem uma especie de leite.

bem; e gastase muito, por ser muy delgado; comeo a gente da terra com arroz, e dizem ter bom sabor.

Assi diz Aviçena e Serapio que he milhor que a manteiga, e que nam molifica o estamago como ella.

ORTA

Duas maneiras ha de azeite; hum he feito de *coquos* frescos, e o outro da que chamamos *copra,* que he os *coquos* sequos; e este que se faz dos *coquos* frescos he feito pisando o *coquo* e deitando-lhe agoa quente; e tiram a corpulencia, que no fundo reside, e per cima a espremem, e o oleo nada sobre agoa; e esta he huma mézinha purgativa, que purga lubrificando ou fazendo brando; a muitos a damos qua pera evacuar as tripas e o estomago somente; e purga muyto bem, sem nenhum perigo, nem damno. E muytos a mesturam com expresam de tamarinhos; e por esperiencia achei ser muito boa. E se Avicena entende deste oleo, que he bom nutrimento, diz verdade; mas nam a diz em dizer que nam molifica o estamago, em dizer que nam he lubrico ou corrediço. E o outro que se faz da *copra* he muyto boa mézinha pera os nervos; e muyto proveito achamos nelle pera o espasmo, ou dores de junturas antiguas, scilicet, metendo o paciente em huma almadia pequena, mais que de comprimento de homem, ou em huma gamella grande; e nelle quente deixão dormir e estar o paciente, e milagrosamente aproveita.

RUANO

Dizem que mata as lombrigas o oleo, e que o *coquo* comido tambem as faz saír, e isto dizem Avicena e Serapiam.

ORTA

Não tenho por esperiencia o olyo matar as lombrigas, nem parece muyto conforme á rezam; e de as o çoquo causar e gerar, he comum openião dos Indios, e vêse cada dia ao olho.

RUANO

Alegua Serapio a Mansarunge (que diz ser o Mesue antiguo) que estanca as camaras o *coquo*.

ORTA

Náo he emconveniente que estanque o ventre comido; e o olyo que relaxe o ventre; porque o oleo he fundado nas partes do ar, e o *coquo* nas da terra.

RUANO

Diz Laguna que alguns tiveram o *oleo mel**, de que tracta Dioscorides no primeiro livro, seja hum dulcissimo azeite, que mana desta palma: dizey o que sentis disto.

ORTA

Digo que esta palmeira náo deita olyo por outra parte senam o que he feito per expresam do *coquo*, por onde crede que se enguanaráo nisso.

RUANO

Queria saber do *coquo* que levam a Portugal, que dizem das Maldivas, que he contra a peçonha, se se contem ambos debaixo de huma mesma especia; porque eu vi em Portugal o casco sem medulla alguma, e deziam muytos bens delle; e da medulla, que eu náo vi, deziam muyto maiores louvores.

ORTA

Eu vos responderey a isso; mas primeiro vos quero dizer de hum saboroso comer desta palmeira, ainda que náo he muyto proveitoso; e he o olho da palmeira ou amago, e folhas ajuntadas as mais delgadas (a que chamamos *palmitos*) e sabe milhor que os nossos *palmitos*, e algum tanto sabe a castanhas das brancas e muyto tenras, ante que caiam do ouriço; e todavia sabe milhor que isto, o *palmito*. E porém quem come hum *palmito* come huma *palmeira*,

---

* Ou *elæomel* (Ἐλαιομέλιτος), cuja natureza é duvidosa; mas que seguramente se náo extrahia do *coqueiro*.

porque loguo sequa; e quanto a *palmeira* he mais velha, tanto he milhor o *palmito* (1). E tornando ao *coquo* das ilhas Maldivas, he muyto louvado da gente das mesmas ilhas e dos Malabares, que conversam as ditas ilhas.

RUANO

E destoutros reis que curais, e da gente das suas terras he estimado este *coquo?*

ORTA

Não, nem ouvi falar lá nelle; por onde lhe não dou tanto credito; e, porque não se offreceo caso onde curasse com elle alguma pessoa, somente ouvi dizer a muytas pessoas, dinas de fé, ser muyto bom pera a peçonha; e averemse achado muyto bem com elle pera muytas emfermidades, assi como pera colica, e paralesia, gota coral, e muytas emfermidades de nervos: e á colica me diziam que aproveitava fazendo sair e arrevesar; ás outras enfermidades me dixeram que preservava dellas, bebendo aguoa deitada no mesmo *coquo,* deitando nelle hum pouco de miolo, e que andasse nelle muytos dias.

RUANO

Muyto negligente fostes em não o esprementar.

ORTA

Deixeio de fazer, por não se offreçer caso pera iso; e no da peçonha, que he o principal, não o usey porque ha outras milhores mézinhas, asi como sam *pedra beʒar, triaga, páo da cobra,* de que ao diante falarey, *páo de Malaca de contra erva, esmeraldas, terra segillata;* e porque com estas me achei bem, não quis esprementar estoutros. E seyvos dizer que muytos homens bebem por estes *coquos,* e dizem que se achão muyto bem; mas não sey se o faz a emaginaçam: e por esta razam não quis afirmar ser bom nem máo, nem vos direy cousa alguma ser boa, senão sendo testemunha de vista ou* pesoas dinas de fé.

---

* Parece que se devem intercalar as palavras: «sabendo-o por».

RUANO

Dixeramme que a rainha, nossa senhora, mandava todolos anos por este *coquo*, e lho levam de cá; e por tanto não
me negueis ser pera a peçonha bom; porque póde ser que
o esprementem lá alguns bons fisicos.

ORTA

Quando mo elles dixerem crerloey, e afirmáloey; mas
agora nam, pois o não vi; e como o vir desdizermeey, e nam
averey vergonha disso.

RUANO

Pois eu o ey de levar pera Portugal, se o achar, e for
lá a salvamento; portanto mostraimo ou dizeime a feiçam
delle.

ORTA

A casca deste *coquo* he preta, e mais luzidia que a dos outros *coquos;* he de figura oval, por a maior parte, e não redonda como a dos outros; o miolo de dentro he muito duro,
e he branco, declinando um pouco a amarello, e, no fim
do amaguo, com gretas e muyto poroso; nam tem sabor algum excesivo; tomam deste miolo até dez grãos de triguo
de peso, em vinho ou agoa rosada, segundo a necessidade
he.

RUANO

He da especia deste outro *coquo,* porque parece não o ser;
por quanto os *coquos* que della comemos sam muyto maiores e de outra figura?

ORTA

Não faz isso ao caso; porque os *coquos* das ilhas das Maldivas sam muyto grandes; e eu tive já hum, que cabiam
nelle sete quartilhos. E tambem ha nestas ilhas dos *coquos*
de contra peçonha ou veneno, alguns pequenos e redondos;
portanto a vossa razam não conclue.

RUANO

Pois dizei vosso parecer, e o que sabeis disso.

ORTA

A fama comum he, que estas ilhas eram terra firme; e por serem baixas sè alagáram, e ficáram alli essas palmeiras; e que de muyto envelhecidas se fizeram tam grandes *coquos* e tam duros enterrados na terra, que he agora coberta com o mar. Não tem folhas nem tronco, por onde se posa comprender se he da mesma especia ou não; parescem serem de diversas especias os *coquos,* por terem diversos efeitos e obras: quando souber o contrairo disto, vos escreverei a Portugal o que qua achei nisto, se me Deos der dias de vida; porque espero de o saber bem, quando for ao Malabar, Deos querendo. Despois soube que os *coquos* vem pegados dous em hum, como arcos de bésta; e despois os despegam; e, ás vezes, vem despegados alguns. Deitaos o mar na praia: o *coquo* não he tam duro como este que vemos, nem tam pouco he tam mole como os *coquos* das palmeiras, que comemos.

RUANO

Pois diz hum doutor moderno muytas cousas dos louvores da palmeira usual destes *coquos;* e em todas as mais acerta, senão onde diz que o vinho se fazia da expersam do *coquo;* isto diguo, segundo vos ouvi; porque me dixestes que da lagrima se fazia cozendoa, ou estilandoa, como fazemos a agoa ardente: dizeime se diz a verdade?

ORTA

Nisso do vinho erra; e tambem erra na maneira que diz do fazer do mel, e em algumas outras cousas que não fazem ao caso. E concluindo no *coquo* das ilhas, diguo que tiram o amago dos *coquos,* e o põem a secar da maneira que secam os outros de que fazem a *copra,* e fica tam duro como vedes; pois a cor já a vedes que pareçe como queijo de ovelhas muyto bom; e mais me dixe este Portugues, que sabe muyto das ilhas, que nunqua pessoa alguma vio o arvore que dá estes *coquos,* senão que o mar os deita de si; e que he pena de morte apanhálo alguma pessoa quando o achar na praia, senão leválo a elrey, e isto dá ao *coquo* das ilhas mais autoridade (2). E deixemos isto, e falemos no *costo,* pois he mais usado na fisica.

NOTA (1)

O zeloso investigador da botanica do Malabar, Rhede van Drakenstein, dizia, enumerando os auctores que antes d'elle se occuparam do *coqueiro: et in primis præ aliis Gar̢ias ab Horto* ... Collocava assim o nosso escriptor na cabeça do rol *(Hortus malabaricus,* 1, tav. 8).

Esta palmeira —*Cocos nucifera,* Linn.— e os seus numerosos productos são bastante bem conhecidos para que se torne inutil uma nota muito extensa.

O *coqueiro,* extremamente commum ao longo da costa meridional da India, Canará, Malabar, Coromandel, e nas ilhas proximas, Maldivas, Lacadivas e outras, alarga-se pouco para o interior, para o «sartão», como bem notou o nosso escriptor. E tambem parece ser verdade que prospera melhor na vizinhança das povoações, das «casas moradas». Os singhalezes dizem, que não pôde viver, onde não ouve a voz do homem.

Os nomes vulgares, mencionados por Orta, são quasi todos bem conhecidos e de facil identificação:

—«Narel» commum entre «Persios e Arabios». Este nome foi e é um dos mais usados em todo o Oriente, nas fórmas *naril, naral, nariyal, nargil,* melhor *nardjil.* Maçudi falla repetidas vezes no *coco,* النارجيل, *en-nardjil,* dando-lhe tambem o nome de الرَّنج, *e̢-̢andj.* As primeiras fórmas devem derivar do nome sanskritico d'aquelle fructo, नारिकेल, *nārikœla.*

—«Jausialindi», isto é, *el-jan̢-el-Hindi,* a no̢ da India, é uma designação vulgar na Persia, e entre os arabes.

—«Tenga», ou *tanghā,* ou *taynga* ou *tenna* são os nomes vulgares do fructo nas linguas do sul, como o tamil e o maláyalam, sendo a arvore chamada *tenga-maram,* ou *tenna-maram.*

—«Nihor», o nome malayo do *coco,* vem citado por Ainslie na fórma *nyor,* e por Crawfurd na fórma *ñur.*

De resto, em muitas localidades, o fructo tem nomes diversos segundo o seu estado de desenvolvimento; assim em Goa, o *coco* verde chama-se *coco lanho,* ou *lanha,* como Orta diz (Cf. Dymock, *Mat. med.,* 800; Ainslie, *Mat. ind.,* 1, 78; Piddington, *Index,* 22; Crawfurd, *Dict. of the Indian Islands,* 114; Maçudi, *Prairies,* 1, 338; e para a complicada nomenclatura do *coco* e *coqueiro* nas terras de Goa, Lopes Mendes, *A India port.,* 1, 172 etc.; e Costa, *Manual do agricultor indiano,* no 1.º vol.).

Os usos das diversas partes do *coqueiro* como materiaes de construc-
ção, a que se refere o nosso escriptor, são bem conhecidos na India:
o da madeira em vigamentos e postes; o das folhas ou *ola* («ramos»
de Orta) em tectos e coberturas; e o do *cairo,* extrahido do involucro
fibroso do fructo, em cordas, calafetagens, etc. O *cairo,* que ainda hoje
se exporta em quantidades consideraveis para a Europa, onde é empregado no fabrico de diversos objectos, era então principalmente
apreciado como materia prima dos cabos, usados na navegação—fazia «muito gentil cordoalha» como diz o nosso auctor. João de Barros
tambem louva os cabos de *cairo* em umas phrases graciosamente portuguezas. As causas de as amarras de *cairo* serem as melhores e mais
duradouras, diz elle:

«he porque enverdece com a agua salgada; e faz-se tão correento
nélla, que parece feito de coiro, encolhendo e estendendo á vontade
do mar: de maneira, que hum cabre d'estes bem grosso, quando a náo
com a furia da tempestade, estando sobre ancora, porta muito per elle,
fica tão delgado, que parece não poder salvar hum barco; e no outro
saluço, que a náo faz arfando, torna a ficar em sua grossura.»

(Cf. Barros, *Asia,* iii, iii, 7; Drury, *Useful plants of India,* 146.)

Com o *cairo* calafetavam tambem e cosiam os barcos; e estes barcos
cosidos e não pregados eram uma das curiosidades dos mares orientaes,
da qual fallaram todos os viajantes, desde o auctor do *Periplo,* até
Marco Polo, Monte Corvino, e aquelle excellente fr. Jordão, que explica muito bem o caso em muito mau latim: *et de cortice istius fructus*
(Nuces de India) *fiunt cordæ cum quibus suuntur navigii in partibus illis.*
As mais celebradas d'estas embarcações eram as construidas nas Maldivas, a terra classica dos *coqueiros* e do *cairo,* onde —como diz Orta—
barco, pregadura, vellas, cordoalha, tudo era feito d'aquella palmeira.
Chamavam-lhes *gundras,* segundo diz Gaspar Corrêa, que dá a seu respeito uma noticia interessante:

«... gundras, que são huns barcos das Ilhas de Maldiva, onde se
faz o fio de cairo de que se fazem as amarras e enxarcias de toda a
navegação da India, afora outro muito serviço da terra. Gundras são
feitas da madeira das palmeiras juntas e pegadas com tornos de páo,
sem nenhum prégo, e as vélas são esteiras feitas de folha secca das palmeiras.»

(Cf. Gaspar Corrêa, *Lendas,* i, 341; *Mirabilia,* em *Recueil de Voya-*
ges, publié par la *Soc. de Géogr.,* iv, 43, París, 1839; Yule, *Marco Polo,* i,
111 e 119.)

Das substancias alimentares fornecidas pelo *coqueiro* dá Orta uma
enumeração muito completa, fallando do *palmito,* que é o «olho ou
amago da palmeira»; da agua e do miolo do coco, que é «muito languido e doce»; do azeite, feito do miolo fresco, ou do miolo secco,
chamado *copra.* Enumera tambem detidamente todos os productos da

palmeira *lavrada á sura,* isto é, para fornecer a seiva: o liquido fermentado ou *sura;* os espiritos distillados da *sura,* o mais fino chamado *fula* ou flor, o mais ordinario chamado *orraca;* o vinagre; e finalmente o assucar, ou *jagra.* Tudo isto são productos muito conhecidos, e que não carecem de explicação (Cf. Drury, l. c; Lopes Mendes, l. c.; Costa, l. c.).

Nas propriedades medicinaes do *oleo,* Orta distingue o oleo dos cocos frescos do oleo de *copra,* louvando muito o primeiro como uma excellente «mézinha purgativa», que elle receitava varias vezes. Não propriamente o oleo, mas o succo espremido da amendoa pisada ou raspada — o que se apqroxima da preparação indicada — tem sido recomendado como fortificante, aperiente, e em certos casos activamente purgativo. Quanto ao oleo de *copra,* que era bom para «dores de junturas antigas», podemos notar que ainda o applicam no Concan do mesmo modo, em contusões e inflammações rheumaticas (Cf. *Pharmacopœia of India,* 247; Dymock, *Mat. med.,* 800).

A cultura dos *coqueiros*[1] nas terras portuguezas da India era importante já nos tempos de Orta. Folheando o tão interessante e tão valioso livro de Simão Botelho, vemos que o coqueiro dava logar a uma exploração activa, da qual, pelo systema das arrematações ou exclusivos, resultavam algumas rendas para o estado. Em Goa as *orracas* andavam arrendadas; e Simão Botelho explica que erão de tres sortes:

«çura que he asy como se tira, orraqua que he çura cosida hũa vez, xaráo[2] que he cosida duas vezes e he mais forte do que a orraqua, por ser confeytada.»

Pelas condições do arrendamento só podia vender *orraca* o rendeiro, ou quem com elle se concertasse; e este pagava ao estado pelo exclusivo uma quantia, que variava de 3:200 a 3:600 pardáus annuaes proximamente. Nas pequenas ilhas de Divar e outras, proximas da de Goa, tambem as «buticas de orraqua e çura», isto é, as tavernas, entravam n'um arrendamento. Igualmente estava arrendado o exclusivo da venda em quasi todas as aldeias das terras de Baçaim; e ahi encontramos uma especie de imposto industrial:

«as pessoas que tem foguões em suas casas pera fazerem çura preta, paguão por cada ffoguão catorze fedeas por ano».

Estes fogões devião ser apparelhos grosseiros de distillação, similhantes ou mesmo identicos ao que ainda se emprega na India, e chamão

---

[1] E subsidiarimente de outras palmeiras; o *Borassus,* por exemplo, fornecia *suras* e *orracas* analogas ás do *Cocos.*

[2] A palavra *xaráo* vinha sem duvida do arabico *scharáb,* que significou primitivamente qualquer bebida; e da mesma palavra arabica procederam na peninsula, o hespanhol *xarave,* e o portuguez *xarope. Orraca* era o arabico *arak,* propriamente transpiração, e d'ahi a exsudação ou seiva de palmeira. *Çura* ou *sura* é o sanskritico *Sura,* com a mesma accepção.

ali ĩontró. Tambem se cobravam direitos dos *bandarys (Bhandāri* em marathi), os membros de uma casta especial, que se empregava no cultivo e exploração dos palmares; e a este tributo ou imposto pessoal dava-se o nome de direito de *bandrastal*. Finalmente, os moinhos de azeite, em que se moia *gergelim* e outras substancias, mas principalmente *meolo de coco,* tambem andavam arrendados, ou pagavam impostos especiaes.

De tudo isto resulta, que os palmares constituiam uma das principaes riquezas da população rural, e ao mesmo tempo uma importante materia collectavel (Cf. *Tombo do estado da India,* nos *Subsidios* de Felner; Lopes Mendes, *India port.*, i, 189; Gerson da Cunha, *Words and places in and about Bombay,* no *Ind. ant.*, vol. iii, 294).

Reservámos para ultimo logar o exame de uma questão secundaria, mas curiosa — a origem da palavra *coco, coquo,* ou *quoquo,* que de todos os modos se encontra escripta.

Orta diz, que por o fructo ter aquelles tres buracos, os portuguezes lhe pozeram o nome de «coquo porque parece rosto de bugio ou de outro animal». Linschoten dá a mesma noticia, ou que a encontrasse no livro de Orta, ou que a ouvisse em Goa. Barros escreve: «os nossos lhe chamaram coco, nome imposto pelas mulheres a qualquer cousa com que querem fazer medo ás creanças, o qual nome assi lhe ficou, que ninguem lhe sabe outro, sendo o seu proprio, como lhe os Malabares chamam, Tenga, e os Canariis, Narle». Do livro classico de Barros passou esta derivação para os *Lexicons* da lingua, para o *Vocabulario* do padre D. Raphael Bluteau, e para alguns diccionarios modernos, como o de Moraes.

Fallando dos *coqueiros* da America, Oviedo diz tambem (cito pela versão de Ramusio): «chamam aquelle fructo *coco,* porque se parece com a figura de um bugio» *(gatto maimone* na versão italiana). E o mesmo repetem os 'diccionarios hespanhoes, o famoso *Thesoro de la lengua castellana* de D. Sebastian Covarrubias, e o *Diccionario de la Real Academia Española,* onde se citam varios exemplos da applicação da palavra *coco,* no sentido de *figura espantosa y fêa.*

Fallando dos coqueiros da Africa, o portuguez Duarte Lopes — na relação de Pigafetta — diz: que ha diversas palmeiras no reino do Congo, e entre ellas a noz da India, chamada *Coccos,* porque dentro do fructo ha uma cabeça parecida com a de um bugio *(dette Coccos, perche hanno dentro una testa che somiglia ad una Simia);* e explica que na Hespanha existe o costume, quando querem assustar as creanças, de dizer a palavra *Coccola.*

De todas estas citações — e omitto varias — se vê, que entre portuguezes e hespanhoes houve unanimidade em adoptar para a palavra *coco* a mesma etymologia que dá o nosso auctor; e no emtanto, quando a queremos estudar de perto, suscitam-se algumas difficuldades.

Comecemos por examinar outras origens possiveis. Diz-nos Yule
(no *Glossary*), que C. W. Goodwin encontrou no antigo egypcio uma
palavra, *kuku*, designando o fructo de uma palmeira elevada, o qual
continha agua no interior. E recorda tambem que Theophrasto dá o
nome de κύκας a uma palmeira da Ethiopia, a qual Sprengel quiz identificar com o *Cocos*[1]. A coincidencia de nomes é notavel, mas não
deve passar de uma coincidencia. Como bem adverte Yule, é custoso
admittir que um nome desapparecesse durante longos seculos, sem
deixar vestigio da sua existencia, para reapparecer subitamente na
bôca dos portuguezes no fim do xv. Alem do que, é extremamente difficil saber o que fosse o *kuku*.

Rumphius teve noticia da etymologia corrente entre portuguezes,
mas não está disposto a acceital-a, e julga encontrar outra melhor.
Diz elle, que os arabes chamaram aquelle fructo *gauȥoȥ-Indi*, isto é, *noȥ
da India*, e os turcos *cock-Indi*, com a mesma significação. Este nome
de *cock* passaria —na sua opinião— para os mouros africanos (em hollandez *Africaansche mooren*, que Burmanno traduziu mal para *Æthiopes
africani*), e d'estes para os hespanhoes e portuguezes, sendo a origem da
palavra *coquo*. Francamente, é difficil imaginar como um nome turco se
podesse generalisar no norte da Africa, onde não ha *coqueiros*, até chegar aos povos da peninsula; e demais não temos outra noticia do tal
nome turco, não sendo possivel saber onde Rumphius o foi desencantar.

O sabio geographo Ritter suppoz, que este nome fosse uma designação usada pelos habitantes das ilhas dos Ladrones, adoptada e genera-
lisada depois pelos companheiros de Magalhães; mas isto é claramente um erro, pois nós vamos ver a palavra *coco*, empregada pelos
portuguezes alguns annos antes da viagem de Magalhães.

Postas de lado estas etymologias, vejamos que valor póde ter a de
Orta, Barros e outros.

Em primeiro logar será necessario demonstrar, que o nome de *coco*
não foi usado antes das viagens portuguezas e hespanholas. Isto, quanto
eu pude averiguar, parece ser assim. Um dos primeiros viajantes do Occidente ás terras orientaes, Cosmas (545 J. C.), chama aquelle fructo
ἀργελλια, por ναργελλια, o que é uma simples hellenisação do sanskritico
narikela, ou do persiano *nargil*, como já advertiram Gildemeister e Yule.
Seculos depois, o celebre Marco Polo, e pelo mesmo tempo fr. João de
Monte Corvino (1292), dão-lhe o nome de *noȥ da India*, que era a traducção do nome arabico, quadrava bem á fôrma e aspecto do fructo, e foi de
todos o mais usado pelos viajantes. Fr. Jordão (1328) conhece o nome

---

[1] Os caracteres attribuidos por Theophrasto á κύκας de modo algum concordam com
o *coqueiro*, pois diz que não tem um só tronco, mas muitos (Cf. *Hist. Plant.* ii, 6, p. 29, ed.
Wimmer).

oriental, e liga-o ao nome mais vulgar: *arbor quædam quæ Nargil vocatur ... hi fructus sunt quos nos vocamus Nuces de India.* O mesmo faz poucos annos depois fr. João de Marignolli, o qual latinisa completamente a palavra *Nargil,* e chega mesmo a declinal-a, fallando das fibras *nargillorum.* Nicolo di Conti (1444) escreve como todos os anteriores *nuces indicæ;* e Jeronymo di S.[to] Stephano, escrevendo mesmo á chegada dos portuguezes (1499), continúa a usar da expressão *noci d'India.* Em resumo, vemos que nenhum viajante da idade media emprega a palavra *coco,* nem outra qualquer parecida com esta no som ou na fórma; e vemos que os nomes orientaes, *jau₹-el-Hindi, nargil, tenga, nyor,* não têem a mais leve similhança com coco. Julgo pois, que a adopção no Oriente da palavra *coco* ou *coquo* para o fructo, e naturalmente *coqueiro* para a arvore, é puramente portugueza, qualquer que seja a origem da palavra.

Vejâmos agora o que dizem os primeiros portuguezes que viram os *coqueiros.* Estes devem ter sido Vasco da Gama e os seus companheiros[1]. Ao chegar a Moçambique, escreve o auctor do *Roteiro* o seguinte:

«As palmeiras desta terra dam huum frutu tam grande como mellões, e o miolo de dentro é o que comem, e sabe como junça avellanada.»

Esta phrase é de uma significação clarissima. Os viajantes encontram uma arvore que reconhecem ser uma palmeira, e isto era facil estando familiarisados com a *palmeira das tamaras* e outras da Africa; mas reconhecem ser uma palmeira nova para elles. Notam as dimensões desusadas do seu fructo, o gosto do miolo, e não lhe dão nome. Evidentemente não o sabiam. Seguem d'ali na sua derrota bem conhecida, vão a Calicut, sáem de lá, e na costa da India, junto á ilha de Anchediva, tomam uma nau de mouros. Dentro da nau, diz o auctor do *Roteiro,* havia:

«mantimentos e armas, e o mantimento era coquos, e quatro talhas de huuns queijos d'açuquar de palma.»

Esta phrase —ao contrario da primeira— é de difficilima explicação. O nome de *coquo* vem aqui com toda a naturalidade, como uma palavra conhecidissima, de uso corrente. Não me parece natural, que a gente da armada, na curta demora em Melinde e Calicut, se habituasse a ver o fructo, notasse que elle se parecia com o *rosto de um bugio,* se lembrasse dos *cocos* com que as mulheres em Portugal mettiam medo ás creanças, e começasse a dar-lhe correntemente aquelle nome. Ha evidentemente aqui uma difficuldade.

---

[1] Segundo as opiniões mais seguidas e seguras, o *coqueiro* não existia então na costa de Guiné, onde nos annos seguintes foi introduzido pelos portuguezes; e a phrase do *Roteiro* citada nas linhas seguintes, é favoravel a este modo de ver, pois se ali existisse, de certo haveria nas guarnições quem o conhecesse. Na costa oriental tambem não era espontaneo, mas havia sido introduzido pelos arabes muito antes de ali chegarem os portuguezes.

Alem d'isso, a palavra *coco*, no sentido de figura *espantosa y fêa*, de *papão* de creanças, só se encontra empregada por escriptores hespanhoes e portuguezes muito posteriores, como Quevedo, Hurtado de Mendoza, fr. Luiz de Sousa, ou fr. Amador Arrais; e não achei noticia de que tivesse aquella significação na peninsula, no xv seculo. Ha na verdáde, a velha palavra hespanhola *coca*, d'onde *cocóte*, que significava cabeça —segundo o *Dicc. de la Real Academia Española*—, e esta póde em rigor ser a origem da designação dada mais tarde ao fructo.

A etymologia de Orta tem, pois, a seu favor, por um lado a opinião unanime dos escriptores portuguezes e hespanhoes, alguns dos quaes, como Barros e Oviedo, escreviam pouco depois da sua adopção; e por outro o facto de que o emprego do nome data das viagens dos nossos. É certo todavia, que apesar d'isso levanta um certo numero de duvidas.

Afóra esta etymologia corrente, haveria ainda uma mais ou menos acceitavel. Seria a derivação do latim *coccus*, grego κόκκος, palavra que propriamente se applica a uma cousa distincta, mas se poderia tomar no sentido de grão ou noz de maiores ou menores dimensões[1]; mas tambem não parece natural, que os rudes companheiros de Vasco da Gama se lembrassem d'esta classica origem.

É forçoso confessar, que a questão permanece muito obscura; e não é facil encontrar uma solução de todo o ponto satisfactoria.

Nota (2)

Varios escriptores nossos fallam d'este *coco das Maldivas*, ou *coco do mar*, tendo-o sempre por uma producção marinha. Camões diz o seguinte:

> Nas ilhas de Maldiva nasce a planta,
> No profundo das aguas soberana,
> Cujo pomo contra o veneno urgente
> É tido por antidoto excellente.

João de Barros dá-lhe a mesma origem: «em algumas partes debaixo da agua salgada nasce outro genero dellas (arvores), as quaes dão hum pomo maior do que o coco». E muitos annos depois, Rumphius, que era um naturalista perito e investigador, insiste na mesma idéa: *hujus miri miraculi naturæ quod princeps est omnium marinarum rerum* ...

---

[1] N'este caso o nome tomaria dois c c; e os botanicos, numerosos no principio do nosso seculo, que escreveram *Coccos nucifera*, lembraram-se evidentemente d'esta origem.

Reprehende mesmo Garcia da Orta, por este não acceitar francamente a origem submarina d'aquelle fructo (Cf. *Lusiadas,* x, 136; Barros, *Asia,* iii, iii, 7; Rumphius, *Herb. Amb.,* vi, 210 a 217).

O fructo não nascia, porém, debaixo da agua, pertencia a uma grande palmeira, *Lodoicea Seychellarum,* de habitação muitissimo restricta, pois se encontra espontanea apenas na ilha Praslin, e mais algumas do pequeno archipelago das Seychelles (Cf. Hooker, *Botanical magazine,* tab. 2734).

As Seychelles, ficando fóra do caminho habitual da navegação pelo canal de Moçambique, permaneceram muito tempo desconhecidas ou mal conhecidas. Os portuguezes tiveram, no emtanto, noticia d'aquellas ilhas, a que chamaram as *Sete irmãs,* ou os *Sete irmãos,* assim como dos recifes madreporicos, que lhes demoram a sueste, e ainda conservam nas cartas o nome portuguez de *Saia de malha*[1]. Mas as ilhas ficaram deshabitadas, e raro visitadas até ao meado do seculo passado. Era, portanto, desconhecida a *Lodoicea Seychellarum;* mas não succedia o mesmo aos seus fructos. Estes, caíndo no mar, fluctuavam'á mercê das correntes e dos ventos; e, impellidos por essas correntes, ajudadas em parte do anno pela monsão de S.W., eram levados principalmente na direcção das Maldivas, em cujas praias se encontravam com certa frequencia —d'ahi o nome de *coco das Maldivas.* Outros, porém, passavam mais ao sul, e não raro —segundo Rumphius— íam dar ás praias meridionaes de Sumatra, Java, e outras ilhas d'aquella corda vulcanica, que se estende até Timor. Das grandes dimensões e fórma singular d'estes cocos, e do facto correctamente apontado por Orta, e Verdadeiro no seu tempo: «que nunqua pessoa alguma vio a arvore que dá estes coquos, senão que o mar os deita de si», se originaram naturalmente todas as lendas relativas á sua origem marinha.

Os malayos, que lhes chamavam *calapa laut,* ou *boa pausengi,* diziam: que, nos grandes abysmos do mar do sul, *laut kidol,* se encontrava uma unica arvore, o *pausengi,* a qual dava estes cocos, e cuja copa emergia fóra das aguas. N'essa copa fazia o seu ninho o *Geruda,* aquella enorme ave, que arrebatava nas garras elephantes, rhinocerontes, e outros grandes animaes; e quando alguns barcos para ali se dirigiam, nunca mais podiam saír do abysmo, onde as guarnições eram fatalmente devoradas pelos *Gerudas.* Vemos assim aquella grande extensão dos mares do sul povoada de lendas assustadoras, tal qual o Atlantico ou *Mar tenebroso* da idade media. Rumphius, que escrevia em Amboyna, e já conhecia a

---

[1] Nas cartas ainda inéditas de Vaz Dourado (1571) estão marcadas numerosas ilhas a nordeste de Madagascar: as do Almirante, de Mascarenhas, do Corpo Santo, os Sete Irmãos, os Tres Irmãos, etc.; parecendo que a maior dos Sete Irmãos deve corresponder á ilha de Mahé das Seychelles. Tive occasião de consultar o exemplar que se encontra no Archivo da Torre do Tombo, assim como o que hoje pertence á livraria particular de el-rei.

Australia, diz, que tal abysmo não existe no mar, mas que no emtanto as plantas podiam talvez ser submãrinas; e, em face de outras difficuldades, resigna-se a não profundar muito a questão: *Relinquamus itaque incertam istam arborem in matris naturæ abscondito gremio* ...

Francisco Pyrard de Laval, que naufragou nás Maldivas, e ali permaneceu muito tempo (uns quarenta annos depois de Orta), dá a mesma noticia que este. Diz que os naturaes chamavam ao coco *Tauarcarré*, e acrescenta ... «e julgam que é produzido por algumas arvores, que ha no fundo do mar». Mas em outra passagem dá uma indicacão mais chegada á verdade, a qual se póde talvez referir a algum vago conhecimento das Seychelles, que possuissem os navegadores das Maldivas. A passagem é interessante, e merece ser citada um pouco mais largamente; diz assim:

«Algum tempo depois, el-rei (o das Maldivas) enviou por duas vezes um piloto mui experimentado ao descobrimento de certa ilha chamada *Polluoys*, que para elles é ainda quasi incognita, e só dizem que antigamente uma sua barcà ahi aportou casualmente, como em suas historias se contém, mas foram forçados a saír d'ella por causa dos grandes tormentos, que lhe fizeram os diabos ... a ilha é fertil em toda a sorte de fructos, e são mesmo de opinião que aquelles grandes côcos medicinaes, que tão caros são, se dão n'aquella ilha; posto que alguns pensem que vem do fundo do mar.»

É bem possivel, que esta vaga tradição tivesse por fundamento uma viagem ás Seychelles, viagem que se não repetiu, porque —como diz Pyrard— quando buscavam a ilha «de proposito ainda a não tem podido achar; e quando a ella tem aportado é por acaso».

Á parte esta curta e vaga noticia, todos tinham o *coco* por uma producção do mar, não só no tempo de Orta, mas mesmo muitos annos depois (Cf. *Viagens de Pyrard de Laval*, I, 192 e 248; Rumphius, l. c.).

Sobre os effeitos do «antidoto excellente» é o nosso medico evidentemente muito sceptico; faz notar com rasão, que as lendas e mysterios davam «ao coquo das ilhas mais auctoridade»; diz que as curas se podiam talvez attribuir á «emaginação»; e termina com um certo desprezo: «e deixemos isto e fallemos no costo, pois hé mais usado na fisica». Rumphius, que acreditava piamente nos effeitos do *coco*, não lhe perdoa a sua indifferença: *Garţiam porro miror, ipsum harum nucum non majorem habuisse experientiam.* É que de feito o coco era então muito procurado e muito louvado; e o mesmo Rumphius conta que um almirante hollandez, Wolferio Hermano —o que no anno de 1602 commandou uma acção nos mares de Bantam contra a esquadra portugueza de André Furtado de Mendonça— possuia um d'estes cocos, pelo qual o imperador Rodolpho II offereceu quatro mil florins. Aquelle *coco* era então o unico que existia na Hollanda. Em Portugal eram mais frequentes. Clusius viu em Lisboa (1563) mais de um; e encontrou tambem o miolo secco á venda, mas por um alto preço: *Vidimus cùm Ulysipone, tum aliis locis, vascula ex hoc Cocco de Maldiva confecta, oblongiora plerumque iis quæ ex vulgari cocco parantur, magisque nigra et nitida. Quinimo ipsam medullam nucis siccatam Ulysipone venalem reperire licet, cujus facultates mirifice extollunt . . . ob quam causam ingens ejus pretium.* Mais notavel do que todos estes vasos, era um, que foi tomado pelos inglezes em uma náo, aprezada no anno de 1592, do qual o seu amigo *Jacobus Garetus* (James Garet) lhe mandou o desenho, e que vem figurado no *Exoticorum.* Está montado em prata, de trabalho evidentemente oriental, e representa uma ave, tendo as garras fortes, e a cabeça de dragão com grandes dentes á mostra. Será uma representação do *Geruda*, e resultaria na imaginação do artista que o cinzelou d'aquella lenda, que ligava o *Geruda* ao *boa pausengi?* (Cf. Rumphius, l. c.; *Exoticorum,* 192; *Flora dos Lusiadas,* 86; Yule e Burnell, *Glossary,* palavra *Coco de mer).*

COLOQUIO DECIMO SETIMO

DO COSTO E DA COLERICA PASSIO

INTERLOCUTORES

RUANO, ORTA, SERVA, PAGEM, DOM GERONIMO
E PACIENTE

RUANO

Muyto estimado foy o *costo* antigoamente, e aguora tambem
tem seu louvor; portanto reçeberey grande merce em me
abrirdes o caminho da verdade em esta mézinha, não tendo
afeiçam nem odio a algumas pesoas de qualquer calidade
que sejam.

ORTA

Eu não tenho odio senão aos errores; nem tenho amor
senão á verdade; e com este preposito vos diguo, que eu
pera mim nam tenho duvida alguma em esta mézinha.

RUANO

Pois todos a temos; porque Galeno com todos os Gregos,
e Plinio com todos os Latinos antiguos, e todos os Arabios *
põem muytas maneiras do *costo;* e ainda que os boticairos
me dizem que o ha em Espanha, e os Italianos em suas
terras, e asi todas as nações, mas que não vem a nós senão
esta *indica,* e que das outras, se carecemos, he per descuido
e avaricia.

ORTA

Eu pera mim tenho não aver outra; e desta vos direy os
nomes, e a feiçam, e o uso pera que se usa.

---

* Galenus, lib. 7, Simplicium; Plinius, lib. 12, cap. 12; Avicena, lib. 2,
cap. 165 (nota do auctor).

RUANO

Dizei, com protestação de vir com meu contraponto, quando fôr necessario.

ORTA

Diguo que *costo* em arabio se chama *cost* ou *cast;* e em guzarate se chama *uplot;* e em malaio, pera onde he grande mercadoria e se guasta muyto, se chama *pucho;* disevos o nome em arabio porque por este he chamado dos Latinos e Gregos; e o do Guzarate porque he a terra mais chegada onde naçe; e disevos o nome malayo, porque a maior cantidade se gasta pera lá, scilicet, pera levar á China (1).

RUANO

E não nace o *costo indico* no Guzarate?

ORTA

Nace na terra sogeita muitas vezes ao Guzarate, scilicet, confins entre Bengala e o Dely e Cambaya, isto he, terra do Mandou e Chitor; e day vem muytas carretas carregadas d'este *uplot* e de *espique* e de *tincar,* e de outras muytas mercadorias, as quaes vem ter á cidade principal do reino, dita Amadabar, que está no sertam, e tambem vem ter á cidade de Cambayete (cotovello do mar da enseada); e dali se provê a mór parte da Asia das nomeadas mercadorias, e toda a Europa, e alguma parte da Africa (2).

RUANO

Como se podem criar tantos arvores, pois a raiz he o *costo* que gastamos?

ORTA

O mais pouco he raiz; porquanto todo o mais he o páo, nam val mays o páo que a raiz; o arvore em que nasce o comparam alguns que o viram ao sabugo; tem flores e cheira bem; e a feiçam delle he ser branco per dentro, e a casca parda; e algum d'elle tem a cor de buxo e a casca amarella. Onde está, dá grande fragancia e cheiro, que a alguns se lhe mette pollos narizes, e lhes faz dor de cabeça com sua fortidam; o sabor delle não he amarguo, nem tam pouco doçe; posto que alguma cousa amargua, quando he velho; porque, quando he novo, tem o sabor agudo como as outras espeçiarias; desfaz-se muito em pó, e cheira mais pouquo, e amargua; e esta he a verdade. Deste guastam em muitas mézinhas os fisicos Indianos; este levão a Ormuz os mercadores; donde se provê todo o Coraçone e a Persia. Tambem dahi se leva a Adem, donde se provê a Arabia e Turquia, e nam he muyto ser este *costo* falsificado lá, segundo levam pouca cantidade a Portugal; por onde he de crer que, ou he falso o que usam nas partes distantes de Portugal, ou põem outra cousa por elle.

RUANO

Serapio lhe chama *chost**.

ORTA

Está a letra corruta, e em alguns livros se acha escrito *cast e costus;* e os Arabios, com que faley, huns lhes chamam *cast,* outros *costo,* e outros *costi;* e nisto nam tenhaes duvida.

RUANO

Todos põem tres especias; scilicet, *arabio,* este dizem ser branco e leve e aromatico; outro dizem ser *indico,* negro e leve e amarguo; e outro dizem que he da *terra da Siria,* de cor de páo de buxo; o cheiro he estitico. Tambem** *costo doçe* e *costo amarguo;* posto que eu não vi *costo doçe,* nam pode deixar de o aver, pois doutores de tanta autoridade escrevem delle.

ORTA

Perguntei a muytos mercadores da Arabia e Persia e da Turquia, que me dixesem onde se gastava este *costo* que vay da India, amostrandolho com a mão, elles responderam

---

* Serapio, cap. 318 (nota do auctor).

** Deve faltar aqui a palavra «dizem», ou outra semelhante.

todos que na Turquia se gastava a mór parte, e na Suria; e
os Arabios e Persios me dixeram que tambem o levavam
pera sua terra por mercadoria em que se ganhava dinheiro.
Pergunteilhe, se avia outro algum em sua terra, todos me
dixeram que nam. Perguntei aos fisicos do Nizamaluco, e
dixeramme que nunqua viram outro *costo,* senam este da
India; e destes fisicos hum delles foy fisico do Xatamaz*, e
andou muyto tempo curando no Cairo e em Costantinopla;
pois todos estes rezam tinham de conheçer o *costo.*

RUANO

E o que dizeis do *costo doce* e *amargoʒo?*

ORTA

Bem sabeis que as cousas, quando se vam podreçendo,
que amargam muyto; e a cor, que no principio era branca,
se faz, quando se corrompe, preta; e no meio deste tempo
se faz amarela; e porque este *costo* vem ter de longes terras
a nós, ha muyto pouquo delle que não esté começado a
corromper. E o que já se vay corrompendo e não he branco,
chamão-lhe *amargo,* e ao outro, que está bom, *doce.* E
porque os mercadores, que este *costo* levam a vender, eram
de diversas partes, tomaram ocasiam de dizer, que hum
avia na Arabia e outro na India e outro na Siria, vindo
todo este da India, e tendo lá seu nacimento.

RUANO

Laguna, escritor deligente, diz que sam dinos de reprensam
os boticairos que, por avaricia ou pouco cuidado, nam trasem
o *costo* de Veneza, donde vem da Alexandria, e gastam em
seu logar huma mézinha, que nam se paresçe mais com o
costo, que o marmelo com abobra; e outros usam de raizes de *menta romana,* a que chamam *costo falso;* e muytos
herbolarios vi em Espanha que me dixerão avelo lá visto;

---

* Isto é, de Thamasp scháh, o successor de Ismael.

e hum me mostrou huma frutice de altura de cinquo palmos, e indo lendo pelo livro, achavamos que lhe convinhão os sinaes escritos no livro.

ORTA

Digo que Laguna diz bem, se levarem o *costo* de Veneza, que haja vindo da India, nam falsificado nem podre; e pera mais seguridade e certeza seria milhor que o levassem de Lixboa, onde vai melhor e mais fielmente feito; porque eu o mandei a elrei em cantidade, o anno que fiz as drogas; e se vay pouco de qua, he porque nam tem lá requesta, nem o pedem tanto. E ao que dizeis do herbolario, que em Espanha vos mostrou a frutice do *costo,* nem vós, nem o herbolario, nem o autor do livro, vistes em algum tempo o arvore do *costo;* e por isso vos enganaveis todos; porque, com perdão de todos, hum cego, que era o Pandetario*, guiava ao herbolario e a vós: isto vos digo, porque o arvore do *costo* he tamanho como hum azimbro ou medronheiro grande, ou sabugueiro. E a frutiçe, como tinha o páo? era mole, ou delgado ou groso; despedia bem a casca ou não?

RUANO

Mole, e despedia bem a casca.

ORTA

Pois estoutro he contrairo, que he páo duro, e não tem casca separada (3).

RUANO

Nam se podia perder este *costo doçe* pollos muytos tempos e distancia dos lugares?

ORTA

Não: porque as terras são agora mais descubertas e mais sabidas; senam que agora se descobrem mais os erros pa-

---

* Mattheus Sylvaticus, o auctor do *Liber pandectarum,* já citado antes no *Coloquio do aloés.*

sados, e enganos de gente, que, por venderem milhor suas mercadorias, põem nomes diversos, e dizem ser de longes terras. E abastenos, pera não aver outro *costo* senão este, que os Chins, gente tam descreta e tam sabida, usam desta mézinha e a gastam tanto.

RUANO

Aleguaes com gente muyto barbara e fera, pois sam os Scitas Asianos?

ORTA

Sam os Chins homens muy sutis em comprar e vender, e em officios macanicos; e em letras não dam vantagem a alguns outros, porque tem leis escritas, conformes ao direito comum, e outras muito justas; como se pode ver bem por hum livro que ha dellas nesta India; e huma destas leis, que me dixerão, he, que não pode o homem casar com molher que conheceo, sendo casada com outro marido; quanto mais que os homens que vão á China veem lá praticar muyta justiça e usar della; damse lá gráos e muytas onrras aos letrados, e elles sam os que governão o rei e a terra. Nas pinturas que fazem vem pintadas catedras, e homens que estão lendo, e ouvintes que estão ouvindo; quanto mais que, pera vos convencer seu gram saber, abasta que a arte de emprimir sempre foy lá usada, e nam ha em memoria de homens, ácerca delles, quem a enventou.

RUANO

Isso he verdade, porque quem enventou esta arte foy em Ungria, ou nessas partes mais setentrionaes, as quaes dizem que confinam com a China (4).

SERVA

Um moço está alli, que traz um recado.

ORTA

Venha.

PAGEM

Dom Geronimo lhe manda pedir que queira hir visitar seu irmão, e ha de ser logo, ainda que nam sejam oras de visitação, por ser perigo na tardança; e que lhe fará muyta merce em o fazer.

ORTA

Que doença he, e quanto ha que está doente?

PAGEM

He *morxi,* e ha duas horas que adoeçeo.

ORTA

Eu vou após vós.

RUANO

He esta enfermidade a que mata muyto asinha, e que poucos escapam della? Dizeime como se chama ácerqua de nós, e delles, e os signaes, e a cura que nella usaes.

ORTA

Acerqua de nós he *colerica passio;* e os Indianos lhe chamão *morxi;* e nós corruptamente lhe chamamos *mordexi;* e os Arabios lhe chamão *hachaiẓa,* posto que curruptamente se lea em Rasis *saida.* Cá he mais aguda que em nossas terras, porque comummente mata em vinte e quatro oras; e eu já vi pessoa que não durou mais que dez oras, e os que mais duram sam quatro dias; e, porque não ha regra sem exçeisam, vi um homem com muyta costancia de vertude, que viveo· vinte dias, sempre arrevesando colora curginosa*, e emfim morreo. Vamos ver este enfermo; e por os signaes vereis vós, como testemunha de vista, que cousa he.

RUANO

Vamos.

---

* A significação d'esta palavra é para mim muito duvidosa, e é possivel que esteja alterada por algum erro typographico.

ORTA

O pulso tem muyto sumerso, que poucas vezes se sente; muyto frio, com algum suor tambem frio; queixase de grande incendio e calmosa sede; os olhos sam muyto sumidos; nam podem dormir; arrevesam, e saem muyto, até que a vertude he tam fraca que nam póde expelir cousa alguma; tem caimbra nas pernas. Subí, após mim, que eu vos ensinarei o caminho. Muyta saude dê Deos em esta casa. Quanto ha que este mal veio?

ENFERMO

Póde haver duas oras que me tomou este sair e revesar, com grande agastamento; não arreveso senão agoa, sem nenhum amargoso, nem azedo sabor.

ORTA

Tivestes alguma caimbra nas pernas?

ENFERMO

Per tres ou quatro vezes me tomou, e com fortes esfregações com isto se me tirou, molhando as mãos em azeite de coquo quente; e porém tornou a vir, e fizlhe o mesmo, e tornouse.

ORTA

Que comestes oje?

ENFERMO

Comi pexe de muytas maneiras, e arroz de leite, e alguns pepinos; e asi o que arreveso cheira a pepinos.

ORTA

Isto não padeçe tardança; emtanto ponham fogareiros e esquentemlhe o corpo; e esfreguemlhe o corpo com panos asperos; e agoa nenhuma beba, em nenhuma maneira della; se fordes constrangido a darlhe a beber alguma pouca, será onde ajam apagado algum ouro fervendo; cautirizemlhe os pés com ferros quentes; e darlheam a beber hum vomitivo; e lançarlheam hum cristel lavativo; o qual tudo vou ordenar á botica; e untalloam com olios quentes pola nuca e espinhaço todo; e asi lhe untaram as pernas. E como revesar com este vomitivo, e fizer camara com o cristel, vãome dar conta do que pasa, e dirmeam se arrevesa ainda muyto, ou se sae muyto, ou se se esquentou já, ou se tem ainda caimbra, ou se lhe pareçe o pulso mais, e está mais descoberto ; porque conforme a isto he necesario que obremos, porque nesta infirmidade nam ha de aver descuido no medico, nem nos servidores do enfermo.

DOM GERONIMO

Tudo se fará muyto depressa; eis aqui o boticairo.

ORTA

. Façamlhe muyto asinha hum vomitivo de agoa cozida com çevada e cominhos e açucare; porque os acho muito bons pera esta paixão; o cristel será de cozimento de çevada e farélos e olio rosado, e mel rosado, coado; e os olios pera se untar seram de castoreo e de ruda; porque tem respeito ao veneno, tudo misturado. E ácerqua do comer da casa estilem huma galinha gorda, tirandolhe primeiro a gordura que tem; e deitemlhe dentro humas talhadas de marmelos, e se os não acharem frescos sejam de conserva, lavados primeiro com vinho branco, e lançemlhe huma pouca de agoa de canella e rosada, e coral e ouro; e posto que o doutor, que presente está, saiba milhor isto que todos, pera o que se deve fazer, elle me dá a mão a isso, como homem esprementado nesta terra. E porque elle está presente, diguo que milhor fóra perdiz ou de Ormuz ou da terra, ou guallo, ou galinha de mato; mas em quanto se isso não acha, podem fazer o que disse.

RUANO

Em todo cabo podeis falar, porque ha muyto tempo que nos conhecemos.

ORTA

Deos dê muita saude nesta casa, e não esqueça levarme recado do que passa.

RUANO

Espantado estou daquesta enfermidade; porque vi muitos doentes de peste, e nam tem a vertude tam derubada, nem dura tam pouquo polla mór parte. E porque dixe, que comêra pepinos, me lembra, que os doutores dizem de alguns comeres, que, se se corrompem, sam convertidos em natureza de veneno; e estes, se bem me lembra, sam melões, cogombros, e pepinos, e pexegos, e albocorques; por tanto nam he muyto virlhe aquella enfermidade, depois de comer pepinos. E vi mais este paciente ter o hanelito muito frequente.

ORTA

Sabeis em quanta maneira se aconteçe isto, que vi hum fidalgo, muito virtuoso, que avia trinta oras que padecia esta enfermidade, e me dizia: já nam saio, nem arreveso, nem tenho caimbra na perna, senam que não posso tomar folego, e isto me mata. Oulhay em que estado estava prostrada a vertude, que nam podia deitar o folego.

RUANO

A que homens toma mais esta enfermidade? E em que tempos do anno vem mais?

ORTA

Aos homens que muyto comem, e aos que comem máos comeres; como aconteçeo aqui a hum conego mancebo, que de ·comer pepinos morreo; e aos que sam dados muyto á conversação das molheres; e aconteçe mais em junho e julho (que he o inverno nesta terra); e porque se causa do comer lhe chamam os Indios *morxi,* que quer dizer, segundo elles, enfermidade causada de muyto comer.

RUANO

Como curam os fisicos da terra esta enfermidade?

ORTA

Damlhe a beber agoa de espresam de arroz com pimenta e cominhos (a que chamão *canje*); cautirizamlhe os pés, como

---

* Como se vê, a palavra *canje* ou *canja* ainda então não tinha fóros de portugueza.

mandei fazer áquelle fidalgo; e mais lançamlhe *pimenta longa* nos olhos pera esprementar a virtude; e pera a caimbra arrocham com percinta a cabeça, e braços e pernas, mui fortemente até os giolhos, e dos giolhos até os pés; e damlhe a comer o seu *betre*. E todas estas cousas nam careçem de rasam senam que sam feitas toscamente.

RUANO

E vós os Portuguezes que lhe pondes, ou que lhe fazeis?

ORTA

Damoslhe a comer perdizes e galinhas estiladas, ou çumo dellas: tambem lhe damos toradas de vinho com canella; postoque estas cousas quentes eu nam uso muyto nos comeres, senam postas pela parte de fóra, scilicet, untando o estomago com olio de *almecega* e *nardino* quentes; trabalho com muyta presa de limpar o estomago com mézinhas lavativas somente, e com cristeis; vam mistos segundo que a natureza mais se vay inclinando.

RUANO

Nam se ha de ajudar essa natureza, que he cega, e constrangida de humor venenoso.

ORTA

Todavia porque esse humor, que he venenoso, não enfecione o outro, he bem que se deite fóra cedó; e he bem evacuarse; depois com olios de *almecega* e pós de canella, confortando o estomago, e a virtude retentiva com algumas ventosas; mas ha de ser isto vacuandose primeiro a mór parte do humor (5).

RUANO

Tendes alguma mézinha particular esprementada?

ORTA

Algumas; scilicet, *triaga* bebida, ou deitada em vinho, ou agoa rosada, ou de canella, segundo a neçesidade o requere; o *páo de cobra,* de que adiante diremos; o *unicornio* esprementado; e o *páo de contra erva* de Malaca, com que se acham bem os feridos de frécha com peçonha; porém a mézinha que mais aproveita, e com que melhor me achei, he tres grãos de *pedra beʒar* (a que chamam *paʒar* os Persios), que daqui ao diante falarei, que em tanta maneira aproveita, que casi milagrosamente dilata as forças do coração. Já ouve muytos doentes, que, dandolhe a beber esta pedra, me dizião, nam sabendo o que lhe dera, como desque comeram aquella mézinha lhe parecia que lhe viera novas forças e lhe tornára a alma ao corpo; e em o bispo de Malaca (6) me achei muyto bem, dandolhe esta *pedra beʒar* e a *triaga,* depois de vacuada muyta parte da materia, deitáralhe muyta *triaga* em cristeis, acrescentandolhe a cantidade.

RUANO

Nunca vi deitar nessas enfermidades *triaga* em cristeis?

ORTA

He conforme á rezam deitalos nas enfermidades venenosas, como a mim me aconteceo, curando a hum védor da fazenda de elrey, nosso senhor, de humas camaras venenosas, o qual não querião consentir os meus companheiros fisicos; e porém vendo que se achou bem, folgárão com isso, e o usaram em muytas pessoas depois.

RUANO

Ha algumas enfermidades na India como esta, que derrubem a virtude tanto como esta? E a estas que mézinhas lhe pondes por fóra?

ORTA

Muitos homens morrem com a virtude derubada, ou porque tiveram camaras ou pollo muyto uso das molheres; e a estes (chamão os fisicos indianos *mordexi seco,* scilicet, á enfermidade d'elles) façolhes fomentaçam por fóra, com vinho de cozimento de cominhos, e sobre elles lanço olio *nardino* e de *almecega,* e os comeres quero que cheguem a quente, mais sustancialmente que em calidade; e não quero que sejam gemas de ovos, porque sam soversiveis e curruptiveis; e porque da *pedra be*ʒ*ar* ei de falar ao diante, não mais. E, tornando ao *costo,* digo que Mateolo Senense alega alguns que tem que a *rai*ʒ *angelica* he especia do *costo,* mas que elle nem o dana nem o aprova; e que usam mais conforme á rezam os que usam della em logar do *costo* que os que usam da *menta romana;* e eu diguo que ella não he *costo,* e póde ser milhor mézinha.

NOTA (1)

Julgou-se durante muito tempo, que a droga chamada *costus* fosse a raiz de uma especie do genero *Costus* da familia das Scitamineæ; e o nome dado ao genero resultou mesmo d'aquella persuasão. Sabe-se hoje, que pertence a uma planta absolutamente distincta e muito afastada, da familia das *Compositæ,* a *Saussurea Lappa,* Clarke *(Auklandia Costus,* Falconer; *Aplotaxis Lappa,* Decaisne), a qual se encontra, como logo veremos, nas regiões elevadas e centraes da Asia.

Os nomes vulgares, mencionados por Orta, são ainda hoje bem conhecidos:

—«Cost» ou «Cast» em «Arabio». Isto é, ڧسط, que vem transcripto nos livros inglezes *kust;* mas devia soar *cast,* melhor *qast.* D'este nome deve vir, como Orta diz, o latino *costus* e o grego κόστος; mas é necessario advertir, que o arabico *qast* já vinha do sanskritico *kustha* (Cf. Dymock, *Mat. med.,* 449; Ainslie *Mat. ind.,* ɪɪ, 165, salva a identificação botanica).

—«Uplot» no Guzerate. Este nome vem mencionado por Dymock, na fórma *ouplate,* como sendo ainda usado em Bombaim (Cf. Dymock, l. c.).

—«Pucho» em malayo. O dr. Royle, comparando o *costo* do norte da India, com uma raiz conhecida nos mercados de Calcuttá pelo nome de *puchuk,* reconheceu serem cousas identicas, e acrescenta: *this identity was long ago ascertained by Garcias ab Horto.* Dymock tambem cita o mesmo nome, na fórma *patchak,* como usado em Bengala (Cf. Royle, *Ant. of Hindoo med.,* 88; Dymock, l. c.).

NOTA (2)

Podia-se dizer com uma certa approximação, e sem grande erro geographico, que as terras de «Mandou» e de «Chitor» ficavam entre os reinos de Guzerate e Dehli e Bengala; e tambem era verdade, que aquellas terras. haviam sido tomadas, perdidas, e retomadas pelos exercitos do Guzerate, justamente alguns annos antes.

Os portuguezes chamaram terras ou reino de «Mandou» ao reino mussulmano de Malwá. Mandú era propriamente o nome de uma cidade fortificada, situada na vertente meridional das serras de Vindya, e que foi muito tempo capital d'aquelle estado. Do mesmo modo chamaram reino de Chitor ao principado rajpút de Mewár ou Udipúra, quando o nome pertencia especialmente a uma famosa fortaleza d'este estado. Tanto Barros como Gaspar Corrêa fallam largamente d'estas terras, quando tratam das guerras do sultão Badur; mas sem fixarem bem as suas posições respectivas.

Orta estava enganado, quando julgava que o *costo* vinha d'ali, vinha simplesmente *por ali,* mas procedia de muito mais longe. O conhecido viajante francez, Victor Jacquemont, encontrou (1831) a planta que produz o *costo* nos valles do Kachmira, e vertentes do Himalaya, em altitudes consideraveis. Na mesma região a observou o dr. Falconer, alguns annos depois, verificando bem que d'ella procedia a droga do commercio. Colhe-se ali a raiz da *Saussurea* em grandes quantidades, e uma parte d'esta raiz aromatica é empregada pelos negociantes para conservar e preservar da traça os celebres e preciosos chailes, fabricados n'aquella região. Alguma segue por terra para a China, *via* Thibet; outra parte é levada a Calcuttá, d'onde se exporta principalmente para a China; e finalmente alguma vem aos portos do occidente, sobretudo a Bombaym (Cf. Falconer, nas *Trans. Linn. Soc.,* xix, 23; Dymock, l. c.).

No tempo de Orta, Bombaym não existia como porto commercial, sendo apenas uma ilha meia deserta, de que elle era foreiro, e as mercadorias affluiam ás cidades do norte, á cidade interior de «Amadabar» (Ahmedábad), e ás cidades maritimas de Diu, de Surrate, ou de Cambayete. Esta ultima, situada no fundo de um golpho, ou —como Orta diz— «no cotovello do mar da enseada», era geralmente chamada Cambaya; mas o nome de Cambayete é correcto, e mais proximo mesmo do antigo nome hindú *Khambavati,* e da fórma arabica *Kambáyat.* Vendo chegar a Cambayete as longas filas de carretas indianas, carregadas de *espique,* de *uplot,* e de *tincar,* os nossos portuguezes não suppunham que o *uplot* viesse de tão longe, das alturas do Himalaya, e o *tincar* ainda de mais longe, dos planaltos do Thibet.

O *uplot,* mais geralmente chamado *pucho,* era então uma mercadoria importante, principalmente no commercio com a China; e d'isso temos uma prova no facto de el-rei D. Manuel reservar o seu trafico para o estado, pouco depois de nós estabelecermos relações com aquelle imperio. Logo no anno de 1520, estando em Evora, D. Manuel prohibiu o commercio da *pimenta* para a China; e, em um regimento sem data, mas provavelmente pouco posterior, enviado a Diogo Ayres, feitor na China, diz o seguinte:

«nós temos defeso a pimenta pera a China, e asi defendemos aguora o pucho e emcenso, que se nom leve desas partes da India pera a China» *(Archivo port.-oriental,* fasc. 5.º, part. ii, 49).

Era pois verdade o que Orta dizia, que «a maior cantidade se gasta pera levar a China»; e continua a ser verdade que ainda hoje a maior parte do *costo* vae para o Celeste Imperio. Attribuem-lhe ali numerosas propriedades medicinaes, carminativas, estimulantes, antisepticas e muitas mais; mas é sobretudo empregado para queimar, com uma significação religiosa. Em todas as casas, em todos os juncos e barcos que fluctuam nos enormes rios do Imperio, o *patchak* arde reverentemente, e as espiraes do seu fumo aromatico sobem para a imagem de Buddha, que invariavelmente se encontra em toda a habitação chineza.

Nota (3)

Parece fóra de duvida, que o *costo* mencionado por Theophrasto, e depois d'elle por Dioscorides, Galeno, Plinio e outros, era este de que tratâmos, e vinha já então do Kachmira aos portos da India occidental, e d'ali, pelos caminhos bem conhecidos, aos mercados do Mediterraneo. As distincções em *arabico, indico* e *syriaco,* que Orta menciona pela bôca de Ruano, foram feitas por Dioscorides, o qual falla do κόστος ἀραβικὸς, do ἰνδικος, e do συριακὸς; mas não é facil saber hoje se eram realmente drogas distinctas, e Sprengel é de opinião, que, pelo menos os dois primeiros, deviam differir apenas no estado de conservação, acrescentando: *quod jam Garcias autumavit.*

A distincção entre doce e amargo tambem devia resultar do estado mais ou menos perfeito da droga. Guibourt, que estudou muito cuidadosamente esta questão do *costus,* e reconheceu que devia pertencer a uma *Composita,* mesmo antes da planta ser conhecida, é da opinião do nosso Orta, admitte·como elle que nunca houve mais de uma especie, a mesma que hoje temos, e cita as suas affirmações: *Garcias dit s'être informé des commerçants arabes, turcs et persans, s'il naissait chez eux quelque autre espèce de costus que celle tirée de l'Inde, et que tous lui ont répondu ne connaître que le costus de l'Inde.*

Vê-se pois, que as opiniões do nosso escriptor têem sido admittidas geralmente, e citadas como auctoridade. A sua descripção da droga, do aspecto e côr da madeira e da casca, e d'aquelle cheiro forte e que ataca a cabeça, é bastante conforme com os caracteres apontados nos livros modernos de Pharmacographia. Quanto á planta, é claro que a não viu, nem tinha sobre a sua feição idéas muito positivas; e se a comparou com o «sabugo» foi provavelmente pela disposição e dimensões da medulla, que póde observar nos troncos seccos da droga (Cf. Sprengel, *Diosc.* i, 29 e ii, 353; Guibourt, *Hist. nat. des drogues,* ii, 28).

Nota (4)

Quasi todos os nossos escriptores quinhentistas, que se occuparam das cousas do Oriente, louvaram a civilisação da China. Quasi todos admiram a «policia» dos chins, as suas leis, a sua pericia nas artes e officios, a sua perspicacia nos negocios commerciaes. Parece que aquella civilisação material, methodica e regrada, os impressionou mais do que a cultura intellectual dos hindús, muito superior sob alguns pontos de vista, e que elles em geral não comprehenderam.

Garcia da Orta tem, pois, as opiniões dos seus contemporaneos; e, sobre isso, tem um sentimento natural em um antigo estudante em Salamanca, e antigo professor de *Summulas* em Lisboa —uma grande admiração pela importancia dada aos homens de letras, por aquella serie de exames e de «graos», donde saía e ainda sáe toda a rede de funccionarios do Celeste Imperio, desde os infimos, até aos que constituem os mais altos conselhos, e— na sua phrase —«governam o rei e a terra».

Mas a referencia mais interessente d'esta passagem, é sem duvida a que diz respeito á invenção na China da «arte de emprimir». Vemos que ainda neste ponto o nosso escriptor andava bem informado, tendo naturalmente as idéas correntes então, de que a origem d'aquella arte se perdia na noite dos tempos, e não havia em «memoria d'omens ... quem a inventou». Muito depois de Orta, uma das maiores auctoridades sobre as cousas da China, o padre Du Halde, dizia do mesmo modo, que a imprensa existia ali *de temps immémorial*. E se isto não é absolutamente exacto, é pelo menos certo, que a invenção é antiquissima, pois um decreto do imperador Wan-ti (593 J. C.) mandava já que os livros mais importantes fossem reunidos, para serem gravados em madeira, e depois publicados.

Em uma das suas phrases —collocada na bôca do dr. Ruano— o nosso escriptor parece admittir, que a invenção da imprensa tivesse vindo da China para a Europa. A idéa não é nova; e o velho Garcia de Rezende tambem approxima a recente arte europêa da pratica anteriormente seguida na China:

> E vimos em nossos dias
> A letra de forma achada,
> Com que a cada passada
> Crescem tantas livrarias,
> E a sciencia he augmentada:
> Tem Allemanha louvor,
> Por della ser o auctor
> Daquesta cousa tam digna,
> Outros affirmam na China
> O primeiro inventador.

Modernamente mesmo, aquella idéa não foi de todo abandonada. Disse-se, por exemplo, que um certo Panfilo Castaldi imprimíra algumas folhas em Veneza, antes de Gutenberg e de Faust, sendo guiado na sua invenção pelo exame dos livros impressos, que Marco Polo trouxera da China. Estes direitos de prioridade de Castaldi não resistem a um demorado exame, como o que fez sir Henri Yule. Mas é certo, que algumas impressões *xylographicas*, anteriores ás impressões com typos moveis, apresentam uma notavel similhança com os trabalhos chins; e é possivel que alguns livros impressos fossem trazidos da China, se não por Marco Polo, por algum d'aquelles numerosos frades, franciscanos e dominicos, que então penetraram nas terras do remoto Oriente, e que a inspecção d'esses livros influisse nas primeiras tentativas europêas.

Admittindo, porém, esta influencia —que ainda assim é muito problematica— deveriamos attribuil-a a um ou outro specimen, trazido pelos viajantes, e nunca áquellas communicações directas de que falla o nosso escriptor. É pelo menos singular a phrase, que elle colloca na bôca do seu interlocutor Ruano: «... em Ungria, ou nessas partes mais setentrionaes, as quaes dizem que confinam com a China». Esta approximação entre a Ungria e a China faz-nos á primeira vista a impressão de um monstruoso erro geographico. E, no emtanto, a phrase tem uma explicação, se não uma desculpa.

O erro de Orta devia resultar da grandissima extensão, que, nos dois ou tres seculos anteriores, tivera o poder dos tartaros —tomando esta palavra *tartaros* na sua mais larga e mais vaga accepção. Por um lado os tartaros haviam conquistado a China, confundiam-se mesmo com os chins; e Orta mostra ter conhecimento d'esta approximação, chamando aos ultimos os *scitas asianos*. Por outro, os tartaros haviam invadido a Europa, occupado a maior parte do que hoje é a Russia, entrado nas terras da Polonia e da Ungria. Das fronteiras d'estas provincias orientaes da Europa, estendia-se para leste uma enorme Tartaria, que vagamente se fundia com a China do norte, com as terras de Cathayo ou de Kitai. Imaginar, que por este caminho as invenções da civilisada Pe-King se podiam communicar á civilisada Moguncia, seria hoje absurdo, dado o conhecimento que temos das regiões intermedias. Mas não conhecendo essas regiões, não podendo rectificar as idéas pela inspecção de uma carta exacta, comprehende-se como se podia chegar á singular phrase pronunciada pelo dr. Ruano. O dominico fr. Gaspar da Cruz, que era illustrado, que esteve muito tempo na China, que conheceu bem os habitos e costumes, e mesmo a geographia das provincias do sul, tambem, depois de uma nebulosa dissertação sobre as fronteiras da China pelo lado do norte, chega á seguinte conclusão: «e aqui parece claro a China confinar com o ultimo d'Allemanha».

Não encontrei propriamente noticia d'aquelle impedimento dirimente do matrimonio, que Orta menciona com louvor; mas é certo

que a lei, pela qual estas cousas se regulavam, era na China muito mi-
nuciosa. O padre Du Halde enumera longamente muitos casos de nul-
lidade, observados nos casamentos chins.

(Cf. Du Halde, *Description de la Chine*, ii, 123 e 249, París, 1735;
Firmin Didot, *Essai sur la Typographie*, p. 565 e 918; Garcia de Re-
zende, *Miscellania*, na *Chron. de D. João II*, 163 v.º, Lisboa, 1622;
Yule, *Marco Polo*, i, 132, e na primeira edição ii, 473; fr. Gaspar da
Cruz, *Tratado da China*, 24.)

Nota (5)

Garcia da Orta descreve um caso de *cholera* de fórma grave, do
cholera asiatico ou *cholera morbus* propriamente dito. Conhecia o *cholera europeu*, que havia sido estudado pelos antigos medicos, Hippocrates, Aretêo, Celso e outros, e a que chama *colerica passio*; conhecia
a analogia d'esta enfermidade com aquella que observava na India;
mas conhecia tambem a maior gravidade da ultima, dizendo: «ca he
mais aguda que em nossas terras».

As temerosas epidemias que devastaram a India no anno de 1817 e
seguintes, chamaram especialmente a attenção para esta doença, e levaram quasi a crer que fosse nova, ou pelo menos que se apresentasse
então com uma gravidade antes desconhecida. Parece, porém, ter exis-
tido na India, tanto na fórma sporadica como na fórma epidemica,
desde tempos muito antigos; e se alguma dúvida se levantou a este respeito, essa duvida deve unicamente resultar dos nomes variados, dados
á doença, e das descripções imperfeitas dos seus symptomas. Diz-se que
já se encontram referencias ao *cholera* nos escriptos do lendario medico
hindú, Susrúta, ou pelo menos em versões tamilicas de fragmentos, que
lhe são attribuidos. E o investigador Whitelaw Ainslie dá-nos variados
nomes da doença em quasi todas as linguas falladas na India: *ennērum
vandie* em tamil; *dānk-lugnā* em deckani; *chirdie-rogum* em sanskrito;
vāntie em tellingu; *nirtiripa* em maláyalam. Isto parece denunciar um
conhecimento muito geral, e provavelmente muito antigo, d'aquella
enfermidade, conhecimento espalhado por todas as regiões da India
(Cf. W. Ainslie, *Mat. ind.*, ii, 531).

Deixando, porém, este campo escorregadio dos remotos periodos hindús, dos quaes parece haver poucas noticias, ou pelo menos poucas noticias seguras, vejâmos o que diz respeito ao tempo dos portuguezes. Na
Vida de João de Empoli, aquelle florentino que andou na companhia
e na armada dos Albuquerques, diz-se que, estando elle nos portos da
China, a guarnição dos navios em que ía foi atacada por uma grave
doença, da qual rapidamente morreram 70 homens, e entre elles o
proprio João de Empoli; a doença era uma *pessima malatia di frusso*,
por onde parece que seria o *cholera*. Quando Martim Affonso de Mello

naufragou na costa de Arracán, se refugiou em uns ilhéos onde a agua era má, e a sua gente foi obrigada a comer umas sementes de leguminosas que encontrou, appareceram na guarnição «humas desinterias ... que he hum mal que em vinte e quatro horas mata», tendo os atacados «sede grandissima, os olhos mui sumidos, grandes vomitos». Estes e outros exemplos seriam sufficientes para mostrar como o *cholera* existia então no Oriente, e tomava facilmente uma fôrma epidemica grave (Cf. *Archivo storico Italiano*, 3o, citado por Yule e Burnell; Couto, *Asia*, IV, IV, 10).

Mas a noticia mais interessante, é sem duvida a que nos dá Gaspar Corrêa ácerca da epidemia do anno de 1543. Comquanto as suas *Lendas* andem em todas as mãos, a noticia completa tão bem o que diz Garcia da Orta, que a transcrevemos na integra, apesar de longa. E ainda mais somos levados a fazel-o pelo facto de vir incorrectissimamente citada em livros de medicina de auctoridade. O moderno *Dict. Encycl. des Sciences médicales* de Dechambre diz o seguinte (vol. XVI, p. 749): *L'académie des Sciences de Lisbonne a publié sous le nom de* Lendas da India *des documents dus a Gaspar Corrêa dans lesquels le Dr. Gaskain a retrouvé ce passage du á Christoval d'Acosta* ... E na transcripção encontra-se a seguinte phrase: *Il est fréquent d'observer dans l'Inde á Morschy une épidémie épouvantable et violente* ... É forçoso confessar, que tudo isto é o mais completo documento de leviandade, que será possivel encontrar em um livro serio. As *Lendas da India* transformadas em uma collecção de documentos já não é mau; mas um d'esses documentos attribuido a Christovão da Costa, é a perfeição no erro. Não fallaremos n'aquelle *Morschy*, que significava um logar ou região! Deixemos o Diccionario, e vejâmos o que disse Gaspar Corrêa:

«N'este inverno[1] ouve em Goa huma dôr mortal, que os da terra chamão moryxy, muy geral a toda calidade de pessoa, de minino muy pequeno de mama até velho de oitenta annos, e nas alimárias e aues de criação da casa, que a toda cousa vivente era muy geral, machos e femeas; a qual dôr dava na criatura sem nenhuma causa a que se pudesse reputar, porque assy vinha aos sãos como aos doentes, aos gordos como aos magros, que em nenhuma cousa deste mundo tinha resguardo. A qual dôr daua no estamago, causada de frialdade segundo affirmauão alguns mestres; mas depois se affirmou que lhe nom achauão de que tal dôr se causasse. Era a dôr tão forte, e de tanto mal, que logo se conuertia nas sustancias de forte peçonha, a saber: d'arrauesar, e beber muyta agoa, com deseqamento do estamago, e cambra que lh'encolhia

.

---

[1] Isto é no verão do anno de 1543, no periodo das chuvas e dos ventos de travessia, que lá chamavam *inverno*.

18

os neruos das curuas, e nas palmas dos pés, com taes dôres que de todo o enfermo ficava passado de morte, e os olhos quebrados, e as unhas das mãos e dos pés pretas e encolheitas. Á qual doença os nossos fisiquos nunca acharão cura; e durava o enfermo um só dia, e quando muyto huma noyte, de tal sorte que de cem doentes nom escapauão dez, e estes que escapauão erão alguns por lhe acodirem muy em breve com meizinhas de pouqua sustancia, que sabião os da terra. Foy tanta a mortindade n'este inverno que todo o dia dobrauão sinos, e enterrauão mortos de doze e quinze e vinte cada dia; em tanta maneira que mandou o Governador que se nom tangessem sinos nas igrejas, por nom fazer pasmo á gente. E por esta ser huma doença tão espantosa, morrendo hum homem no esprital d'esta doença de moryxy o Governador mandou ajuntar todolos mestres, e o mandou abrir, e em todo o corpo de dentro lhe nom acharão mal nenhum, sómente o bucho encolheito, e tamanino como huma muela de gallinha, e assy enverrugado como coiro metido no fogo. Ao que disserão os mestres que o mal d'esta doença daua no bucho, e o encolhia, e fazia logo mortal. E porque hauia grande apressão no enterramento dos mortos, que os crelgos da sé nom podiam tanto soprir, então o bispo dom Affonso[1] d'Albuquerque repartio freguezias pola cidade, e fez freguezias Santa Maria do Rosario, e Santa Maria da Luz; sobre que tiverão muytos debates, porque os crelgos da sé nom quizerão consentir que as freguezias levassem os dizimos de seus freguezes» *(Lendas,* iv, 288).

Vê-se bem claramente d'esta pagina, que na capital da India portugueza se deu no anno de 1543 uma d'estas explosões epidemicas de *cholera,* que se póde comparar em gravidade com todas as dos seculos posteriores e mesmo do nosso. Garcia da Orta devia estar então em Goa, observou a epidemia, foi talvez dos mestres que se juntaram para assistir á autopsia do cholerico; mas de nada d'isto falla no *Coloquio.* Como, na sua longa clinica, elle tratou numerosos casos de *cholera,* já sporadica, já epidemica, quiz de certo fundir os resultados da sua experiencia na descripção de um caso unico, sem especificar a epocha ou circumstancias em que o observou.

O exame d'esta parte do *Coloquio,* sob o ponto de vista medico, a confrontação dos symptomas descriptos com os mencionados nos livros da actualidade, a discussão do methodo de tratamento, poderiam ser o objecto de uma memoria especial muito interessante; mas saíriam completamente do plano d'estas notas, e entrariam no dominio do *commentario,* que cuidadosamente temos evitado[2]. De resto, a exposição de Garcia da Orta é por si só bastante clara e interessante.

_____

[1] Um lapso de Gaspar Corrêa, o bispo chamaVa-se D. João.
[2] Veja-se *Garcia da Orta e o seu tempo,* pag. 313 a 320, onde démos algumas indicações, muito incompletas e imperfeitas.

Ha, porém, um ponto a elucidar em breves palavras—o que se refere aos nomes orientaes da doença. Gaspar Corrêa chama-lhe *moryxy*. Orta diz, que os indianos lhe davam o nome de *morxi*, e os portuguezes corruptamente o de *mordexi*; e mais adiante affirma que *morxi* significa «enfermidade causada de muito comer». Diogo do Couto dá *morxis* como a boa fórma correcta, e *mordexim* como a alteração da palavra usada pelos nossos. Esta alteração não me parece provavel; de *morxi* os portuguezes deviam fazer *morxim*, por uma modificação, que foi regular e constante, do *i* terminal agudo, mas não havia rasão para introduzirem a syllaba *de* de *mordexim*. Devemos procurar esta syllaba na origem indiana. Yule e Burnell, em um excellente artigo do seu *Glossary*, no qual aproveitaram os trabalhos do dr. Macpherson e de Macnamara, dizem que o nome do *cholera* em guzerati parece ser *mōrchi* ou *mōrachī*, e este é evidentemente e quasi sem alteração o *moryxy* de Corrêa, e o *morxi* de Orta; dizem tambem que em marathi e concani se chama *modachī*, *modshī*, ou *modwashī*, que se deriva do verbo *modnen*, significando abater-se, deprimir-se, pelo collapso especial dos ultimos momentos do *cholera*, aquillo a que o nosso medico chamava «vertude derrubada». Os portuguezes ouviram de certo os dois nomes, e fizeram uma certa combinação de que saíu o nome constantemente usado *mordexim*.

Durante mais de dois seculos esta palavra foi empregada pelos portuguezes — e por todos os europeus que viajaram na India— para designar o *cholera*: umas vezes escripta *mordicin* pelos italianos, como Carletti; outras escriptas *mordisin* pelos francezes, como Pyrard; algumas *mordexi* pelos que usavam a lingua latina, como Boncio. Depois, os francezes lembraram-se de lhe dar uma significação, e combinando o som da palavra com os horrores da morte, chamaram á doença, *mort de chien*. Nas *Lettres édifiantes* para o anno de 1702 vem a seguinte phrase, que marca o momento de adopção do novo nome: «*cette grande indigestion qu'on appelle aux Indes mordechin, et que quelques uns de nos Français ont appellée mort-de-chien*». Apesar de ridiculo, este nome foi adoptado, não só em obras francezas, como tambem nos livros escriptos em outras linguas, e houve mesmo um inglez que traduziu á letra: «*the extraordinary diseases of this country are the Cholik, and what they call the Dog's Disease ...*»

Nem sempre, porém, se identificava correctamente a *mort-de-chien* com o *cholera*. Sonnerat, por exemplo, que descreve as duas graves epidemias de *cholera*, que reinaram em Pondichéry alguns annos antes do de 1782 em que elle escreveu, chama-lhe *flux aigu*, e diz logo adiante: «*les indigestions appellées dans l'Inde mort-de-chien son fréquentes*». Parece não ter a noção clara de que o seu *flux aigu* e a *mort-de-chien* eram a mesma cousa. Mais tarde, a identificação fez-se, e Johnson diz em 1813: «*Mort-de-chien is nothing more than the highest degree of*

Cholera Morbus». No nosso seculo os antigos nomes *mordexim* e *mort-de-chien* cairam em desuso, sendo geralmente substituidos pelo de *cholera*.

O *morxi*, segundo diz Orta, chamava-se em arabico *hachaiҙa*, nome que na versão de Rasis se encontrava incorrectamente *saida*. Diogo do Couto escreve *sachaiҙa*, mas n'esta e n'outras passagens suspeito que apenas segue o nosso Orta. Este termo arabico ainda é conhecido na fórma *haiҙah*, e é commummente usado em hindustani para designar o *cholera*; mas encontra-se nas antigas relações mussulmanas de successos da India, applicado a epidemias, que nem sempre talvez fossem de *cholera*; por onde parece que primitivamente significaria em geral uma doença grave e contagiosa.

(Cf. Couto, l. c.; Yule e Burnell, *Glossary*, palavra *Mort-de-chien*, donde principalmente extrahi as citaçóés; e tambem Sonnerat, *Voyages*, I, III a 115.)

Nota (6)

Este bispo de Malaca devia ser o primeiro d'aquella diocese, D. fr. Jorge de Santa Luzia. O bispado de Nossa Senhora da Assumpção da cidade de Malaca foi creado pelo papa Paulo IV, juntamente com o de Santa Cruz de Cochim, e na occasião em que o bispado de Goa foi elevado a arcebispado, a pedido dos tutores de D. Sebastião. Os dois novos bispos, fr. Jorge de Santa Luzia de Malaca, e fr. Jorge Themudo de Cochim foram na armada do anno de 1559, commandada por Pero Vaz de Siqueira. O bispo de Malaca ía na nau Algaravia —Figueiredo Falcão chama-lhe Assumpção— da qual era capitão Francisco de Sousa. N'esta mesma armada passou á India um dos seus mais conhecidos historiadores, Diogo do Couto.

É provavel que o bispo tivesse um ataque de *cholera* logo á chegada a Goa, do qual o curou Garcia da Orta, dando-lhe *pedra beҙar* e *triaga*. É licito attribuir maior acção ao *ópio* da *theriaca* do que á pedra *beҙoar*; mas, fosse como fosse, o bispo escapou (Cf. Couto, *Asia*, VII, VIII, 2).

COLOQUIO DECIMO OCTAVO

DA CRISOCOLA E CROCO INDIACO, QUE HE AÇAFRÃO DA INDIA, E DAS CURCAS

INTERLOCUTORES

RUANO, ORTA, SERVA

RUANO

Encomendaramme e ensinaramme em Portugal que levase de qua *tincal;* e porque se chama *crisocola,* será bem que façamos delle aqui mençam, e que o leve de qua.

ORTA

Si; mas he das drogas defesas, e por pouquo perdereis o muyto.

RUANO

Não o quero levar, senam quero saber onde o ha e o nome delle.

ORTA

Chamase *borax* e *crisocola,* e *tincar* em arabio, e os Guzarates asi o chamam: não se usa na fisica indiana senão muyto pouco, e pera sarna e cirurgia: nem nós a usamos muyto, senão entra no unguento *cetrino,* e nos outros afeites das molheres; e pera os dentes e sarna. E he mercadoria que se gasta em todas as partes, pera o ouro e os outros metaes serem bem feitos e conglutinados; e esta, que vay de qua, he minerio em huma serra que está apartada da cidade de Cambayete cem leguas nossas; e trazem a vender ahi e a Amadabar*, e vem das bandas de Chitor e Mandou, em muyta cantidade delle; porque em todas as terras se gasta muyto (1).

---

* «Madabar» na ed. de Goa; mas por erro evidente. Veja-se o *Coloquio* anterior.

RUANO

Pois nisto nam ha mais que falar, falemos no que chamais *açafram da terra.*

ORTA

Essa mézinha he pera falar nella, porque a usam Indianos medicos; e he mézinha e mercadoria que se leva muyta
pera Arabia e Persia; e nesta cidade ha pouco della, e no
Malavar muyto, scilicet, em Cananor e Calecut. Chamão os
Canarins a esta raiz *alad;* e os Malavares tambem lhe chamão asi, mais propriamente *manjale*; e os Malayos *cunhet;*
os Persios *darzard,* que quer dizer *páo amarello;* e os Arabios *habet*: os quaes todos, e cada um per si, dizem que
não o ha na Persia, nem na Arabia, nem na Turquia este
açafrão, senão o que vay da India.

RUANO

Pareçe rezam, pois esta he mézinha e tem nome arabio,
que esteja por algum Arabio autor escrita?

ORTA

Rezão tendes, mas não ouso afirmar as cousas sem primeiro as ver bem; e porém eu tenho pera mim por certo que
Avicena escreve deste *açafram da terra* no capitulo 200*,
chamandolhe *calidunium* ou *caletfium;* e fala nisto Avicena
como homem que o nam sabe bem; e alega as sentenças
doutros, como de cousa que não avia em sua regiam; e não
he muito enconveniente o nome arabio agora ser corrompido;
porque parece que os Arabios lhe chamavam como os Indios,
aled, e lhe corromperão o nome chamandolhe *caletfium;* e
mais me faz cuidar isto ser verdade ver, o capitulo de *feçe
de curcuma*** ou *curcumani,* que tambem se conforma com
elle; e por tanto vede ambos, e achareis ser verdade o

---

* Avicena, lib. 2, cap. 200 (nota do auctor); veja-se a nota (2).

** «De feçe», isto é *de fæx,* ou *das fezes de curcuma;* veja-se a
nota (2).

que digo; porque Avicena, quando duvidava de huma cousa, fazia della dous capitulos.

Não me parece rezam isso; porque diz que he *meimiram,* que sabemos ser *çilidonia.*

Não tenho isto por muyto certo; porque nestes dous capitulos faz esta mézinha amarella, e diz aproveitar muyto aos olhos; e porque estas cousas convém á *cilidonia,* dixerão ser esta mézinha *cilidonia;* mas muyto maior rezão será qualquer destes simples conteudos nestes capitulos ser *açafram da terra.*

Pera que o usam nestas terras?

Pera tingir e adubar os comeres; asi aqui como na Arabia e na Persia; inda que lá aja o nosso *açafram,* usam deste por mais barato; e qua usam do *açafram* tambem em fisica, mais que pera tudo, pera os olhos e pera a sarna, misturado com çumo de laranja e azeite de coquo. E pois nestes capitulos o louva Avicena pera estes efeitos, este deve ser, que asi he usado; e Avicena falou com duvida nisto, porque por ser cousa fóra de sua terra o não sabia bem; e por isso vos fique ser mézinha boa pera levar pera Portugal (2).

As *curcas* que de Cochim vieram, quer vossa mercê que lhas façam em *caril* com galinha, ou que as lançe no carneiro?

Em ambas as cousas as podes lançar; e entanto traze hum pouco de *açafram da terra,* verde.

E que cousa he *curcas* do Malavar?

ORTA

São huns grãos brancos, mayores que avellans, com casca e não tam redondas; sam brancas, e sabem como tubaras da terra cosidas; e ha as no Malavar, onde lhe chamão *chiviquilengas*, que quer dizer *ynhames pequenos:* tambem me convidou com ellas em Çurrate, cidade de Cambaya, Coje Çofar, natural de Apulha, feyto mouro; e dixeme que as avia no Cairo muytas, e que tambem lá se chamavão *curcas;* e em Cambaia, donde isso era, me dixe que se chamavão *carpata;* semeãose no Malavar, onde as eu vi primeiro, e naçem em ramos. E pois não he cousa de fisica, pasemos avante, sem mais falar nella; e se vos souberem bem, levalaseis pera o caminho quando fordes (3).

SERVA

Vedes aqui o *açafram verde* e o *seco;* scilicet, a raiz.

RUANO

Primeiro quero que me digaes se escreveu algum escritor deste simple, ao menos Arabio.

ORTA

Não me affirmo muyto aver capitulo desta mézinha; senam falando por huma congeitura, acho que escreveo della o Serapio, e chamalhe *abelculcut;* e está corrompida a letra, e ha de dizer *hab alculcul,* que quer dizer *curcas,* ou per ventura nós lhe corrompemos o nome em lhe chamarmos *curcas.* Isto digo porque *hab* quer dizer em arabio *semente grande,* e *al* he articulo de genetivo; e tambem me movia dizer isto, porque o Serapio diz que o muyto uso dellas faz *colerica passio,* e que acresenta a semente; e todas estas cousas dizem os mesmos Malavares, por onde me parece que tudo he hum. Tambem Rasis* falla destas *curcas,* e chamalhe *quilquil,* por ventura corrompidamente. E oulhay a raiz do *açafram* verde e sequa.

---

* Rasis, 3, ad Almansorem (nota do auctor).

RUANO

Por dentro he bem amarella; e por fóra pareçe como *gengivre;* e a folha he como da cana do milho; he maior, e o ramo he feito de folhas*; e a raiz nam queima, nem amarga muyto quando he verde; e se queima, com a muyta humidade não se sente.

ORTA

Provay a seca: esta raiz queima, mas não tanto como o *gengivre;* por onde me parece que não será mal tomada por dentro, e asi não ponho duvida em ser *curcuma.*

RUANO

A merce que de vós quero he que cuideis bem nisto, e saibais dos fisicos cada dia o que sabem della, e torneis a ver os capitulos: e eu tambem os verei oje, pera amanhã tornarmos a falar niso. E isto he bom, porque o que oje nam sabemos, amanhã saberemos.

ORTA

Quanto mais ólho os capitulos, tanto mais me parece ser verdade o que digo; porque alguns dizem que *curcumani* e *meimiram* he *ruiva de tingir;* e ambas as raizes se parecem huma com outra.

---

* Esta expressão, um tanto singular na fórma, póde todavia applicar-se ás folhas envaginadas de uma *Scitaminea,* ou de uma *Musacea;* e prova que Orta examinou com attenção aquelles falsos caules, formados de peciolos sobrepostos.

Nota (1)

O «borax», ou «crisocolla», ou «tincal» de Orta, era uma substancia bem conhecida, um *borato de soda* natural, que teve importancia no commercio; mas hoje é geralmente substituido pelo que se prepara com o *acido borico,* extrahido das *lagoni* da Toscana.

O nome de *chrysocolla* vinha-lhe do seu emprego como fundente nos trabalhos de ourivesaria; e o de *tincal,* aliás muito conhecido, é uma ligeira alteração do persiano —Orta diz arabico — نِنْکار , *tinkar,* que deve vir do sanskrito *tankana.*

Em muitos livros antigos e relativamente modernos, como nos tratados de *Mineralogia* de Dufrénoy, de Delafosse e outros, se lê a affirmação vaga de que esta substancia vinha da India; mas não encontrei confirmação segura de tal noticia, e muito menos de que fosse·«minerio em huma serra ... apartada de Cambayete cem leguas nossas». Parece que se extrahia principalmente de alguns lagos do Thibet, e d'ali, pelos desfiladeiros do Himalaya, a traziam aos portos occidentaes da India. Vinha, portanto, *pela* India, e não *da* India. Orta, suppondo-a procedente das montanhas de Mandú e de Chitor, teve o mesmo engano, que já no *Coloquio* anterior tivera a proposito do *costo.*

É conhecido o uso industrial d'esta substancia no trabalho dos metaes; e o seu emprego na medicina indiana foi tambem mencionado por Ainslie, se não propriamente na «sarna», pelo menos em affecções aphtosas e cutaneas (Cf. Ainslie, *Mat. ind.,* I, 45).

Pelo que diz Orta se vê, que era «droga defesa», isto é, cujo commercio estava vedado aos particulares. Já, nas notas ao *Coloquio* anterior, vimos como o *costo* e o *incenso* eram *drogas defesas* no trato com a China, e a proposito da *pimenta* teremos occasião de fallar mais largamente d'estas prohibições.

Nota (2)

O «croco indiaco» de Orta é o rhizoma da *Curcuma longa,* Linn., uma planta da familia das *Scitamineæ,* cultivada com frequencia na India e outras terras da Asia. Esta droga é chamada pelos inglezes *turmeric,* o que parece ser a corrupção de um nome da antiga pharmacia, *terra merita;* mas é mais geralmente designada pelo nome de *curcuma,* do persiano *kurkum.*

Vejamos agora os nomes vulgares do nosso escriptor:

—«Alad» entre canarins e malabares. Este é o conhecido nome hindí e bengali, *halad* (Dymock, *Mat. med.,* 764).

—«Manjale» entre malabares. O nome tamil *manjal* (Dymock, l. c.).

—«Cunhet» entre malayos. Varias fórmas d'este nome se usam nas diversas partes do archipelago, por exemplo, *cunjet,* entre as gentes de Macassar (Rumphius, *Herb. amb.,* V, 165).

—«Habet» entre arabes. É um nome que não encontrei, quer esteja muito alterado, quer escapasse ás minhas investigações.

—«Darzard» entre os persas, significando «pau amarello». A explicação é exacta; *dar* significa pau ou madeira, e *ʒard* amarello. No nome hoje mais usado da droga, *ʒard-chubah,* entra o mesmo adjectivo (Dymock, l. c.).

—Alem de citar estes nomes orientaes, Orta designa a droga pelo de *croco indiaco* e *açafrão da terra*[1]. Apesar de o rhizoma da *Curcuma* ser uma cousa absolutamente diversa dos stigmas do *Crocus,* que propriamente constituem o *açafrão,* houve sempre uma certa tendencia a approximar as duas substancias, pelo facto de servirem para temperar a comida e de a tingirem fortemente de amarello. É assim, que um dos nomes do *açafrão, kurkum,* veiu a designar mais especialmente a *curcuma.* Ibn Baithar explica claramente esta deslocação de nome. Fallando do rhizoma da *curcuma,* diz assim: ... «os habitantes de Basra chamam a esta raiz *al-kurkum,* e *al-kurkum* é o *açafrão;* e chamam-lhe *açafrão,* porque tinge de amarello como faz o *açafrão* (Ibn Baithar, Versão de Sontheimer, citado por Yule e Burnell, *Glossary,* palavra *saffron).*

O commentario do nosso Orta aos capitulos de Avicenna é muito confuso, porque a questão é muitissimo obscura. O capitulo, que elle chama: «de feçe de curcuma ou curcumani», é o cap. 165, e começa por estas palavras: *Crocoma quid est? Dicitur quod est fæx olei de croco* ... O resto do capitulo, aliás curtissimo, nenhum esclarecimento dá. E por aquellas palavras, o medico arabe parece referir-se aos residuos de algum preparado do *Crocus,* e não á *Curcuma.*

O outro capitulo citado (199 e não 200, como Orta diz) intitula-se: *De Caucho i. Chelidonio maiori.* Em notas marginaes vem os nomes mencionados por Orta, *Chalidunium* e *Chaledfium.* O texto de Avicenna diz assim na versão: *Chaucum quid est? Dixerunt quidam, quod est Vene· Et ipsa quidem dicitur Memiran. Et dixerunt alii, quæ de ea est parva est Memiran, et quæ est magna, est Alvardachale, vel Alvardachule, vel Alxardahune.* Como se vê, a trapalhada não póde ser mais completa, e difficil será encontrar a explicação d'este enygma. Na exposição do Bellunense temos a seguinte informação: *venæ citrinæ apud Arabes sunt curcuma, apud alios vero sunt radices memiran.* Da primeira parte póde deduzir-se, que Avicenna quiz fallar da *curcuma,* como suppoz Orta; mas na segunda apparece-nos de novo o *memiran.* D'éste, diz o mesmo Bellunense: *Memiran est radix nodosa, non multum grossa, citrini coloris sicut curcuma* ... *et aportatur ex India* ... *et usitatur in passionibus oculi.* Como se as cousas não estivessem ainda bastante enredadas, vieram os commentadores, e disseram que o *memiran* dos arabes era o χελιδόνιον μέγα dos gregos, e que este era a vulgar *celidonia maior (Chelidonium majus,* Linn.). Orta conhecia esta identificação, e —com toda a rasão— a põe em duvida, e se mostra pouco disposto a acceital-a. Mas, apesar de conhecer muitas drogas da India, não conhecia todas, e não conseguiu desfiar completamente a meada.

[1] Isto é, *d'aquella terra.* Esta expressão portugueza *da terra,* geralmente mal interpretada pelos traductores, e que significa o que é proprio da região, em opposição ao que vem de fóra, é equivalente ao qualificativo arabico *beladi.*

O que parece provavel, é que Avicenna e outros arabes conhecessem muito imperfeitamente varias drogas, consistindo em raizes ou rhizomas mais ou menos grossos, mais ou menos amarellos na fractura, trazidos em geral da India, e alguns considerados efficazes no tratamento das doenças de olhos. É claro, porém, que não distinguiam bem essas drogas entre si; e é hoje extremamente difficil procurar o que fosse o *alvardachale* ou o *alvardachule*. O que se pôde apurar como provavel, é que, sob o nome de *Venæ*, de *Memiran* e outros, elles se deviam principalmente referir a tres drogas:

os rhizomas da *Curcuma longa*, Linn., de que antes fallámos;

os do *Coptis Teeta*, Wallich, uma planta da familia das *Ranunculaceæ*, espontanea nas montanhas de Michmi, a leste do Assam, e que ainda hoje se encontram nos bazares da India, são considerados um medicamento importante nas doenças dos olhos, e são designados pelo nome de *mahmira;*

os do *Thalictrum foliosum*, D. C., da mesma familia, que procedem das vertentes do Himalaya, têem nos bazares do Panjáb o nome de *momiri*, e são muitas vezes confundidos com os da planta precedente.

A primeira droga, a *Curcuma*, era bem conhecida de Orta; mas as outras duas vinham de mais longe, deviam ser raras nos bazares, sobretudo nos bazares da costa, e não admira que escapassem ás suas investigações. Por isso elle se achava um pouco desarmado em frente da intrincada e barbara nomenclatura de Avicenna. É certo, no emtanto, que se não sabia bem o que fosse o *memiran*, não estava nada disposto a admittir que fosse a *celidonia*, e n'isso tinha toda a rasão (Cf. Avicenna, lib. i, tract. ii, cap. 165, 199 e 486; Andreæ Bellun. *Arabic. nom. interpretratio*, palavras *venæ* e *memiran*; Yule e Burnell, *Glossary*, palavra *mamiran; Pharmacographia*, 3; *Pharmacopœia of India*, 4 e 5).

O uso da *curcuma* para «tingir e adubar os comeres» é vulgarissimo em todo o Oriente, sendo um dos ingredientes essenciaes do *caril*. É considerada tambem cordial e estomachica; applicada ao tratamento das doenças cutaneas, e, segundo o nosso padre Loureiro, ao de variadissimas enfermidades (Cf. Drury, *Useful plants*, 169; Ainslie, *Mat. ind.*, i, 454; Loureiro, *Flora Cochinchinensis*, i, 9).

Nota (3)

As «Curcas» do nosso escriptor não são muito faceis de identificar[1]. Apesar de elle dizer que «nacem em ramos», creio que deve fallar de

---

[1] No meu trabalho sobre Garcia da Orta (p. 216) identifiquei-as sem bastante reflexão com a *Curcuma angustifolia*, o que é evidentemente um erro.

orgãos subterraneos; e por isso faz a referencia aos «ynhames», e ao gosto de «tubaras da terra». Parece pois que seriam uma especie de *Colocasia,* e provavelmente a *Colocasia indica (Arum indicum* de Loureiro e de Roxburgh). Esta especie tem uma raiz fibrosa, e numerosos tuberculos pendentes, por onde elle poderia dizer «nacem em ramos». Alem d'isso os tuberculos são comestiveis, e entram ás vezes na constituição do *caril,* como Orta diz das *curcas* (Cf. Roxburgh, *Fl. indica,* III, 498).

Parte dos nomes vulgares, que Orta cita, pertencem no emtanto á especie mais conhecida, *Colocasia antiquorum,* Schott.

—O primeiro é o de *curcas,* o qual, segundo Orta diz, era tambem usado no Cairo, onde a planta era bem conhecida. Prospero Alpino, que, no seculo de Orta (1580–1584), viu a *Colocasia antiquorum* cultivada no Egypto, diz que lhe chamavam *culcas;* e o botanico francez, Delile, dá o mesmo nome nas fórmas *qolkas* e *koulkas* (pronunciar *kulkas).* O sr. Dymock menciona um nome arabico moderno, *kalkás.* De *culcas* para *curcas* vae uma leve e facil alteração (Cf. De Candolle, *Orig. des plantes cultivées,* 59; Dymock, *Mat. med.,* 818).

—«Chiviquilengas» lhe chamavam no Malabar. Esta designação, apesar de muito alterada, é claramente o nome tamil da *Colocasia antiquorum,* que Dymock dá na fórma *shema kalengu,* e Drury na fórma *shema kilangu* (Cf. Dymock, l. c., 817; Drury, *Useful plants,* 154).

—Não encontrei o nome de «carpata», usado em Cambaya, segundo Orta.

Em resumo, a curtissima descripção do nosso auctor indicaria de preferencia a *Colocasia indica,* emquanto os nomes vulgares se podem melhor referir á *Colocasia antiquorum.* É, porém, admissivel que os seus informadores applicassem á primeira especie alguns nomes da segunda, que era muito mais conhecida.

É interessante virmos encontrar Coge Çofar, o grande inimigo dos portuguezes, o instigador e a alma dos cercos de Diu, mandando presentes de *curcas* a Garcia da Orta, e ensinando-lhe como se chamavam no Cairo. Orta dá-o como natural «da Pulha», e n'isto se conforma com outros escriptores nossos; Couto, que o diz natural de Otranto; e Barros, que, especificando mais, affirma que elle nascêra em Brinde ou Brindisi, e era filho de um albanez e de uma italiana.

Este mestiço, homem de «ardiz e invenções», é um perfeito exemplar do aventureiro levantino d'aquelles tempos. Captivo em rapaz pelos turcos, cujas galés corriam e infestavam então as costas da Apulia, fez-se mahometano, e andou depois mettido nas armadas dos mamelukos, dos turcos e dos rumes, como homem de guerra ou homem de finança— umas vezes «capitão de uma galé», segundo refere Couto; outras «tisoureiro» da armada, segundo assegura Gaspar Corrêa. Vemol-o embarcado já na armada, que pelo anno de 1516 o chamado Soldão de Babylonia, —o ultimo soberano mameluko do Egypto— mandou contra os portuguezes da India. Muitos annos depois, no de 1537, quando a grande armada de rumes foi atacar Diu, Coge Çofar, já então estabelecido na India, e que preparára o ataque por terra, veiu logo a bordo combinar as operações com Soliman Pachá, como conta uma testemunha ocular: «... *venne un chiamato il Cosa Zaffer, il quale é da Otranto, ma renegato, et fatto turcho, et era patrone di una galea quando il Signore Turcho mandó l'altra armata* ...» E finalmente, no segundo cerco, Coge Çofar foi o instigador, o agente diplomatico, e quasi o general em chefe das forças mussulmanas, que se congregaram contra os portuguezes. Dirigiu todas as operações do cerco, até que, no dia 24 de junho de 1546, dia de S. João Baptista e de Corpus Christi, «que se acertou este anno todo em hum dia», estando a observar a fortaleza, com a cabeça de fóra de um muro, «passou per hy hum pilouro perdido, que lh'a levou com a mão direita, sobre que a tinha acostada». E assim morreu no seu posto um dos homens, que mais habilmente e com mais persistencia combateram a influencia dos nossos nas terras do Oriente.

(Cf. Barros, *Asia*, III, 1, 3; Couto, *Asia*, IV, III, 6; Gaspar Corrêa, *Lendas*, III, 380, IV, 479; *Viaggio di Alessandria nelle Indie*, pag. 149, que faz parte de uma collecção: *Viaggi fatti da Vinetia alla Tana*, etc. impressa em Veneza, 1545. Esta curiosa relação de um prisioneiro italiano, que ía nas galés turcas, vem tambem na collecção de Ramusio, com o titulo: *Viaggio scritto per um comito venetiano.)*

Nos intervallos, porém, d'estes rompimentos de guerra, o intelligente e dissimulado italiano dava-se por muito amigo dos portuguezes; e prestou mesmo importantes serviços a Nuno da Cunha, quando foi da morte de Bahádur Schah, ajudando-o a pacificar a cidade de Diu. Talvez de haver sido «tisoureiro», e sobretudo pelo valimento do rei do Guzerate, havia-se tornado extremamente rico; e habitava umas vezes Diu e outras Surrate, onde levava a vida de um grande senhor oriental. Ali o conheceu o nosso Orta, e ali recebeu d'elle o presente das *curcas.*

Orta chama-lhe Coge Çofar, e Coge Çofar ou Coge Sofar lhe chama tambem Barros, e a maior parte dos escriptores portuguezes. Gaspar Corrêa escreve Coje Çafar, ao que parece com melhor orthographia. O veneziano, que citámos, escreve o nome Cosa Zaffer, e julgo que mais correctamente seria Khuádja Tzaffar, خَوَاجه ظَفر.

COLOQUIO DECIMO NONO

DAS CUBEBAS

INTERLOCUTORES

RUANO, ORTA

RUANO

Das *cubebas* falemos; postoque, como diz Sepulveda, poucas vezes usamos dellas per si, senam em composições.

ORTA

Nam he asi nesta India; antes sam muyto usadas dos Mouros deitadas em vinho pera ajudar a Venus em suas vodas; e na terra donde as ha, que he a Jaoa, as acustumão muito pera a frialdade do estomago; podeis crer que as tem por muy grão mézinha.

RUANO

Muyto me maravilho diso, porque as cousas de que mais temos abundancia estimamos em mais pouco.

ORTA

Não he esa regra em todo certa, porque no Malavar ha muyta cantidade de pimenta, que farta a todo mundo; e gasta tanta o Malavar só, como toda Europa.

RUANO

Dizey como se chama.

ORTA

Os Arabios *cubebe* e *quabeb,* e isto em escritores; e asi de todos *quabebechini;** e em Jaoa, donde as trazem, se

---

* Póde talvez ler-se «de todos qua *bebechini*»; mas tendo Orta dado primeiro a fórma *quabeb,* parece-me mais provavel a leitura que adoptámos; veja-se a nota (1).

chamão *cumucos,* ou em singular *cumuc;* e toda a outra indiana gente, ecepto a que fala malayo, lhe chama *cubabchini.*

RUANO

Não tam somente as ha em Malaqua senão na China; pois tem o apelido *da China.*

ORTA

Não as ha na China, senão levãonas da Çunda e da Jaoa pera lá. Como já vos dixe, os Chins navegavão este mar indico, e trazião as mercadorias que no caminho achavão, e por onde hião; e os de Goa e Calecut, e os Guzarates e Arabios ouvirão que lhe chamavão *cumuc,* e corruptamente lhe chamaram *cubabchini,* porque a trazião os Chins. E esta he a verdade, e a origem deste nome.

RUANO

Dizei a feiçam do arvore, pois já dixestes o naçimento; e asi direis se as ha mais que de huma maneira só; porque ao diante provarei averem muytas especias.

ORTA

O arvore he como maçeira no tamanho, e as folhas sobem açima trepando, como nos arvores da pimenta; ou, porque milhor me entendaes, trepam pelo arvore como a éra: e nam he este arvore como murta, nem tem a folha dessa feiçam, senam he como a folha da pimenta; e sam mais estreitas as folhas do arvore das *cubebas:* nacem como cachos, nam pegados os grãos em hum cacho, como uvas; mas dependem de hum pé cada hum; e sam na propria sua regiam tam estimadas estas *cubebas,* que as cozem lá primeiro que dahi as leixem levar: e isto porque, semeandose nas outras terras, nam naçam nellas; e póde ser que por isto se apodreçam na Europa e qua na India. E isto soube eu de Portuguezes, dignos de fé, que me dixerão, e aviam residido muito tempo nas ilhas de Jaoa.

RUANO

Pode ser que seja outro genero de pimenta?

ORTA

Nam o he; porque, em a Çunda, a principal mercadoria que de lá vem he a *pimenta;* e nam defére da do Malavar casi nada; e este arvore é deferente, e o fruto; e na mesma Çunda, postoque a levam á China, he em muyto pouca cantidade, scilicet, pera mézinha; e não pera comer, como a pimenta de que se carregam vinte náos ao menos pera a China: por onde não ha duvida em não ser pimenta. E dam estes arvores flores, que cheirão bem.

RUANO

Traz Mateus Silvatico por autoridade de Serapião*, que o que chamam os Mauritanos *cubebas* he ácerca de Dioscorides *mirtus silvestris,* e que a descrição de Galeno ácerca das *cubebas* he do Dioscorides de *mirto agreste.* E porque nam fala nenhum delles nas *cubebas* nam se ha de presumir que o deixasem de escrever, senão Galeno trata das *cubebas* no *carpessio,* e Dioscorides no capitulo de *mirto agreste.*

ORTA

Não vos pareça que Galeno e Dioscorides escreverão tudo; que muytas cousas deixarão de escrever, que não vieram á sua noticia; e Serapio, e os outros Arabios, falarão de ouvida nas mézinhas da India, e como vião que aproveitava pera alguma cousa alguma mézinha escrita pellos Gregos, logo diziam esta he mézinha de que usam os Indios, e que os Gregos chamão por tal nome. E ajudaos a ser enganados não saber a lingoa grega muyto bem; e por esta rezam errou o Serapio no que dise, e a este emitou o Pandetario. E a causa que dam he muyto fraca, scilicet, porque de outra maneira ficavam faltos Galeno e Diosco-

---

* Mateus Silvaticus, cap. 288 (nota do auctor).

rides; como que os mesmos nam leixaram muytas cousas de escrever, como diz Avenrrois no 5 do Coliget. Mas que nam seja *mirto agreste, cubebas,* he claro; porque o *mirtus silvestris* he o que chamão *ruscus;* e os que não falam tam bem latim lhe chamão *bruscus;* que he huma frutiçe conhecida, cuja raiz entra no xarope de raizes: e deste pareçer he tambem Ruelio, diligente escritor novo; e mais este *mirtus agrestis* não cheira cousa alguma e as *cubebas* cheiram muyto bem, sam aromaticas; e as *cubebas* não tem dentro grãos, e o *mirto agreste* os tem e he mais doçe, e as *cubebas* tem sabor agudo. E que *carpessio* não seja *cubebas,* tambem o provarei. E disto nam se segue mas inconveniente que Galeno leixar de escrever das *cubebas:* e não he inconveniente, porque as *cubebas* se criam em ilhas muito distantes donde elle habitava.

RUANO

Day as razões disso; porque Ruelio tam douto, e os Frades italianos que fizeram hum livro de botica, tam curiosos, tam bons boticairos, não tem *carpessio* ser outra cousa senão as *cubebas* de Serapio e de Avicena; porque nas composições, onde Galeno põe *carpessio,* põem Serapio e Aviçena *cubebas,* logo de sua entençam he que tudo he hum?

ORTA

Não vos disse eu já que Serapio errára nisto, e que não he muyto, pois era homem; e quis irse por a rezão arriba dita, scilicet, que Galeno e Dioscorides aviam de escrever tudo, e não leixar por escrever cousa alguma; pois agora vos digo que nam me maravilho muyto de Aviçena errar tambem. E posto que Aviçena e Serapio conheceram esta mézinha, não entenderam bem a Galeno nem Dioscorides. Diz Ruelio que he milhor *carpessio* o do Ponto, e que em Siria ha muyto: e pera isto alega Autuario. Dizei-me, pello amor que ha entre nós, quem deu em Ponto, ou Esclavonia, e na Siria *cubebas!* pois desta India as levam péra lá, por ser mercadoria em que muito ganhão. Gastão boa cantidade della os Turcos e Arabios, e pera Portugal vay muyta pouca cousa dellas; e a causa he, porque os Mahometistas fazem com as *cubebas* a festa á rainha Venus; e bem póde ser que o *carpessio* tenha as mesmas forças que tem as *cubebas.*

RUANO

Pois que, será *carpessio* o *mirto silvestre* de Dioscorides?

ORTA

Nem he hum nem outro; porque Galeno diz, em o livro Antidotorum, que sam humas festucas*, e pois sabeis que *cubebas* e *mirto agreste* sam frutos tam notos, como ha de ser tudo hum; porque vos afirmo que não vem da Jaoa senão este fruto, sem festucas; nem sam muytas especias, senam huma só; nem he arvore sativa, senam silvestre; e não averia eu por inconveniente que, se a plantasem, nasçesse em as terras das mesmas calidades.

RUANO

Dizem os Frades que virão *cubebas* de muytas maneiras; e que estas sam humas sem sabor e outras amaras; e que elles tem outras na sua botica muyto melhores.

ORTA

Digo que sem sabor e amaras seram já as corrompidas; e as outras seram de mais pouco tempo colhidas e milhor conservadas. E se muyto aporfiardes dizendo que ha outra especia, vos digo que póde ser, mas eu não o vi até este dia de oje de outra especia, nem vi quem a visse (1).

RUANO

Pois não falta quem diga, que *cubebas* sam semente de vitiçe.

---

* A palavra, que segundo creio nunca teve os fóros de portugueza, é tomada na sua accepção latina corrente.

ORTA

Outra nova duvida he essa; diram isso porque huma especia da semente de vitiçe tem sabor de pimenta, estas
cubebas tem casi o mesmo sabor; mas isto he falso, porque
a *vitex* he *agnus castus,* e asi se interpreta; as *cubebas*
sam amigas de Venus, e o *agnus castus* inabilita a Venus;
e asi as suas forças e estimulos enfraqueçe. E o que diz
Antonio Musa que careçemos das *cubebas,* e Serapiam,
milhor será dizer que elles se enganáram em lhe dar o
signal de *carpessio,* e do *mirto agreste.* E tambem tem o
Pandetario que Galeno chama as *cubebas, cauli;* e he falso,
porque isto he huma especia de *dauco,* scilicet, *dauco silvestre* (2).

Nota (1)

As *cubebas* são o fructo do *Piper Cubeba,* Linn. f. *(Cubeba officinalis,* Miq.), um arbusto scandente e lenhoso, cujo porte é acertadamente
notado pelo nosso escriptor: «trepam pelo arvore como era». Do mesmo
modo notou o pequenino pé do fructo, que á primeira vista o distingue da *pimenta:* «dependem de um pé cada hum».

O *Piper Cubeba* é espontaneo em Java, Sumatra e sul de Bornéo,
sendo hoje cultivado na ilha de Java, e nas terras de Lampong, na
parte meridional da de Sumatra. Orta menciona unicamente Java, pois
a Sunda ou Çunda —de que falla— era a parte occidental d'aquella
ilha, tida pelos nossos primeiros navegadores na conta de uma ilha separada.

Os nomes vulgares que cita são bem conhecidos:
— «Cubebe», «quabeb», «quabebechini», «cubabchíni», são as suas
fórmas do conhecido nome arabico كَبَابَه, *kababah,* e do nome hindustani كَبَاب چِينِي, *kabab chini,* cuja primeira parte é a simplificação do
arabico. Que a segunda parte do nome, *chini,* procedesse de haver sido
introduzida esta droga no commercio do Oriente pelos chins, é o que
se afigura muito plausivel; mas que a primeira parte, *kabab,* ou *kababah* fosse uma corrupção do nome javanez parece-nos pouco provavel
(Cf. Ainslie, *Mat. ind.,* I, 97; Dymock, *Mat. med.,* 724).

— «Cumucos» ou «cumuc» é effectivamente o nome javanez, que encontrâmos modernamente escripto *cumac* e *kumukus* (Cf. Dymock, l. c;
Crawfurd, *Dict.,* 117).

Não ha rasão alguma para suppor que os antigos escriptores gregos
ou latinos conhecessem esta droga[1]; mas parece ter sido introduzida
no commercio pelos arabes, e foi repetidas vezes mencionada pelos
seus escriptores—por Maçudi em uma enumeração, já citada, das especiarias que vinham das longinquas ilhas do Oriente; e por Edrisi, já
citado tambem, entre as mercadorias trazidas a Aden.

A confusão entre as *cubebas* e o καρπησιον dos gregos, que irritava o
nosso escriptor a ponto de elle exclamar: Dizei-me pelo amor que ha
entre nós, quem deu na Esclavonia ou na Syria cubebas?! essa confusão parece ter sido feita pelos escriptores arabicos. D'estes passou
para os commentadores da Idade media e Renascimento, e para a linguagem ordinaria das boticas ou *apothecas,* em que as *cubebas* se chamaram muitas vezes *fructus carpesiorum,* ou como em uma lista de drogas,
publicada em Ulm no anno de 1596, *fructus carpesiorum vel cubebarum.*

A outra confusão, entre as *cubebas* e o *myrtus agrestis* de Dioscorides—o qual era effectivamente uma especie de *Ruscus* —tambem é
da responsabilidade de Serapio; e, segundo diz Sprengel, foi primeiro
combatida por Nicoláo Leoniceno. Um e outro erro rectifica o nosso escriptor, assim como rectifica os erros relativos ao *Vitex,* e a uma *Um-
bellifera* (Cf. *Pharmac.,* 527; Sprengel, *Diosc.,* II, 634).

Segundo Orta, empregavam as *cubebas* no Oriente para «ajudar a
Venus», e para «a frialdade do estomago»; e Ainslie diz-nos, que modernamente as consideram estomachicas, carminativas e estimulantes,
o que confirma aquellas indicações. Na Europa, durante a Idade media,
não foram simplesmente julgadas medicinaes, mas eram usadas regularmente como condimento, e pagas por um alto preço, o que de resto succedia então com todas as especiarias. Depois a importação diminuiu consideravelmente, e quasi se extinguiu; até que no nosso seculo voltou
a adquirir importancia, pela sua applicação no tratamento da gonor-
rhæa (Cf. *Pharmac.,* l. c; Ainslie, *Mat. ind.,* I, 98).

NOTA (2)

Orta menciona n'este *Coloquio* pela primeira vez os «frades ytalia-
nos», mas refere-se a elles de novo nos seguintes com certa frequencia,
e parece que teria na India o seu livro. Eram estes frades, os minoritas
fra Bartholomeo e fra Angelo Palla. Effectivamente *Bartholomæus Ur-
bevetanus* e *Angelus Palla Juvenatiensis* publicaram no anno de 1543

---

[1] A identificação, que se pretendeu fazer do κώμακον de Theophrasto com as *cubebas* ou
kumukus malayo, assenta unicamente sobre uma similhança de nome, e não tem fundamento
real.

em Veneza uns commentarios a Mesué Junior; e n'esse livro —que
não vi— se encontram as passagens citadas, na parte ɪ, distinct. ɪ, cap.
36, como se deprehende do que diz Clusius na traducção ou resumo
latino dos *Coloquios* de Orta *(Exotic.,* 184).

Sprengel, que faz menção d'este livro, não o tem em grande conta;
e o nosso Orta, apesar de chamar aos seus auctores «curiosos» e «bons
boticairos», quasi nunca o cita, que não seja para lhe notar algum erro.
Parece que estes pobres frades tiveram uma contenda scientifica com
o erudito Matthioli, o qual lhes respondeu dura mas sabiamente, como
era seu costume: *acriter sed docte, ut solitus erat* (Cf. Sprengel, *Hist.*
rei herbariæ, ɪ, 332, Amstelodami, 1807).

COLOQUIO VIGESIMO

DA DATURA E DOS DORIÕES

INTERLOCUTORES

SERVA, ORTA, PAULA DE ANDRADE, RUANO

SERVA

Á minha senhora deu *datura* a beber huma negra da casa; e tomoulhe as chaves, e as joyas que tinha ao pescoço, as que tinha na caixa, e fogio com outro negro; merce me fará em a ir socorrer.

ORTA

Como sabeis isso?

SERVA

Porque já tomáram a negra no Passo-Seco e acháramlhe ametade das joyas, e ella confesa que deu outra metade a seu amigo, que vai por Agaçaim; póde ser que seja tambem já tomado.

ORTA

Vamos vela, que he huma molher solteira mestiça (1); e folgareis de a ver, porque a quem dam esta mézinha não falam cousa a preposito; e sempre riem, e sam muito liberaes, porque quantas joyas lhe tomais, vos deixam tomar, e todo o negocio he rir e falar muito pouco, e nam a preposito: e a maneira que qua ha de roubar he deitandolhe esta mézinha no comer; porque os faz estar com este acidente vinte e quatro oras. Deos vos salve, senhora.

PAULA DE ANDRADE

Im, im, im.

ORTA

Nam aveis de responder alguma cousa, mas que he isso?

PAULA DE ANDRADE

Im, im, im.

ORTA

Esfreguemlhe as pernas muyto rijo pera baixo, e atemlhas com huns cairos e os braços; e lançemlhe hum cristel, que lhe agora escreverei, e hum vomitivo; e, desque isso tomar, póde ser que lhe mande lançar algumas ventosas; e daqui a duas oras, se nam se achar milhor, mandalaei sangrar da vea do artelho, ainda que nisto tenho alguma duvida por ser a materia venenosa.

RUANO

Eu a esta curaria, como quem está frenetica, ou pera frenetica de sangue.

ORTA

O que qua eu uzo he fazerlhe grandes vomitos, pera evacuar o que comeo, juntamente com o que está no estomago; e de verter*, e vacuar com cristeis fortes, e ligaturas, e ventosas, e ás vezes sangria no artelho; e com isto me acho bem, e nenhum me perigou, e todos saráram antes de vinte quatro oras. E a gente desta terra não tem isto por cousa perigosa, nem se tem por ruindade fazerse, senão quando se faz com máo fim: muytos o fazem por zombar de alguma pesoa. E eu vi dous homens, o mais moço delles era de 5o annos, a quem os filhos do Nizamoxa o deram, pera zombar delles, e hum era caçador, e outro era mestre de fazer frechas e arcos, e ambos curei, e ambos foram sãos, sem despois lhe sentir eu dano algum no cerebro ou meolo.

RUANO

Déstelo já a algum voso negro ou negra?

ORTA

Nam, porque nam me conformei com minha conçiencia a fazelo.

---

* Na edição de Goa está «de virtir», e o sentido é para mim muito duvidoso.

RUANO

Mandaime buscar essa erva.

ORTA

No campo vola amostrarei, como cavalgarmos; por agora sabei que he huma erva alta, e as folhas da feiçam de *branca ursina;* e as folhas nam sam tam grandes, e sam agudas no cabo, fazendo ponta a modo de lança; e ao redor da folha faz outras pontas da mesma maneira; e he a folha posta em hum tallo grosso, e tem muytos nervos semeados pelo meo; a frol, que naçe pellos ramos, he como rosmaninho na cor; e he a mais redonda, e não tam feita como cubo: desta frol usam mais, ou da semente que nella se ençerra; o sabor das folhas dos tallos he casi ensipido, com muyta umidade, e he hum pouco amargozo: pareçe que cheira como rabam, digo como folha delle e ainda nam tam forte; por onde eu creria que he fumosa esta erva, com alguma venonisidade*. Moça, leva esta receita ao boticairo, que faça isto muyto depressa; e vós outras tende cuydado de me yr dar conta do que passa, e vamos comer (2).

RUANO

Falando com hum·homem, que foy muyto tempo a Malaca, me dixe que a milhor fruta que avia no mundo era huma que chamavam *doriões,* e lembrovos que tenhamos alguma pratica sobre isso.

ORTA

Eu não a provei, e dos homens que a prováram e as outras frutas nossas, ouvi que sabem bem, e outros dizem o contrairo, scilicet, que nam sabem tam bem como serejas, ou melões pera o gosto; antes me dizem que no principio

---

* Toda a descripção da planta, ao lado de traços muito bem observados, contém palavras de difficil explicação; como a herva ser *fumosa,* ou a flor não ser feita como um *cubo.*

vos cheiram a çebolas podres, e desque os vindes a gostar, vos sabem muito bem, em tanta maneira, que dizem que hum mercador veio a Malaca, e que trazia huma náo carregada de mercadorias, e que vendeo a náo e ellas pera comer, em *doriões* somente. Isto contáram asi, não sei se he verdade, se mentira; mas em Malaca ha muy boas frutas, como uvas e mangas, e as não estimão tanto como *doriões*. E pera que nam gastemos o tempo muito nisto, vos direi como he o *dorião* em breves palavras; pois nam he cousa de fisica, mais que dizerem os Malaios que he bom pera a festa de Venus.

RUANO

Gabaramme esta fruta tanto que me foi neceçario falarvos nella.

ORTA

He o *dorião* hum pomo do tamanho de hum melam, e tem huma casca per fóra muyto grosa, e cercada de bicos pequeninos, a modo do que aqui em Goa chamamos *jáca,* do que ao diante vos farei mençam; he verde per fóra este pomo, e tem apartamentos de dentro, a modo de camaras, e em cada camara tem frutas separadas, na cor e no sabor como manjar branco; e porém não languido, nem que se pegue muyto ás mãos, como o mesmo manjar branco; mas o sabor he muyto gabado de todos, tirando alguns que dizem o que acima dixe; e estas frutas sam do tamanho de hum ovo de galinha pequeno (as que estão no repartimento); algumas ha que não sam brancas, mas como amarelo craro. A frol delle he branca, e tira pouco a amarela; a folha he de comprimento de meo palmo, aguda e saida, e he verde craro per fóra, e verde escuro per dentro; e tem dentro hum caroço como de pexego, e he redondo*. E hum fidalgo desta terra me dise que lhe lembrára ler em Plinio, escrito

---

* Evidentemente o caroço não estava dentro da folha. É forçoso confessar, que tudo isto não é um modelo de estylo descriptivo.

em toscano, *nobiles doriones;* depois lhe roguey que me buscase isto pera o ver no latim, até o presente me diz que o nam acha. Se eu disto souber alguma cousa eu o escreverei (3).

Nota (1)

Paula de Andrade era «mestiça», provavelmente *luso-indiana;* e era uma mulher solteira, isto é, levando uma vida livre e solta, que tal foi, por aquelles tempos, a significação habitual da palavra *solteira.* As riquezas accumuladas em Goa, e a reunião ali de muitos mercadores de diversas regiões, e de muitos portuguezes ociosos, haviam creado uma classe numerosa de solteiras, algumas d'ellas elegantes, possuindo joias valiosas, e rodeadas de escravas. Gaspar Corrêa, referindo-se a um periodo bastante anterior, diz-nos já o seguinte: «Erão todas as mulheres solteiras muyto ricas ... e seu cabedal erão pannos branqos e de seda, e o mais era ouro em cadeas e manilhas; porque havia mulher que hia á igreja e levava tres e quatro escravas carregadas d'ouro». O seu luxo chegou a ser tal, que o honesto e rigido vice-rei, D. Pedro Mascarenhas, tentou atalhal-o, prohibindo, que «nenhuma mulher publica andasse em palanquim, se não descoberta». Vê-se, pois, que o nosso escriptor introduz nos seus dialogos uma figura typica da vida de Goa. Importa pouco saber se Paula de Andrade existiu, ou se Orta a inventou para as necessidades da sua exposição; o que convem notar, é que o caso, se não é verdadeiro, é perfeitamente verosimil.

A negra, isto é, a escrava —porque a palavra *negra* se não applicava unicamente ás africanas— foge depois do roubo para a terra firme, e é apanhada no Passo Secco. Este Passo, assim chamado porque nas marés baixas a ria tinha ali pouca agua, ficava na extremidade oriental da ilha de Goa, no fim da estrada de Santa Luzia, logo adiante da ermida de S. Braz. Havia ali uma fortaleza, confiada a um capitão e um condestabre, tendo ás suas ordens cinco naiques e quarenta piães, que sem duvida detiveram a negra.

O *amigo* da negra, a quem ella confiára parte do roubo —ainda um traço perfeitamente natural— foge por Agaçaim. O Passo de Agaçaim ficava no sul, entre a ilha e as terras de Salcete; e não havia ali guarda, por o rio ser «muito larguo e ruim desembarcação». Havia unicamente uma barca e um «tenadar».

(Cf. *Garcia da Orta e o seu tempo*, 191; Linschoten, *Navig.*, na carta de Goa; *Tombo do Estado da India*, 73 e 74).

Nota (2)

Esta «datura» é a *Datura alba*, Nees von Es., ou antes a fórma de corollas roxas (da «cor do rosmaninho»), chamada *D. fastuosa*, e que não differe especificamente da primeira. Orta descreve-a correctamente, comparando as suas folhas com as da «branca ursina» *(Acanthus)*, e notando a inserção da flor, qne de feito se afasta um pouco das disposições mais habituaes.

Varias especies de *Datura* possuem propriedades toxicas energicas[1]; mas, em dóses convenientes, são applicadas pelos medicos hindús e mussulmanos no tratamento de varias doenças. O *extractum daturæ* e a *tinctura daturæ*, preparados com as sementes da *D. alba;* e o *emplastrum* e *cataplasma daturæ*, preparados com as suas folhas, figuram mesmo na *Pharmacopœia of India*, o que prova que foram officialmente adoptados *(Pharmac. of India*, 175, India Office, 1868).

Mas o mais curioso e caracteristico uso da *datura*, é aquelle uso criminoso, a que Orta se refere, que todos na India conheciam e conhecem, e do qual fallaram Linschoten, Christovão da Costa, Pyrard de Laval e outros escriptores contemporaneos ou quasi contemporaneos de Garcia da Orta.

Os envenenamentos variavam em gravidade, desde os que tinham por fim causar a morte, até aos que unicamente constituiam uma «zombaria», ou graça, como no caso contado por Orta, e passado com os filhos do Nizam Schah[2]. Deve-se dizer, que a graça era pesada, e bem propria de principes orientaes. Mais habitualmente, porém, a *datura* foi empregada para obter a insensibilidade ou inconsciencia temporaria com um fim mais ou menos condemnavel. Tanto Linschoten, como Pyrard de Laval, se referem ao facto de as mulheres pouco escrupulosas de Goa recorrerem ao uso d'esta planta para adormecerem a vigilancia dos maridos ou dos protectores; e nos casos de roubo, como no de Paula de Andrade, parece ter sido de uso frequentissimo.

Em tempos posteriores a Orta continuou esta pratica, da qual fallam Wight, Murray e muitos outros. Nos nossos dias a *Datura* foi ainda empregada regularmente por uma classe de Thugs; e um dos auctores do *Glossary*, A. Coke Burnell, recorda o facto de ter julgado e condemnado muitos d'aquelles criminosos. Parece que o dr. Norman Chevers deu uma interessante noticia sobre aquelles *dhaturias* (os envenenado-

---

[1] O alcaloide da *Datura*, a *daturina*, foi considerado como identico á *atropina*, e tendo portanto a formula $C_{34} H_{23} Az O_6$. Parece, porém, ser muito menos energico.

[2] Por isso a herva teve entre os portuguezes de Goa o nome de *burladora*, como recorda Christovão da Costa.

res profissionaes com a *datura)*, no seu trabalho *Medical jurisprudence of Bengal;* mas não pude consultar este trabalho, e nem mesmo posso encontrar nas minhas notas onde o vi citado.

Os envenenamentos com a *datura* deviam, pois, ser frequentes em Goa, e Orta, escrevendo a historia da sua clinica no Oriente, não podia deixar de mencionar este accidente usual.

Nota (3)

O «dorião» é o fructo do *Durio ϟibethinus*, Linn., uma grande arvore pertencente á familia das *Malvaceæ*, tomada esta no seu sentido mais lato.

Orta nunca viu a planta, e nem mesmo pôde provar o fructo, que n'aquelles tempos de viagens demoradas não chegava em bom estado á India. Effectivamente o *Durio ϟibethinus* habita só nas terras mais chegadas ao equador, varias ilhas do archipelago Malayo, peninsula de Malaca, e parte meridional da Indo-China. Pelas informações que lhe deram, consegue no emtanto descrever o fructo com uma certa exactidão, ainda que um pouco confusamente. É tambem exacto, mencionando as encontradas opiniões, correntes sobre o sabor do celebre fructo; desde a opinião dos que o collocavam abaixo das fructas europêas, e lhe notavam um cheiro repugnante a cebolas podres, até ao caso do mercador que vendeu nau e fazendas só para comer *duriões*. Parece com effeito, que uma certa iniciação é necessaria para apreciar devidamente os *duriões*. Wallace conta, que ás primeiras tentativas em Malaca, o mau cheiro lhe causava uma repugnancia extrema; mas depois, em Bornéo, se tornou um grande admirador do fructo; e termina dizendo: «comer Duriões é uma sensação nova, e vale a pena ir ao Oriente para a experimentar» (Cf. Crawfurd, *Dict. of the Indian Islands*, 125; A. Russel Wallace, *The Malay Archipelago*, 74, London, 1883).

COLOQUIO VIGESIMO PRIMEIRO DO

EBUR OU MARFIM, E DO ELEFANTE; E HE COLOQUIO
que não faz pera fisica, senão pera pasatempo.

INTERLOCUTORES

RUANO, ORTA, SERVA, ANDRÉ MILANÊS

RUANO

Pois que os ossos dos elefantes vem em uso de medecina, será bem que falemos delles, e do elefante.

ORTA

Do elefante ha muito escrito; mas tem em si tanto que falar, e de que se maravilhar, que não se deve ter por sobejo falar nelle. E começando do marfim, vos digo que nenhum osso de elefante he pera o uso da fisica, nem da policia*, somente os dentes; e nam vos engane o que se escreve do *espodio,* dizendo que he ossos queimados de elefante, porque ao diante vos farei certo nam o ser, se Deos nos conceder tempo pera isso e pera as outras cousas ; e he noto isto, porque dos elefantes que qua morrem não lhe aproveita a gente os ossos, e aproveitalhe a carne pera comer e os dentes pera a policia.

RUANO

E alguns tem cornos?

ORTA

Nam, porque estes que vemos todos sam dentes ou pedaços delles, e cada elefante nam tem mais que dous dentes; e as unhas nam se aproveitam, ainda que Paulo Egineta afirme que si. E o elefante não lhe faleçe mais que fallar,

---

* A palavra «policia» é empregada no sentido de industria, ou de fabrico do que hoje chamariamos objectos de arte; veja-se a nota (4).

pera ser animal racional; e (posto que sejam isto cousas
nam pera fisica) mas em Cochim está hum estromento tirado
de como falou duas palavras (1); e nam tendo que comer lhe
disse o seu mestre (a quem chamam no Malavar *naire* e
os Decanins *piluane)* que nam tinha a caldeira boa pera lhe
cozer o arroz, e que levase a caldeira ao almoxarife; e que
elle lha mandava consertar; ao qual o elefante foy com a
caldeira na tromba; e o almoxarife disse ao naire que le-
vasse ao caldereiro, e elle a concertou no fundo somente,
onde estava danada, e o elefante a levou a caza, e cozendo
nella o arroz, saya della agua por nam estar bem soldada.
Entonçes lha deu o naire, e o elefante a tornou a levar ao
caldereiro, o qual a tomou e conçertou; e de industria a
leixou pior que estava primeiro, dandolhe algumas martel-
ladas; e o elefante a levou ao mar, e a meteo na agoa, e
olhou se deitava agoa pelo fundo; e como vio que a deitava,
a tornou a levar ao caldereiro, dando á porta muitos urros,
como quem se aqueixava; e o caldereiro lha concertou, e
soldou muito bem; e o elefante a foy provar ao mar, e
achou muito boa; entonçes a levou a caza, e lhe fizeram de
comer com ella. Vede se averia homem que mais siso tivese:
isto pasou asi, e oje neste dia ha testemunhas que o viram,
e outras maiores que por comũas leixo de dizer (2).

RUANO

Como se chama o elefante em arabio e indiano?

ORTA

Em arabio se chama *fil,* e o dente *cenalfil,* que quer
dizer dente de elefante; em guzarate e em decanim *ati;* e
em malavar *ane;* e em canarim *açete;* e em lingoa dos
cafres da Etiopia *ytembo;* e em nenhuma se chama *baro,*
como diz Simão Genoes, porque falar estorias de longe he
bom pera mentir. E em nenhuma cousa de fisica o gastam
os Indianos; somente os fisicos Arabios e Turcos, que curam
por Aviçena, o gastam no que nós o gastamos.

RUANO

E pois em cousas de policia se gasta nessa terra tanta cantidade quanta vem de Çofala, porque me dizem que tambem vem de Portugal pera qua em mercadorias que elrey manda?

ORTA

Aveis de saber que da Etiopia, scilicet, de Çofala até Melinde vem cada anno á India seis mil quintaes, afóra o que vem de Portugal, que he muito pouco a respeito destoutro; e afóra isto ha elefantes no Malavar, ainda que poucos, e nam os domam; ha em Ceilam muitos e mui doutrinaveis, e sam os mais estimados que ha na India; ha os em Orixa, em muyta cantidade, e em Bengala e no Patane; e na banda do Decam, do Cotamaluquo que confina com Bengala, ha muitos; e ha os em Pegú, e em Martavam e Siam milhores; e dizem que o rey de Siam tem um elefante branco, e que se chama per onrra rei do elefante branco; se isto he verdade eu nam o sey (3).

RUANO

Inda me nam satisfizestes minha duvida, que he onde se gasta tanto dente de elefante.

ORTA

O marfim na China se gasta algum, e já agora se vay gastando mais; o de Ceilão se gasta em cousas muyto polidas, que se fazem na terra, de cofres e pentes e outras muytas cousas; e o de Pegú e o de Ceilão pela mesma maneira; e todos os seis mil quintais, que vem de Çofala, se gastam em Cambaia, tirando algum pouco que vai pera a China, como já dise. Isto se gasta cada anno, e tanto monta vir muito como pouco (4).

RUANO

Em que o gastam, se o vós nam dixeseis, nam o creria.

20

ORTA

Aveis de saber que o demonio pôs certa superstição em as molheres e filhas dos Baneanes, que sam os que vivem segundo o custume pitagorico, e he que, quando morre algum parente, quebram as molheres todas as manilhas que tem nos braços, as quaes são vinte ao menos; e logo fazem outras novas, como tiram o dó; e estas manilhas sam de marfim todas, postoque algumas sam de tartaruga; e isto ordenou o demonio porque se gastase tanto marfim, que vem da Etiopia cada anno; e sempre se gastará, em quanto esta superstiçam durar; e val este marfim segundo a gran-dura dos dentes, porque os dentes meudos valem pouco, e o dos grandes muyto, peso por peso; e tambem se fazem outras cousas da policia de marfim; mas he isto em pouca cantidade.

RUANO

Maravilhado estou desa superstição; porém me disei se tornam a naçer os dentes aos elefantes, ou se lhe caem; porque tambem nam sei como hay tanto elefante no mundo.

ORTA

Tendes muyta rezam niso, porque os elefantes vivem muyto; mas nenhum delles tem mais de dous dentes, nem os mudam, senão ha muyta cantidade delles; e, o que mais he, que as femeas nam tem dentes, e algumas os tem de palmo, nam mais. Nesa Etiopia matam os cafres os elefantes pera lhe comer a carne crua, e nos venderem os dentes; e isto he com armadilhas de arvores, e de outras muytas maneiras, que he de presumir que ha mais elefantes em a Etiopia do que ha vacas em Europa.

RUANO

De que doença morrem os elefantes, e de que servem nestas terras?

ORTA

Elles sam muito melancolicos, e am muyto medo, mais de noyte que de dia; e quando dormem de noite, pareçe

que veem cousas temerosas, e soltamse; por onde a maneira
de curar isto, he que dormem os seus naires em çima delles;
sempre lhe estão falando porque nam durmam. Tem camaras
muytas, muytas vezes, outras vezes tem ciumes muyto fortes, que caem em muy grande furia, e quebram as cadeas,
e fazem muyto mal por onde pasam; isto curam os naires,
levandoos ao campo, dizendolhes mil injurias, e reprenden-
doos de seu pouco siso; e asi pera isto e pera outras cousas
tem mézinhas particulares de qua da terra. E quanto he o
serviço delles, alem de trabalho de acarretar e mudar a arte-
lharia de huma banda pera outra, servem os reis na pe-
leja; e ha rey que tem mil elefantes, e outros menos, e
outros mais; vam á guerra armados, em especial na testa
e peito, como cavallos encubertados; põemlhes as campai-
nhas das ilhargas pendentes; e põemlhe nos dentes armas
engastadas, da feiçam de ferros de arados; e põemlhe cas-
tellos emçima em que vam os naires que os regem, onde levam ganchos e bisarmas, e alguns aguora, de pouco pera
qua, levam meos berços e panellas de polvora. Eu os vi
já pelejar, e o mal que lhe vi fazer não he outra cousa senam
pôr a gente em desordem, e fazela fugir ás vezes; dizemme
que muytas vezes fogem, e que fazem mais desbaratos nos
seus que nos contrairos; isto eu não no vi (5).

RUANO

Ha outra maneira alguma de pelejar delles?

ORTA

Si; mais isto he hum por hum com os seus naires, que
os ensinam adestrandoos em çima delles; e he muy crua
batalha, onde se ferem com os dentes, esgrimindo hum,
emparandose o outro com seus dentes. Feremse mui bravamente, e muitas vezes se vem a daremse tam grandes golpes,
hum a outro, com as testas, que cae hum delles morto no
cham; e hum portuguez digno de fé me contou que vira
morrer hum muy poderoso elefante de hum encontro que
outro lhe deu. Tambem pelejam, embebedandoos; e fogem,

e tomão ás vezes hum homem na tromba e fazemno em pedaços, o qual eu vi já algumas vezes.

RUANO

Diz Plinio que o sangue delle aproveita para muytas
cousas, e o figado e a raspadura do marfim, isto he asi?

ORTA

Bem póde isso ser verdade, mas qua não se usa.

RUANO

Dizem que o elefante dorme com a elefanta, como homem
com molher, contrario dos outros cadrupedes.

ORTA

O contrario diso he verdade, porque tem ajuntamento
como os outros cadrupedes; nem diferem a mais, sómente
que o macho se põe em huma barrançeira mais alta, e a
femea está mais baixa; isto me contaram Portuguezes dignos
de fé. Eu vi já elefantes, mas não os vi ajuntar com elefantas
em auto de gerar, sómente conto isto que ouvi.

RUANO

Tambem diz Plinio que a alma dos elefantes tira as serpentes dos seus lugares*.

ORTA

Não sey parte diso, porque não o vi qua, nem ouvi.

RUANO

Tambem diz Plinio que o elefante, quando come o veneno, busca o azambujo pera se curar**.

------

* *Elephantorum anima serpentes extrahit;* o nosso auctor traduziu
mal a palavra *anima.*

** Li. 280, cap. 80 (nota do auctor). É um evidente erro typogra-
phico; a phrase de Plinio: ... *occurrit oleastro huic veneno suo,* vem
no lib. VIII, 41, ou cap. 27 das mais antigas edições.

ORTA *

Não o vi qua, e por isso não pude saber isso, nem ouvi que os ouvesse na Etiopia, onde os ha.

RUANO

Tambem escreve Plinio que os melhores elefantes e mais belicosos ha na Trapobana que na India.

ORTA

Se Trapobana quer dizer Çeilam, como alguns estimáram, os milhores sam de todos e os mais domaveis; e se quer dizer Çamatra**, tambem os ha, mas nam sam tam bons como os de Çeilam. E muytas vezes cuidam os homens que huma cousa vem de huma terra, e vem de mais longe; asi como muy-tos cuidaram que o melhor lacre vinha de Çamatra, e por isso até oje lhe chamam *locsumutri,* e este bom lacre nam o ha, senam vem de Pegú; e asi póde ser dos elefantes de Çama-tra.

RUANO

Sam capazes da lingoa da sua regiam, como diz o mesmo Plinio?

ORTA

Nam tam sómente da sua, senam da alhea, se lha ensinam; e os trazidos de Çeilam pera o Guzarate e o Decanim fa-cilmente lhe fazem entender a lingoa os seus mestres; e al-guns levaram a Portugal, que lhe fizerão entender portu-guez; e asi o entendem alguns na India que vos amostrarei; e sam cubiçosos de gloria, que se lhe dizem que sam de elrei

---

* Na edição de Goa falta a palavra «Orta»; e isto torna-se claro, porque se seguem as duas perguntas de Ruano. Faltam tambem as qua-tro palavras, que intercalei em italico, ou outras quaesquer com um sen-tido analogo. Orta responde naturalmente, que não poude verificar na India o que Plinio disse da Africa; e accrescenta, que lhe não consta haver *aʒambujos* na Ethiopia, onde ha elephantes.

** Orta volta a fallar da identificação da Taprobana com Suma-tra, ou com Ceylão; veja-se o que disse a pag. 18 e a pag. 233.

de Portugal, folgam muito, e tem vergonha do mal que fazem; sam agradecidos do bem que lhe fizeram; sam vingativos das injurias que lhe fazem; que já aconteçeo em Cochim, porque a hum elefante deitou hum homem humas cascas de coquo, e lho quebrou na cabeça, guardou o bom elefante a casca do coquo na boca, e tendoa guardada em huma queixada, vendo o homem que lhe avia feito a injuria, lhe arremesou a casca do coquo com a tromba; e depois, veo em uso e rifam (como dizem os Castelhanos) dizerem os homens, ainda trago a casca do coquo na queixada, por dizerem ainda me alembra a injuria que me fizeram: e por aquesto podeis ver que tem memoria os elefantes.

RUANO

Tambem diz Plinio muytas cousas alem destas, scilicet, que tem guerra com o renoçerote sobre o pasto.

ORTA

Estes renoçerotes ha em Cambaia, onde parte com Bengala, e no Patane, e chamamlhes *ganda:* não sam tam bons no amansar como os elefantes, e per esta rezam nunqua pude saber isto bem sabido; porém traz rezam que dous animaes tam grandes e feros se queiram mal naturalmente; e quando escrever do *licio* farei memoria deste animal, onde direi o que mais souber (6). E tambem diz Plinio, que com çumo de cevada posto na cabeça se lhe tira a dor que tem; mas a cevada nam a ha em Etiopia, onde vem a mór cantidade, e dos outros cabos ha somente em Bengala, e em Cambaia alguma pouca cantidade; por onde nam sei como se isto póde esprementar, mas sei que aos mansos lhe poderia fazer proveito.

RUANO

Como se amansam e ensinão?

ORTA

Os novos com açoutes, e com vergonhosas palavras e fome, e boas obras e beneficios que lhe fazem, e bom tratamento: os grandes me dixeram que em Pegú, pera os amansar, os metem em humas cazas grandes, de muitas portas pequenas; e dahi os ferem os que estam nas portas com azagayas e zargunchos, e logo se metem dentro, e quando se querem vingar de hum lhe sae o outro, isto lhe fazem até que esteem muy cansados e feridos, e mortos de fome muito; e entonçes lhe dizem, depois de muito feridos, que o que lhe fizeram foy feito porque nam cuydem que sam alguem; e que se lançem no cham, e que lhe faram benefícios de amigo; deitase o elefante no cham, e alli o lava o mestre; e elle, desque he lavado e untado com azeite, lhe dam de comer e cada ora lhe vem perguntar o que quer, e como está, e asi, com estes castigos e afagos, depois vayse fazendo manso e domestico (7). Estas cousas do elefante vos quis dizer, porque sam as mais certas, porque muytas outras conta Plinio; mas quero dizer o menos, e mais certo; porque pera a fisica isto sobeja que vos dixe.

SERVA

Está ahi miçer André milanês, o lapidairo.

ORTA

Dilhe que suba.

ANDRÉ MILANÊS

Beijo as mãos de vossa mercê.

ORTA

E nós as vossas.

ANDRÉ

Quereis vender a vossa esmeralda grande ou a pequena, porque ambas vos farei comprar; porque a mais pequena he mais fina.

ORTA

Tudo venderei, e volas darei ambas pera que as mostreis ao comprador somente; e isto confiarei de vossa fé, que as não amostreis mais que ao comprador, e ao seu conselheiro, tornandomas á mão logo, se as não comprar. E comtudo me dizei se o tempo que estivestes em Pegú vistes caçar elefantes e domar elefantes?

ANDRÉ

Duas vezes: huma foy indo elrey e todo o reyno á caça, e seriam 200:000 pessoas o mais; e cercavão a caça, scilicet, fazendolhe çercos, e como foram pequenos os çercos, porque cada vez se faziam mais pequenos, tomaram grande multidão de veados e porcos e tigres, muytos vivos, e outros mortos a feridas.

ORTA

Deste modo vi fazer caça ao Nizamoxa, e tomar huma grande multidam.

ANDRÉ

Entonçes tiverão çercados 4:000 elefantes, scilicet, femeas e machos e pequeninos; e leixouos yr todos, e ficaramlhe 200, entre grandes e pequenos, por nam despovoar o monte; e isto eu vi, e os domaram, scilicet, os duzentos çercados de grosas traves, e cadá vez eram mais pequenos os çercos, e mais fortes, até não aver mais largura, que quanto hum elefante podia caber; e ali por* aquelas aberturas das traves muyto pequenas tomavam cordas grossas de *rotas* (que sam feitas de humas varas que se muyto brandem) e lhas lançavam áos pés, e outras nos dentes, que os faziam estar sem se bulir pera huma parte nem outra, e depois os cingiram com duas cordas pera cavalgarem nelles, e ferindoos bravamente, e elles chorando lagrimas que lhe eu vi, cavalgou em cada hum seu mestre; e metendo os pés pollas çintas lhe dizia que soubessem que se nam tinham siso que os feririam sempre, e os matariam de fome, e como consentissem na verdade, os untariam com azeite e lhes dariam de comer, e foram os lavar; tirando os fóra, a cada hum

---

* Na edição de Goa está «alimpou», que de modo algum podia ter sentido; na errata manda substituir «ajuntou», que tambem não se percebe, e deve ser um erro. Com as palavras «ali por» a phrase torna-se mais clara; veja-se adiante a nota (8).

meteram entre dous mansos que os aconselháse, e deste modo foram todos domados.

ORTA

Eu já ouvi esta maneira de domar; mas de caçar nam cuidei que em Pegú e Çeilam aviam tantos; e agora me dizei outra alguma maneira de caçar, se sabeis.

ANDRÉ

Tinha elrey fama de hum elefante muyto grande, que andava no mato, e mandou lá elefantas muyto mansas e domesticas, e amestradas, dizendolhes que nam quizesem ter ajuntamento com os elefantes, senam prometendolhe primeiro que consentiriam como chegassem ás suas moradas: isto lhe davam por signaes a entender. E os elefantes, como as femeas lá foram, se vieram pera ellas; e tratando com ellas amores, vieram após ellas, e pascendo pollo campo até os meterem dentro em Pegú (que he grande cidade) e dalli se meteram em parte onde os cerraram; e leixaram por diante yr o outro, e as elefantas lhe tiraram, e ficou aquelle só da maneira dita, e foy domado pela maneira que açima dise (8).

RUANO

Yso está muy bem; porém diz Plinio* que com o bulir dos dentes, e tascar os porcos, os elefantes tornam atrás e sam espantados?

ORTA

Já soube o contrairo diso; porque nas estrabarias dos elefantes ha porcos, e nam fazem caso delles: no mato da terra do Malavar ha muytos porcos, donde ha alguns elefantes, e não se diz que delles ajam medo. Verdade he, eu sei isto, o que diz Plinio, que avoreçem os ratos muyto, porque onde dormem os elefantes, se ha ali ratos, dormem os elefantes com a tromba encolheita, porque lhe não morda ou pique nella; e polla mesma rezam avoreçem as formigas. E v. m.

---

* Livro 8, cap. 9 (nota do auctor).

tenha cuidado de me vender as minhas esmeraldas, e vamos comer. E não me tenhaes por leve por falar tanto nisto,
que Mateolo Senense, homem douto, falou muyto do elefante, e não tantas verdades como eu contei.

Nota (1)

Desde tempos muito antigos, pelo menos desde os tempos de Megasthenes, todos, os que observaram os elephantes, encareceram e louvaram a sua sagacidade. Plinio chegou a attribuir-lhes sentimentos de
probidade, de prudencia e de justiça, qualidades raras mesmo no homem: *immo vero (quæ etiam in homine rara) probitas, prudentia, æquitas.* D'aqui a dar-lhes o uso da palavra não ía mais que um passo. De
resto, a noticia sobre o elephante que fallou não é da lavra do nosso
escriptor e da sua exclusiva responsabilidade. Damião de Goes refere
tambem como *cousa muy certa,* que estando Diogo Pereira, homem nobre e digno de fé, na cidade de Bisanaga (Bijayanagar), viu ali um elephante escrever com a ponta da tromba; e, perguntando-se-lhe depois
o que comêra, respondeu em voz clara: *arroz e bethelem* (betle).
(Cf. Plinio, viii, 1; Damião de Goes, *Chron. do felic. Rey D. Emanuel,*
275, Lisboa, 1619.)

Nota (2)

A historia do elephante e do caldeireiro devia ser corrente na India, e contou-a tambem fr. João dos Santos com ligeiras variantes e
um pouco simplificada. O mesmo fr. João dos Santos conta outras historias do elephante chamado *Perico,* e Damião de Goes algumas do
elephante *Martinho,* que são mais ou menos analogas a esta, e á do
elephante e da casca de coco, referida pelo nosso escriptor nas paginas seguintes (Cf. fr. João dos Santos, *Ethiopia oriental,* part. i, livr. iii,
cap. 15, Evora, 1608).

Nota (3)

Os nomes vulgares, que Orta cita, são pela maior parte faceis de
identificar:
—«Em arabio se chama *fil,* e o dente *cenalfil...*» Effectivamente o
nome arabico é فيل, *fil;* e o dente chama-se سِنّ, *sen* ou *cen,* d'onde
cen-al-fil.

— «Em malavar *ane* ...»; este é o nome mais vulgar nas linguas dravidicas da India meridional, *áne, ána, ánei,* em tamil, maláyalam e outras.

— «Ati» é, com uma simples e ligeira modificação orthographica, o nome escripto por Hunter, *háti, hátti, háthi,* e empregado por muitas tribus do leste e do centro da India.

— «Ytembo», na Africa; não encontrei este nome na rica nomen-clatura africana, em que o elephante se chama *indhlovú, n'ȝamba, ȝou, jôu, li-tou, n,ȝovo* e de outros modos; mas é bem possivel que *ytembó* fosse ou seja ainda conhecido sem eu o saber. Em todo o caso a palavra tem um certo *facies* africano.

Orta dá a distribuição geographica dos elephantes, de um modo que para o seu tempo devia ser muito exacto, posto que as cousas te-nham mudado consideravelmente de então para cá. Tanto na Asia, como na Africa, os elephantes têem pouco a pouco recuado diante do homem; e regiões ha, onde eram numerosos no começo do nosso seculo, e hoje se não encontra um só.

Em primeiro logar, refere-se ao grande numero de elephantes que então havia na Africa, dizendo-nos, que da parte da costa entre Sofala e Melinde se exportavam annualmente para a India seis mil quintaes de marfim, uma exportação a que já se referíra antes d'elle Marco Polo, e se referiram depois d'elle fr. João dos Santos e muitos outros. Se at-tendermos á enorme mortandade d'aquelles animaes, que se tem feito nos seculos seguintes e particularmente no nosso, não parecerá exa-gerada a sua phrase, de que deviam ser ali mais numerosos do que «vacas em Europa», uma phrase que —seja dito de passagem— pa-rece occorrer naturalmente aos nossos escriptores; fr. Gaspar de S. Ber-nardino diz do mesmo modo: ... «os quaes affirmam serem mais que as Vacas em Europa» *(Itin. da India por terra até este reino de Portu-gal,* 37 v., 1611).

Em relação á India, diz-nos Orta, que os elephantes se encontravam no Malabar, Orissa, Bengala, Patane, e parte ·oriental dos estados do «Cotamaluquo», isto é, do reino de Golconda. Deve advertir·se que *Patane* não significa n'esta passagem o Afghanistan, mas as terras de Behar, no valle inedio do Ganges, como já notámos no *Coloquio de-cimo.* Vê-se, que elle indica quasi todo o planalto, que descáe dos Gha-tes occidentaes para a costa do golpho de Bengala e valle do Ganges, onde então deviam existir grandes florestas e largos tractos de terrenos incultos e de *jungles,* pelos quaes vagueariam numerosas manadas de elephantes, que em tempos mais modernos têem desapparecido ou di-minuido consideravelmente.

Aponta a abundancia em Ceylão de elephantes «muy doutrinaveis»; no que está perfeitamente de accordo com o que disse Plinio, sobre a intelligencia do elephante da Taprobana; e com o que repetiu nos

nossos dias sir Emerson Tennent, sobre a facilidade com que se amansam e aproveitam os d'aquella ilha, tanto na propria ilha, como na
India, para onde são levados em grande numero[1].

Nota tambem, mais adiante, a existencia de elephantes em Sumatra,
no que prova quanto andava bem informado, pois Sumatra é o unico
ponto do archipelago Malayo onde elles se encontravam, pelo menos
em abundancia[2] (Cf. Crawfurd, *Dict.*, 135).

Falla-nos por ultimo nos elephantes de Pegu, Martabão e Sião; no
que continúa a ser exacto, pois todas aquellas terras da Indo-China
eram, no seu tempo, uma das regiões do globo em que existia maior
numero d'estes grandes pachydermes, tanto no estado selvagem como
domesticados. A proposito de Sião, menciona naturalmente o famoso
elephante branco, cuja existencia os portuguezes conheciam, e que haviam mesmo verificado muitos annos antes. Segundo conta Gaspar Corrêa, quando Simão de Miranda foi a Sião, no anno de 1511, o rei man-
dou-lhe mostrar as cousas notaveis da cidade, «... e hum alifante branco
que tinha, porque era por todas as partes nomeado por senhor do alifante branco, que outro nom havia» *(Lendas, *ii, 263).

Como se vê, não escapa á enumeração do nosso escriptor terra alguma em que se criassem então aquelles notaveis animaes.

Nota (4)

Esta noticia de Orta sobre a grande quantidade de marfim que se
trabalhava em Cambaya, é confirmada e explicada por Duarte Barbosa
nas seguintes phrases, pelas quaes se vê bem o que era a «policia» de
Orta:

«Nesta cidade se gasta grande soma de marfim, em obras que nela
fazem muyto sotis e marchetadas, e outras obras de torno, como saom
manilhas, cabos dadaguas, e em tresados, jogos demxadrex, e tavolas,
porque ha hy muy deliquados torneiros que fazem tudo; e muytos ley-
tos de marfim, de torno, de muy sotis obras, e contas de muytas maneiras ...» (D. Barbosa, *Livro,* 286).

---

[1] No fim do *Coloquio da Canella,* Orta tinha dito: que todos os elephantes das outras regiões guardavam respeito e obediencia aos de Ceylão. Isto era uma velha crença, que, apesar de não ter fundamento, foi muitas vezes repetida, nomeadamente pelo viajante francez
Tavernier.

[2] Disse-se tambem, mas com alguma duvida, que os havia igualmente em Borneo, só em
parte da ilha e em pequena quantidade. Os elephantes de Ceylão e de Sumatra apresentam
varias differenças osteologicas do da India (*Elephas indicus,* Cuv.); e são considerados por
alguns naturalistas como uma especie particular, E*lephas sumatranus.*

Nota (5)

É bem conhecido de todos, o facto de se terem empregado regularmente na guerra os elephantes, não só os *asiaticos,* que ainda hoje se domesticam facilmente, como tambem os *africanos,* que desde tempos muito antigos deixaram de ser domados; e este assumpto tem sido tratado variadas vezes, e foi mesmo o objecto de um livro especial (Armandi, *Hist. militaire des elephants).*

Fallando da India, lembram-nos logo os elephantes de Poro, e o terror que a sua vista causou aos cavallos dos soldados de Alexandre na batalha do Hitaspis. Eram duzentos, collocados na frente das tropas indianas, de cem em cem pés; e, no mais acceso da refrega, os soldados de Poro acolhiam-se junto d'elles, *ad elephantos tanquam ad amicos muros confugiunt;* de modo que a batalha tomava um aspecto singular, e diverso do de todas as outras, *eratque hæc pugna nulli priorum certamine similis.* Depois de Poro, e até ao tempo de Orta, os elephantes continuaram a entrar regularmente na composição dos exercitos asiaticos; e na grande batalha de Panipát (1526), as forças de Dehli contavam —segundo Gaspar Corrêa— «oitocentos alifantes», numero que não é exagerado, e o proprio commandante das tropas mongoes, Báber, calculava em proximamente mil.

(Cf. *Arriani de exp. Alex. Magni,* 339 et seqq. versão de N. Blancardo; *Lendas,* iii, 573: Erskine, *Hist. of Báber,* i, 434).

Orta não nos dá, portanto, novidade alguma em relação ao emprego militar dos elephantes; mas dá-nos uma indicação muito interessante sobre a sua adaptação, então recente, á nova arte da guerra, «aguora de pouco pera qua levão mèos berços e panellas de polvora». Era a combinação da polvora e da artilheria com o elephante.

Nos combates com os portuguezes, os elephantes não figuraram muito a miudo, porque esses combates se localisaram geralmente nas terras do litoral, ataques e defezas de praças, em que mal podiam ser empregados. Comtudo, em algumas occasiões, os nossos soldados encontraram-se face a face com elles; e parece que ao principio com certo receio. Na tomada de Malaca, andavam pela rua dez elephantes: ...«estavão muitos mouros e El Rey com os alifantes, que remeterão com os nossos com grandes bramidos por fazer espanto, de que os nossos ouverão temor e nom forão adiante». Tornou-se necessario, que Fernão Gomes de Lemos, Vasco Fernandes Coutinho e D. João de Lima dessem o exemplo, atacando-os ás lançadas pelas trombas, para que os soldados cobrassem animo *(Lendas,* ii, 240).

O nosso Orta, porém, diz que os viu pelejar; mas não diz onde. Talvez em alguma guerra interior, entre principes mussulmanos e hindús, a que elle acompanhasse o seu amigo Buhrán Nizam Schah. Em todo o caso descreve acertadamente a sua acção, dizendo que os não viu fazer mais do que lançar a confusão nas fileiras do inimigo. Refere-se tambem ao perigo que havia na sua debandada, quando, feridos e aterrados, fugiam, e contribuiam para a derrota do proprio exercito. Isto é evidentemente uma reminiscencia das suas leituras. Arriano conta, que assim se terminou a batalha do Hitaspis; e Plinio dá a mesma noticia de um modo geral: *vulneratique et territi retro semper cedunt, haud minore partium suarum pernicie.* É sem duvida a estas noticias classicas, que o nosso escriptor se reporta; mas, com os seus escrupulos habituaes, acrescenta: «isto eu não no vi» (Cf. Arriano, l. c.; Plinio, VIII, 10).

Nota (6)

Quando Orta, no *Coloquio trigesimo primeiro,* volta a fallar da ganda, ou rhinoceronte, dá a noticia, aliás bem conhecida por outras fontes, de que el-rei D. Manuel mandou um d'estes animaes de presente ao papa. Como o presente da ganda se liga com o de um elephante, mandado ao mesmo papa Leão X, procuraremos n'este logar, como e quando foi a remessa dos dois grandes e então quasi desconhecidos pachydermes.

Alguns dos nossos escriptores, menos bem informados, dizem que D. Manuel mandou juntamente ...«hum Elefante e huma Abada, que forão os primeyros que em a cidade de Roma se viram do Oriente». A noticia não é absolutamente exacta, porque os dois animaes foram separados.

Primeiro foi o elephante, e a sua chegada a Roma tomou as proporções de um grande acontecimento — foi um *successo,* como hoje se diria. Nos tempos aureos da antiga Roma haviam-se visto no Circo muitos elephantes; e Plinio conta, que só no triumpho de L. Metello figuraram 140, tomados aos carthaginezes. Depois d'isso vieram muitas vezes ao Circo, onde se fizeram crueis hecatombes d'aquelles grandes e pacificos animaes. Não sei, se entre todos os elephantes trazidos a Roma, se não encontraria um unico asiatico — uma opinião, a que nos referiremos adiante. É natural que algum ali viesse; mas é certo que a maior parte, ou quasi totalidade, devia vir da Africa, onde os elephantes eram então numerosissimos, e se encontravam muito mais ao norte do que hoje[1]. Fosse como fosse, já nos ultimos tempos do Imperio se viram menos na Europa; e depois, durante a Idade-media, tornaram-se rarissimos. Podemos apenas apontar um ou outro; como foi aquelle que o

---

[1] Segundo Sir Emerson Tennent, os elephantes trazidos por Pyrrho á Italia eram asiaticos; mas posteriormente quasi todos os que vieram a Roma deviam ser africanos.

grande khalifa Harun-er-Raschid mandou a Carlos Magno no anno de 802; e o que S. Luiz, rei de França, enviou a Henrique III de Inglaterra no anno de 1255. Como se vê d'estes exemplos, o presente de D. Manuel era digno do faustoso rei que o mandava, e do faustoso pontifice que o recebia (Cf. *Benedictina lusitana*, II, 385; Plinio, VIII, 6; *Annales Francorum*, A. D. 810; Tennent, *Ceylon*, II, 295).

O elephante fazia parte do riquissimo presente, levado por Tristão da Cunha na conhecida embaixada do anno de 1514, no qual entravam outros animaes: um cavallo «persio» mandado a D. Manuel pelo rei de Hormuz; e uma onça de caça, ou *chitá*. Todos os historiadores do felicissimo rei, como Damião de Goes e Jeronymo Osorio, descrevem miudamente a entrada em Roma da embaixada; mas as relações mais interessantes e vivas são sem duvida alguma as que se encontram na carta do dr. João de Faria, e na de Nicolau de Faria, estribeiro pequeno d'El-Rei, o qual levava especialmente a seu cargo os animaes. Este conta todos os trabalhos que passou para desembarcar o elephante, e para o levar depois até Roma. A curiosidade de o ver era intensa. As estradas estavam apinhadas de gente. Uma noite, vieram dez ou doze condes e duques, com tochas, examinar o monstruoso e desconhecido animal. Em outra occasião, o povo chegou a destelhar a estrebaria, onde o tinham alojado, para o contemplar á vontade. Pelos caminhos viam-se «senhores e bispos e molheres em mulas», que vinham ao seu encontro; e já proximo de Roma vieram «as irmans do papa com muytas molheres fremosas». Quando se tratou de apparelhar e ataviar o elephante para a entrada solemne, o apertão era tal, que o papa teve de mandar a sua guarda suissa para fazer a policia: «a guarda dos soíços toda». Afinal conseguiram vestir o elephante; Nicolau de Faria ficou satisfeito com o seu aspecto, e escreve a D. Manuel: «hia tanto fremoso, sendo muyto fêo, que hera cousa gentil de ver».

Na pomposa passagem de Tristão da Cunha pelas ruas de Roma, o «fremoso» animal atrahia todas as attenções; e quando chegou onde estava o papa portou-se admiravelmente; fez as suas reverencias, e, tomando agua perfumada em uma dorna que ali estava, borrifou o pontifice e o sagrado collegio dos cardeaes. Depois voltou-se para o povo, e aspergiu-o com menos respeito e mais agua: *in plebem deinde conversus, eam aqua, quasi ludum exhibere vellet, immodice perfudit*, diz-nos Jeronymo Osorio, no seu impeccavel latim. Nicolau de Faria ficou radiante; o elephante encheu-lhe as medidas, excedeu-as mesmo: ... «fez cousas maravilhosas, e muyto milhores do que cuidei, nem do que esperava», escrevia elle nos dias seguintes a D. Manuel. Leão X tambem estava contentissimo: ... «mais risonhoso que hum minino.»

Como fosse necessario apagar as glorias da antiga Roma, procuraram averiguar se todos os elephantes, que ali vieram nos remotos tempos da Republica e dos Cesares, procediam da Africa, e parece que

chegaram a esse convencimento: tomou-se «conclusam perante o papa
que nunca vêo nenhum da India senam este», escrevia a D. Manuel um
dos secretarios da embaixada, o Dr. João de Faria. O mesmo João de
Faria resumia assim as suas impressões sobre a vinda do elephante: ...
«e certo foy grande consideração de vosa alteza mandalo a Roma, porque triunfou da India aquelle dia em Roma, e nom era obediencia mas
triunfo de vosa alteza que entrou em Roma».

(Cf. Damião de Goes, *Chronica*, 233 v.; H. Osorio, *De Rebus Ema-
nuelis*, 346, Olysippone, 1571; Carta do Dr. João de Faria de 18 de março
de 1514, e carta de Nicolau de Faria da mesma data, no *Corpo dipl. port.*,
I, 234 a 242, Lisboa, 1862.)

O rhinoceronte veiu mais tarde e foi menos feliz. No anno de 1513
—Garcia da Orta diz 1512— Affonso de Albuquerque mandou Diogo
Fernandes de Béja ao rei do Guzerate, que então era Muzaffar Scháh,
pedir-lhe permissão para construir uma fortaleza em Diu, o constante
desejo dos portuguezes. Muzaffar, menos imprudente que o seu successor Bahádur, recusou; mas, para não romper com o impetuoso governador, envolveu a recusa em muitos protestos de amisade, e em paga do
rico presente que recebêra enviou tambem um presente, no qual entrava o rhinoceronte. Este animal não era raro nas provincias centraes
e septentrionaes da India; mas não tinha sido visto até então pelos
portuguezes de Goa. Gaspar Corrêa descreve-o com muita exactidão:
«... era alimaria mansa, baixa de corpo hum pouco comprido, os coiros, pés e mãos d'alifante, a cabeça como de porquo comprida, e os
olhos juntos do focinho, e sobre as ventas tinha hum corno, grosso e
curto, e delgado na ponta; comia herva, palha, arroz cosido». Por esta
ganda[1] ou rhinoceronte ser um animal estranho e raro, Affonso de
Albuquerque determinou mandal-o a D. Manuel, sabendo quanto este
estimava todas as curiosidades orientaes.

Chegou a salvamento a Lisboa, onde ficou na *ménagerie* de D. Manuel até ao anno de 1517. N'esse anno o rei quiz ver uma lucta entre
o rhinoceronte e um elephante que então tinha. Lembrava-se dos es-
pectaculos da velha Roma, ou do que lhe contavam os portuguezes de
torna viagem ácerca dos habitos dos grandes monarchas orientaes; e
queria tambem verificar a antiga e persistente lenda sobre o odio, que
se suppunha existir entre os dois grandes herbivoros. No mez de fevereiro do anno de 1517, em um pateo que então havia diante da casa
da contratação da India, pozeram os animaes em face um do outro. O
rhinoceronte acommetteu o elephante; mas este, que ainda era novo,

---

[1] Ganda lhe chamaram os portuguezes, do nome indiano *gainda, genda, ganda*. O nome
de *abada* ou *bada*, dado ao mesmo animal e ainda conservado na designação commercial
das *pontas de abada*, é de origem pouco clara.

possuiu-se de tal medo, que arrombou as grades de ferro de uma ja-
nella baixa, e fugiu até á sua estrebaria habitual, dando urros e bramidos, e deixando o rhinoceronte senhor do campo. Pouco depois, D. Manuel mandou este ultimo a Leão X. No mez de outubro do anno de 1517
embarcaram-no em uma nau, commandada por João de Pina, com destino aos portos da Italia. A nau tocou em Marselha, onde então se achava
Francisco I—parece que o rhinoceronte estava destinado a ser visto
pelos homens mais salientes do seculo XVI. Effectivamente foi desembar-
cado a pedido do rei; e, embarcando de novo, a nau seguiu a sua derrota, indo perder-se nas costas da Italia. A grande baixella e todo o
riquissimo presente, destinado a Leão X, foi ao fundo; e o rhinoceronte
afogou-se, mas veiu dar á praia. Tiraram-lhe então a pelle, que enche-
ram de palha e levaram ao papa; e assim terminou o rhinoceronte do
rei de Cambaya a sua accidentada existencia.

(Cf. Gaspar Corrêa, *Lendas*, II, 373; Damião de Goes, *Chron.*, 276
e 277.)

NOTA (7)

Este modo de amansar os elephantes captivos —logo veremos o
modo de os capturar— é ainda hoje seguido nos seus traços geraes.

Sir Emerson Tennent, no seu livro sobre Ceylão já tantas vezes citado, descreve os processos seguidos n'aquella ilha; e, do mesmo modo
que Orta, falla da successão de mau e bom tratamento com que conseguem domar os mais rebeldes. Emquanto o elephante procura atacar
com a tromba, os homens que o rodeiam ferem-no com o *hendu,* que
é um longo pau, terminado por uma ponta de ferro aguçada, tendo ao
lado outra ponta recurvada á maneira de um croque —os «zargunchos»
de Orta. Logo, porém, que elle começa a ceder, passam a affagal-o,
cantando-lhe cantigas doces, entremeadas de exclamações amigaveis:
Oh! meu pae! Oh! meu filho! Oh! minha mãe! segundo o sexo e
idade do animal. Circumstancia curiosa, esta pratica de cantar aos elephantes é antiquissima, e já foi mencionada por Arriano, que provavelmente copiou a noticia de Megasthenes: *Indi circumstantes tympanorum
ac cymbalorum pulsu cantuque eos exhilarant ac demulcent.* É, como se
vê, a mesma mistura de «castigos» e de «afagos», de que falla o nosso
escriptor (Cf. Tennent, *Ceylon*, II, 383; Arriani *Indica*, p. 536).

O que Orta nos disse antes sobre as doenças dos elephantes, tambem é interessante e exacto. Aquelles grandes pachydermes são sujeitos a variadas e graves enfermidades, e ha na India, e em geral no
Oriente, uma numerosa classe de medicos ou alveitares de elephantes,
usando de uma materia medica especial. Sir Emerson Tennent diz, que,
nos primeiros tempos de captiveiro, elles morrem muitas vezes de desa-
lento, de desgosto, ou, na intraduzivel expressão ingleza, *broken heart;*

e isto lembra a phrase de Orta de que são «muito melancolicos». Quanto aos «ciumes», que os fazem caír em «muy grande furia», é este um estado perfeitamente conhecido, em que o elephante se torna, o que no Oriente chamam *must*. O elephante *must*, o que lhe succede sobretudo na epocha do cio, passa da extrema docilidade a ser um animal perigosissimo. No livro de Mason sobre o Burmá se podem ler algumas anecdotas curiosas ácerca dos encontros pouco agradaveis com elephantes n'aquelle estado. Ali se diz, que o melhor modo de tratamento consiste em os largar algum tempo na floresta: *a better plan when practicable, is to turn the animal loose in the forest, near water, whence, if a female elephant is tethered near him, he will never wander far, and may soon be reclaimed.* Esta noticia moderna coincide de uma maneira notavel com a indicação de Orta de que os seus Naires os levavam «ao campo», quando os viam assim excitados.

(Cf. Tennent, *Ceylon*, ii, 386; Mason, *Burma its people and productions*, i, 449, enlarged by W. Theobald, Hertford, 1882.)

Nota (8)

O modo de capturar os elephantes, na India e outras terras orientaes onde abundam ou abundavam, não tem variado essencialmente desde os tempos mais remotos de que temos noticia. Ha muitos pontos de similhança entre as grandes caçadas, de que trata o nosso Garcia Orta e depois d'elle varios escriptores mais modernos, e aquellas que minuciosamente descreveu Megasthenes na sua *Indica*[1].

Segundo a versão de Arriano, que pouco differe da de Strabão, os indianos escolhiam um terreno plano, nas proximidades das florestas frequentadas pelos elephantes, e abriam ali uma larga valla, que encerrava um grande espaço, deixando apenas como passagem para o interior uma ponte estreita. A terra, retirada da valla, reforçava-a com uma especie de vallado alto, em que elles praticavam escavações onde ficavam vigiando. Feito isto, collocavam dentro do recinto algumas femeas mansas; e, chegando a noite, as manadas de elephantes bravos, que ali as sentiam, procuravam a entrada, e vinham ter á ponte, coberta e dissimulada com terra e palha. Apenas entravam, os caçadores corriam a retirar a ponte, e a dar aviso ás aldeias proximas. Esperavam então alguns dias, para que a manada captiva se enfraquecesse com a fome

---

[1] O livro de Megasthenes perdeu-se, mas foi tantas vezes citado e extractado por Arriano, por Strabão, por Æliano e por outros, que é possivel reconstruil-o em parte. Esta recensão dos fragmentos da *Indica* foi feita pelo dr. Schwanbeck; e eu cito pela versão de Mac Crindle, publicada no *Indian Antiquary,* vol. vi, (1877), p. 112 e seguintes.

e a sêde, e entravam depois no recinto, montados nos seus elephantes mansos, os mais fortes e adestrados, com a ajuda dos quaes conseguiam ligar os prisioneiros. Seguia-se o processo de os domar, em que intervinham os cantos e toques de timbales, a que nos referimos na nota anterior.

Do mesmo modo que nos processos mais modernos, o fim era encurralar a manada brava em um recinto fechado. Recorria-se, porém, a um artificio diverso das grandes batidas, talvez porque os elephantes fossem então mais abundantes e menos suspeitosos, e tambem porque a população devia ser muito menos densa.

Posteriormente adoptaram-se os dois methodos, mencionados pelo nosso escriptor. Por .um d'esses methodos, podem capturar-se os elephantes machos isolados, empregando as femeas mansas; mas as cousas não se passam exactamente como conta micer André Milanez, ou antes Garcia da Orta. As femeas, chamadas *kumkis,* não vão sósinhas á floresta, vão montadas pelos seus *mahuts;* e são estes que ligam o elephante macho adulto, ou *gundah,* quando elle está entretido, e entalado entre duas ou melhor tres femeas. Em toda a operação, que é perigosa e exige uma grande coragem e uma grande dextreza, os caçadores são ajudados pelas *kumkis* com muita intelligencia; mas vae longe d'essa intelligencia áquelle processo de seducção consciente e encommendada, que descreve o nosso escriptor. Este, ou antes os seus informadores, juntaram um pouco de phantasia ao modo por que as cousas se deviam realmente passar. Em todo o caso, aquelle methodo de caça foi seguido em varias regiões orientaes. No fim do seculo passado (1790), Corse descreveu-o como regularmente praticado na região de Tipura, situada a leste do Ganges, e, portanto, já nos confins da Indo-China, e não muito longe d'aquellas terras de Pegu, d'onde vinha o lapidario italiano. E um seculo antes (1681), Knox diz que era tambem usado em Ceylão. O nosso João Ribeiro dá igualmente a descripção de um modo de capturar os elephantes na ilha de Ceylão, em que intervinham as femeas chamadas ali *aliás;* mas em que o papel principal era representado por um elephante macho domestico, o famoso *Ortelá.*

O outro methodo, descripto por Orta, consistia em fazer grandes batidas, pelas quaes as manadas eram obrigadas a entrar em recintos, fechados por estacarias fortes, capturando-se assim machos e femeas de todas as idades. É este um methodo muito conhecido, e vem minuciosamente descripto por Corse, para o periodo e região acima citados. O recinto, chamado *keddah*[1] no Bengala, consta de tres grandes espaços circulares, unidos por corredores. Na extremidade ha um cor-

---

[1] *Keddah,* ou k*hedá;* de *khednã,* caçar ou perseguir.

redor ultimo, que vae estreitando a ponto de o elephante se não poder voltar quando ali entra. E os homens, collocados pela parte de
fóra dos troncos e traves fortes, que limitam aquella especie de funil,
conseguem então laçal-o e ligal-o. É evidentemente esta operação
que o nosso escriptor pretendeu descrever, posto que as suas phrases
sejam um tanto confusas, alem de estarem deturpadas pelos erros typographicos. Tanto Tennent, como Corse, descrevem as cordas com
que os elephantes são atados, e que, como bem se pôde imaginar, devem ser fortissimas. O material varia, havendo cordas de cairo, outras de couro de veado entrançado, e devendo havel-as tambem das
«rotas» de que Orta falla, sobretudo nas terras de Burma e de Pegu,
onde são frequentissimas as especies de *Calamus*, chamadas *rotangs*
ou *rattans*.

Notaremos de passagem, que as grandes batidas aos elephantes,
hoje usadas tambem em Ceylão, não se faziam antigamente n'aquella
ilha. Parece, que a introducção ou generalisação ali d'este methodo de
caçar é devido aos portuguezes; e o recinto, chamado na India keddah,
recebe ali o nome de *korahl,* ou *corral,* que é evidentemente a palavra portugueza *curral.*

Em resumo, vemos que as affirmações do nosso escriptor, á parte
pequenas exagerações em uma ou outra circumstancia, são conformes com tudo quanto nos dizem outros escriptores.

É ainda de notar, que Orta não nos falla de caçadas feitas nas regiões
occidentaes da India, e pelo contrario nos diz explicitamente, que não
domavam os elephantes do Malabar. Vê-se, pois, que já no seu tempo
estes não deviam ser muito numerosos. Quando quer descrever as grandes batidas, introduz no *Coloquio* um novo personagem, um italiano,
negociante em pedras preciosas. Este micer André, real ou inventado,
traz-lhe noticias de longe, das terras situadas para alem do Ganges,
nas quaes os elephantes eram e continuaram a ser abundantissimos.
Póde parecer e é talvez exagerado aquelle numero de 4:000 elephantes, cercados por 200:000 pessoas. É certo, porém, que o delta do Ira-
vaddi, e todo o seu valle com as montanhas vizinhas, se podem contar
entre as regiões onde os grandes pachydermes foram mais numerosos;
e que, por outro lado, os reis de Pegu e outros reinos proximos governavam provincias densamente povoadas, e dispunham arbitraria e des-
poticamente do tempo e dos serviços dos seus subditos.

(Cf. os fragmentos de Strabão e de Arriano, no *Ind. Antiquary*, vi,
239; John Corse, *An account of the method of catching wild elephants
at Tipura*, nas *Asiatical researches*, iii, 229; Mason, *Burma*, i, 447;
Knox, *Hist. relation of Ceylon*, i, cap. vi, p. 21, 1681; Tennent, *Ceylon*, ii, 335 a 377; Yule e Burnel, *Glossary*, palavras *elephant, keddah,
corral;* Ribeiro, *Fatalidade historica*, nas *Not. para a hist. das nações
ultramarinas*, v, 49, Lisboa, 1836.)

COLOQUIÒ VIGESIMO SEGUNDO

DO FAUFEL E DOS FIGOS DA INDIA

INTERLOCUTORES

RUANO, ORTA

RUANO

Do que chamam em Portugal *avelam da India* falemos, pois me dixestes no *betre** que he muyto usada ácerca de todos; porque nós pouco usamos della; antes falando a verdade comvosco nunca a vi, porque em lugar della pômos *sandalo vermelho*.

ORTA

He qua mantimento comum pera comer, mesturado com o *betre*; e nas terras onde nam ha *betre* tambem se usa por masticatorio com cravo. Ao que dizeis que lá em seu.lugar deitam *sandalo vermelho,* não me pareçe bem, pois em seu lugar deitam huma mézinha, que muytas vezes se falsifica, e deitam hum páo vermelho por ella lá, porque como o *sandalo vermelho* careçe de cheiro, e nam o ha em Timor donde vem o outro, como vos direi falando nelle, he muyto máo de desçernir entre hum páo e outro; e mais val esta *areca* menos, e não se corrompe. E a rezam porque se nam leva a Portugal de qua, he porque não a pedem os boticairos, que nem elles nem os fisicos sam tam curiosos que a peçam, mas era rezam que lha lançassem em casa, como carne de touro. E pois a vistes já, querovos dizer os nomes nas terras onde nasce: acerqua dos Arabios *faufel,* postoque

---

* Orta suppõe ter inserido o *Coloquio do betre* no seu logar alphabetico; mas deixou de o fazer, e dá-o no fim do livro. Pelos motivos, que veremos ao diante, conservâmos-lhe a mesma situação.

Aviçena* lhe chame corruptamente *filfel,* e asi lhe chamam
em Dofar e Xael, terras da Arabia, scilicet, *faufel,* e ha
nestas terras da Arabia muyto boa, postoque he pouca; e
no Malavar lhe chamam *pac;* e os Naires (que sam os ca-
valeiros) *areca,* he donde os Portuguezes tomarão o nome,
por ser terra primeiro conhecida de nós, e ha y muyta cantidade; e os Guzarates e os Decanins a chamam *çupari;* e
estes tem muyto pouca, somente na fralda do mar, e he
muyto boa essa que ha em Chaul, porque he mercadoria
pera Ormuz; e milhor he a de Mombaim, terra e ylha de que
elrei nosso senhor me. fez merce, aforada emfatiota. E em
todas as terras de Baçaim he tambem muyto boa; e levase
dahi pera o Decam; e a de Cochim tambem, scilicet, huma
preta e pequena que chamam *chacani,* muito dura depois
de sequa; e em Malaca ha *areca* pouca, mas abasta á terra,
chamase *pinam;* e em Çeilam ha mayor cantidade della,
que farta a huma parte do Decam, scilicet, a terra do Co-
tamaluco e a Bisnaga: e de Çeilam a levam a Ormuz e a
Cambaia, e ás ylhas de Maldivas; e em Çeilam lhe chamam
poaʒ..

RUANO

Diz Serapio que as terras da Arabia careçem desta *areca.*

ORTA

Verdade diz por a maior parte, porque a Arabia he grande,
e nam a ha mais que em Xael e em Dofar, portos do mar;
porque esta arvore ama o mar, e longe delle nam se cria;
porque se se criasse, nam a leixariam de plantar; porque os
Mouros e Gentios nenhum dia passam sem a comer; e os
Mouros e Moalis (que sam os que seguem a ley contra Mafamede) guardam dez dias de huma sua festa ou jejum;
quando diz que cercados em huma fortaleza morreram os
filhos do Ali, genro do Mafamede; em dez dias que elles

---

* Avicena, lib. 2, cap. 262 (nota do auctor).

forão cercados, dormem no chão e não comem *betre,* e nestes dias mastigam *cardamomo* e *areca,* tanto em uso tem o mastigar pera purgar o estamago e cerebro.

Já me dixestes com que mesturam o *betre;* porém dizeime agora como entram as mézinhas, se pera ajudar, se pera retificar.

O *betre* he quente, como vos dixe, e a *areca* he fria e temperam*; e a cal he muyto mais quente, postoque elles nam usam pera o *betre* desta nossa cal de pedra, senão de huma feita de cascas de ostras, que não he tam forte. Com esta *areca* se mesturam estas mézinhas que vistes, porque he fria e seca, e muyto mais seca quando não he seca ao sol; e lançamlhe o *cate,* que he huma mézinha de que ao diante vos farei mençam; porque, asi ella como o *cate* sam boas mézinhas pera apertar as gingivas, fortificar os dentes, e confortar o estamago; e pera a emotoica, e pera vomito e camaras. Tambem o arvore donde se colhe he direito e muito esponjoso, e as folhas delle são como as da nossa palmeira; he este fruto semelhante á *noz noscada,* e não he tam grande, e muyto duro per dentro, e tem veas brancas e vermelhas; he do tamanho das nozes pequenas redondas com que os moços jogam; nam he perfeitamente redondo, porque faz o asento de huma banda de modo que se póde ter; mais isto nam acontece em todos os generos de *areca,* porque vos nam enganeis. Çobrese este fruto com huma corteza muito lanuginosa, e amarela por fóra, que pareçe muito ao fruto das *tamaras* quando está maduro, e antes que seja seco; e quando esta *areca* he verde he estupefativa e embebeda, porque os que a comem se sentem bebedos, e comemna por nam sentir a dor grande que tem.

---

* Isto é, «temperada».

RUANO

Como a comém estas gentes indicas, ou como fazem as mesturas?

ORTA

O comum faz a *areca* em pedaços meudos, com humas tesouras grosas que tem pera iso, e asi a mastigam, juntamente com o *cate,* e logo tomam as folhas do *betre,* tirandolhe primeiro os nervos com a unha do dedo polegar, que pera iso tem feita em ponta delgada; e isto lhe fazem por ser mais tenro; e asi mastigam tudo juntamente, e o primeiro que fazem, botam fóra o que primeiro mastigão, se tem muyto *betre,* e tomão outras folhas, e fazem outros masticatorios, e lanção hum cospinho, que pareçe sangue; e asi purgão a cabeça e o estamago e confortão as gengivas e dentes; e sempre andam mastiguando este *betre* até que se enfadam; e as molheres mais que os homens. E os senhores fazem da *areca* humas pirollas pequenas, e com ellas misturam *cate* e *camfora* e *pó de linaloes* e algum *ambre;* e desta feiçam he a *areca* dos senhores. Diz Serapio* que no sabor se sente quentura com algúma amaridão: provei esta, e he como hum páo estetica, sem sabor ou casi. Serapio nam conheceo esta *areca,* e se a conheceo não a provou.

RUANO

O Silvatico diz que a vio, e que a trazia mesturada na *canella* de Calecut, e que veo ay por acerto.

ORTA

Podia ser que os Mouros de Calecut a levasem pera o Estreito; e porém pois hia com a *canella* mesturada, nam era senam de Çeilam; e a de Calecut, como dixe, he muita della preta, a que chamão *checani;* e a de Ceilam he branca, se a viram, bem se podia conhecer.

---

* Serapio, ca. 345 (nota do auctor).

RUANO

Sabeis que aproveita pera alguma cousa, alem das já ditas?

ORTA

Eu mando estillar esta agoa, e em secreto uso della pera curar as camaras colericas, e achome bem (1).

RUANO

Isto pouco me aproveita; pois em Espanha nam a ha verde, pera se estilar; e portanto comamos, que já he tempo.

ORTA

Seja asi, e lavay as mãos.

RUANO

De huma cousa me maravilho, que sempre comemos dos figos á mesa, e sempre me sabem bem; e nam tamsomente a my que venho do mar, mas a vós e a quantos ha nesta mesa; por onde me pareçe muyto boa fruta, pois não emfastia. E será bem que, falando e comendo, saybamos como se chama em todas as lingoas, e quantas maneiras ha delles, e pera que sam noçivos, e o que vos pareçe; porque bem sei que não escreve delles Dioscorides, nem Galeno, nem Paulo, nem os Arabios.

ORTA

Iso nam he asi, falando com vosso perdam, porque Avicena e Serapiam e Rasis escrevem delles, asi escreveram outros que eu nam vi.

RUANO

Muyto me contais; não me dareis nesses Arabios capitulo em que nos figuos falle, dizeimo porque folgarei de ouvir.

ORTA

Eu trabalhei de o saber, e soubeo; e os figos na lingoa canarim e decanim e guzarate e bengala se chama *quelli,* e os Malavares lhe chamam *palam,* e o Malayo *piçam;* porque em todas estas terras os ha, e vos ponho o nome nesas lingoas, e tambem os ha em outras muytas. O Arabio lhe chama *musa* ou *amusa;* fazem delles capitulo Aviçena e Serapiam, e chamamlhe pollo mesmo nome; e Rasis tambem lhe chama pelo mesmo nome; tambem ha estes figuos em Guiné, chamamlhe *bananas.*

RUANO

Que diz cada hum destes escritores dos figos, e que dizem a gente da terra pera que he bom, e a quem faz mal?

ORTA

Diz Aviçena* que o nutrimento deste figuo he pouquo, e que acreçenta collora e freima, e que aproveita pera adustão do peito e do pulmão, e que agrava o estamago; e que he bom tomar, depois que o comem os colericos, *oximel* com sementes, e os freimaticos *mel;* e que acrecenta a semente, e aproveita aos rins e provoca a orina. Rasis diz** que faz dano ao estamago, e tira o apetite e a secura, que faz brando o ventre, e que tira a espridam da garganta. Serapio diz***, alegando a outros, que *musa* he quente e humida no fim do primeiro gráo; e que aproveita pera o ardor do peito e do pulmão; e quem muyto usa della padeçe pesadume no estamago; e que acreçenta a criança na madre; e que aproveita aos rins, e provoca a orina, excita a deleitaçam carnal, e que grava**** no estamago: isto diz da sentença dos outros escritores, por onde está bem craro todos estes homens conheceram os figos. E se isto nam abasta, perguntai a qualquer Arabio, e dirvos ha como se chama

---

* Liv. 2, cap. 492 (nota do auctor).

** Cap. 3, ad Almansorem (nota do auctor).

*** Serapio, cap. 84 (nota do auctor).

**** «Grava», no sentido de *pesa.*

amusa, e outros *musay:* ha os em o Cairo e Damasco e Jerusalem (2).

RUANO

Muyto folgo de vos ouvir isso.

ORTA

Pois aveis mais de saber que hum frade de Sam Francisco, que esteve em Jerusalem, e escreve dos misterios da Terra Santa, gaba muyto esta fruta; e diz que se chamou *musa* porque he fruto dino das Musas ou de ellas o comerem; e diz que nesta fruta pecou Adam (3); que as folhas sam muyto grandes mais que de huma braça, e dous palmos e meo de largo: tem um nervo por o meo groso e verde, e lança por onde ha de deitar o fruto primeiro humas flores emburilhadas roxas, á feicam de hum ovo, e do comprimento de huma mão, e o fruto que deita he hum ramo de figos, que tem cento, e ás vezes duzentos figos.

RUANO

Eu nam sey se he o arvore do paraiso terreal, e tenho nisto o que tem os sagrados doutores. E não posso leixar de confessar ser muito boa fruta; e queria saber se ha alguma cousa pera que aproveitem, alem das cousas que escrevem estes Arabios; e onde sam os milhores, e quantas maneiras se comem.

ORTA

Em Martavam e Pegú dizem que sam muito bons, porque em Bengala onde ha muytos veo esa casta, e prantaramna por ser milhor, e chamamlhe agora *figos martabanis:* e os que mais cheiram e pera mim de milhor gosto, sam *cenorins,* que sam huns figuos lisos e muyto amarelos e compridos: os *chincapalões* sam do Malavar, e bons, e sam huns figos verdes e compridos e de muito bom sabor: os de Çofala já os provei, sam muyto gabados, eu os achei de bom sabor; mas como eu era novo, que vinha de Portugal, tudo me sabia bem; e por iso nam sam bom juiz; chamamlhe os Cafres *ininga,* e tambem os ha na costa do Abexim e no

Cabo Verde. Como já dixe ha no Malavar, e em Baçaim, e em outras partes figos grosos do comprimento de hum palmo; sabem muyto bem asados, e deitados em vinho com canella per cima, e sabem a marmellos asados e muyto milhor.

RUANO

Eu os provei já tres ou quatro vezes, e souberamme muito milhor.

ORTA

Tambem se cortão estes polo meo, e fregem os em açucare até que estejam bem torrados, e com canella por cima sabem muyto bem.

RUANO

Tambem os provei aqui os dias de peixe; e sabiamme muyto bem, e não sabia o que era.

ORTA

Levam os pera Portugal por matalotagem; e comem os com açucare, e pera o mar he bom comer. Os fisicos desta terra dizem que sam muyto bons; e dam os em dieta, pera as febres, e pera outras enfermidades. Bem sei que todas estas cousas que vos dixe sam cousas de pouca sustancia, senam digovolas porque, quando fordes a Espanha, não digam que não sabeis dar conta das cousas desta terra; e não porque isto seja neçessario pera a fisica.

RUANO

Faz Ruelio hum capitulo dos figos da India, allegando a Estrabo e Teofrasto, e põe delles algumas especias; e em outro cabo tambem falla das arvores perigrinas, e vayme parecendo que conheceram estes homens os figuos da India.

ORTA

Eu ly isso do mesmo autor; e se açerta em huma cousa erra em muytas (como quem diz huma no cravo e quatro na ferradura) (4); e porém a derradeira especia que põe, a que mais se posa acomodar esta arvore destes figos, he porque diz que naçe de si mesma: esta he verdadeira, porque esta arvore não se pranta mais de huma vez; e dá hum ramo que tem ás vezes 200 figos, e alguns mais e outros menos; e logo day avante naçe ao pé outra arvore dos mesmos ramos ou do tronco; porque o tronco he hum ajuntamento de cortezas*, e os figuos nasçem no olho da figueira apegados ao páo.

RUANO

O fruto que em Italia chamam *musa* he porventura este figuo?

ORTA

Eu como não fuy a Italia não o sey bem sabido; porém soube aqui de alguns Venezianos, aqui moradores, que essa fruta ha em Veneza; e he como amexas; e póde ser que aja em Espanha essa especia de amexas, porque dizem que he muyto doce.

RUANO

Escreve Mateolo Senense de hum genero de palmeira da India, e a discriçam nam he conforme a esta figueira que chamais, e isto diz no capitulo das palmas: mas quem lha mandou escrita do Egypto não lha mandou bem, e por isso não falo nella.

ORTA

Bem sey que figos ha na Nova Espanha, e em o Perú, e nós os temos no Brasil, e no Cuncam, indo de Chaul a Goa (scilicet em Carapatam)**; e em alguns cabos de Portugal os ha plantados, como na quinta de Dom Francisco de Castelo Branco (5); e, por estas causas, não era bem dizervos cousas tam notas a todos.

---

* A mesma acertada observação já Orta fez em um dos *Coloquios* precedentes, a proposito de uma *Scitaminea*.

** Vindo de Chaul para Goa ao longo da costa encontrava-se effectivamente o pequeno logar de Carapatão, do qual falla Barros, e que era bem conhecido.

RUANO

Estas cousas dos figos eu nam as preguntei em Espanha, e vós dizeisme tantas cousas de siso e boas, que he neçesario perguntarvos tudo; e nesta que vós dizeis nam ser de muyta estima me dixeste o nome dos autores, que nestes figos falam, e me apontastes onde; cousa foi essa que eu estimei em muyto.

Nota (1)

O «faufel» é a *Areca catechu,* Linn., uma elegante palmeira de patria mal definida, mas cultivada com frequencia nas regiões quentes da Asia. A sua semente, de que Orta dá uma descripção bastante exacta, é geralmente conhecida pelo nome de *noʒ de areca,* impropriamente pelo de *noʒ de betel,* e por varios outros. Esta semente forma parte essencial de um masticatorio muitissimo usado no Oriente, e do qual fallaremos detidamente a proposito do *betre* ou *Piper Betle.*

Os nomes vulgares de Orta são exactos e de facil identificação:

— «Faufel acerqua dos Arabios»; este é o nome arabico mais geral, فوفل, *fufal,* ou, na fórma persiana, *pupal* (Dymock, *Mat. med.,* 802; Ainslie, *Mat. ind.,* ii, 268).

— «Çupari» entre guzerates e deckanis; é o nome commum nas linguas indianas de derivação sanskritica, hindi, bengali e outras, *supari* (Dymock, l. c; Ainslie, l. c.).

— «Pac» no Malabar; que vem a ser o nome tamil da semente, dado por Dymock na fórma *pakku,* e por Ainslie na fórma *paak.* O nome da arequeira é ali *paak-maram.*

— «Areca» no mesmo Malabar, mas entre a classe elevada, ou Naires, de quem os portuguezes o tomaram. Este nome, que veiu a tornar-se o mais geral, deve derivar-se da designação da semente em maláyalam, *adakka,* adoptada e alterada pelos nossos, e por elles transmittida a outras linguas. O sr. De Candolle cita um nome telingu, *arek;* mas sem mencionar auctoridade; e que provavelmente é moderno e já influenciado na fórma pelos portuguezes (Cf. Yule e Burnell, *Glossary,* palavra *Areca;* De Candolle, *Orig. des plantes cultivées,* 344).

— «Chacani» no mesmo Malabar, a uma semente mais preta e mais pequena e dura que a de outras terras. Isto não é propriamente um nome da *areca,* nem o de uma variedade; é simplesmente o de um modo particular de preparação: consiste na areca colhida em verde e fervida depois, chamada *areca vermelha,* ou *chikni supari* (Cf. Dymock, l. c.).

—«Poaz» em Ceylão. No *Index* de Piddington vem um nome singhalez similhante, *puwak (Index,* 7).

—«Pinam» em Malaca. Este é o nome vulgar mais conhecido em todas as terras e ilhas orientaes, onde é fallada a lingua malaya; e que Rumphius, Crawfurd e muitos outros citam nas fórmas *pinanga, pinang, penang.*

A *arequeira* é ainda vulgar ao longo da costa da India, do Guzerate a Cochim, incluindo as terras de Baçaim, e aquella boa ilha de «Mombaim» de Orta, da qual teremos de fallar em mais algumas notas. E Ceylão continua a ser uma região productora e exportadora de *areca.* Nos annos de 1870 e 1871 —ultimos de que tive noticia,— exportou aquella ilha, principalmente para a India, *noz de areca* no valor de 63:000 libras esterlinas em cada anno. Das informações de Orta sobre a distribuição geographica da *arequeira,* a mais interessante é sem duvida a que diz respeito á sua cultura nas terras da Arabia, facto menos geralmente conhecido. Xael ou Xaer era então uma povoação de certa importancia, com um porto mau e difficil, mas onde apesar d'isso se fazia um commercio activo, e d'onde se exportavam os melhores cavallos para a India—segundo diz Duarte Barbosa. Estava situada na costa do Hadramaut, entre Aden e o cabo de Fartaque, *Ras Fartak;* e tinha para o interior alguns campos ferteis, onde cultivavam «trigo, tamaras, uvas», e —segundo agora vemos— *arequeiras.* Dofar ficava para leste, na região mais arida de Mahra, para alem do cabo de Fartaque; e era o porto classico da exportação do *incenso,* que tambem saia por Xaer, e por Soer na costa de Oman, que é necessario não confundir com Xaer. Era naturalissimo que os arabes, em relações directas com a costa da India, introduzissem nas suas culturas uma planta, da qual usavam com tanta frequencia quasi como os hindús, tanto os orthodoxos ou *sunnitas,* como os *schiitas,* a que Orta chama *Moalis* (Cf. Duarte Barbosa, *Livro,* 264 e 265; Barros, *Asia,* i, ix, i, e iii, vii, 9).

O principal uso da *areca* é no masticatorio, vulgar em todas as terras do Oriente, e do qual fallaremos em outro *Coloquio;* mas era tambem considerada aphrodisiaca e adstringente, e não admira que Orta a empregasse na sua clinica, e «em secreto» (porquê em segredo?) usasse d'ella «pera curar as camaras colericas». Dos usos da *areca,* e do modo por que se prepara a *chikni supari,* e o extracto chamado *supári che phul,* se pôde encontrar uma noticia interessante no livro de Dymock e mais extensamente no de Drury *(Mat. med.,* 802, *Useful plants of India,* 48).

Nota (2)

Os «figos» do nosso Orta são as hoje vulgarissimas *bananas,* o fructo das numerosas variedades da *Musa sapientum,* R. Br. (incluindo a

M. paradisiaca, Linn., e a *M. sapientum,* Linn., que parece não serem especificamente distinctas). Era uma planta commum na India, e em geral na Asia, tendo naturalmente nomes variados nas diversas regiões:

—«Quelli» na lingua «canarim» e outras. Encontrâmos em um livro portuguez moderno, o nome concani, escripto pelo mesmo modo *quêlli;* e varios escriptores nos dão as fórmas *kely, kela, kala, kayla, kail,* usadas em diversas linguagens indianas de derivação sanskritica. Devem todas ser modificações e simplificações do sanskritico कदली, *kadalī* (Cf. Costa, *Manual do agric. indiano,* II, 209; Rhede, *Hort. mal.* I, cap. 6; Dymock, *Mat. med.,* 777; Ainslie, *Mat. ind.,* I, 316; Drury, *Useful plants,* 300).

—«Palam» entre malabares. É talvez uma parte do nome, que Ainslie escreve *pullum,* ou mais provavelmente a conhecida designaçãô no sul de *bala* ou *vala,* mencionada por Rhede e outros.

—«Piçam» em malayo; é o conhecido nome nas terras do archipelago Indiano, *pissang* (Cf. Rumphius, *Herb. amb.,* V, 125).

—«Musa» e «amusa» entre os arabes. Este foi e é o nome arabico mais commum, موز, *mau͟z,* e الموز, *al-mau͟z,* derivado, segundo parece, do sanskritico *mocha.* Usado na Syria, no Egypto e outras regiões da bacia mediterranica, foi um dos primeiros conhecidos na Europa, sendo mais tarde adoptado para a designação scientifica do genero.

—«Bananas» em Guiné. Orta dá assim succintamente e sem explicações uma origem africana ao nome, que hoje é de todos o mais vulgar. É possivel que tenha rasão; a palavra não é seguramente asiatica, e tambem não parece ser americana. Em primeiro logar, é necessario advertir, que Orta não emprega a designação de Guiné no sentido restricto que hoje lhe damos; mas no sentido antigo mais lato de *terra dos negros* em geral, ao longo da costa occidental da Africa. A *bananeira* não é oriunda d'estas regiões. Os botanicos, que mais se têem occupado da origem das plantas cultivadas, como Roberto Brown e De Candolle, inclinam-se para a procedencia asiatica da *bananeira* de fructos alimenticios, e admittem a sua introducção na Africa. Não se trata, porém, de uma introducção recente e pela costa occidental; mas de uma introducção antiquissima pelo oriente. Edrisi já menciona cinco variedades da planta, cultivadas nas ilhas de Zaledj, em face das costas do Zendj; e é provavel que fossem cultivadas igualmente na propria costa do Zendj, isto é, na costa oriental da Africa. Dada a facilidade da cultura e a abundancia do producto, é facil admittir que a planta se propagasse entre as populações negras da Africa equatorial, onde hoje é abundantissima, e chegasse até ao Congo e regiões occidentaes —a Guiné de Orta. N'este trajecto podia muito bem receber dos negros o nome de *banana,* cuja significação nos é desconhecida, mas que tem bastante o cunho de um vocabulo africano. Alguns annos depois de Orta, Duarte Lopes refere-se ás que viu no Congo, do seguinte modo: *altri frutti sono, che nominano* Banana, *i quali crediamo essere le Muse d'Egitto e di Soria.* A ultima parte da phrase póde ser uma intercalação do erudito italiano Pigafetta, que escreveu a relação verbal do viajante portuguez; mas a primeira, *que chamam Bananas,* é claramente de Duarte Lopes, e parece bem indicar um nome local africano. Annos antes, o *piloto portuguez,* cuja interessante relação Ramusio nos conservou, refere-se á introducção da planta na ilha de S. Thomé nos seguintes termos: *vi hanno cominciato a piantar quella herba che diventa in un'anno così grande che par arbore: e fa quelli raspi a modo di fichi, che in Alessandria di Egitto come ho inteso chiamano Muse, in detta isole le demandono Abellana.* Falla evidentemente de uma introducção directa, recente, e feita pelos portuguezes, de plantas trazidas talvez da India; e vê-se que então (1540) não conheciam em S. Thomé o nome de *banana,* que pelo contrario era vulgar (1578) no interior do Congo. Tudo isto parece favoravel á origem africana da palavra, e corrobora a opinião de Orta (Cf. R. Brown, em Tuckey, *Narr. of an exp. to the Zaire,* 470, London, 1818; De Candolle, *Origine,* 242; Edrisi, I, 59; Pigafetta, *Relatione del Reame di Congo,* 41, Roma, 1591; Ramusio, I, 118).

Qualquer que fosse a patria da especie *Musa sapientum,* é certo que foi cultivada na India e outras regiões orientaes desde tempos extremamente remotos, dando ali logar á formação de um numero consideravel de variedades, mais ou menos apreciadas. Orta enumera algumas, a que se referem tambem outros escriptores do tempo, como Linschoten e varios mais.

Nota (3)

Não seria facil averiguar bem ao certo quem fosse este frade de S. Francisco, e não haveria muito interesse em o fazer, pois entre os numerosissimos franciscanos que visitaram a Terra Santa, muitos repetiram sem duvida as asserções a que Orta se refere.

Esta tradição, que ligava a *bananeira* ao Paraiso terrestre, era corrente entre os christãos orientaes, e tambem entre os mussulmanos. Aquelle incansavel compilador de todas as tradições e de todas as anecdotas arabicas, Maçudi, enumera as trinta fructas que Adão levou comsigo do Paraiso: dez com casca; dez com caroço; dez sem casca nem caroço. Entre as primeiras dez inclue a banana, الموز, *al-mauz.* Os christãos, pela sua parte, viam na *bananeira* aquella arvore, de cujas folhas Adão e Eva se cobriram depois do peccado, quando attentaram em que estavam nús: *cumque cognovissent se esse nudos, consuerunt fo-*

lia ficus, et fecerunt sibi perizomata. Fr. João de Marignolli[1], depois das
suas viagens no Oriente, referindo-se a esta passagem do *Genesis,* diz
que tomaram folhas do *ficus seu musarum.* E, voltando ao mesmo assumpto a proposito de Ceylão, repete: *et de istis foliis ficus (musæ,
quas incolæ ficus vocant) Adam et Eva fecerunt sibi perizomata ad
cooperiendum turpitudinem suam.* As grandes dimensões das folhas das
bananeiras suscitavam naturalmente a idéa de que poderiam servir para
improvisar um vestuario, n'aquella subita revelação do pudor. Na Europa continuava no emtanto a tradição, que seguia á letra o texto da
Vulgata; e, entre outros, o nosso fr. Izidoro de Barreira, no seu curioso
Tractado da significação das plantas, admitte que aquella folha do Paraiso fosse a da *figueira,* e dá-lhe a accepção de penitencia. D'estas
duas tradições parallelas resultou sem duvida a persistencia com que
os christãos do Oriente chamaram *figo* á *banana,* e que de certo se não
póde explicar pela similhança dos dois fructos.

Identificou-se tambem a *banana* com o fructo da arvore, que estava
ao meio do Paraiso, aquelle que Eva julgou, *bonum* ... *ad vescendum,
et pulchrum oculis, aspectuque delectabile.* No interessante *Itinerario
de Terra Sancta* de fr. Pantaleão de Aveiro[2], encontra-se indicado essa
opinião como corrente nas terras orientaes. Fallando de algumas plantas, que viu na ilha de Chypre, diz assim:

«... e muita cantidade de musas, a que naquellas partes, e em todas
as mais orientaes onde as ha, chamão por outro nome Pomum Paradisi ... Dizem e affirmão os orientaes e palestinos ser aquella a arvore
da qual comeo o nosso Padre Adão no Parayzo terreal, sendo-lhe ve-
dada pelo Senhor Deos, movido de sua suavidade e fermosura ... e
creo eu serem as bananas do nosso S. Thomé.»

Julgava-se encontrar a marca da origem divina, na cruz que se via em
uma secção transversal do fructo; e á qual se refere tambem o nosso
fr. Pantaleão. Seculos antes, fr. João de Marignolli dizia o mesmo, com
mais intimativa: *et istud vidimus com oculis nostris, quod ubicumque
inciditur per transversum, in utraque parte incisuræ videtur imago ho-
minis crucifixi.* O padre Vincenzo Maria é menos affirmativo, refugia-se
em um compromisso, e explica, que na fructa da India se via unicamente
a cruz, mas na fructa da Phenicia se podia distinguir a imagem do cru-
cificado; e que, por isso, os christãos quebravam as bananas, sem nunca

---

[1] Este fr. João era minorita; mas não póde ser o franciscano a quem Orta se refere, pois
as suas recordações orientaes estavam então ineditas no manuscripto do *Chronicon Bohe-
morum,* e seguramente não chegaram ao conhecimento do nosso escriptor.

[2] Tambem este não póde ser o franciscano citado, pois elle fez a peregrinação no anno
de 1563, e publicou o livro annos depois.

as cortarem. Assim a folha da *bananeira* identificava-se por um lado com a folha da *figueira*, emquanto a *banana* se identificava por outro com a *maçã*. Fr. Pantaleão diz que lhe chamavam *pomum paradisi;* e em outros livros do tempo, como no de Aldrovando, vem aquelle nome *poma paradisea* applicado ao fructo da maceira.

N'aquellas interpretações criticas, que julgam ver nas palavras do *Genesis* sobre o primeiro peccado, uma allusão á attracção natural e mutua dos dois sexos, a significação phallica é geralmente attribuida á serpente. Agrippa de Colonia —citado por Gubernatis— dil-o muito claro: *Hunc serpentem non aliud arbitramur, quam sensibilem carnalemque affectum, imo quem recte dixerimus, ipsum carnalis concupiscentiæ genitale viri membrum, membrum reptile, membrum serpens ... quod Evam tentavit atque decœpit.* Circumstancia curiosa, houve quem no Oriente deslocasse esta significação, da *serpente* para o proprio fructo do *lignum vitæ*, que julgavam ser a *banana.* O honesto e grave Rumphius diz o seguinte: *quum fructus refert membrum virile, cujus adspectu Eva in effrenam illam cupiditatem instigata fuit.*

Em resumo, vê-se que a opinião do franciscano citado por Orta, quem quer que elle fosse, não era uma opinião individual, e pelo contrario a expressão da crença corrente e vulgar em todas as terras do Oriente.

(Cf. *Genesis,* iii; Maçudi, *Prairies,* i, 61; Yule, *Cathay,* 352 e 360; Fr. Izidoro de Barreira, *Tract. da sign. das plantas,* 237, Lisboa, 1622; Fr. Pantaleão d'Aveiro, *Itin. de Terra Santa,* cap. x, pag. 32 v., Lisboa, 1596; Gubernatis, *Mythologie des plantes,* i, 2 a 28; Rumphius, *Herb. Amb.,* v, 127.)

Nota (4)

Foi sempre uma questão debatida e que excitou um certo interesse, o saber se os antigos escriptores conheceram a *bananeira*. Theophrasto, fallando das arvores da India, tem a seguinte passagem:

«Ha outra arvore, grande, tendo um fructo de incrivel grandeza e suavidade, do qual se alimentam os sabios da India que andam nús. Ha outra, tendo as folhas de fórma oblonga, similhantes ás pennas das aves (στρουθῶν πτεροῖς ὅμοιον), e do tamanho de dous covados. Ha ainda outra, cujo fructo é longo, não recto mas torcido (καμπὴς ... καὶ οὐκ εὐθὺς ἀλλὰ σκολιὸς), e de gosto doce; este, porém, produz desynterias, pelo que Alexandre prohibiu que os seus soldados o comessem.»

É claro, que Theophrasto falla n'esta passagem de tres arvores; mas a primeira duvida é, se as tres são realmente distinctas, ou se elle, mal e imperfeitamente informado, distribuiu os caracteres de uma só pelas tres, misturando-lhe outros que lhe não pertenciam. Dos caracteres, uns quadram á *bananeira* e outros não. O fructo não é de incrivel grandeza, se o considerarmos correctamente como sendo a *banana*; mas é de incrivel grandeza se tomaram como fructo o *caixo de bananas*. As folhas grandes existem na planta, ainda que as da *musa* tenham muito mais de dois covados. E aquelle fructo doce, longo e curvado, parece ser exactamente a *banana*; mas, por outro lado, esta fornece uma alimentação sadia, e não é provavel que Alexandre a prohibisse aos seus soldados, emquanto outras fructas da India estariam n'este caso. Em resumo, parece haver aqui uma certa mescla de plantas; mas temos a impressão de que as phrases de Theophrasto assentam sobre algumas noticias incompletas da *bananeira*, trazidas da India pelos gregos do exercito.

Plinio tem um paragrapho, mil vezes citado e debatido, mas que será necessario citar mais uma vez. Diz assim: *Major alia: pomo et suavitate præcellentior, quo sapientes Indorum vivunt. Folium alas avium imitatur, longitudine trium cubitorum, latitudine duum. Fructum cortice mittit, admirabilem succi dulcedine, ut uno quaternos satiet. Arbori nomen palæ, pomo arienæ. Plurima est in Sydracis, expeditionum Alexandri termino. Est et alia similis huic, dulcior pomo, sed interaneorum valetudini infesta. Edixerat Alexander, ne quis agminis sui id pomo attingeret.* É evidente que Plinio leu Theophrasto, e em parte o traduziu. Junta-lhe, porém, algumas noticias suas, como o nome da arvore, *Pala*, e o nome do fructo, *Ariena;* e reune em uma só as duas primeiras arvores do botanico grego. A *Pala* tem sido geralmente identificada com a *bala* ou *vala* do Malabar, isto é, com a *bananeira*. O grande investigador das antiguidades indianas, Lassen, como o grande geographo Ritter, concordaram n'aquella identificação. É certo, no emtanto, que ella levanta algumas difficuldades. Modernamente Yule advogou uma identificação diversa, e suppoz que a *Palá* fosse a *jaqueira*, fundando-se em alguns dos caracteres citados, como no *fructum cortice mittit*, e no *uno quaternos satiet*. Apesar da engenhosa discussão de Yule, ainda nos resta a opinião de que os dois antigos escriptores tiveram alguma noticia da *bananeira*.

A questão era, porém, complicada, e não admira que o erudito medico francez, Jean de La Ruelle (Ruellio) desse «huma no cravo e quatro na ferradura», como lhe diz maliciosamente o nosso Orta.

(Cf. Theophrasto, *Hist. plantarum,* IV, 4, pag. 64 da edição Wimmer; Plinio, XII, 12; Yule e Burnell, *Glossary,* palavra *Jack.)*

Nota (5)

As *bananeiras* eram frequentes na Nova Hespanha, no Peru e no Brazil, ou em geral nas regiões quentes da America. Não vem para aqui a questão de saber, se eram indigenas ali, ou se haviam sido introduzidas pelos hespanhoes e portuguezes, questão em que a auctoridade de Humboldt está por um lado, e as de R. Brown e de De Candolle por outro; basta notar, que no tempo de Orta se cultivavam já em grande abundancia (Cf. De Candolle, *Orig. des plantes cultivées,* 242). Tambem se cultivavam em Portugal, ou que a sua introducção fosse recente, e posterior ás viagens á India, ou mais antiga, e de plantas trazidas da Syria e Egypto, como succedeu na Italia. Qualquer que fosse o momento em que se introduziram, encontravam-se em varias localidades; mas davam-se mal, e produziam fructos muito imperfeitos, como ainda succede. Clusius viu-as nas hortas e quintaes de Lisboa; mas em geral sem fructo: *Ulysipone, ubi aliquot plantas vidi, minimè tamen fructiferas ... (Exotic.,* 230).

Orta refere-se a um periodo, anterior de trinta annos ou um pouco mais a este de que falla Clusius, pois seguramente falla do que viu, antes de partir para a India no anno de 1534, alludindo especialmente ás plantas cultivadas na quinta de D. Francisco de Castellobranco. Este fidalgo devia ser um D. Francisco de Castellobranco, senhor da casa de Villa Nova de Portimão, e que foi nomeado camareiro mór d'El-Rei D. João III, pelos fins do anno de 1527. Era filho do primeiro conde de Villa Nova, mas, segundo se deprehende do que diz a *Historia genealogica,* não teve o titulo, que depois passou a seu irmão, casado com a sua filha D. Branca de Vilhena. Alem da casa de Villa Nova, tinha tambem o morgado da Povoa; e o meu amigo visconde de Castilho informa-me de que elle edificou a ermida da Piedade na sua quinta da Povoa. Devia, portanto, ser esta a sua vivenda favorita, e é provavel que ali cultivasse as *bananeiras* de que Orta falla (Cf. *Hist. gen.,* XI, 311 e 474).

COLOQUIO VIGESIMO TERCEIRO

DO FOLIO INDO OU FOLHA DA INDIA

INTERLOCUTORES

RUANO, ORTA, SERVA

RUANO

Sam muyto bem alembrado que me dixestes, falando no *betre**, que não era *folio indo;* e foy isto cousa pera my de muyto preço; porque os fisicos, que muito presumem saber dos que destas partes foram, o dizem ser; e o que mais he, os modernos escritores e o Laguna lhe chamão em suas escrituras *tembul*, e dizem que asi lhe chamão os Mauritanos. Qra pois me prometestes dizer que cousa era o *folio indo*, e provar ser cousa diversa, e a ordem o pede, dizeimo.

ORTA

De serem cousas diversas he craro, como vos dixe, pois Aviçena faz dous capitulos, scilicet, o de *folio indo* que he 259, e do *tambul* que he 707**; nisto não ha que falar, porque o de *folio indo* chamase *cadegi indi,* e o de *betre, tambul.* E *betre* já vos dixe como chamavam os Indios, e o *folio indo* lhe chamão os Indios *tamalapatra,* e os Gregos e Latinos corrompidamente lhe chamaram *malabatrum***.* E *cadegi indi* em arabio quer dizer *folha da India;* e Aviçena foy traduto da propria maneira que está no arabio, e *lingoa de vaca,* e *lingoa de passaro,* e *melam da India,* asi está no arabio, scilicet, esses nomes que igualmente significam o mesmo: asi

---

* Veja-se a nota á pag. 325.

** O cap. do *tembul* em Avicenna é 709.

*** Dioscorides, Liv. I, cap. 11; Plinio; Galenus, Simplicium medicamentorum (nota do auctor).

folio indo não se chama *folio* per excelencia, somente porque está asi *folio indo;* e se o quereis ver logo volo amostrarei. Moça traze cá aquellas folhas, que trouxe da botica na algibeira.

SERVA

Eilas aqui.

ORTA

Que vos parece?

RUANO

Pareçeme folhas de laranjeira, senam que sam mais agudas: a cor he verde escura, tem pelo meio hum nervo e dous outros que o acompanham até á ponta, que he signal pera ser bem conhecida quando outra vez a vir.

ORTA

Cheirai: o cheiro he muito suave, e nam he tam forte como o do *espiquenardo,* nem como o dà maçan; cheira tam bem como cravo, nem he tam agudo cheiro como canella.

RUANO

Dizeime a feiçam do arvore, que nam pareçem estas folhas cousa que está sobre a agoa, como as que chamam lentilhas de agoa, como decraram todos a Dioscorides; porque Dioscorides diz á maneira de lentilha.

ORTA

A Dioscorides e a Plinio foi dada falsa enformaçam, porque estas folhas naçem em huma arvore grande, longe donde ha alagoas, e nam dentro das alagoas; o arvore que dá este *folio* indo* em outros cabos o ha tambem; e asi o ha em Cambaia, e os buticairos (a que chamam *gandis)* que vendem mézinhas, como lhe perguntardes per *tamalapatra,* logo vos entenderam; porque he lingoa da terra e o chamam asi.

---

* Orta escreve umas vezes «folio indo», e outras «folium indu»; reduzimos tudo á mesma fórma.

RUANO

Logo enganados viviamos nesta mézinha, como em outras muytas até agora; na terra do Preste Joam diz hum frade de San Francisco, que fez *Modus faciendi,* que o ha; e que ás suas mãos veo ter este *folio indo,* e que vinha intitulado *folhas do arvore da canella:* e que nam lhe parecia folhas naçidas em agoa, senam em arvore, que em seu defeito* (pois o não ha) he bem que ponham o *espique* ou *maça.*

ORTA

Bem podiam ser folhas de *canella* aquellas, e não he muito deferente *folio indo* della; senam que a de *canella* he mais estreita e menos aguda, e nam tem aquelles nervos que tem o *folio indo;* mas nem *canella* nem *folio indo* ha nas terras do Preste Joam; nem tal ouvi dizer, perguntando a quantos lá andaram; e quanto he ao que poram em seu logar, dirvoloey ao cabo.

RUANO

Dioscorides diz que alguns, pollo cheiro, dixeram ser folha do arvore do *espiquenardo,* por a semelhança do cheiro; e que como o colhem, o passam com um fio; enfiadas as folhas as tem e as guardam pera as vender; e que as lagôas sequas, onde se isto dá, sam queimadas, porque senam sam queimadas não naçe mais isto nellas; e que o milhor he mais novo e˙inteiro; e que de branco vaise sendo ·preto; e que com o cheiro fira a cabeça, que muyto tempo permaneça neste cheiro; e que imite ao *nardo,* e nam tenha gosto de sal.

ORTA

O cheiro. bem vedes que nam he tam forte como o do *nardo,* que he mais suave; e o *nardo* nam he arvore; e a maneira de colher não he asi, senão colhem as folhas, e dellas fazem fardos, e os levam a vender. E pois nam nasçem nas alagoas, não he rezam que se queimem pera nasçer outro;

---

* «Defeito» por falta, como o francez *défaut.*

e todas as terras que se am de semear queimam-se; mas não todas as outras, e as que não se queimão nam leixa por isso de naçer erva nellas. A cor he verde craro; e as cousas que se guardam não ficam tam craras, chegamse mais a preto que a verde escuro; e nam tem cheiro de *salva* algum delles, e he verdade que o inteiro he milhor, porque tem a virtude mais conservada, nem o cheiro fere a cabeça tanto como os outros cheiros; e postoque Autuario diga que os Mouros lhe chamam *tembul,* tambem se enganou como outros.

RUANO

Plinio diz* que o ha em Siria em folhas retortas, donde sae o olio pera o unguento; e que em Egipto ha mais abundancia delle; e que o mais louvado vem da India; e que se gera sobre agoa; e que cheira mais que o *açafram;* e que o mais sabe a *salva* e cheira, e o somenos na bondade he mais craro e milhor, que he semelhante ao *nardo;* e que deitado em vinho excede todos os cheiros; e que o preço delle foy cousa milagrosa, scilicet, até trezentas livras e do olio até 60 livras**. Isto diz Plinio, ao qual responda e satisfaça.

ORTA

Avêlo em Siria e em Egipto nam o sey; mas tive amizade com fisicos do Cairo e de Damasco, scilicet, de Alepo, e todos me dixeram que o não havia na Siria, nem em Egipto; nem cheira tanto como *açafram,* nem como o *nardo,* nem he cousa do *nardo,* porque o *nardo* vem de duzentas legoas donde he este seco, posto que lá o póde aver; e mais *nardo* he cousa que se semea, e este he arvore agreste e grande. E das outras cousas da eleiçam delle já respondi confutando a Dioscorides; e que o cheiro no vinho fervido no *folio indo* preceda todos os cheiros, seria iso em seu tempo; porque

---

* Plinio, lib. 12, cap. 26 (nota do auctor).

** Na edição de Goa está 600, mas deve ler-se 60; veja-se a nota (1).

não avia entonçes *beijoim de boninas,* nem *ambar,* nem *almis-cre,* nem *calambuco,* como agora ha; porque as cousas da policia vam em crecimento, e póde ser que as de vertude não tanto; por onde nunca mais creais que se perderam cousas de cheiro; e asi como *cinamomo,* em que aprofiaveis os dias passados, porque o mundo he mais descoberto, e a gente tem a condiçam que dise.

RUANO

Galeno, nem Rasis, não dizem cousa de novo, somente ter a vertude do *espique.* Aviçena* diz que he chegado a esta mesma virtude, e que as folhas sam as de *saisifrão,* e que nasce em agoa e terra çenosa, sem ter raiz, á maneira de lentilha de agoa, onde alguns cuidaram que era asi como folha de *golfam;* e que o seu olio tem a vertude do *laser-picium,* e do *olio de açafram,* e que he mais forte.

ORTA

Todo mais diso he provado ser falso em Dioscorides e Plinio, por onde não he necessario mais responder; porque Aviçena e Serapio e Rasis não souberam mais nesta mézinha alem dos Gregos, somente saberem que *malabatrum* ácerca dos Gregos era *folio indo,* e trasladaram o que dixeram os Gregos, somente acresentando algumas cousas em dizer o pera que aproveitava; e todos dizem que aproveita pera provocar a orina, e pera o cheiro máo da boca, e que conserva os panos, e defendeos da traça; e per derradeiro dizem que aproveita pera todas as cousas, como o *espiquenardo.*

RUANO

Estes escritores modernos huns confessam que o não conhecem, nem o viram, e estes, a meu juizo, falam milhor; outros dizem que viram em seu lugar deitar folhas do arvore do *cravo,* outros da *canella;* porque o autor que fez

---

* Avicenna, 661, Serapio (nota do auctor). Tudo quanto Orta repete vem no capitulo 259, correctamente citado na pagina anterior.

Luminare majus diz que hum mercador lhe vendera folhas de *cravo,* e dixe que aquillo era *folio indo,* o outro franciscano que açima dixe, diz que lhe derão por elle folhas de *canella.* Antonio Musa diz que o vio em Veneza, e que lhe amostraram o *folio indo* da Siria, e o *folio indo* da India, e porém que elle os nam conheceo: decrarayme isto, e que poremos em seu lugar lá em Espanha, faleçendonos o *folio indo,* como nos faleçe.

ORTA

O que dixe que vira folhas de *cravo* me pareçe que nam dixe bem, porque donde naçe o *cravo* até onde naçe o *folio indo* he viagem de dous annos de caminho; e o que dixe das folhas de *canella,* pudia ser que yriam lá mesturadas com a *canella:* e quanto he ao que poram em seu lugar, eu queria que levassem de qua tanto *folio indo* que bastase* toda a Europa. E façilmente se podia levar de qua; mas já que o nam levam, usem folhas de *canella* em seu lugar; e nam as achando da *canella* sequa ou do *espiquenardo, maça* não ponham em seu lugar, porque nam he tam semelhante a elle como as outras mézinhas. Aviçena manda pôr em seu lugar tambem *thalisafar,* segundo emenda André Belunensis; mas eu nam conheço esta mézinha, nem me pareçe semelhante ao *folio indo;* e deste parecer he Mateolo Senense, contra hum moderno escritor.

---

* Deve ler-se, «que bastase a toda»; ou antes talvez que «abastase toda».

Nota (1)

A droga, chamada por Orta «folio indo», ou «folha da India», é ainda conhecida e usada n'aquella região, e consiste nas folhas seccas de uma ou mais especies do genero *Cinnamomum.* Estas folhas, oblongo-lanceoladas, percorridas da base ao apice por tres nervuras bem apparentes, foram tão exactamente descriptas pelo nosso auctor, que nenhuma duvida póde restar sobre a sua identificação, independentemente mesmo dos nomes vulgares, a que logo nos referiremos.

Diz-nos Dymock, que aquellas folhas se encontram ainda hoje nas lojas de todos os droguistas da India; são consideradas um medicamento estimulante, carminativo, diuretico, diaphoretico, etc.; e são vulgarmente designadas pelo nome de *tajpát* ou *tejpát*. Julga-se em geral que o *tejpát* procede da especie *Cinnamomum Tamala*, Nees ab · Es., ainda que parte se atribue tambem ao *C. nitidum*, Hooker e Blume, e a outras especies. Todas estas plantas são arvores de dimensões regulares, como bem advertiu Orta; e não vivem em lagoas ou logares pantanosos, mas pelo contrario nas florestas das regiões montanhosas. O *C. Tamala,* por exemplo, é particularmente abundante nas serras de Khasya, e nas regiões vizinhas de Silhet e Nepaul (Cf. Dymock, *Mat. med.,* 670; Guibourt, *Hist. des drogues,* ii, 413; *Pharmacographia,* 480; *Pharmac. of India,* 196).

Orta cita apenas dois nomes vulgares, ambos bem conhecidos como tendo sido applicados á mesma droga, e que, portanto, confirmam a identificação resultante das suas notas descriptivas:

—«Tamalapatra» entre os indios. Este nome significa *folha de tamala,* pois *páttra* quer dizer folha em sanskrito. O nome de *tamala* foi dado antigamente na India a uma ou a mais especies de *Cinnamomum;* e em uma lista de nomes vulgares, publicada pelo celebre indianista sir William Jones nos fins do seculo passado, encontrâmos ainda *Tama'la* como o nome do *Laurus* (hoje *Cinnamomum).* Depois, ao que parece, aquella designação caíu em desuso, e foi substituida pela de *tejpát,* simplificação de *tej-pattra,* que se diz significar *folha pungente* (Cf. *Asiatical researches,* vol. iv (1799), p. 235; Dymock, l. c.).

—«Cadegi indi» em arabio. Deve ler-se *çadegi indi,* e é o conhecido nome arabico سلاحج, *sadadj,* seguido do qualificativo هندي, *hindi.*

O *folio indo* de Orta é, portanto, e sem a menor duvida, o *sadadj hindi* dos arabes, e o *tamala pattra* dos antigos indianos; e esta droga era, segundo todas as probabilidades, o μαλαβάθρον de Dioscorides, e o *malobathron* de Plinio. Em primeiro logar, o nome grego é uma derivação simples e facil de *tamala pattra;* e em segundo, vê-se que Dioscorides tem um conhecimento bastante exacto da droga. Cita as suas propriedades medicinaes, analogas ás que os orientaes lhe attribuem; e aponta o emprego das folhas para preservar a roupa da traça, um habito ainda conservado na India. O erudito e zeloso commentador de Dioscorides, Sprengel, admitte esta identificação; e reconhece quanto as investigações do nosso Orta esclareceram aquelle ponto duvidoso: *obscuro huic loco lucem primus attulit Garcias, dum Cassiæ esse folium perhiberet.*

É claro ao mesmo tempo, que Dioscorides tinha as mais incompletas e erradas noticias sobre a planta de que a droga procedia. Suppõe ser uma planta aquatica; diz-nos que as suas folhas se encontravam fluctuando sobre as aguas; e dá-nos outras informações igualmente desviadas da verdade. Orta, com a sua experiencia pessoal, não tem difficuldade em rectificar estes enganos, que eram naturalissimos. Dioscorides podia ver as *folhas* no mercado de Alexandria; mas seguramente não encontrava quem lhe descrevesse as arvores, que habitavam nas remotas regiões da India central, então pouco menos de desconhecidas.

A noticia de Plinio é ainda mais incorrecta que a de Dioscorides. Dá-nos aquella curiosa e interessante informação sobre os preços da droga, textualmente citada pelo nosso escriptor: *in pretio quidem prodigio simile est a X. singulis ad X.* ccc *pervenire libras: oleum autem ipsum in libras, X.* lx. Mas depois repete o que o auctor grego diz erradamente sobre o *habitat* aquatico da planta; e quando nos falla do oleo que se extrahia da folha, e do seu subtilissimo perfume —a *tamala pattra* é quasi inodora— leva-nos a crer, que confundia sob um nome mal applicado drogas diversas, e que hoje é difficil saber quaes fossem. É igualmente inexacto sobre a procedencia do *malobathron,* citando a Syria, o Egypto, e apenas vagamente a India.

No emtanto, um contemporaneo de Dioscorides e de Plinio, mas tendo mais immediato conhecimento do Oriente do que elles, o auctor do *Periplo,* dá, sob uma fórma fabulosa e singular, uma indicação muito chegada á verdade, pelo que diz respeito ás regiões d'onde vinha o *malabathrum.* Diz que uns certos povos de diminuta estatura, os *Sesadæ,* habitando nas fronteiras de uma grande região, que parece ser a China, usavam celebrar uma festa nos confins das suas terras. Traziam comsigo cargas de folhas e ramos, que depois, quando se retiravam, ficavam espalhadas pelo chão. Vinham então os outros povos da vizinhança, recolhiam aquelles ramos, e grupavam as folhas pelas suas grandezas em tres sortes: *hadrosphærum, mesosphærum* e *microsphærum malabathrum.* Estas eram as tres qualidades de *malabathrum,* que aquelles povos traziam a vender á India. Se despirmos a historia das suas circumstancias fabulosas, fica-nos a indicação de que a droga vinha das regiões intermedias entre a India e a China; e é justamente por ahi, Nepaul, e vertentes proximas do Himalaya, que varias especies de *Cinnamomum,* por exemplo o *C. Tamala,* se encontram ainda hoje. É bem possivel que algumas tribus da montanha, das que constituem a complicada ethnographia da grande cordilheira asiatica, se occupassem especialmente na colheita das folhas de *tamala,* e vendessem a droga aos mercadores indianos, os quaes a traziam aos portos do Malabar, frequentados pelos antigos navegadores do mar Vermelho. A noticia do *Periplo,* embora envolvida em circumstancias de phantasia, é pois claramente favoravel á identificação do *malabathrum* dos antigos com a *tamala pattra* da India.

(Cf. Dioscorides, i, ii, vol. i, p. 21 e vol. ii, p. 348, ed. Sprengel; Plinio, xii, 59, e xxiii, 48; Muller, *Geogr. Gr. Minores,* i, 303.)

Alem de corrigir os erros de Dioscorides e de Plinio, em grande parte ainda seguidos por Avicenna e outros arabes, Garcia da Orta teve de deslindar uma confusão de origem mais moderna.

Em seguida ás viagens portuguezas, ou talvez mesmo antes, houve quem julgasse que o *tembul* era identico á *tamalapatra*. Este erro era naturalissimo. Os·viajantes sabiam que havia na India uma droga ou substancia, tida em grande conta, e chamada por excellencia a *folha*, ou a *folha da India*. Quando ao chegarem ali, encontraram uma folha em uso constante, offerecida ceremoniosamente aos hospedes, e occupando um logar saliente nos habitos typicos da região, elles tomaram essa folha, que era o *betle, tembul,* ou *pan* (a folha do *Piper Betle),* como sendo a celebre *folha da India*. Todos se enganaram, mesmo os mais minuciosos e os mais exactos; Duarte Barbosa tambem suppõe que o *betele* é a *folha da India*. A confusão persistiu muito tempo. Ramusio, no fim do *Sommario de regni cittá,* dá a figura da *foglia detta Betelle;* mas é curioso que a sua figura se não parece nem de longe com a folha do *Piper,* e é pelo contrario uma representação bastante exacta da folha do *Cinnamomum*. Das relações dos viajantes, a confusão passou para as obras de materia medica, a de Laguna e outras. Quando Garcia da Orta foi para a India e viu o *tembul,* caíu no mesmo erro. Depois —como conta em outro *Coloquio*— o seu amigo Nizam Scháh explicou-lhe que eram cousas muito differentes, e elle fez então a distincção correcta entre as duas folhas, que são absolutamente diversas. Conheceu depois perfeitamente o *betre* ou *tembul,* a cujo uso nunca se pôde habituar; e conheceu tambem a *tamalapatra,* que encontrava em todas as boticas indianas, d'onde —como nos diz— trazia alguns exemplares na algibeira. É singular, que este *Coloquio,* em que a distincção foi feita tão explicita e claramente, escapasse ás investigações do eruditissimo dr. Vincent, o qual ainda no nosso seculo tomava o *tamalapatra* e o *tembul* como sendo a mesma cousa.

(Cf. Ramusio, *Delle navig.,* i, 337 v.; Yule, *Cathay,* cxlv; Yule e Burnell, *Glossary,* palavra *Malabathrum.)*

O *tejpát* continua a ser usado na materia medica indiana; mas deixou ha muito de figurar na europêa. No tempo de Orta, porém, vinha em quantidades consideraveis para o Occidente, posto que elle diz que podia vir muito mais. Vinha principalmente a Veneza, onde Antonio Musa o viu, e onde o viu tambem o dr. Paludano: *plurimum transfertur, præcipue Venetias*. No fim do seculo xvii ainda Pomet dizia, *j'avoue en avoir bien vu et bien vendu* ... por onde se vê, que continuava a ser uma droga procurada (Cf. Linschoten, *Navig.,* 84; Pomet, *Hist. des drogues,* i, 160, 2^{éme} édition).

Nas substancias que se podiam empregar como *succedaneos* do «folio indo» é Orta correcto, arredando completamente a folha do *cravo* e a *maça,* que effectivamente são cousas absolutamente diversas; e admittindo que se podesse usar da *folha da canela,* que na realidade é muito analoga. Por ultimo declara não conhecer o «thalisafar», que —segundo Avicenna— se podia substituir ao «folio indo». Este «thalisafar» ou *talisfar* é de difficil identificação; mas d'elle teremos ainda de fallar em mais de uma nota.

Nota (2)

Orta cita n'este *Coloquio* um frade franciscano «que fez *Modus faciendi*», e um escriptor «que fez *Luminare majus*». Estes livros, mencionados assim brevemente e sem nome de auctor, são difficeis de encontrar; e devo dizer que, apesar das minhas pesquizas, em que fui auxiliado por pessoas muito competentes, me é impossivel dar qualquer indicação sobre o *Luminare majus.*

O *Modus faciendi* julgo ser o *Modum faciendi in medicina,* escripto por fr. Bernardino de Laredo, leigo minorita da provincia dos Anjos, e que, antes de entrar em religião, havia sido medico. Ha, porém, uma difficuldade. Tanto fr. Lucas Wadding, nos *Scriptores ordinis minorum,* p. 56, como Nicolau Antonio na *Bibliotheca Hispana,* p. 170, citam apenas uma edição de Alcalá de Henares do anno de 1617 (Compluti, 1617). É claro que o nosso Orta não viu nem podia ver.tal edição. Fr. Bernardino de Laredo viveu, no emtanto, muito antes de Orta, e deve ter escripto nos primeiros annos do seculo xvi. Nicolau Antonio, que o dá como hespanhol e natural de Sevilha, cita na sua *Bibliotheca Hispana nova* o manuscripto da *Bibliotheca lusitana* de Jorge Cardoso[1], o qual suppunha que fr. Bernardino fosse portuguez, e affirma que fôra medico de D. João II de Portugal: *medicinæ doctor et Joannis II Portugalliæ regis medicus, uti legimus in schedis mss. Georgii Cardosi, qui ipse lusitanum existimabat, inde forsan quod in Lusitaniam vixisset.* Sendo isto assim, é bem possivel que Orta conhecesse a obra; ou que existisse uma edição anterior á de 1617, e que os bibliographos não conheceram; ou que elle visse em Portugal alguma copia manuscripta.

É claro que todas as duvidas se desvaneceriam, consultando a obra e procurando lá a affirmação citada por Orta; mas não me foi possivel encontrar nas bibliothecas de Lisboa o *Modum faciendi.*

---

[1] Estas notas manuscriptas perderam-se, mas foram vistas e consultadas por varios eruditos do seculo passado. No meu exemplar da primeira edição de Nicolau Antonio, annotado, creio eu, por meu bisavô, Antonio de Mello, ou pelo seu amigo o bispo Cenaculo, vem uma nota manuscripta marginal, onde não só se aponta o que disse Jorge Cardoso de fr. Bernardino de Laredo, mas se marca o sitio e a pagina do mss. (tom. 1.º, fol. 44), indicação que se não encontra na passagem citada da 2.ª edição de Nicolau Antonio. É claro, pois, que o annotador, quem quer que fosse, havia visto o manuscripto.

COLOQUIO VIGESIMO QUARTO
DE DUAS MANEIRAS DE GALANGA

INTERLOCUTORES

RUANO, ORTA

RUANO

Galanga he huma mézinha muyto necessaria; e postoque eu pera my tenho que os Gregos a não conheceram, ao menos debaixo d'este nome, he muyto necessaria em todas as boticas: falemos nella hum pouco.

ORTA

O nome he em arabio *calvegiam,* e ainda que acheis por todollos Mauritanos escrito *chamligiam* ou *galungem,* como Serapio* lido corrutamente escreve, nam lhe deis fé; porque todos os Arabios lhe chamão asi. E esta que chamamos *galanga* he de duas maneiras, scilicet, huma pequena, muyto cheirosa, trazida da China a estas terras, e daqui pera Portugal e pera outros cabos do ponente: a esta chamão na China *lavandou.* E ha outra mais grande, achada na Jaoa, chamada ácerca delles *lancuaⱬ;* esta he grande, e não tam cheirosa nem tam aromatica como a primeira; e porém ambas chamamos nós outros os de qua da India *lancuaⱬ.* A primeira pequena he huma frutiçe ou mata de dous palmos em comprimento; tem folhas como murta; dizem os Chins que naçe sem ser prantada; e a maior que naçe na Jaoa he da altura de çinquo palmos; faz as raizes grandes, e tem nós como cana, e tambem a outra da China tem asi; e esta da Java tem folhas à feiçam de huma grande lança, e floreçe com flor branca; deita sementes, mas nam

---

* Serapio, cap. 332 (nota do auctor).

23

se semea com ellas, ainda que nesta terra he semeada nas ortas em pouca cantidade, scilicet, aquillo que se gasta na terra em saladas e em mézinhas da gente indiana, principalmente da que vem da Jaoa, que sam as parteiras (a que chamão *daias*) e tem cá officio de fisicos*. Semease das raizes della mesma, como o *gengivre,* e nam doutra maneira**; ainda que acheis escrito o contrairo não o creais; porque nem Avicena, nem Serapiam, nem outros Arabios tiveram della noticia somente confusa; e porque era de duas maneiras, postoque a primeira da China he mais louvada, nam falaram nisto como homens que sabiam disto bem, senam (como se soe dizer) ás apalpadellas; e já pode ser que esta seja a causa porque Avicena escreve della dous capitulos, scilicet, hum 321 debaixo do nome de *calungiam;* e outro 196 debaixo do nome de *caserhendar;* e qual destas seja a da China, de que mais usamos, ou qual seja a de Java de que menos usamos, não o sey, porque elles nam escrevem senam duvidando; e porque falam desta maneira, asaz será pera vós conhecerdes ambas de vista, asi sequas como verdes; porque eu volàs amostrarey oje.

RUANO

O Belunense, no seu Dicionairo, diz que Aviçena escreve de ambas, e que nam he mais de huma; e a causa he porque nas cousas duvidosas faz 2 capitulos; porque o que se deixou de escrever em hum, se escreva em outro.

ORTA

Antes faz isso onde acha duvida; e a mi me pareçe que vyo estas duas maneiras de *galanga,* e por isso fez 2 capi-

---

* Esta noticia, de que as parteiras javanezas vinham para a India exercer o seu officio, é interessante, e só a encontrei no nosso escriptor.

** Propagava-se pelos rhizomas, e isto explica a phrase de Orta: *semeava-se* mas não com as *sementes.*

tulos; e pois somos certos da mézinha, não façamos tanto caso dos nomes.

Pois Dioscorides não fala neste simple, nem os Gregos, posto que o alega o Pandetario, e os Arabios escrevem pouco e duvidoso, como dizeis, será rezam que siguamos os modernos, no que bem falarem. Antonio Musa curioso e bem entendido, diz que a Lioniçeno lhe pareçeo que esta, que nas boticas chamamos *galanga,* he *acoro,* porque o que usamos por *acoro,* que he huma raiz de *espadana,* não o pareçe ser, por ser raiz sem cheiro, nem sabor quente e agudo (condições que sam neçesarias pera o *acoro* que nós falsamente chamamos *espadana):* e diz que o mesmo lhe pareçe a elle, considerando a *galanga* com seu cheiro e sabor.

Já vos dixe, falando no *calamo aromatico,* que o *acoro* não era *calamo aromatico,* e asi vereis as razões em que me fundei; e mais o *acoro* he amargoso em sabor, e o *calamo aromatico* he agudo em sabor; e mais o *acoro* he raiz de cor branca, e o *calamo aromatico* he mais amarello. Agora vos diguo que a *galanga* he muito menos pera se dizer della que he o *acoro;* porque a *galanga* he mais quente e com mais suave cheiro; e as cousas pera que aproveita a *galanga,* tiradas dos Arabios que escrevem dellas, nam sam aquellas pera que aproveita o *acoro;* porque as da *galanga* sam pera o estamago, e pera o mau cheiro da boca, as do *acoro* sam pera o cerebro e pera os nervos; e lembrame que, curando o Nizamoxa de hum tremor, nunqua os fisicos fizeram menção da *galanga;* nem Antonio Musa teve isso, senam porque nam conheceo o naçimento da *galanga.*

Pois os Frades italianos, que escreveram, dizem que mais verdadeiramente a *galanga* que usamos he raiz de *esquinanto.*

ORTA

Isto quanto seja alheo de razam o podeis bem ver; porque o *esquinanto* naçe em grande soma na Arabia, scilicet, em Mascate e Calaiate*, e a China e Jaoa** são muito longe destas partes; e mais o *esquinanto* tem raiz muito mais pe- quena.

RUANO

Menardo, e os Frades que escreveram sobre Mesue, dizem que o *calamo aromatico* he *acoro;* e o que chamamos *acoro* não o he: por amor de mim que me digais se achandovos em Espanha se usarieis do *acoro* que chamamos, pois o ha lá; e se o não avieis de usar, que porieis em seu lugar?

ORTA

Se me eu acháse em Galacia que ha verdadeiro *acoro,* e se o prováse e lhe acháse as condições que delle escrevem os autores, usálohia; mas se o eu visse tal como o que chamamos em Portugal *espadana,* não usaria delle, e poria em seu lugar *calamo aromatico,* e não já *galanga;* isto sem duvida nenhuma; porque mais me inclino ao *calamo* servir por *acoro,* que a *galânga;* e tenho mais rezam, como já vos dixe; e mais nesta terra usam delle pera as enfermidades dos nervos, e não de *galanga* (1).

RUANO

Tomarei vosso conselho, levandome Deos a Espanha.

---

* «Caliate» na ed. de Goa.

** A orthographia de Orta em todo este *Coloquio* é Jaua, que poderia ler-se Java; mas em outras passagens escreve Jaoa, e esta era a pronuncia habitual por aquelles tempos.

Nota (1)

Este *Coloquio* é scientificamente interessante, porque Garcia da Orta estabelece n'elle pela primeira vez a distincção entre as duas especies de *galanga* que se encontravam no commercio. E um dos mais zelosos e eruditos pharmacologistas modernos, Daniel Hanbury, reconhece esse interesse nas seguintes palavras: *Garcia d'Orta ... is, I think, the first writer to point out* (1563) *that there are two sorts of galangal — the one, as he says, of smaller size and more potent virtues brought from China, the other a thicker and less aromatic rhizome produced in Java. This distinction is perfectly correct (Science papers, 373).*

A primeira, ou a da China *(Radix Galangæ minoris)*, é o rhizoma da *Alpinia officinarum*, Hance. Posto que a droga fosse conhecida de tempos antigos, a planta só foi botanicamente descripta no anno de 1870, em uma communicação feita á Sociedade Linneana de Londres pelo dr. Hance, que havia examinado specimens colhidos no norte de Hai-nan. Inutil será dizer, que Orta andava mal informado, quando attribuia áquella *Scitaminea* «folhas como murta». Pelo contrario, quando falla do rhizoma, que viu, é correcto dizendo, que tem «nós como cana», e é mais pequeno e aromatico do que o da especie seguinte.

A *galanga maior*, ou de Java *(Radix Galangæ majoris)*, é produzida pela especie *Alpinia Galanga*, Wild. *(Maranta Galanga*, Linn.). São exactas as indicações de Orta, sobre as suas «folhas á feiçam de uma grande lança», e sobre as flores de côr branca. E são exactas, porque elle n'este caso não curava por informações, mas havia visto a planta, semeada — como diz — nas hortas de Goa.

A *galanga menor* ainda figura no commercio da Europa, posto que o seu uso medicinal esteja quasi abandonado, sendo apenas empregada como um condimento stimulante, principalmente na Russia. Na India, encontram-se nos mercados as duas especies, vindo esta *menor* da China, e a *maior* de Java ou do sul e leste da mesma India, onde hoje se cultiva.

(Cf. *J. of the Linn. Soc.*, xiii (1873), 6; *Pharmac.*, 580; D. Hanbury, *Science papers*, 370; Dymock, *Mat. med.*, 774; uma boa descripção da *A. Galanga*, em Roxburgh, *Fl. Ind.*, i, 59; e Rumphius, *Herb. Amb.*, v, 143.)

Vejamos agora os nomes vulgares, indicados por Orta:

—«Calvegiam» entre os arabes. O nome arabico d'esta droga é

خولَنجَـان, que se deve ler *khulandjan*, mas nas transcripções medievaes incorrectas podia dar logar a todas as fórmas mencionadas pelo nosso escriptor. Dymock aponta um nome sanskrito *kulinjana*, suppondo-o corrompido do arabico; mas Flückiger cita o nome chin *kau-liang kiang*, d'onde pôde derivar tanto o sanskritico, como o arabico. É claro, que de todos estes nomes, passando pelo *galungen* da versão de Serapio, deve vir a palavra *galanga* (Cf. Dymock, l. c; Ainslie, *Mat. ind.*, i, 140; *Exotic.*, 251, *Pharmac.*, 580).

—«Lauandou» na China, naturalmente á fórma menor que d'ali vinha. No livro de Ainslie, encontrâmos o mesmo nome *louandon,* mas sem indicação da auctoridade em que se funda (Cf. Ainslie, l. c.).

—«Lancuaz» em Java. Esta designação é bem conhecida, e vem citada por Ainslie e Rumphius nas fórmas *lancquas* e *lanquas.* Os malayos chamam tambem *lanquas* á *galanga menor* da China, distinguindo-a pela designação de *lanquas-kitsjil* (Ainslie, l. c; Rumphius, l. c.).

Avicenna fallou d'esta droga, o que era natural, pois foi bem conhecida dos arabes, e vem já mencionada por Ibn Khurdádbah no IX seculo; assim como vem repetidas vezes citada pelos ultimos auctores gregos, como Nicolau Myrepso e Auctuario. É certo, porém, que os seus dois capitulos, 196 e 321, são muito curtos, muito confusos, e de modo nenhum indicam que elle distinguisse nem clara, nem mesmo approximadamente as duás especies de *galanga.*

Na ultima parte do *Coloquio,* Orta volta ainda ás confusões feitas pelos auctores antigos e seus contemporaneos entre *acoro, calamo aromatico* e *galanga,* discussão a que já nos referimos a proposito do *calamo,* e que não tem interesse especial.

COLOQUIO VIGESIMO QUINTO

DO CRAVO

INTERLOCUTORES

RUANO, ORTA

RUANO

Do *gariofilo* falemos; pois he pera essas partes donde vem a *galanga*.

ORTA

Esqueçeovos de falarmos nelle na letra c; porque o bom latim he *cariofilo*, e o máo latim he *gariofilo*, segundo podeis ver em estes modernos que escrevem.

RUANO

Não tenho que ver com isso, porque asi o aprendi toda minha vida.

ORTA

E se vos mostrar em Plinio chamarlhe asi, que direis*?

RUANO

Que confesso ser mais latino, mas o uso me desculpa.

ORTA

Os vossos Gregos nam falaram neste *gariofilo*, somente Paulo Egineta, que diz que he folha de *noʒ*; porque o *gariofilo* asi se decrara que tem folha de *noʒ***; mas este nam

---

* Nas duas edições de Plinio, que tenho á mão, isto é, na de Sigismundus Galenius de 1549, e na de Littré de 1848, está escripto *gariophyllon* e *garyophyllon;* mas póde talvez em alguma edição anterior encontrar-se *caryophyllon.*

** Suppondo a palavra derivada de κάρυον e de φυλλον; mas ainda assim o sentido não seria exactamente o que Orta indica; veja-se a nota (1).

pareçe que o conheceo. E asi o diz Serapio que nas defini-
ções gregas não se acha este nome; e depois alega a Galeno
e a Paulo, que diz que o terladou ao pé da letra; e eu em
Dioscorides nam o achei.

RUANO

Pois ainda vos darei partes donde o Galeno falla nelle.

ORTA

Em livros que sam proprios de Galeno não o achareis.

RUANO

No segundo livro de Dinamedis faz mençam de *gariofilo,*
e no terceiro tambem; e mais muytos Arabios* dizem que
Galeno o diz; e por ventura estes terladaram alguns livros
de Galeno, de que nós careçemos polo tempo os perder.

ORTA

Esses livros que dizeis, em que fala Galeno no *cariofilo,*
não sam avidos por de Galeno; assaz he pera my que
Ruelio, tam diligente escriptor e tam lido, diz que o nam
achou em Galeno**.

RUANO

Pois esse que dizeis cita a Paulo, e a Aeçio, e a Plinio***,
e diz que ha na India hum gram semelhante ao da *pimenta,*
senão que he grande e mais comprido, e que este se chama
cariofilo.

ORTA

·Eu nam vos nego falarem eses homens nelle, mas nego-
vos falar Galeno nelle; e mais vos digo que esta mézinha
foy achada muyto tarde, primeiro pera mézinha e cheiro,
e depois pera cozinha. E gastase em tanta maneira, que

---

* Avicena e Serapio (nota do auctor).

** O livro de «Dinamedis», ou *de Dynamidiis,* é effectivamente contado entre os apocryphos de Galeno.

*** Plinio, livro 12, cap. 7 (nota do auctor).

de mil partes a huma se gasta em mézinha, e o resto em cosinha; portanto vos quero dizer o nome delle em arabio e na terra onde o ha.

Tudo me haveis de dizer muyto craramente.

O nome latino he *cariofilum,* e outros lhe chamam *gariofilum* (como vos dixe já); o Arabio, o Persio, o Turco, e a mór parte dos Indianos lhe chamam *calafur;* e em Maluco, donde somente o ha, e em todas esas terras lhe chamam *chanque;* e os nomes postos no Pandetario, scilicet, *armufel,* não ha tal nome; e o nome que está em arabio escrito *carrumfel* foy vicio do escriptor Arabio, ou a curruçam dos tempos (1). E pois somos certos da cousa e ninguem descrepa della, nam nos matemos pollos nomes. Naçe a arvore deste *cravo* em Maluco, e sam humas ylhas sogeitas a elrey de Portugal, e tomadas per guerra justa muyto tempo ha. Estas sam as ylhas da contenda entre elrey de Portugal e o de Castella, sobre que tanto se preitiou, e vós como afeiçoado a vosso rey, pesarvosha da justiça e da pose que temos tam justa.

Tenho tam pouco de elrey de Castella e do de Portugal, que posso dizer por mim: tantos moinhos tenho qua como lá. E falando comvosco a verdade, mais devo a elrey de Portugal, pois esta náo em que vim he a maior parte deste meu cunhado que a feitoriza; e estes proveitos tenho de elrey de Portugal, que do de Castella nunqua tive algum, nem espero de o ter.

Aveis de saber que Maluquo está dentro na conquista de elrey de Portugal, e mais duzentas legoas ávante, como se tem achado pelos eclipses; senam entrou o demonio em hum Portuguez*, e porque elrey não lhe fez huma merce injusta

---

* Magalhães (nota do auctor).

que lhe pedia, se foy lançar em Castella e fez armar navios, e elle descobrio per hum estreito nam sabido como pude-
sem vir ao Maluco; e indo lá, morreo elle e a mór parte da
gente que com elle hia; e não poderam tornar pollo caminho
por onde vieram. E outro bacharel Faleiro, que com elle
hia, endoudeceo de ver que contra seu rey hia; e nam indo
ao descobrimento morreo*. E já outras vezes vieram Castelhanos a Maluco, e nam puderão tornar; e os que se defen-
deram dos Portuguezes morrerão muytos delles; e a outros,
que se entregárão, lhes foy dada liberdade e embarcações
e merçes, pera se yrem a Castella; tanta he a clemencia de
elrey nosso senhor com os christãos vencidos (2). E hum
rey de huma ilha chamada Tarnate, vindo os Castelhanos
a elle que os ajudasse, lhes dixe que o *cravo* era dado por
Deos aos Portuguezes, pois cada *cravo* tinha cinquo quinas
de elrey de Portugal; póde ser que este dixe isto por pre-
misam e vontade de Deos, ainda que era infiel: asi profetisou
Balam e a sua asna, sendo animal irracional, falo isto debaxo
da correiçam da Santa Madre Igreja. E depois este rey se
fez cristão, e fez doaçam a elrey de Portugal de seu reino,
e eu o conheci em Goa (3). E tornando-ao *cravo*, digo que somente o ha nestas ilhas de Maluco, que sam 5, e dahi se re-
parte por todalas partes do mundo. E se vos dixeram que em
Ceilam avia arvores do *cravo*, dizeilhe que si; mas que não
dam fruto ahi, nem em outra parte alguma, senão em Maluco. E sam os arvores da altura e feiçam de louro; fazem os
arvores copa em çima, e dam muyta frol que se faz em *cravo*;
e naçe como murta, e a frol he primeiro alva, e depois verde,
e depois vermelha e dura, que he o *cravo*. E dizemme pesoas que o viram, dinas de fé, que quando está este *cravo*
verde nos arvores, dam o mais excelente cheiro do mundo
os arvores; e des que colhem este *cravo*, o sequam, e fica
da cor que o vedes agora. Naçem em gomos, como os mur-

---

* Faleiro não foi na viagem, como parece resultar da primeira parte
da phrase; Veja-se a nota (2).

tinhos, como já vos dixe; e dizem alguns que se lhe chove, que se mete por dentro, e não he asi, somente nam vem á perfeiçam os cachos; e colhemnos, porque os ramos que fazem copa grande, deitamlhe cordas para colher *cravo*; e isto he causa que os arvores sejam açoutados e fustigados, e não dam pera o anno tam boa novidade; e secam estes *cravos* per dous ou tres dias, e asi os vendem e guardam pera os levar a Malaca e a outras partes; e aquelle *cravo* que fica no arvore por colher se faz mais groso, e folgam com elle na Jaoa; e nós com o outro que chamamos de cabeça. E mais haveis de saber, que ao redor do arvore do *cravo* nam se dá erva alguma, porque o cravo leva todo o çumo da terra.

RUANO

E o que os Castelhanos chamão *fuste,* e os Portuguezes *bastam* donde he?

ORTA

Sam os páos donde estes *cravos* pendem, como as flores pendem dos páos meudos; e o *cravo* grande que vos dixe, he o que chamamos *madre do cravo,* e não porque o seja; não he macho, como dizem Aviçena e Serapiam, que tudo he hum; mas hum he mais velho que outro, porque o que chamamos *madre do cravo* nam he do mesmo anno senam do anno pasado; isto me dixeram pesoas que o sabiam, que foy hum feitor desse Maluco, que o tal *cravo* he fruito muito maduro que cay em baixo.

RUANO

Fazem alguns beneficios a estes arvores do *cravo,* ou plantamnos, ou alimpamnos do mato ou podamnos?

ORTA

Nam mais que alimpar o cham, onde am de colher o *cravo;* e as arvores naçem sem ser semeadas, nem enxeridas*; e não naçem muyto perto do mar, senão hum tiro de falcão

---

* Parece que no sentido de mettidas na terra, ou plantadas de estaca.

do mar ao menos, bem que está em ylhas cercadas do mar,
e que não se quer muyto perto do mar, nem tam pouco
muyto longe. Sam estas ylhas, donde naçe o *cravo,* cinquo,
como dixe, e humas das principaes se chama Geloulo; e
por iso chamaram ao *cravo* em Espanha *cravo girofe,* porque he de Geloulo*; e tambem lhe chamamos *cravo,* porque
he feito á feiçam de prego. E dizem alguns que quando he
boa novidade, he mais a cantidade de *cravo* que de folhas,
e a folha não cheira tanto como o *cravo,* e o páo não cheira
senão quando he seco alguma cousa. Estes arvores naçem
do *cravo* que cae ao pé, como as castanhas em nossa terra,
mas não he necesairo, porque sempre a terra dá esse *cravo,*
e nunca lhe faleçe chuiva com que se crie e dê fruto, por
ser perto da linha. Naçem estes arvores do *cravo,* e criamse,
e fortificamse em oyto annos, segundo diz a gente da terra,
e asi dizem que duram cem annos. E nam vos digam algumas pessoas que se colhem os *cravos* á mão, porque he
falço, que nam se colhem senam muyto per força, como
vos dixe; e colhemse de meado de setembro até janeiro e
fevereiro.

RUANO

Usa a gente desta terra do *cravo* em comer ou em mézinhas?

ORTA

Segundo tenho por emformaçam, nam faziam caso destas
arvores os Malucos até que os Chins vieram a esta terra
com suas náos, e levaram dahi á sua terra este *cravo,* e á
India e á Persia e Arabia; isto tem elles por memoria an-
tigoa entre si. E conservase o *cravo* muyto bem com agoa
do mar deitada nelle, e doutra maneira se faz podre.

RUANO

Pois a gente de Maluco dizeis que nam usa do *cravo,* a
outra gente da India usa muyto delle. E os Portuguezes
que cá moram?

---

* Perdoe-nos o nosso Orta, mas não é por isso; veja-se a nota (1).

ORTA

Quando o *cravo* he verde fazem os que moram em Ma-luco conserva de vinagre e sal (a que chamam *achar)*, e fazem os verdes em conserva de açucare; e já os comi e sam bons; e da conserva de vinagre usa a gente de Malaca que os pode aver, e fazem as molheres Portuguezas que lá moram agua estilada dos *cravos* verdes, e he muyto chei-rosa e muyto cordeal; e seria boa pera levar ao reino; e muytos fisicos Indianos fazem huns suadoiros com *cravo* e *noz*, e *maça* e *pimenta longua* e *preta,* fazendo disto os suadoiros; e dizem que, com isto, se tira a sarna castelhana. Eu a vi tambem* a fisicos Portuguezes, e não me pareceo muito boa fisica. Algumas pessoas põem qua o *cravo* pisado na testa, e dizem que se acham bem com elle pera a dor da cabeça, e que se lhe tira; e nam he muito se a dor he de causa fria. As molheres prezamse muyto de mastigar *cravo,* pera lhe cheirar bem a boca, e nam tam somente as India-nas, mas as Portuguezas.

RUANO

Serapiam alegua a Galeno, que diz que he folha de *noz:* por ventura a arvore do *cravo* e da *noz* he tudo huma?

ORTA

Deferentes sam as terras muyto, porque huma he Banda e outra Maluco; e o *cravo* he mercadoria pera Banda, e o arvore da *noz* tem as folhas redondas, e pareçe pereira, e o do *cravo* pareçe louro.

RUANO

Diz Aviçena** e outros alguns, que o arvore he como *sambacus,* e que he mais negro?

ORTA

Nem he como *sambacus* (erva que chamamos jazmim), nem como *sambucus,* a que chamamos sabugueiro, senam

---

* Deve faltar aqui o verbo «usar», ou outro de igual sentido.

** Liv. 2, cap. 318 (nota do auctor).

he como loureiro: bem vêdes a deferença que ha de hum
a outro.

RUANO

Diz ser trazido de humas ilhas da India, e que a gomma
delle, ou resina, he semelhante a trementina em virtude.

ORTA

No que diz que he trazido de humas ylhas da India, diz
verdade; mas o que dixe da goma, não ha tal goma em
Maluco: falei com muytos homens que moráram lá, e todos
me dixeram que nunca virão tal goma. Eu não vos negarey
que todas as arvores deitam goma ou resina, em especial
se lhe derem cutiladas; mas até o presente nam se espre-
mentou; nem, com seu perdão, falaram verdade os que
escreverão da Nova Espanha, que dixeram que a goma do
cravo era *almecega;* porque os arvores sam de diversas
maneiras, não aviam de dar goma de huma maneira, e que
fose de huma compreisão. As folhas do *cravo* não vem
á India, senão casualmente, por tanto não escrevo dellas. O
cheiro do *cravo* sei dizer que he o mais suave e o milhor
do mundo, em especial de longe. Eu esprementei isto vindo
de Cochim a Goa, e com vento pola prôa; e remavamos
de noite com a calmaria, e estava huma náo surta mais de
huma legoa de nós, e o cheiro foy tam grande e tam suave
que nos veo, que cuidava eu que ao longo da costa avia
matas das flores, que em nossa terra chamamos cravos; e
perguntando, me dixeram que era a náo que viera de Maluco; entonçes cahi no caso, e achei ser verdade; e depois
mo dixeram homens de Maluco, que quando o *cravo* he
seco lhe dá grande cheiro longe donde está (4).

RUANO

Lendo Serapio e Aviçena*, acho muitos nomes que devem ser corrompidos, scilicet, os nomes dos autores; folgaria muyto me dixestes disto o que sabeis.

---

* Serapio, 319; Avicena, Lib. 2, cap. 318 (nota do auctor).

ORTA

Não sey senão humas cousas muyto geraes; a Rasis chamam elles *Benzacaria**, e a Mesue *Menxus***.

RUANO

Alegua Serapio não se ha de ler senão com aspiraçam *Haclim,* e este me pareçe que deve ser *Aly*.

ORTA

Não he senão *Hachim,* que quer dizer filosofo***; e porque, entre elles, averá algum que se chama por excelencia filosofo, póde ser que seja este o que elles alegam.

RUANO

A erva que chamamos *cravos* ha em Maluco, ou cá na India?

ORTA

Em Maluquo não a ha; e porém da China veo a estas partes****; e não cheira tambem como o de Portugal; e deve a causa disto ser terem elles a virtude muyto suprificial; e por esta terra ser quente, resolvese asinha a vertude delles. E nisto não falemos mais, pois sabeis milhor destes cravos que eu; e vos direi que na ilha de Sam Lourenço, em huma certa parte della, ha huma fructa muito redonda, maior que avelan com casca, e cheira muyto a *cravo;* mas nam o he, nem aduba como *cravo******.

---

* Sobre o nome dado a Rasis, veja-se a nota a pag. 39.

** O nome de Mesué escrevia-se ماسویه, Masuijah, que muito mal pronunciado podia soar «Menxus».

*** Hakim, حکیم, significava propriamente sabio, ou philosopho, e era o titulo geral dos medicos mussulmanos no Oriente.

**** Loureiro na *Flora cochinchinensis* cita o *Dianthus caryophyllus* como usualmente cultivado na China.

***** A *Ravensara aromatica,* veja-se a nota a pag. 218.

Nota (1)

É extremamente duvidoso, que o *garyophyllon* de Plinio, do qual este auctor diz apenas ser um grão similhante á pimenta, maior e mais fragil, fosse o *cravo*. É só alguns seculos depois, que nós encontrâmos uma referencia clara áquella especiaria no livro de Cosmas, o qual diz que a havia na ilha de Ceylão, para onde a traziam de muito mais longe. Posteriormente a Cosmas, Paulo de Egina referiu-se tambem ao *cravo* de uma maneira explicita, e que não póde deixar duvidas, como deixa a curta indicação de Plinio. Isto pelo que diz respeito ao conhecimento da especiaria na Europa, porque em relação á India e á China ha noticias de que foi ali usada muito antes (Cf. Plin., xii, 15; Flückiger e Hanbury, *Pharmac.*, 250; Dymock, *Mat. med.*, 328).

A especiaria, que os portuguezes chamaram e chamam *cravo*, consiste na flor completa de uma bella arvore da familia das *Myrtaceœ*, o *Caryophyllus aromaticus*, Linn. *(Eugenia caryophyllata*, Thunberg), a qual nos tempos de Orta se cultivava unicamente nas Molucas; mas depois foi levada para outras partes da Asia, e mesmo para algumas ilhas da costa africana, como Pemba e Zanzibar.

—O nome que alguns escriptores gregos applicaram a esta especiaria, καρυόφυλλον, deriva-se geralmente da fórma que as petalas tomam no botão, assimilhando-se a uma pequena noz (κάρυον). Tem-se, porém, advertido que a orthographia grega é incerta —o que não escapou a Orta— e o nome se encontra tambem escripto γαρύμφουλ, γαρόφαλα, e ainda de outros modos. Esta incerteza póde indicar que o nome não fosse propriamente grego; mas antes a hellenisação pelo som de alguma designação oriental. Da mesma designação asiatica procede sem duvida o nome arabico قرنفل, *qaranfal,* que se encontra transcripto por diversos escriptores, *karanfal, karunfel,* ou *karumpfel.* Esta ultima fórma não é admittida pelo nosso escriptor, que, sem rasão, adopta uma muito mais viciada, «calafur».

Na opinião de Dymock, todos estes nomes se devem prender ao tamil, *kirámbu,* e ao malayo *karámpu;* pois foi por intermedio d'aquelles povos, que a especiaria penetrou na India e chegou depois ao conhecimento dos arabes e dos gregos.

É quasi inutil advertir, que as fórmas modernas, *girofle, girofe, garofano,* vem directa e claramente do nome grego, e não do da ilha de Geloulo, ou Djilolo, como erradamente diz o nosso escriptor (Cf. Langkavel, *Botanik der späteren Griechen,* 19, citado na *Pharmac.*, 250; *Exotic.*, 248; Dymock, *Mat. med.*, 328; Rumphius, *Herb. Amb.*, ii, 3).

—«Chanque», o nome usado nas Molucas, é bem conhecido. Rumphius dá-o na fórma *tsjancke,* e Crawfurd na fórma *cângkek.* Segundo este escriptor, a palavra não é malaya, mas antes a corrupção do nome chinez *tkeng-hia*. A derivação parece-me um pouco forçada, tanto mais que o nome chinez seria mais correctamente *teng-siang*, litteralmente *prego perfume*, pois os chins repararam —como os portuguezes— na fôrma de *prego*, ou *cravo*, que tem o botão (Cf. Rumphius, l. c; Craw-furd, *Dict.*, 101).

NOTA (2)

O *cravo* encontrava-se apenas nas cinco ilhas, propriamente chama-das Moluças, ou —como diziam os portuguezes— ilhas de Maluco[1]. Se-gundo as enumera João de Barros, eram: Ternate *(Tarnáti)*, Tidore *(Tidori)*, Moutel *(Mortir)*, Maquien *(Makian)*, e Bacham *(Batchian)*. Muitos annos antes de Barros, Duarte Barbosa, que devia ir morrer bem perto d'ellas, menciona as mesmas cinco. E Camões, que pelas exigencias do verso não podia ser tão completo, dá-nos pelo menos os nomes das duas mais conhecidas, notando o seu vulcão activo:

> Vê Tidore e Ternate, co'o fervente
> Cume, que lança as flammas ondeadas:
> As arvores verás do cravo ardente,
> Co'o sangue portuguez inda compradas.

Estas cinco ilhas ficavam no rumo norte sul, ao longo e muito proximas da costa occidental da grande ilha de «Geloulo», Gilolo ou Djilolo, á qual Barros chama Batechina de Moro, e é mais geral-mente designada hoje nas cartas pelo nome de Halmahéra. Mas Barros adverte, que, apezar da proximidade, não havia *cravo* em Gilolo; o que é confirmado por Pigafetta, que nos diz existirem ali apenas poucas arvores e de má qualidade. Vê-se, pois, que o nosso Orta andava er-rado, indicando «Geloulo» como uma das cinco ilhas do *cravo* (Cf. Barros, *Asia*, iii, v, 5; Duarte Barbosa, *Livro*, 371; *Lus.* x, 132).

.A historia dos portuguezes nas Molucas é bem conhecida; e, á parte excepções honrosissimas, como foi o governo de Antonio Galvão e de alguns outros, não é das mais agradaveis a recordar. Em poucas par-tes as dissensões e desmandos de toda a natureza dos nossos conquis-tadores foram tanto para lamentar, como n'aquellas pequenas ilhas, perdidas no fundo dos mares orientaes. O *cravo* era uma das mais

---

[1] O nome collectivo de *Maluco* não parece ser malayo, mas era sem duvida usado á che-gada dos portuguezes áquelles mares. Como nas ilhas havia varios reis independentes, pelo menos em Ternate e Tidore, tem-se lembrado que os navegadores arabes lhes chamassem *ilhas dos reis, djaȝiral-al-muluk,* e que os portuguezes adoptassem pelo som a ultima parte do nome, dizendo *Maluco*, depois convertido em *Molucas* (Cf. Yule e Burnell, *Glossary*, pala-vra *Moluccas*).

procuradas e caras especiarias do tempo, e era natural que os portuguezes tratassem de descobrir as terras onde nascia, a fim de o obterem em primeira mão. Em seguida á conquista de Malaca, Affonso de Albuquerque, despachando enviados ás diversas partes d'aquelle extremo Oriente, que acabava de abrir ao nosso commercio e ao nosso dominio, mandou tambem Antonio de Abreu com uma pequena armada ao descobrimento de Banda e de Maluco. Antonio de Abreu não chegou lá; mas o capitão de um dos seus navios, Francisco Serrão, foi ás ilhas do *cravo,* por onde ficou até á sua morte, succedida annos depois. Mais tarde foi alı mandado D. Tristão de Menezes; e no anno de 1522, a 24 do mez de junho, Antonio de Brito lançou á primeira pedra da fortaleza de S. João na ilha de Ternate. Inaugurava-se assim a epocha da conquista, que nos custou muito trabalho e muitas vidas, porque o *cravo* foi sempre comprado com *sangue portuguez* — como dizia o Camões.

Antes, porém, de Antonio de Brito edificar a fortaleza de Ternate, havia-se dado um successo importantissimo, cuja historia nos levaria muito longe, mas que não podemos deixar de recordar brevemente, para esclarecer as referencias que a elle faz o nosso escriptor.

Parece que Francisco Serrão escrevêra de Maluco ao seu amigo e antigo companheiro de armas, Fernando de Magalhães, encarecendo-lhe a riqueza e grandeza d'aquellas terras; e a conquista das ilhas do *cravo* foi um dos motivos principaes e confessados da famosa viagem de circumnavegação. Magalhães —como diz Orta— «descobrio por hum estreito não sabido como pudessem vir ao Maluco»; atravessou o tal estreito, a que deixou o seu nome; cruzou todo o Pacifico; e veio morrer em uma ilhota do archipelago depois chamado das Philippinas. Não chegou, portanto, ás ilhas do *cravo;* mas chegou lá a sua gente, que no dia 8 de novembro do anno de 1521, tres horas antes do sol nascer —como diz o minucioso Antonio Pigafetta— entrava no porto de Tidore.

Não vem para aqui a descripção d'esta viagem, celebre entre as mais celebres e perfeitamente conhecida, e muito menos a apreciação do acto de Magalhães; mas devemos notar que aquelle acto deixou no animo de todos os portuguezes um sentimento de irritação profunda, ao qual não é estranho o nosso Garcia da Orta. «Entrou o demonio em hum portuguez, e porque elrei não lhe fez huma mercê injusta que lhe pedia se foy lançar em Castella ...» taes são as palavras em que elle se refere ao seu culpado, mas em todo o caso illustre e infeliz compatriota. E não é simplesmente contra Fernando de Magalhães que mostra resentimento, é contra todos os portuguezes que o auxiliaram na sua empreza, recordando com um certo prazer, que o «bacharel Faleiro» endoudeceu. Este Faleiro era um personagem extraordinario, a quem os portuguezes se mostraram sempre pouco favoraveis, talvez pelo sim-

ples facto de ter servido Castella. Barros chama-lhe «Astrologo judicia-
rio»; e Herrera allude a este juizo que d'elle faziam os seus compatriotas, dizendo-nos: *que mostraba ser gran Astronomo y Cosmografo,
del qual afirmaban los Portugueses que tenia un demonio familiar, y
que de Astrologia no sabia nada.* Fosse astronomo ou astrologo, era um
homem violento e desconfiado, mas não está provado que fosse hum
louco. A causa de elle á ultima hora não embarcar, foi a sua rivalidade
e desavença com Magalhães, dando-se como motivo official o seu estado de saude: *mandó el Rey, que pues Ruy Falero no se hallaba con
entera salud se quedasse hasta otro viage.* É certo, porém, que se fallou
então na sua loucura, e o agente de Portugal em Sevilha, Sebastião
Alvares, escreVia na sua correspondencia official, que o cosmographo
portuguez Ruy Faleiro havia perdido a rasão. Como se vê, a noticia
de Orta é fundada em factos, que então corriam como verdadeiros e
foram admittidos tambem por João de Barros.

Da viagem de Magalhães se levantaram as longas negociações geo-
graphico-diplomaticas entre Portugal e Hespanha, a que Orta se refere:
«estas são as ylhas da contenda entre elrey de Portugal e o de Castella».
O apparecimento dos navios hespanhoes nos mares do Oriente veiu
suscitar difficuldades praticas á famosa divisão do mundo entre Portugal e Hespanha, determinada pela bulla do papa Alexandre VI de
4 de maio de 1493, e confirmada no tratado de Tordesillas de 7 de
junho de 1494. N'este tratado estabelecia-se como linha divisoria um
meridiano: *o linea derecha de polo a polo, convien a saber del polo ar-
tico al polo antartico.* Este meridiano, nas nossas partes occidentaes, devia marcar-se *a trecientas y setenta legoas de las yslas del Cabo Verde
hacia la parte del Poniente, por grados o por otra manera como mejor
y mas presto se pueda dar.* Tudo quanto se navegasse e descobrisse a
leste d'esta linha pertencia a Portugal; o que ficava para oeste era
do dominio da Hespanha. Quando os nossos portuguezes alongaram
tanto as suas viagens para o Oriente, que chegaram ás Molucas, alguns
tiveram a desconfiança de que estavam já na metade do mundo pertencente á Hespanha; e parece que Francisco Serrão escreveu n'esse
sentido a Fernando de Magalhães. Este, pelo menos, propunha-se a
demonstral-o, mesmo antes da sua partida. Tal não era, porém, a opinião em Portugal; e logo depois da volta da nau *Victoria* —a que chegou a Tidore, como antes dissemos— D. João III fez valer os seus direitos junto de Carlos V; accordando-se então em que cada um dos
soberanos nomearia tres letrados, tres astrologos e tres pilotos, os quaes
teriam uma conferencia na raia, para decidirem «cujo é o dito Maluco,
e em cuja demarcação cáe».

Os commissarios dos dois paizes, reunidos respectivamente em Elvas
e Badajoz, e que se encontraram a primeira vez no Caia, tinham uma
questão espinhosa a resolver. Em primeiro logar, a linha de partida

estava mal definida, e não havia accordo, nem sobre a şituação exacta das ilhas de Cabo Verde, nem sobre qual d'ellas se devia tomar como origem de contagem, querendo uns que fosse a do Sal, e outros que fosse a de Santo Antão, nem sobre o modo de contar as trezentas e setenta leguas marcadas pelo tratado de Tordesillas, nem mesmo sobre quantas leguas havia no grau. Os commissarios, como diz Antonio de Herrera na sua interessante noticia da conferencia, começaram logo a *mirar globos, cartas, y relaciones;* mas as cartas eram imperfeitissimas, e, comparando umas com outras, chegavam a encontrar differenças de setenta leguas. Tratava-se sobretudo de uma determinação de longitudes, o que era um ponto espinhoso para a cosmographia de então. As latitudes observavam-se com uma exactidão relativamente satisfactoria; mas sobre as longitudes, ou *altura de leste oeste,* ou *graus de longura,* como então lhes chamavam, havia as maiores duvidas, e este foi um dos problemas que mais preoccupou os navegadores d'aquelles tempos.

O Duque de Bragança, que parece haver sido perito nas questões de cosmographia, dirigiu uma especie de memoria a D. João III sobre estas negociações, que então interessavam todos em Portugal. N'essa memoria, o Duque pondera: que a demarcação se não podia fazer pelas cartas, porque estas *tem falcidade de mil maneiras;* que a estima é igualmente fallivel, *e como nisto da longura nom se possa dar nenhuma regra certa por estimativa;* e opina, *que se deve insistir* nas *cousas de demonstração, que nom tem contradicção.* Estas *cousas de demonstraçáo* eram *por arte do Ceo, e dos Eclipsis e conjuncção, que nom se podem negar.* Aqui temos pois os eclypses, de que nos falla Garcia da Orta. É certo no emtanto que esses mesmos se podiam negar, ou pela imperfeição das observações, ou pelos erros dos almanachs então publicados. Na propria viagem de Magalhães, Andrés de S. Martin fez varias observações astronomicas, como foi a da conjuncção da Lua e de Jupiter, observada no Rio de Janeiro, e a de um eclypse do Sol, observado depois em 17 de abril de 1520; e todas o levaram a resultados inadmissiveis: ... *de lo qual infirieron aver error en la equacion de los movimientos en las tablas, porque es impossible ser tanta la longitud.* O nosso João de Barros dá a traducção das ,proprias palavras de Andrés de S. Martin, tiradas de uns apontamentos que lhe vieram á mão, e que mostram a perplexidade do piloto e cosmographo hespanhol: ... *infiro haver erro nas taboas, que certo não sei a que o attribua.* Não se atrevia a julgar que fossem erros de imprensa nos *Almanaches de Joannes de Monte Regio,* e muito menos erros de calculo do proprio Monte Regio. De todas estas duvidas nos resultados das observações, da imperfeição das cartas, cheias de *falcidades,* da incerteza dos calculos de estimativa, e tambem do pouco desejo que havia de ceder, tanto de um como de outro lado, resultou que a conferencia se dissolveu sem chegar a um accordo.

Ao mesmo tempo que a conferencia se dissolvia na Europa, as cousas complicavam-se em Maluco. A nau *Trinidad,* que se separára da nau *Victoria,* e tentára voltar pelo estreito, arribou de novo áquellas ilhas do cravo, e os portuguezes aprisionaram os restos da guarnição, destroçada e dizimada pela fome e pela doença, levando para Cochim os sobreviventes, e repatriando-os ao cabo de perto de dois annos. É este acto, assim como outros identicos, succedidos nos annos seguintes, que o nosso Orta louva como uma grande generosidade: «tanta he a clemencia de el-rey nosso senhor com os christãos vencidos». No anno de 1525 saíu uma armada hespanhola da Coruña, ostensivamente enviada ás ilhas *de la especeria,* e commandada pelo commendador fr. Garcia de Loaysa. Parte da armada perdeu-se pelo caminho, e o seu commandante morreu; mas chegou ás Molucas a nau *Santa Maria de la Victoria,* sob as ordens de Martin Iniguez de Carquizano, e succederam-se nos annos de 1526 a 1529 todas as contendas e hostilidades entre portuguezes e hespanhoes, contadas largamente, de um lado por Antonio de Herrera, do outro por João de Barros e mais chronistas portuguezes.

Na impossibilidade de determinar um meridiano, e na impossibilidade por outro lado de continuar as hostilidades em Maluco, estando os dois paizes em paz na Europa, foi necessario chegar a um compromisso. No dia 22 de abril do anno de 1529 celebrou-se em Saragoça um contrato, que se encontra transcripto na *Asia* de Diogo do Couto. N'esse contrato o Imperador Carlos V vendia a D. João III todos os seus direitos a Maluco, pela quantia de 350:000 cruzados de ouro e prata, que valessem 375 maravedis cada um. A questão do meridiano e da longitude das Molucas ficava de pé, e para se resolver posteriormente; nunca se resolveu, ou pelo menos quando se resolveu, já as Molucas não pertenciam nem a Portugal, nem a Hespanha.

Taes eram, o mais succintamente contadas que me foi possivel, as contendas entre os soberanos da peninsula a que Orta se refere.

(Cf. Arana, *Vida e viagens de Fernão de Magalhães,* p. 54, etc., versão portugueza, Lisboa, 1881; Pigafetta, em Ram. 1, 365; Herrera, *Hist. gen. de las Indias occidentales,* 1, 337, 11, 154 a 163, 185, 234, 253, etc.; Barros, *Asia,* 111, v, 5, 6, 7, 8, 9, 10, etc.; Notas de J. d'Andrade Corvo ao *Roteiro de Lisboa a Goa,* de D. João de Castro, 86 a 106, 151, etc., Lisboa, 1882; Couto, *Asia,* 1v, 11, 1.)

NOTA (3)

Este rei chamava-se Tabarija, e foi deposto arbitraria e violentamente por Tristão de Athayde, que levantou em seu logar um rapasito, chamado Aeiro, mandando Tabarija preso para Goa, com a mãe e as principaes pessoas da côrte. Nuno da Cunha achou-o innocente, dei-

xando-o todavia ficar em Goa, mas em liberdade, e com um certo tra·
tamento de principe. Tabarija fez-se christão, e deram-lhe o nome de
D. Manuel. Era mais um, n'aquella collecção de reis christãos que tivemos em Goa —o de Tanor, o das Maldivas, este de Ternate e não
sei se ainda outros.

Annos depois, quando Jordão de Freitas foi por capitão da fortaleza
de Maluco, levou comsigo o rei D. Manuel. Mas o pobre selvagem não
chegou a ver o vulcão fumegante da sua terra natal. Ficou em Malaca,
onde adoeceu e morreu, tendo primeiro feito testamento em favor de
D. João III.

Como elle veiu para Goa pelo anno de 1535, e saíu d'ali com Jordão
de Freitas no de 1544 ou 1545, morrendo em Malaca a 30 de junho
d'este ultimo anno, Orta pôde perfeitamente conhecel-o em Goa (Cf.
Gaspar Corrêa, *Lendas,* iii, 632; Barros, *Asia,* iii, v, 6, e iv, vi, 24; Couto,
Asia, v, x, 10).

Nota (4)

O *cravo,* como dissemos já, é a flor ainda nova do *Caryophyllus
aromaticus,* uma bellissima arvore, ou como dizia Rumphius com enthusiasmo : *pulcherrima, elegantissima, ac pretiosissima omnium mihi no-
tarum arborum.* Esta arvore pertence á familia das *Myrtaceæ,* e Orta
reparou na sua similhança com o representante d'aquella familia que
melhor conhecia, insistindo por duas vezes em que a flor «nace como
murta», ou «em gomos como os murtinhos».

Do *Caryophyllus* procediam tres especiarias distinctas, e de diverso
valor :

—o *cravo* propriamente dito, que é a flor colhida ainda em botão,
no momento em que passa da côr branca esverdeada á côr vermelha;
e esta era a especiaria mais cara e procurada, por ser a mais cheirosa
e pungente.

—o pedunculo ou pequenino pé da flor, menos perfumado, de preço
muito menor, e chamado *bastão, fuste, stipites* ou *festucæ caryophylli.*

—o fructo já formado, chamado *madre do cravo,* ou *anthophylli,* e
tambem mais barato que o *cravo* propriamente dito.

De todas tres falla o nosso escriptor correctamente, e com muito
conhecimento de causa. O mais que nos diz sobre o tratamento da
arvore, e sobre a colheita e conservação do botão, é bem conhecido
e não carece de explicações (Cf. Barros, *Asia,* iii, v, 5; Couto, *Asia,* iv,
vii, 9; Crawfurd, *Dict.,* palavra *Cloves;* Rumphius, *Herb. Amb.,* ii, 1;
Pharmac., 249).

Como o *cravo* foi uma das especiarias mais importantes no nosso
trato com o Oriente, pôde ser interessante uma noticia breve ácerca
das phases por que passou o seu commercio.

Não sabemos, nem em que periodo, nem por que modo o *cravo* começou a ser usado no Oriente, na qualidade de perfume, condimento ou medicamento. Parece, porém, que já o empregavam na China nos tempos da dynastia Han (266-220 A. C.), dando-lhe então o nome de *ki shëh siang,* que mais tarde se mudou no de *teng siang.* E parece tambem, que se encontra mencionado em antiquissimos escriptos sanskriticos, attribuidos a Charaka, nos quaes se lhe dá o nome de *lavanga,* nome ainda conhecido e usado em parte da India.

Não ha, todavia, motivo para suppor, que n'estes antigos tempos aquella especiaria fosse conhecida nas nossas terras do occidente, antes vimos que o *garyophyllon* de Plinio difficilmente se poderia identificar com o *cravo,* e que só muito mais tarde, depois do v seculo, este começa a ser mencionado claramente. No decurso da idade media foi trazido de um modo mais ou menos regular e constante á Europa, mas ao que parece em pequenas quantidades; acha-se citado nas tarifas de varias cidades commerciaes do Mediterraneo, como é a de Marselha do anno de 1228, e a de Barcelona do de 1252; e no livro de Pegolotti, que se póde referir ao de 1340, falla-se das especiarias vendidas em Constantinopla, entre as quaes figura o *cravo* e tambem o *bastão— fusti di gherofani.*

Todo este *cravo* devia vir das Molucas, unica região onde se cultivou a arvore e se colheu a flor até periodos relativamente muito recentes. D'aquellas ilhas o trariam em barcos malayos, ou em juncos da China e navios de Java, a alguns portos proximos; e d'esses portos proximos a outros mais distantes, perdendo-se naturalmente no caminho a noção exacta da sua primitiva procedencia. Pelo menos essa procedencia ficou geralmente e por muito tempo ignorada. Cosmas Indicopleustes diz: que o encontrou nos mercados de Ceylão, mas o informaram de que vinha de mais longe. Seculos depois, Ibn Khurdádbah dá-o como procedendo de Java. Quatro seculos mais tarde, Marco Polo repete a mesma noticia; e já no xv seculo, Nicolo di Conti affirma que o traziam de Banda. Isto significa simplesmente, que o traziam das Molucas a Banda, de Banda a Java, e de Java a Ceylão; e que os viajantes nas suas averiguações se íam approximando pouco a pouco do ponto de partida, sem comtudo chegarem a alcançar noticia das Molucas.

Nos portos de Ceylão, e nos da India, como Coulão, Calicut e outros, os arabes carregavam o *cravo,* juntamente com outras mercadorias, trazendo-o pelas viagens ordinarias, já varias vezes mencionadas n'estas notas, até ao fundo do Golfo Persico por um lado, ou até ao fundo do mar Vermelho por outro. D'ali seguia por terra a Constantinopla, a Acra, a Tripoli ou a Alexandria; e, d'estes portos, os navegadores do Mediterraneo, principalmente genovezes e venezianos, íam conduzil-o ás suas cidades italianas, ou ás do littoral da França e da

Hespanha. Esta especiaria, a mais oriental como procedencia, fazia assim uma viagem que era quasi a semi-circumferencia do globo, embarcada e desembarcada dezenas de vezes, vendida e revendida, passando dos juncos chins aos navios dos arabes, d'estes ás caravanas que atravessavam lentamente as interminaveis planicies da Mesopotamia e os infindos areiaes da Syria, d'estas ás embarcações mediterranicas que navegavam por conta dos ricos mercadores de Veneza, ou da grande casa commercial dos Bardi de Florença, ou do poderoso negociante francez Jaques Cœur, ou de varios outros de menor nomeada.

Em vista d'estas demoradas e perigosas viagens, comprehende-se facilmente por que altos preços seria vendido na Europa, sobretudo levando em conta a procura das especiarias, aquelle valor dado a estas substancias aromaticas e ardentes, o qual em parte resultava da sua origem exotica e um tanto mysteriosa. Effectivamente o preço do *cravo* era altissimo. No livro de despezas caseiras da Condessa de Leicester, do anno de 1265, vem notada a libra de *cravo* como custando de dez a doze shellings. E nas contas da execução do testamento de Joanna de Evreux, rainha de França, no anno de 1372, vem avaliada a libra (de 16 onças) de *girofle* em uma *libra* do tempo. Esta *libra* tinha, pelos preços do marco de prata, um valor intrinseco de um pouco mais de 9 francos da moderna moeda franceza. Mas o valor *effectivo* da moeda, isto é, a relação dos metaes preciosos com as mercadorias e com as necessidades da vida, foi na ultima parte da idade media seis vezes maior do que actualmente. A *libra* corresponderia, portanto, a 56 francos actuaes conta redonda, ou sejam 10$080 réis[1], que tanto custavam 16 onças de *cravo*. Para bem fixar desde já a significação d'este preço, notemos que nas Molucas — como melhor veremos adiante — um *bahar* de *cravo*, isto é, 18 arrobas e 19 arrateis, devia custar o maximo por aquelles seculos 2$160 réis, ou o equivalente a 12$960 réis de hoje. O mesmo peso, posto em Londres ou Paris, computado o arratel em 10$000 réis, custava 5:950$000 réis[2]. Como se vê, a oscillação era enorme, e só se póde explicar pelas difficuldades, demoras e perigos na viagem a que antes nos referimos, e pelos grandes ganhos de numerosos intermediarios.

Segundo se deduz de alguns documentos citados nas paginas seguintes, não ha motivo para suppor, que o preço do *cravo* baixasse consi-

---

[1] Veja-se Leber, *Essai sur l'apréciation de la fortune privée au moyen age*, 22 e 95. O preço do 10 a 12 shellings em Inglaterra vem citado por Flückiger e Hanbury *(Pharmac.,* 251) e é extrahido de *Manners and household expenses in England.* Supponho que se querem referir ao shelling actual, e mesmo assim, tomando o preço mais baixo, 10 shellings, ainda é superior ao de França no seculo seguinte, sendo de 2$200 réis, equivalente a 13$200 de hoje. Se se referissem ao shelling do tempo, seria muito mais elevado.

[2] Em numeros redondos, tomando o preço da *livre* em 10$000 réis, e não fazendo a reducção da *livre* ao arratel portuguez.

deravelmente durante o xv seculo, e até ao começo do xvi. Podemos, pois, admittir, que, no momento em que Vasco da Gama dobrou o cabo da Boa Esperança e navegou para Calicut, um certo peso de *cravo*, o *bahar*, valia nas Molucas 12 mil e tantos réis, digamos 13$000 réis; e que esse mesmo peso em casa de um mercieiro ou droguista de Londres ou de París, valia proximamente 6:000$000 de réis. Este simples facto mostra bem qual era a importancia commercial do novo caminho descoberto pelos portuguezes.

Quando Vasco da Gama chegou a Calicut, forneceram-lhe especiarias para o carregamento das suas naus, e entre ellas *cravo*. Era pessimo; muito cheio de *bastão*, como diz Gaspar Corrêa: «o cravo todo era páo». O capitão mór dissimulou, e acceitou-o, com o que os mouros e os gentios ficaram persuadidos de que os nossos pouco entendiam do negocio, e eram gentes «bestiaes». No emtanto, os portuguezes durante a sua curta demora no grande porto do Malabar, reuniram algumas informações commerciaes interessantes. Souberam, por exemplo, que todo o *cravo* vinha de «Melequa» (Malaca); isto era um erro, similhante ao que dois seculos antes commettêra Marco Polo, sómente em logar de Java apparece-nos agora Malaca, que posteriormente a Marco Polo se havia tornado um dos portos mais importantes d'aquelles mares, e *por onde* vinha effectivamente o *cravo* das Molucas. Souberam tambem, que o *bachar* (bahar) de *cravo* valia em Malaca 9 cruzados; e, como informação comparativa, o auctor do *Roteiro* accrescenta, que valia em Alexandria o quintal de *cravo* 20 cruzados. Em Malaca estavam em uso dous *bares,* mas aquelle que servia no peso do *cravo*, chamado *bar de Dachem grande,* tinha 14 arrobas e 10 arrateis; e este peso, como acabâmos de ver, valia 9 cruzados, ou sejam 19$440 réis em valor intrinseco da nossa moeda, que em valor ou poder effectivo seria seis vezes superior[1]. Deduzindo do valor do *bahar* o do quintal, para obtermos numeros comparaveis, chegâmos proximamente aos seguintes resultados:

—um quintal de *cravo* valia em Malaca 5$600 réis, ou em poder effectivo da moeda o equivalente a 33$600 réis.

—o mesmo peso valia em Alexandria 43$200 réis, ou o equivalente a 259$200 réis.

—como termo de comparação recordaremos, que devia valer em París o equivalente a 1:280$000 réis, admittindo que o preço não havia baixado sensivelmente no xv seculo.

---

[1] Tomando o valor do *cruzado* de D. Affonso V a D. Manuel em 2$160 réis (Aragão, *Descr. das moedas,* ii, 237). O valor *effectivo* da moeda, comparado com o actual, conservava no começo do xvi seculo as relações de 6 para 1, que tivera durante parte da idade media (Leber, l. c.).

Damos estas informações do *Roteiro*, sem insistir sobre a sua exactidão. E parece-nos provavel, que o preço de Alexandria fosse um pouco
inferior á verdade. Pelo contrario, o preço de Malaca deve ser proximamente exacto, e é confirmado até certo ponto pelas informações de
Duarte Barbosa, citadas adiante. O *Roteiro* não falla do preço do *cravo*
nas Molucas, porque nem da existencia d'aquellas ilhas os portuguezes
tiveram noticia na sua primeira viagem. É esse preço, que nós vamos
agora procurar.

As informações de Duarte Barbosa são n'este caso preciosas, porque
são, como sempre, lucidas e completas, e alem d'isso se referem a um
periodo especialmente interessante, o que vae do anno de 1510 ao de
1516 proximamente, em que o seu *Livro* foi escripto. N'esse momento,
os portuguezes estavam já de posse do commercio de parte da India,
mas não intervinham ainda muito directamente no das Molucas, onde,
por consequencia, se deviam conservar antigos preços e antigos habitos. Duarte Barbosa diz-nos, que o bahar de *cravo* valia nas Molucas
de um a dois *ducados,* conforme o numero de compradores que ali affluiam; valia em Malaca de dez a quatorze ducados, segundo o numero
de encommendas; e valia em Calicut de quinhentos a seiscentos *fanões,*
e sendo bem limpo até setecentos. O *ducado* de Duarte Barbosa, se acaso
elle escreveu esta palavra, póde considerar-se equivalente ao *cruzado*[1].
O preço nas Molucas era, portanto, em valor intrinseco da nossa moeda,
de 2$160 a 4$320 réis; e, em valor ou poder effectivo, de 12$960 a
25$920. Em Malaca era de 21$600 a 30$240 réis, ou, em valor effectivo,
de 129$600 a 181$440 réis[2]. Duarte Barbosa dá-nos os preços de Calicut
em *fanões,* e diz-nos que o *fanão* valia um *real de prata.* Tomando o
valor intrinseco do *real* em 80 réis, que teve no reinado anterior de
D. João II, teremos o preço do bahar em Calicut de 40$000 réis, 48$000,
ou 56$000 réis, ou, em valor effectivo, de 240$000, 288$000 e 336$000
réis. Adoptámos o valor do *fanão* dado pelo proprio Duarte Barbosa;

---

[1] Digo *se acaso escreveu esta palavra,* porque a parte do *Livro* onde se encontra a informação falta no manuscripto portuguez, publicado pela Academia, e só se conhece pela versão de Ramusio, sendo bem possivel que o traductor adoptasse a palavra *ducado,* mais familiar aos ouvidos italianos. O *ducado de ouro* de Veneza, ou *Zecchin,* valia, no *valor actual*
do oiro, 11 francos e 82 centesimos (Cibrario, *Pol. econ. del med. evo,* III, 228), bem proximo
do valor do *cruzado,* 2$160 réis (Aragão, *Descr. das Moedas,* II, 237). Alem d'isso, parece
que os proprios *ducados* corriam na India, sob o nome de *venezianos,* pelo Valor dos *cruzados.*
Diz Antonio Nunes: «E venezianos, soltanis e abrahemos valem 7 tamgas, que são 420 réis. E
cruzados d'ouro de purtugal da ley nova valem 420 reis, que são 7 tamgas» *(Lyvro dos Pesos,*
32).

[2] Note-se que um dos preços de Duarte Barbosa de 10 ducados, ou cruzados, concorda
com o do *Roteiro,* de 9 cruzados, havendo apenas um pequeno augmento, aliás natural.

mas devemos advertir que é muito baixo. No negocio da *pimenta* consideravam-se 19 fanões equivalentes a um cruzado, o que desde logo o eleva a mais de 110 réis; e ainda teve valores mais altos[1]. Estes numeros relativos a Calicut devem, pois, considerar-se abaixo dos verdadeiros. Note-se tambem, que o bahar das Molucas era muito superior ao de Malaca e de Calicut, o que contribuia para que os lucros na conducção do *cravo* fossem superiores aos que deduziriamos da simples inspecção dos numeros não rectificados. Mas não pára aqui. Os reis e chefes das Molucas eram quasi selvagens, com todas as phantasias e appetites de creanças e de selvagens; e os tratantes —tomo a palavra no bom sentido— de Java e de Malaca especulavam com essas phantasias. Não compravam o *cravo* a dinheiro; recebiam-n'o a troco de outras mercadorias. Levavam cobre, azougue, pannos de Cambaya, porcelanas, sinos de metal de Java «tamanhos como grandes alguidares, dependuram-nos pelas bordas ... e aly dão com qualquer cousa para os fazerem soar...»—os famosos *gongs* de Java. Os chefes das Molucas davam tudo por estas curiosidades: ...«por um bacio de porcelana que seja grande daom vinte e trinta quintaes d'ele» *(cravo),* por «um sino daom vinte baares de cravo». E Duarte Barbosa termina, dizendo: «asy que de Malaca pera aquy ha muyto groso ganho».

Tal era a situação, quando no primeiro quartel do seculo os portuguezes começaram a negociar regularmente com as Molucas—n'aquellas ilhas preços quasi nominaes, na India já bastante elevados, e na Europa um valor ainda exorbitante da especiaria.

Nos primeiros tempos, os nossos portuguezes seguiram as praticas estabelecidas. Segundo diz Gaspar Corrêa, D. Tristão de Menezes dava «hum panno azul de cambaya, que valia hum cruzado, por hum bar de cravo, que erão quatro quintaes, que saya a cem reis o quintal de cravo»[2]. Depois, como fosse necessario assegurar o fornecimento da especiaria, assentaram uma especie de contrato com os reis das Molucas, marcando um preço fixo ao *cravo.* Este preço era pago em pannos e tecidos, as *roupas del Rey noso senhor,* que vinham da India, de Cambaya ou de Coromandel, e eram avaliadas antes de serem entregues. Por cada bahar de *cravo* davam «roupas» no valor de 3 *pardáos,* ou no equivalente de 3:000 *caixas.* Estes tres pardáos representavam

---

[1] Todo o systema monetario da India, já portuguez, já islamita ou indiano, é muito complicado, e comquanto estudado em trabalhos valiosos, como é a *Descripção das moedas,* de Aragão tomo III, o *Lyvro dos Pesos* de Antonio Nunes e *tabellas* de Goes, ou as *Contrib. to the study of Indo-portuguese numismaties* de Gerson da Cunha, está longe de ser perfeitatamente claro.

[2] Perdão, saía a menos, porque o bahar tinha quatro quintaes e meio e mais alguma cousa.

approximadamente 4$626 réis[1], que deveremos multiplicar por seis ou por quatro para obtermos o poder effectivo da moeda, o qual por estes annos de que vamos fallando já devia ir em decrescimento. Comparem-se estes preços com os de Calicut, note-se que o bahar das Molucas tinha um quintal mais que o d'aquelle porto, advirta-se que na avaluação das *roupas del Rey noso senhor* deviam ir envolvidas differenças vantajosas, e ficará bem claro que o negocio do *cravo* dava lucros enormes—*muyto groso ganho*, como dizia Duarte Barbosa.

O negocio era monopolio do estado, ou do rei—como então se dizia; mas a cobiça de tomar parte n'elle, clara ou clandestinamente, tornou-se intensissima. E é certo, que d'essa cobiça nasceram quasi todas as dissenções, intrigas, violencias e assassinatos, que ensanguentaram e deshonraram o nosso dominio nas Molucas. A cobiça chegou a tal ponto, deu logar a tantas fraudes, que não foi possivel manter o monopolio. Os moradores «*por se não poderem suster sem tratarem*» fizeram muitos requerimentos, a que os Governadores tiveram de ceder. No tempo de Nuno da Cunha estabeleceu-se um novo systema, um tanto complicado, mas que, conforme o explicam Simão Botelho no *Tombo do Estado da India*, e Antonio Nunes no *Lyvro dos Pesos*, parece ter consistido no seguinte. O governador ou capitão das Molucas, os seus officiaes e os moradores negociavam livremente no *cravo*, comprando-o na terra pelo menor preço por que o podiam obter, e embarcando-o depois. Sómente, ao embarcar, quando estava «debaixo da verga», cediam ao estado um terço do cravo pelo preço antigamente estipulado de tres pardáos por bahar. Quando o *cravo* vinha nas naus do estado, pagavam alem d'isso de frete ou *chuquel* até Malaca 30 por cento dos dois terços que lhes pertenciam[2]. De modo, diz Antonio Nunes, que de «cada dez bares que se embarcão, de terços e chuqueis á dita rezam acima vem a Sua Alteza 5 $\frac{1}{3}$ bares, e fica á parte 4 $\frac{2}{3}$ bares». De Malaca para a India pagava-se novo frete, que era variavel, mas orçava por tres cruzados por bahar de Malaca. Por este modo, entregue a

---

[1] Nada mais difficil do que fixar o Valor do *pardáo,* que variava consideravelmente. Tomámos o valor intrinseco do cruzado em 2$160 réis, e notando que esse cruzado equiValia a 7 tangas, e o pardáo de 300 réis (o que se usava em Maluco) equivalia a 5 tangas, deduzimos este valor do pardáo de proximamente 1$542 réis. Sir H. Yule, guiando-se por outras comparações, chega a estabelecer que o *real* do principio do seculo xvi era um pouco mais de cinco vezes superior ao actual; o pardáo de 300 réis teria pois um valor superior a 1$500 réis, o que exactamente concorda com o nosso resultado (Cf. Antonio Nunes, *Lyvro dos pesos;* Yule e Burnell, *Glossary* no *Suppl.* palavra Pardáo).

A *caixa* era uma moeda infima, de cobre, furada pelo meio para se enfiar em cordeis, e que os nossos escriptores dizem vir de Java, mas era provaVelmente de origem chineza.

[2] Simão Botelho não diz exactamente isto, mas a relação de Antonio Nunes é mais clara e deve ser Verdadeira.

compra aos particulares, obtinham-se carregações completas, o que antes era difficil, porque muito saia clandestinamente. O lucro do estado consistia nos *chuqueis,* e em obter o terço de *todo o cravo* por um preço infimo. Simão Botelho, que era um zeloso administrador da fazenda publica, approvava o systema: «em que o dito nuno da cunha ffez muito serviço a sua Alteza». Todos os annos ía uma nau ás Molucas levar munições, roupas de Cambaya e Bengala com que se pagavam os terços do *cravo,* e outras cousas necessarias; na volta trazia o *cravo.* Para occorrer ao pagamento dos ordenados, soldo de duzentos homens pouco mais ou menos, custo dos terços do *cravo* a 3 pardáos por bahar e outras despezas miudas, a nau devia levar em fazendas o valor de 8:000 pardáos, e mais algumas moedas de bilhão, ou *baçarucos.* Estes 8:000 pardáos representam-nos mais de 12:000$000 réis em valor intrinseco, e, suppondo que o poder effectivo se conservava por aquelles tempos na rasão de 4 : 1, approximadamente 48:000$000 réis da nossa moeda. Indo esta somma, Simão Botelho entendia que as cousas estavam bem reguladas. Vinham os terços por inteiro, e havia abundancia de *cravo;* quando, porém, se mandava menor somma, vendia-se nas Molucas uma parte dos terços, e depois era necessario comprar *cravo* na India para completar a carga das naus do Reino, «em que sua Alteza recebe muyta perda».

Em um dos mais interessantes capitulos das suas *Decadas,* Diogo do Couto, tratando das cousas das Molucas, calcula o *cravo* saído d'aquellas ilhas, uns annos por outros, em 6:000 bahares, sujos de *bastão,* que deviam dar uns 4:000 bahares limpos. Se admittissemos, que todo elle saía nas condições antes expostas, deveria ficar nas mãos do governo portuguez, em terços e chuqueis, um pouco mais da metade, digâmos metade, ou sejam uns 9:000 quintaes, calculando o bahar das Molucas em quatro quintaes e meio, o que está abaixo da verdade. Suppondo, que todo esse *cravo* era comprado a 3 pardáos o bahar; o que tambem não é exacto, porque o dos chuqueis se não pagava, teriamos que o custo dos 9:000 quintaes andaria por 9:252$000 réis proximamente, ou sejam 37:000$000 de réis ao poder effectivo da moeda de 4 : 1 e em conta redonda. Tal seria, pouco mais ou menos, e antes menos do que mais, a somma empregada na compra do *cravo.*

Vejamos agora o que esse *cravo* podia valer na Europa. Os preços no xiv seculo, antes citados, eram proximamente de 10$000 réis por arratel; e temos dito, que esse preço não devia ter baixado consideravelmente no seculo seguinte e primeira metade do xvi. Eis a rasão em que nos fundavamos. Em um edito de Francisco I, datado de 20 de abril do anno de 1542, vem fixados os preços correntes de diversas mercadorias, para por elles regular o pagamento de alguns impostos. Alli encontrâmos o preço do *cravo,* que —segundo as correcções indicadas por Leber— seria o seguinte: a libra de 16 onças de *cravo* custava

3 libras, no valor intrinseco de 11 francos, e no valor representativo de 44 francos, ou sejam 7$920 réis. Isto daria para o quintal de *cravo* o valor approximado de 1:000$000 de réis[1]. E chegariamos assim a concluir, que os 9:000 quintaes, comprados nas Molucas por 3o e tantos contos de réis, davam na Europa 9:000:000$000 de réis.

Esta conclusão é evidentemente falsa, e o negocio do *cravo* nunca representou no commercio de Portugal uma quantia igual ou mesmo proxima áquella. Necessitariamos introduzir no nosso calculo varias correcções para nos approximarmos um pouco da verdade. Em primeiro logar os 4:000 bahares —admittindo como certo o numero de Diogo do Couto— não passavam todos pela mão dos portuguezes; e apesar das rigorosas prohibições, os malaios e javanezes fizeram sempre algum commercio clandestino com as Molucas, e d'ali trouxeram em todos os tempos bastante *cravo*. Depois d'isso, o *cravo*, embarcado nos navios portuguezes, não vinha todo para a Europa; vendia-se parte em Calicut, consumia-se na India e outras terras do Oriente, e necessariamente se realisavam n'esta parte menores lucros. Por ultimo, é claro que os preços, marcados no edito de Francisco I, eram preços de venda a retalho nas villas e cidades interiores da França, e muitissimo diversos dos que podia obter o governo de Portugal. Este vendia por grosso na Casa da India de Lisboa, ou nas feitorias de Flandres e outras[2]. De tudo isto resultavam consideraveis diminuições n'aquella elevadissima somma de 9:000 contos a que chegámos a principio, e que evidentemente está muito distante e muito acima da verdade. Mas emquanto importavam essas diminuições, é o que nos não atrevemos a calcular, nem mesmo grosseiramente, pois nos faltam os dados para o fazer. A unica cousa, que nos parece licito affirmar em vista dos factos apontados, é que, feitas largamente todas as deducções, cerceando os lucros no trato do *cravo* por todos os motivos antes expostos, levando em conta as despezas elevadas das lentas viagens do tempo, tendo em attenção as perdas de naus e de cargas nos sinistros frequentes, ainda assim as enormes differenças de preco davam margem para grossos ganhos. E se o *cravo* não teve nunca, na historia commercial da India portugueza do xvi seculo, a importancia capital que teve a *pimenta*, teve pelo menos um dos primeiros logares, e talvez logo o segundo depois d'aquella especiaria.

---

[1] Daria 1:013$760 réis; mas a *livre* franceza era maior do que o arratel, e feita a reducção teriamos para o valor do quintal portuguez uma quantia proxima a um conto, e mesmo inferior.

[2] Apezar dos meus esforços, não me foi possivel encontrar noticia das contas d'estas feitorias, e comtudo estou convencido de que devem existir em algum dos nossos Archivos.

Antes de terminar esta curta noticia sobre o que foi o commercio do *cravo* nas mãos dos portuguezes, devemos chamar a attenção para um elemento de incerteza, que tira parte do valor a alguns dos calculos que fizemos. Tomámos a relação entre o valor intrinseco e o poder effectivo da moeda, que foi de 6 : 1 nos fins da idade media, e passou depois a 4 : 1, 3 : 1 e 2 : 1 no correr do seculo xvi, e admittimos arbitrariamente, que essa relação se dava no Oriente como se dava na Europa. Isto, para mim, está longe de se achar provado. Aquella relação foi deduzida por Leber, por Cibrario e por outros escriptores, do estudo paciente de muitos factos economicos, peculiares á Europa. Esses factos, ou parte d'elles, variavam singularmente nas terras orientaes. As condições da vida, a distribuição do trabalho, a abundancia dos metaes preciosos, o valor relativo da prata e do oiro, toda a organisação social e economica, differiam profundamente do que se dava no nosso Occidente. Applicar ao Oriente a regra economica, deduzida do estudo dos factos observados na Europa, foi claramente um processo de raciocinio, arbitrario e fallivel. Mas esse processo era-nos imposto pela nossa ignorancia; não tinhamos noticia de trabalho algum, em que se estudassem estas questões na sua applicação ás regiões orientaes, e evidentemente não tinhamos nem meios nem competencia para as estudar directamente. Unicamente, pois, podiamos fazer o que fizemos—admittir empiricamente uma relação, que nos servia para tornar alguns numeros mais facilmente comparaveis, e deixar consignada esta nossa duvida.

(Cf. *Pharmac.*, 251; Yule, *Cathay*, 305; Dymock, *Mat. med.*, 328; Yule, *Marco Polo*, ii, 254; Major, *India*, 17; *Lendas*, i, 102, ii, 711; *Roteiro*, iii e 115; Duarte Barbosa, *Livro*, 372 e 383; *Subsidios*, no *Lyvro dos pesos*, 40, e no *Tombo*, 112; Couto, *Asia*, iv, vi, 9; etc.)

A historia posterior do commercio do *cravo* interessa-nos menos directamente, e póde resumir-se em breves palavras. No começo do xvii seculo, Portugal, então unido á Hespanha, perdeu o dominio das Molucas, que passaram para a posse dos hollandezes. Estes substituiram ao antigo monopolio um monopolio diverso e mais apertado. Emquanto os portuguezes haviam concentrado na sua mão o commercio do *cravo,* deixando a cultura e colheita á gente da terra, os hollandezes fizeram-se cultivadores. Desenvolveram as plantações, que já encontraram estabelecidas em Amboyna e ilhas proximas, e mandaram expedições ás Molucas propriamente ditas, para ali destruirem as arvores do *cravo.* O resultado d'este systema não foi muito feliz; a exportação de Amboyna e outras ilhas decresceu nos seculos seguintes, e tanto, que na ultima metade do nosso o monopolio da cultura pelo estado foi abandonado.

Por outro lado, alguns pés de *Caryophyllus* haviam sido introduzidos na ilha franceza da Reunião, e nas ilhas africanas de Pemba e Zanzibar, onde a cultura se desenvolveu bastante; mas onde não tem prosperado muito nos ultimos annos.

Hoje o *cravo* do commercio vem principalmente d'estas tres regiões: Amboyna, por via de Java; ilha da Reunião; costa africana de leste, por via de Bombaym. Mas a sua importancia tem diminuido muito, e já não é a famosa e procurada especiaria de outros tempos.

(Cf. Rumphius, l. c.; Crawfurd, l. c.; *Pharmac.*, l. c.; Wallace, *The malay archipelago,* 3o5.)

INDICE*

* Os indices alphabeticos serão publicados com o segundo volume.

Lightning Source UK Ltd.
Milton Keynes UK
UKHW012008150119
335599UK00009B/475/P